铁路职工岗位培训教材

货运安全员

铁路职工岗位培训教材编审委员会

中国铁道出版社

2014年·北京

内 容 简 介

本书按照货运安全员国家职业标准和职业技能培训规范编写。全书分为两部分：基本知识和职业技能。基本知识部分主要内容有：职业道德及铁路基础知识、货运安全信息系统及安全检测设备、运输基本条件、货场管理、集装箱运输、篷布管理、危险货物运输、鲜活货物运输、货物装载加固、超长超限超重货物动输、铁路货物运输、铁路保价运输、工作机构与职责权利、货运事故、货运事故处理、货运事故责任划分、货运事故赔偿、货运事故的民事诉讼、货运事故统计与资料保管、无法交付货物和无标记货物、货运事故处理系统。职业技能部分包括了货运安全员的技能要求，共分为中级工、高级工、技师三级。

本书针对铁路职工岗位培训、职业技能鉴定进行编写，是各单位组织职工进行各级各类岗位培训、技能鉴定的必备用书，对各类职业学校师生也有重要的参考价值。

图书在版编目（CIP）数据

货运安全员 /《铁路职工岗位培训教材》编审委员会编．—北京：中国铁道出版社，2011.7（2014.12重印）

铁路职工岗位培训教材

ISBN 978-7-113-13752-6

Ⅰ.①货…　Ⅱ.①铁…　Ⅲ.①铁路运输：货物运输—安全技术—岗位培训—教材　Ⅳ.①U298.3

中国版本图书馆 CIP 数据核字（2011）第 239157 号

书　　名：铁路职工岗位培训教材
　　　　　货运安全员

作　　者：铁路职工岗位培训教材编审委员会

责任编辑：杨　哲　聂宏伟　　**电话：**010－51873055
助理编辑：张　浩
封面设计：薛小卉
责任校对：孙　玫
责任印制：陆　宁

出版发行：中国铁道出版社（100054，北京市西城区右安门西街 8 号）
网　　址：http：//www.tdpress.com
印　　刷：北京华正印刷有限公司
版　　次：2011 年 7 月第 1 版　2014 年 12 月第 2 次印刷
开　　本：787 mm×1 092 mm　1/16　印张：21.75　字数：514 千
印　　数：1～5000 册
书　　号：ISBN 978-7-113-13752-6
定　　价：50.00 元

铁路职工岗位培训教材
编 审 委 员 会

前 言

党的十六大以来，铁路事业蓬勃发展，大规模铁路建设全面展开，技术装备现代化实现重大跨越，尤其在高原铁路、机车车辆装备、客运专线、既有线提速和重载运输技术方面达到了世界先进水平。铁路职工队伍素质得到了相应提高，但距离铁路现代化发展的要求还有一定差距，铁路人才队伍建设和职工教育培训工作任重道远。

教材是劳动者终身教育和职业生涯发展的重要学习工具，教材建设是职业教育培训工作的重要组成部分，是提高教育培训质量的关键。加快铁路职工岗位培训教材建设，已成为加强和改进铁路职工教育培训工作的当务之急。为适应铁路现代化发展对技能人才队伍建设的需要，加快铁路职工岗位培训教材建设，铁道部决定按照铁道行业特有职业(工种)国家职业标准，结合铁路现代化发展的实际，组织开发铁路职工岗位培训教材。

本套教材由铁道部劳动和卫生司、运输局共同牵头组织，相关铁路局分工负责，集中各业务部门的专家和优秀工程技术人员编写及审定，多方合作，共同完成，涵盖了铁路运输(车务、客运、货运、装卸)、机务、车辆、工务、电务部门的77个铁路特有职业。教材坚持继承与创新相结合，充分体现了近几年来铁路新技术、新设备的大量运用及其发展趋势，特别是动车组系列教材填补了教材建设的空白，为动车组司机和机械师等铁路新职业员工提供了岗位培训教材；教材坚持科学性与规范性，依据铁道行业国家职业标准中的基本要求和工作要求编写，力争准确体现国家职业标准和有关作业标准、安全操作等规章、规范的要求；教材坚持实用可行的原则，重点突出实作技能、应急处理和新技术、新设备、新规章、新工艺等四新知识，对职业技能部分按照技能等级分层编写，便于现场职工的培训与自学。

本套教材适用于工人新职、转职（岗）、晋升的岗位资格性培训，也适用于各类岗位适应性培训，同时为职业技能鉴定提供参考。

《货运安全员》一书由成都铁路局负责主编，主编人员：罗晓玲，参加编写人员：阳莉、陈应容、杨坚毅，主要审定人员：温克学、马树峰、方国群、郭建华、郝才东。本书在编写、审定过程中得到了有关单位的大力支持，在此一并表示感谢。

铁路职工岗位培训教材编审委员会

2009 年 8 月

目　录

基本知识

第一章　职业道德及铁路基础知识 …… 3
第一节　职业道德 …… 3
第二节　铁路线路及限界 …… 5
第三节　铁路信号设备 …… 9
第四节　铁路货车 …… 10
第五节　安全作业常识 …… 14
第六节　铁路货运发展概况及展望 …… 19
第二章　货运安全信息系统及安全检测设备 …… 23
第一节　货运计量安全检测监控系统 …… 23
第二节　货车超限及装载状态监控系统 …… 26
第三节　货检站安全集中监控系统 …… 27
第四节　危险货物运输安全监控系统 …… 32
第五节　剧毒品货物运输跟踪信息采集系统 …… 35
第六节　货运事故处理系统 …… 38
第七节　货运安全检测设备 …… 41
第八节　设备使用要求 …… 44
第九节　危险货物应急处理设备 …… 53
第三章　运输基本条件 …… 57
第一节　货物运输的基本条件 …… 57
第二节　铁路货物运输合同 …… 59
第三节　货物的托运、受理和承运 …… 63
第四节　货物的装车和卸车 …… 69
第五节　货物的到达、交付和搬出 …… 72
第六节　货物运到期限和逾期违约金 …… 74
第七节　货物交接检查 …… 76
第八节　货物运输施封 …… 80
第九节　货物运输包装储运标志 …… 84

第四章　货场管理 …………………………………………………………………… 88

第一节　概述 ……………………………………………………………………………… 88
第二节　货场设备管理 ……………………………………………………………………… 89
第三节　货场及专用线管理 ………………………………………………………………… 92

第五章　集装箱运输 …………………………………………………………………… 96

第一节　集装箱运输条件 …………………………………………………………………… 96
第二节　集装箱的发送组织 ………………………………………………………………… 98
第三节　集装箱的到达与交付 ……………………………………………………………… 100
第四节　集装化运输 ……………………………………………………………………… 103

第六章　篷布管理 ……………………………………………………………………… 105

第一节　篷布运用管理 …………………………………………………………………… 105
第二节　货车篷布使用规定 ………………………………………………………………… 106

第七章　危险货物运输 …………………………………………………………………… 109

第一节　危险货物的分类及性质 …………………………………………………………… 109
第二节　办理站和专用线(专用铁路)办理规定 ……………………………………………… 115
第三节　危险货物的托运和承运 …………………………………………………………… 115
第四节　运输及签认制度 …………………………………………………………………… 116
第五节　危险货物运输押运管理 …………………………………………………………… 118
第六节　保管、配放和交付 ………………………………………………………………… 120
第七节　危险货物罐车运输 ………………………………………………………………… 121
第八节　危险货物集装箱运输 ……………………………………………………………… 122
第九节　剧毒品运输 ……………………………………………………………………… 123

第八章　鲜活货物运输 …………………………………………………………………… 127

第一节　鲜活货物定义 …………………………………………………………………… 127
第二节　易腐货物运输 …………………………………………………………………… 127
第三节　活动物运输 ……………………………………………………………………… 130

第九章　货物装载加固 …………………………………………………………………… 133

第一节　装载加固的基本技术条件 ………………………………………………………… 133
第二节　加固材料及加固一般要求 ………………………………………………………… 136

第十章　超长、超限、超重货物运输 ……………………………………………………… 138

第一节　超长货物运输 …………………………………………………………………… 138

第二节 超限、超重货物概述 …… 140
第三节 超限货物测量 …… 142
第四节 超限、超重货物的运输组织 …… 146

第十一章 铁路货物运价 …… 153

第一节 概述 …… 153
第二节 计算运输费用的程序 …… 153
第三节 计算运费基本条件 …… 154
第四节 货物运输杂费 …… 155

第十二章 铁路保价运输 …… 156

第一节 铁路保价运输托运人、承运人的职责 …… 156
第二节 铁路保价货物的运输管理 …… 157
第三节 限额赔偿与不足额保价 …… 159

第十三章 工作机构与职责权利 …… 161

第一节 货运安全室工作机构与职责 …… 161
第二节 货运安全室工作制度与标准 …… 162
第三节 货运安全员应具备的条件 …… 169

第十四章 货运事故 …… 172

第一节 货运事故定义、分类和等级 …… 172
第二节 保价货物事故的过失与非过失责任界限 …… 173

第十五章 货运事故处理 …… 175

第一节 货运事故处理作业程序 …… 175
第二节 事故现场勘查处理 …… 175
第三节 事故货物的清理 …… 179
第四节 事故现场资料的收集 …… 180
第五节 事故报告书编制 …… 180
第六节 货运记录编制处理的重点要求 …… 182
第七节 普通记录编制处理的重点要求 …… 185
第八节 货运事故调查与定责 …… 186

第十六章 货运事故责任划分 …… 190

第一节 承运人与托运人、收货人之间的责任划分 …… 190
第二节 承运人内部各单位间的责任划分 …… 190
第三节 保价运输与保险运输的区别 …… 196

第四节 承运人与托运人、收货人之间的违约形式 …… 197

第十七章 货运事故赔偿 …… 198

第十八章 货运事故的民事诉讼 …… 204

第一节 民事诉讼相关知识 …… 204
第二节 铁路货运人员处理货运纠纷的基本要求 …… 207
第三节 关于协助执行执法机关扣留铁路运输货物的规定 …… 207

第十九章 货运事故统计与资料保管 …… 209

第一节 货运事故分析与统计 …… 209
第二节 货运事故资料保管 …… 210

第二十章 无法交付货物和无标记货物 …… 211

第二十一章 货运事故处理系统 …… 214

第一节 功能概要介绍 …… 214
第二节 保价管理 …… 219
第三节 事故处理 …… 221
第四节 统计报告 …… 250
第五节 台账管理 …… 272
第六节 两无货物 …… 280

职业技能

中级工 …… 295

一、货物被盗事故勘查 …… 295
二、货物清理 …… 295
三、收集资料 …… 296
四、审查记录 …… 296
五、编制记录 …… 296
六、记录送查 …… 297
七、记录查询答复 …… 298
八、事故鉴定 …… 299
九、事故定责 …… 299
十、事故赔偿 …… 300
十一、办理赔偿 …… 302

十二、货物丢失事故勘查 …… 310
十三、拍发事故速报 …… 311
十四、事故分析与事故统计 …… 312

高级工 …… 315

一、火灾事故的勘查 …… 315
二、变质事故的勘查 …… 316
三、污染事故的勘查 …… 318
四、国际联运货运事故商务记录 …… 319
五、变质、污染货物的鉴定 …… 320
六、无法交付货物的处理 …… 320
七、火灾、变质、污染货运事故定责 …… 322

技　师 …… 325

一、危险货物事故调查处理 …… 325
二、铁路国际联运货物事故处理与赔偿 …… 326
三、处理与铁路交通事故有关的货运事故 …… 328
四、编写培训讲义 …… 328
五、货运事故的民事诉讼 …… 329
六、危险货物匿报普通货物的处理 …… 332
七、司法部门、人民法院扣押铁路运输物资的处理 …… 332
八、防止运输货物被诈骗冒领 …… 333
九、装卸作业事故应急处理 …… 334

基本知识

第一章　职业道德及铁路基础知识

第一节　职业道德

一、铁路职工职业道德的基本内容

1. 社会道德

社会道德属于人类社会的一种特殊的意识形态。它是在一定社会范围内调整人与人之间以及个人与社会之间的行为准则和规范的总和。所谓道德，它是依靠内心信念、传统习惯和社会舆论的力量，以正义和非正义、公正和偏私、诚实和虚伪、权利和义务等道德观念来评价每个人的行为，从而调整人与人之间以及个人与社会之间的关系。

道德的真正含义是以善、恶为标准来约束人们行为的规范。它规定着人们应该做什么和不应该做什么。每个人按照一定的准则来支配和约束自己，道德就形成了强大的舆论导向，以此来干预生活，规范人们的行为，调节各种社会关系，具体含义包括以下几个方面：

(1)道德是依靠人们内心信念、社会舆论和传统习惯等力量起作用的。道德在实施时，不是靠强制手段，而是借助内心信念来实现的。社会舆论的压力和指责只是外在"裁判"，良心的谴责才是内在的"法庭"。

(2)道德也是评价人的行为的标准。它总是通过善与恶等道德观念作出评价、褒贬，至于善恶的标准不是由国家、团体制定或规定出来的，而是处于同一社会环境中的人们在长期生产过程中，逐渐积累形成的共同的要求、愿望和理想，它表现在人们视听言行之上，深藏于品格、习性、意向之中。

(3)道德更是人自身的一种情感、意识，而且还包含着个人品质。个人品质与个人的道德行为有着密切的联系，反映了一个人多方面的素质和修养，是一个人在社会实践基础上对社会和人生的理解。个人品质是道德行为的重要内在依据，而个人的道德行为又是个人品质的外在表现。

2. 职业道德

职业道德是同人们的职业活动紧密联系的，具有自身职业特点的道德原则和行为规范的总和。职业道德萌芽于原始社会末期。生产力的发展引起了社会分工，出现了各行各业的职业活动，而每一种职业都分别承担着一定的社会职能，人们在从事各种职业的活动中，为了保证各种职业活动的正常进行，制定了各种规章制度、道德规范和行为准则。以此形成了职业道德的基本概念，其含义包括两个方面：

(1)每个行业都有各自的道德准则，所以说行业的道德就是职业道德，从商者应守"商德"，从医者应守"医德"，从师者应守"师德"等。所谓职业道德，就是指从事一定职业的人们在其特定的职业活动过程中应遵循的处理人和人、人和社会之间利益关系的特殊行为规范，以及与之相适应的观念、情操和品质。

(2)职业道德的特定内涵是在和各种专业工作紧密联系并通过专业领域表现出来的，是在专业范围内的特殊道德要求，一方面它体现了一般社会道德对于职业活动的基本要求，另一方面，又带有鲜明的行业特色。例如：热爱本职、忠于职守、为人民服务等是各行各业道德的基本规范。但每一种具体职业，又都有它独特的不同于其他职业道德的内涵。

3. 铁路职业道德与铁路职工行业规范

铁路职业道德是通过一系列职业道德基本规范来制约每个铁路从业人员的职业行为，调节铁路与社会、铁路内部集体与个人之间、个人与个人之间的道德关系。所谓铁路职业道德规范，就是明文规定的铁路各职业行业的道德准绳或道德要求，也可以说铁路职业道德就是铁路部门一系列道德规范的体系。

铁路职业道德体系是多层次的，但“人民铁路为人民”是铁路职业道德的基本原则或总的道德要求，也是规范体系中根本性的最高行为规范。铁路内部各部门之间必须遵循这一原则，制定出适应各工种岗位的职业道德规范，从“人民铁路”这个整体概念出发，更好地为人民服务。

铁路职工行业规范是铁路员工在职业活动中应该共同遵循的最基本的职业行为准则，是铁路行业鲜明特色的充分体现。各部门各工种应明确具体地制定出行业规范的内容，在实际工作中约束每一名员工，提高每一名员工的道德素质，推动铁路事业的发展。

铁路职工道德与行业规范的主要要求是遵章守纪、保证安全，这是铁路职工首先必须遵守的道德规范，它要求全体职工严守规程，严格纪律，确保铁路运输安全生产，具体要求：一是遵章，即自觉遵守铁路的各项规章制度；二是守纪，即要求职工严格自律，不许有违反各部门、各工种、各岗位的职业纪律的行为发生。

二、货运人员职业道德的基本内容

1. 货运人员职业道德与基本规范

铁路运输在国民经济中占有重要的地位。铁路货运战线上的广大职工养成良好的职业道德习惯，对铁路事业的迅速发展，促进全路两个文明建设起着重要的作用。货运部门的工作性质决定了其职业道德规范，对于他们的工作对象，对于铁路企业的形象，对于全社会精神文明建设都有着重要的意义。

货运职工职业道德的基本原则是与铁路货运工作的特点紧密相联的，它同样以“人民铁路为人民”为根本原则。全体货运职工生产服务过程中应当体现全心全意地为货主服务，为货物负责，对货主、对社会高度负责的道德要求。

货运部门的职业道德规范很多，在其体系中，诚心地对待货主是核心内容，也是货运职工在长期的运输生产经营活动中形成的职业行为准则。“诚心相待”是货运职工对服务对象的态度和情感，也是在工作岗位上确立自己与货主服务与被服务关系的观念。在职业行为上以诚恳之心对待货主，并以端庄的仪表、文明的语言、娴熟的技能，周全的服务达到全心全意、无私奉献的职业道德境界。

货运部门与客运部门职工一样，是服务工作的窗口。个人在这窗口中表露出的喜怒哀乐代表的是货运职工的精神面貌，如何良好地体现出“人民铁路为人民”的宗旨，就要求货运职工必须胸怀全局、克己奉公，时刻勇于承担重大责任，把货主的利益放在首位。

2. 货运人员职业道德的修养与基本要求

职业道德修养，是指每个货运职工为了培养良好的职业道德品质，针对货运职工的服务理念和要求,所进行的自我锻炼、自我约束、自我改造、自我陶冶、自我要求、自我教育的过程。职业道德修养的培养不是一朝一夕能够完成的,需要正确的指导,教育的灌输,加上受教育者的不断自我完善。

职业道德修养的内容很广泛,根据不同岗位,不同工种,有其不同的要求,但主要的有:职业理想、职业态度、职业技能、职业责任、职业纪律、职业良知、职业荣誉等,同时还包含着文明礼貌、着装举止、语言艺术等方面。职业道德修养是一定的道德观念、道德情感、道德意识在自我意识中的统一,也是在履行职业义务过程中形成的道德责任感和自我评价能力。

铁路企业的服务宗旨是全心全意为人民服务,对货运职工而言货主就是服务的对象,要自觉维护货主的利益。货运人员职业道德的基本要求就是尽职尽责地为货主服务。尽职尽责是对本职事业热爱的体现,它内含着踏踏实实、任劳任怨,不计个人名利得失,为货主负责的道德风范,它又是职业责任、职业纪律、职业义务的集中体现,它要求货运工作者要具备强烈的责任心和使命感,因此尽职尽责的道德要求是货运道德起码的准则。

尊客爱货、安全完整地运输货物,这就要求货运职工在工作中对待货主要热情诚恳,它也是“人民铁路为人民”这一宗旨在货运窗口的具体体现。热情诚恳包含着对本职工作的热爱,对货主的理解、关心和周到的服务。在工作中,货运职工必须具备廉洁奉公的道德准则,不拿、摸、索、要,尽最大的努力保护好运输物资,当货物遭受侵害时,尽全力减少货主的损失,通过我们的优质服务,能够“安全、迅速、经济、便利”地把货物送达目的地。

三、货装职工守则

1. 认真执行党和国家的路线、方针、政策,遵守法纪,弘扬正气,提高思想素质,崇尚社会公德。

2. 爱岗敬业,恪尽职守。以主人翁姿态积极参与经营管理,增强市场营销意识,安全、迅速、经济、便利地组织货物运输。

3. 讲究职业道德,廉洁奉公。不徇私情,不以权以车谋私,不刁难货主,不敲诈勒索,不贪污受贿,不盗窃货物。

4. 着装规范,佩带标志,仪容端庄,举止文明,保持个人良好形象。

5. 尊客爱货,主动热情,耐心周到,虚心听取货主意见,积极为货主排忧解难,提供优质服务。

6. 严格遵守规章制度和劳动纪律,杜绝违章违纪行为,消除隐患,确保货物和运输安全。

7. 顾全大局,服从领导,听从指挥,团结互助,加强联劳协作。

8. 勤奋学习,钻研业务,不断提高理论水平和实际操作技能。

第二节 铁路线路及限界

一、铁路线路

铁路线路是机车车辆运行的基础。线路质量的好坏,对于提高运输能力,保证行车安全具有重要意义。

铁路线路根据其用途分为正线、站线、段管线、岔线及特别用途线。

1. 正线是指连接车站并贯穿或直股伸入车站的线路,如图 1-1 所示。正线上不准停留车辆。

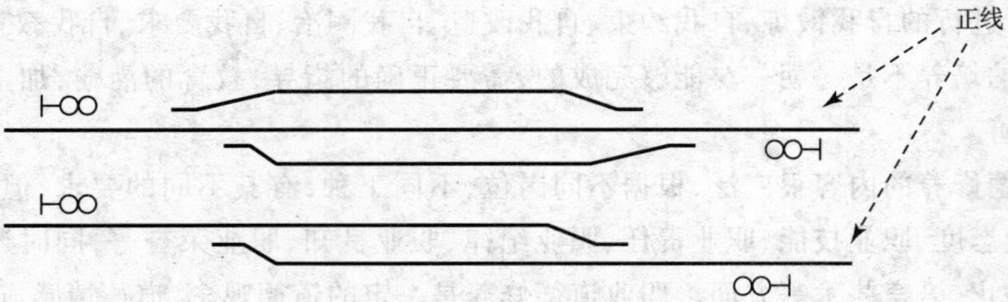

图 1-1　车站正线示意图

2. 站线包括车站到发线、调车线、牵出线、货物线及站内指定用途的其他线路。站内指定用途的其他线路包括：救援列车停留线、机车走行线、机待线、禁止溜放车辆停留线、轨道衡线及车辆站修线等。

3. 段管线是指机务、车辆、工务、电务、供电等段专用并由其管理的线路。

4. 岔线是指在区间或站内接轨，通向路内外单位的专用线路。

5. 特别用途线是指安全线和避难线。

岔线、段管线与正线、到发线接轨时，均应铺设安全线。岔线与站内到发线接轨，当站内有平行进路及隔开道岔并有联锁装置时，可不设安全线。

在进站信号机外制动距离内进站方向为超过 6‰ 下坡道的车站，应在正线或到发线的接车方向末端设置安全线。

合资铁路、地方铁路及专用铁路与国家铁路车站接轨，其接轨处或接车末端应设隔开设备（设有平行进路并有联锁时除外）。

安全线向车挡方向不应采用下坡道，其有效长度一般不少于 50 m。

为防止长下坡道上失去控制的列车发生冲突或颠覆，应根据线路情况，计算确定在区间或站内设置避难线。

二、铁路限界

我国现行的铁路限界包括铁路的建筑限界和机车车辆限界。在实际应用中还有《铁路货物装载加固规则》规定的货物装载限界和特定区段装载限制。各种限界都是衡量铁路货物运输中能否保证安全的尺子，均应按照其规定严格遵守。

1. 铁路建筑限界

《铁路技术管理规程》规定：一切建筑物、设备，在任何情况下均不得侵入铁路的建筑限界（以客货共线铁路建筑限界 $v \leq 160$ km/h 时的基本建筑限界图为例，如图 1-2 所示）。与机车车辆有直接互相作用的设备，在使用中不得超过规定的侵入范围。

在设计建筑物或设备时，距钢轨顶面的距离应附加钢轨顶面标高可能的变动量（路基沉落、加厚道床、更换重轨等）。

靠近铁路线路修建各种建筑物及电线路时，须经铁路局批准。

2. 机车车辆限界

机车车辆无论空、重状态，均不得超出机车车辆限界。

现行《铁路技术管理规程》中公布执行的机车车辆限界（$v < 200$ km/h）如图 1-3 所示。

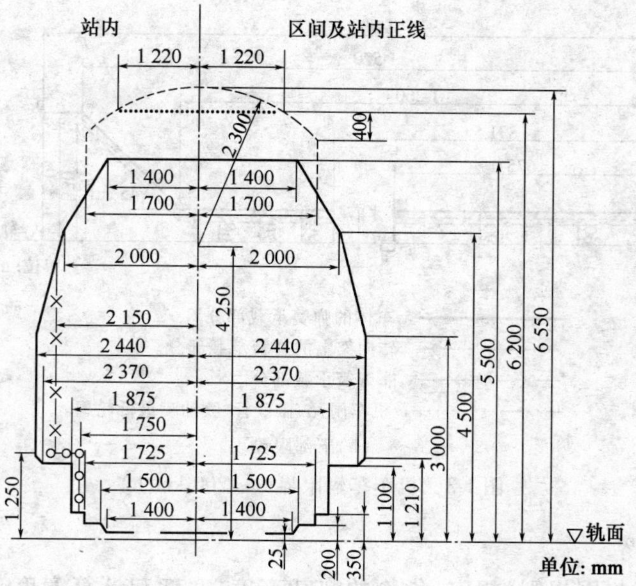

——×——×——×—— 信号机建筑限界(正线不适用)。

——o——o——o—— 站台建筑限界(正线不适用)。

———————— 各种建筑物的基本限界。

– – – – – – 适用于电力牵引区段的跨线桥、天桥及雨棚等建筑物。

………………… 电力牵引区段的跨线桥在困难条件下的最小高度。

图 1-2　客货共线铁路基本建筑限界($v \leq 160$ km/h)

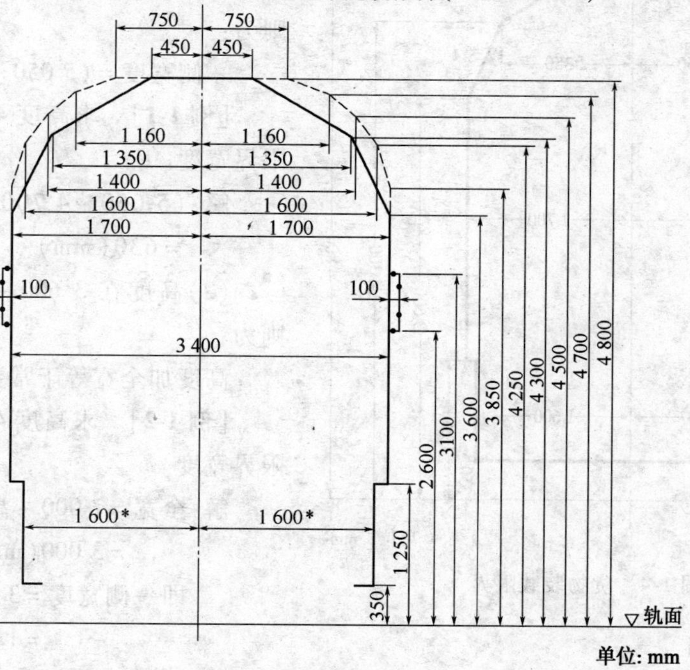

———————— 机动车辆限界基本轮廓。

– – – – – – 电力机车限界轮廓。

——•——•——•—— 列车信号装置限界轮廓。

* 电力机车在距轨面高 350 ~ 1 250 mm 范围内为 1 675 mm。

(a)上部限界

图 1-3

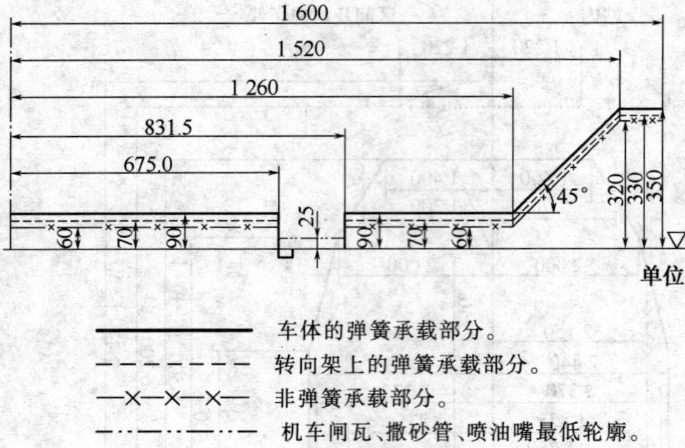

(b)下部限界

图 1-3　机车车辆限界($v<200$ km/h)

3. 货物装载限界

《铁路货物装载加固规则》规定:货物的装载高度、宽度和计算宽度,除超限货物外,不得超过货物装载限界,如图 1-4 所示。

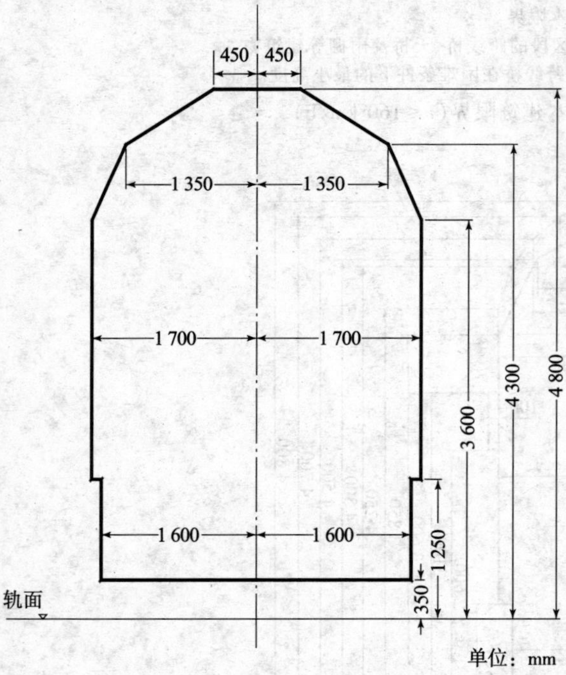

图 1-4　货物装载限界

货物装载限界中,斜坡面部位的高、宽尺寸的速算方法如下。

(1)高度在 4 300 ~ 4 800 mm 部位法则为:

一侧宽度 =(5 050 - 装载高度)×1.8

[**例 1-1**]　求高度 4 700 mm 处的一侧限界宽度。

解:(5 050 - 4 700)×1.8
　　= 630(mm)

(2)高度在 3 600 ~ 4 300 mm 部位法则为:

高度加全宽等于常数:7 000 mm。

[**例 1-2**]　求高度 4 000 mm 处的一侧限界宽度。

解:全宽 = 7 000 - 高度 = 7 000 - 4 000
　　= 3 000(mm)
　即一侧宽度 = 3 000 ÷ 2
　　= 1 500(mm)

[**例 1-3**]　求一侧宽度为 1 450 mm 处的限界高度。

解:全宽 = 2 × 一侧宽度 = 2 ×1 450 = 2 900(mm)
　高度 = 7 000 - 全宽 = 7 000 - 2 900 = 4 100(mm)

4. 特定区段装载限制

我国铁路有个别区段的建筑限界小于《铁路技术管理规程》所规定的建筑限界,为保证货物和行车的安全，对通过或到达这些特定区段的货物，应严格遵守《铁路货物装载加固规则》中公布的“特定区段装载限制”，见表1-1。

表1-1　特定区段装载限制

序号	线　名	区　段	限制事项：装载限界	限制事项：车体自重加实际载重最大吨数	附　记
1	京包线	南口—西拨子间	装载货物高度和宽度按下附表规定		
2		运往朝鲜的货物	按货物装载限界装载，但最高不得超过4 750 mm		
3	广九线	经深圳北运往九龙的货物	装载货物中心高度由钢轨面起360 mm至3 600 mm处左右宽度不得超过1 550 mm，其他部位按货物装载限界		
4	京广线	坪木线		90	坪石站出岔
5	丰沙线	沙城—三家店间上行线	装载货物中心高度由钢轨面起不得超过4 600 mm		

表1-1 附　表

由钢轨面起算的高度(mm)	由车辆纵中心线起算每侧的宽度(mm)	全部宽度(mm)
4 300	1 050	2 100
4 200	1 150	2 300
4 100	1 250	2 500
4 000	1 350	2 700
3 900	1 450	2 900
1 250 以上至 3 600	1 600	3 200

第三节　铁路信号设备

铁路信号设备是一个总称。它包括信号、联锁和闭塞设备三部分。在这里主要讲信号的作用和种类。

一、信号的作用

信号是指示列车和调车工作的命令。它通过颜色、形状、灯光或音响等不同方式指示行车、调车的条件。所有行车人员的操作都必须严格按信号显示的有关要求执行，不得违反，以保证运输安全和提高运输效率。

二、信号的分类

信号按感觉器官分为视觉信号和听觉信号两大类。

1. 视觉信号的基本颜色和要求

红色——表示停车；

黄色——表示应注意或减低速度；

绿色——表示可按规定速度运行。

2. 听觉信号

用号角、口笛、响墩发出的音响和机车、轨道车的鸣笛发出的音响，都是听觉信号。

按设置的位置及用途又分为手信号、移动信号、固定信号、机车信号、信号标志和信号表示器等。

手信号灯、信号旗或直接用手臂发出的信号叫手信号，是现场有关行车人员之间机动地指挥列车运行和调车作业以及作为联系用的一种旗语。将信号设备（如信号机、信号标志、信号表示器等）固定地设置在一定的地点，一定的位置来指示列车运行和调车作业，这类信号叫固定信号。是铁路的主要信号。

在线路上临时设置为起防护作用的叫移动信号。响墩与火炬是一种临时要求紧急停车的信号。

三、信号表示器和信号标志

信号表示器设置于铁路线路旁的某些固定地点，与信号机不同的是，它没有防护的作用，只是用来表示与行车有关设备的位置和状态，表示信号机显示的某种附加含义或表示行车人员的某种意图。

信号表示器主要有道岔表示器（说明线路开通位置）、脱轨表示器、进路表示器、发车表示器、发车线路表示器、调车表示器及车挡表示器等。

信号标志主要有警冲标、站界标、预告标、司机鸣笛标、作业标等。警冲标设于两线路会合线间距为 4 m 的中间位置，其作用是防止停留在一线上的机车车辆与邻线上移动的机车车辆发生侧面冲撞。机车车辆在线路停留时除特殊情况是不准越过警冲标的。

第四节　铁路货车

铁路货车是运送货物的工具。在铁路上必须经常保持数量充足和质量良好的车辆，才能满足不断增长的货物运输任务的要求。

一、铁路货车按用途分类

铁路上运送的货物种类很多，性质不同，在运送中的要求也不一样，货车就有不同的类型，如棚车、敞车、平车、罐车、冷藏车等，货车按其用途分为通用货车、专用货车两大类。

1. 通用货车

（1）敞车。车体设有固定的墙板，侧面设有车门可装运不怕湿的货物，如装货后苫盖货车篷布，也可装运怕湿损的货物。

（2）棚车。车体具有顶棚、车墙及门窗，用于装载贵重、怕日晒和怕潮湿的货物。有的车内安装有火炉、床托等装置，必要时可运送人员或牛马等牲畜。

（3）平车（包括集平两用车）。平车车体为一平板或设有活动的矮侧墙板和端侧墙板，装运货物必要时可将端侧板放下，主要装运钢轨、汽车、拖拉机、军用物资及长大、笨重货物等。

2. 专用货车

专供运送某些货物的车辆，包括下列几种：

(1)罐车。车体为一圆罐筒，专门用于装载液体状态的货物，也有少数装载粉状货物。罐车的卸货装置分为上卸式、下卸式两种。轻油罐车、酸碱类罐车采用上卸式；粘油类罐车采用下卸式。

(2)冷藏车。冷藏车俗称保温车。车体夹层装有隔热材料，车内有冷却和加温装置，使车内能保持一定温度。专供装运易腐货物，如鲜鱼、肉类、水果、蔬菜及冻结的易腐货物。

(3)长大货物车。长大货物车主要是装运各种长、大、重的货物。一般载重 90 t 以上，长度在 17 m 以上。根据车底板的形式可分为凹型平车、长大平车、落下孔车、双支承平车、两节平车、钳夹车等。

(4)集装箱专用平车。

(5)家畜车。

(6)活鱼车。

(7)水泥车。

(8)散装粮食车。

(9)小汽车专用平车。

二、车辆的基本构造

铁路上的车辆种类虽然很多，但它们的构造基本上是相似的，每一辆车都是由车体、车底架、走行部、车钩及缓冲装置和制动装置五个部分组成。

1. 车体

铁路货车车体，是车辆装载货物的部分，货车车体按其结构外形分为棚车、敞车、罐车、平车等。

2. 车底架

车底架是车体的基础。它承受车体和所装货物的重量，并通过上、下心盘将重量传给走行部。在列车运行时，它还承受机车牵引力和列车运行中所产生的各种冲击力及其他外力。

车底架由中梁、枕梁、横梁、端梁、侧梁及地板横梁等组成，如图 1-5 所示。

3. 走行部

走行部的作用是引导车轮沿轨道运行，并把车辆的全部重量传给钢轨。在四轴车上，四组轮对分成两部分，每两组轮对分别和侧架、摇枕、弹簧减振装置、轴油润装置组成一个转向架。每个转向架通过摇枕上的下心盘、中心销和车底架上的上心盘相连。转向架相对于车体底架能自由转动，这样便于车辆顺利地通过曲线。

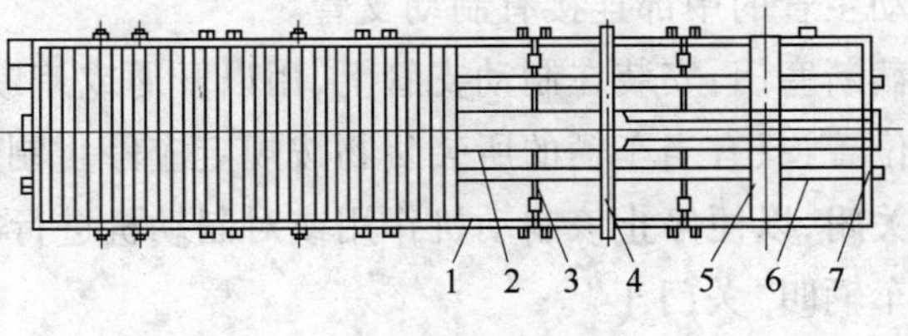

图 1-5　货车车底架

1—侧梁；2—中梁；3—地板横梁；4—横梁；5—枕梁；6—补助梁；7—端梁

下心盘和装在摇枕上的上心盘相对，车体重量集中于心盘传递到摇枕，再顺序传给枕簧、侧架、车轴、车轮，直到钢轨。反之车辆在运行中，来自钢轨的冲击力亦按上述反顺序传递到车体和货物。

车辆的下旁承装在摇枕两端的旁承盒内,上、下旁承之间空隙叫做旁承游间。旁承的作用是当车辆通过曲线时,车体向内倾斜时上下旁承相接触,以限制车体过分倾斜和摇动,实现运行的平稳。

4. 车钩及缓冲装置

车钩及缓冲装置,包括车钩和缓冲器两部分,安装在车底架中梁的两端。它不仅能使车辆和车辆、车辆和机车间相互连挂,而且承受着机车的牵引力和列车运行及调车中的各种冲击力,所以它具有连接、牵引、缓冲三种作用。

车钩及缓冲装置如图 1-6 所示,由钩头、钩身、钩尾三个部分组成。在钩尾上装有钩尾框。框内装有缓冲器,缓冲器两侧装有从板,它和车底架上的从板座相贴合。

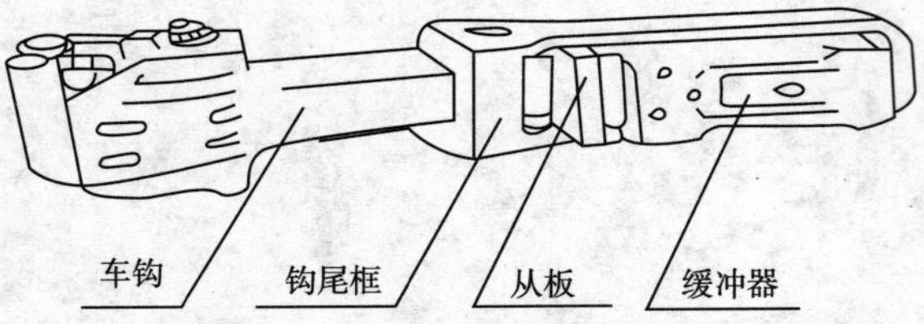

图 1-6　车钩及缓冲装置

缓冲器的作用是缓和两辆车连挂时或列车运行中因速度增减而产生的冲击力提高列车运行的平稳性,延长车辆的使用寿命,保证所装货物的安全。

5. 制动装置

制动装置是用外力迫使运行中的机车车辆减速或停车的一种设备,是车辆的主要组成部分之一。它不仅是列车运行安全的重要保证,也是提高列车重量和运行速度的前提条件。因此,制动装置的好坏,直接影响着铁路的运输能力。

车辆上的制动装置由制动机和基础装置两部分组成。我国铁路车辆上一般都同时装有空气制动机和人力制动机。

(1)空气制动机

空气制动机的设备,一部分安装在机车上,一部分安装在车辆上,安装车辆上的设备有以下几种:

制动主管及折角塞门:制动主管是传送压缩空气的管路,安置在车底架下面,贯通各车的全长。在每辆车制动主管两端装有折角塞门,以便在摘挂车辆时关闭或开通压缩空气通路。在制动主管的中部连接有制动支管。

截断塞门:安装在制动支管上,用以开通或遮断制动支管的压缩空气通路,它平时总是在开放位置,只有当车辆的所装货物按规定应停止制动机作用时,或当车辆制动机发生故障,才将它关闭,以便停止该制动机作用或对制动机进行检修。通常把关闭截断塞门、停止制动机作用的车辆叫"关门车"。

空重车调整装置:因车辆空重状态的重量相差较大,如果空重车使用同样制动,空车就嫌太大,容易损坏车辆,因此车辆上装有制动机空重调整装置,它包括空重车转换手把、空重车转换塞门和降压风缸。

另外空气制动机还有离心集尘器、三通阀及副风缸和制动缸等设备。

(2)人力制动机

在每车辆的一端,装有人力制动机,可用人力使单节车辆或车组停车或减速。

(3)基础制动装置

基础制动装置是利用杠杆原理,将空气制动机或人力制动机产生的力量,扩大适当倍数,再向各个闸瓦传递力的装置。它由拉杆、闸瓦组成。

三、车辆标记

为了表示车辆的类型和特征,满足使用、检修和统计的需要,每一辆铁路车辆应具有规定的各种标记。铁路货车的标记包括以下几项:

(1)路徽:凡铁道部所属车辆上,一律涂打人民铁路路徽和产权牌。

(2)车号:包括型号及号码。型号有基本型号和辅助型号两种。基本型号代表车辆种类,用汉语拼音表示,如P、N、C、G等,见表1-2。

辅助型号:同一种车辆,因有不同的构造形式,故采用辅助型号来区别,写在基本型号的右下角表示,如P_{62}、P_{61}、C_{64}、N_{16}、N_{17}等。

号码为车辆的顺序号码,按车种和标记载重量来编号,每一辆车均有自己的号码。

表1-2 货车基本型号表

车种	代码	车种	代码	车种	代码
棚车	P	集装箱车	X	水泥车	U
敞车	C	矿石车	K	粮食车	L
平车	N	长大货物车	D	特种车	T
罐车	G	毒品车	W		
冷藏车	B	家畜车	J		

(3)制造厂名标牌:标明制造该车的厂名及制造年、月。

(4)定检标记:包括厂修、段修。标明检修时间和单位,以便明确检修责任。

段、厂修标记:横线上为段修标记,横线下为厂修标记,左侧为下次检修年、月,右侧为本次检修年、月及检修单位简称。

例: 10.10—09.10 哈齐 / 12.10—07.10 齐厂

修段、厂修标记

段修标记中表示在2009年10月由哈尔滨铁路局齐齐哈尔车辆段施行段修,应在2010年10月进行下一次段修。

厂修标记中表示在2007年10月由齐齐哈尔车辆厂施行厂修,应在2012年10月进行下一次厂修。

(5)自重:即车辆本身的重量,以吨(t)为单位。

(6)载重:即车辆的装载重量(简称标重)以吨(t)为单位。

(7)容积:表示货车(平车除外)可供装载货物的容量,以立方米(m^3)为单位,取一位小数。并在括号内列(长×宽×高)尺寸,以m为单位,保留一位小数;平车以长宽标记(长×宽)代替容积标记;罐车在容积标记下涂打容量计表的标记,标明容量计算表示的号码。

(8)换长:为编组列车时统计工作和行车指挥人员掌握运行的需要,规定货车长度 11 m 为标准,为一辆,换算成车辆的辆数,简称换长。

(9)其他标记。

①车辆定位标记:分别表示车辆的第一位端和第二位端,如图 1-7 所示。

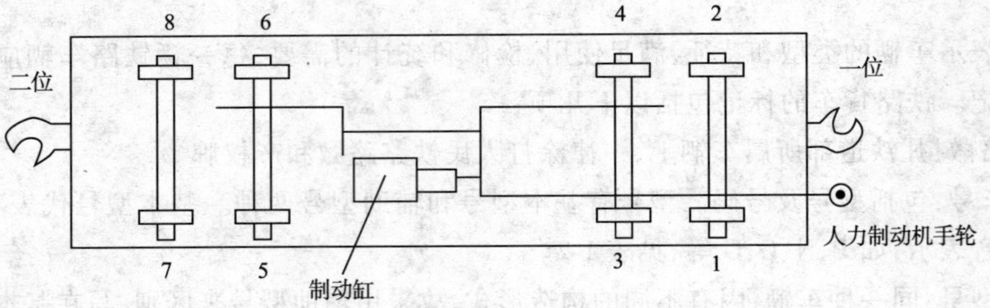

图 1-7 车辆定位示意图

它是车辆方向的称呼,车辆以制动缸活塞杆推出方向(即人力制动机一端)为第一位端,另一端为第二位端。

车辆的车轴、车轮、轴箱、车钩、转向架和其他零件的位置都是由第一位端数起,左右对称的从左向右,左为单数,右为双数,顺次数到第二位端。

棚车车门按人力制动机位置分为 1 门(与制动机同侧)、2 门,相应车窗分为 1、3、5、7 号窗(上部车窗为 × 号上窗),对侧为 2、4、6、8 号窗。敞车同样分为 1、2 号侧门(或中门),底开门(小门)对应分为 1、3、5、7、9、11 号小门,对侧为 2、4、6、8、10、12 号小门(凡拍发电报及编制记录需说明车辆方向和车体各部件位置以及车内货物装载位置时,均应按定位图说明)。

②特殊标记:根据货车构造及设备的特征,在车辆上还涂打各种特殊标记。

Ⓐ:表示具有床托可以运送人员的棚车。

Ⓜ:表示可以用于国际联过轨运输的车辆。

(古):表示车内具有拴马环或其他拴马装置,可以装运马匹的货车。

(卷):表示在侧梁端部装有卷扬机挂钩的车辆。

Ⓛ:表示禁止进入机械化驼峰的车辆。

集中载重标记:载重≥60 t 的平车、长大货物车和需要标明集中载重的车辆,应有集中载重标记,标明车辆中部一定尺寸内的允许载重量。

装运危险货物的罐车罐体中部四周涂有 300 mm 的颜色带。

第五节 安全作业常识

为了保证铁路运输任务的完成,任何有关行车运输的人员必须树立安全第一的思想,严格执行有效的规章制度和作业标准。

一、人身安全一般要求

1. 铁路货运职工在岗位上执行职务时,必须穿着规定的服装,佩带易于识别的证章。

2. 铁路货运有关人员,接班前须充分休息,以保证工作中精力集中,要根据工作需要正确着用防护用品,并且不准饮酒上岗或擅离工作岗位,如有违犯,立即停止其工作。

3. 铁路货运职工,必须在自己的职务范围内,以对国家和人民财产及自己的人身安全极端负责的态度,保证安全生产。

二、行车作业人身安全通用标准

1. 班前禁止饮酒,班中按规定着装,佩带防护用品。

2. 顺线路走时,应走两线路中间,并注意邻线机车车辆和货物装载状态。严禁在道心、枕木头上行走,不准脚踏钢轨面、道岔拉杆、尖轨等。

3. 横越线路时,应一站、二看、三通过,注意左右机车车辆的动态及脚下有无障碍物。

4. 横越停有机车车辆的线路时,先确认机车车辆暂不移动,然后在该机车车辆较远处通过。严禁在运行中的机车车辆前面抢越。

5. 必须横越列车、车列时,应先确认列车、车列暂不移动,然后由通过台或两车钩上越过,勿碰开钩销,要注意邻线有无机车车辆运行,严禁钻车。

6. 不准在钢轨上、车底下、枕木头、道心里坐卧或站立。

7. 严禁扒乘机车车辆,以车代步。

三、作业线路安全

1. 装卸作业前必须安设带有脱轨器的红色信号(昼间为红色方牌,夜间为红色灯光),由作业工组按下列规定进行防护。

(1)在作业车两端各距 20 m 外的来车方向左侧钢轨上设置防护信号。如果同一线路上车辆分解后作业时,应在该线路的前部与最后部车辆两端防护。分解间隔大于 40 m 时可在 20 m 外设置。尽头线路只在道岔方向一端防护。

(2)作业车停留位置距警冲标不足 20 m 时,防护信号应设在与警冲标相齐处。

(3)办理列车作业时,根据车站值班员通知的起止时间防护,昼间为红色信号灯,安置在作业车前进方向的左侧。

(4)车站应将装卸防护信号使用办法列入车站行车工作细则,除装卸车作业工组外,其他人员无权撤除装卸防护信号。

2. 在线路附近搬运作业时,装卸、运输机具和人员不宜进入距钢轨头部外侧 1.5 m 以内的空间,否则必须注意瞭望和防护。

3. 跨越正线及到发线作业时(如跨线搬运、搭跳板、牵拉绳索等)必须经车站值班员许可,工组长要指定专人防护。如有机车或列车通过时,车站值班员应先通知工组停止作业,待撤除机具及防护信号后方可开通线路。

4. 调车人员对正在进行装卸作业的车辆(包括列车作业)办理调车(暂时移动)时,必须事先通知监装卸货运员和工组长停止作业、整理好车内货物防止倒塌,棚车关好车门车窗,人员全部离开作业车,撤除防护信号后方准进行。

5. 通过线路时必须遵守的规定:

(1)横越线路要一站、二看、三通过,遇有行驶的机车车辆必须待车尾过去后并确认邻线无来往车辆时再通过。如通过调车作业频繁的线路时,工组长要指定专人负责瞭望。

(2)越过线路时要注意信号导线、警冲标等障碍物,不得踩在基本轨与尖轨中间或辙叉处两轨中间。禁止顺着线路在道床上、限界内行走。

(3)禁止在车底下钻过或从车钩上翻越,严禁在钢轨上坐卧休息。

6. 执行装卸任务乘车时,应遵守的规定:

(1)禁止在车辆移动时抓车、跳车、越车。

(2)禁止乘坐平板车、油罐车、棚车顶部及货物已超出车帮的敞车,也不得坐在车辆内货件空隙间或车帮上。

四、开关车门及附属作业

1. 开关车门规定

(1)棚车

开启棚车车门时,要先检查门鼻、滑轮,确认没有损坏、出槽或其他异状时,用拉门绳将门开小缝,检查装载的货物是否倒塌,确定车门无脱落危险后再全部拉开。关车门时也要先检查后用绳拉。开关车门时,迎面禁止站人,禁止手扶门框直接推拉车门,禁止用手推车、叉车顶撞车门。禁止从棚车窗口装卸货物。

(2)敞车

开启敞车下扇门时,车上的人员应检查上扇门销钩链是否完整销牢,由两人用两根拉门绳将车门拉起,卡牢两个车门卡。无须翻起时,应用支门器支开,不准掩夹石块等物。

开启车门时,站在车下的人员应立于车门侧旁,防止车门落下或货物落下将人砸伤。

进出车厢时不应从开启的车门下钻来钻去。

开启敞车上扇门、关闭下扇门时必须做好呼唤应答,确认门下无人后再放下,关上扇门时应用拉门绳拉起销牢,车门迎面禁止站人。

开关敞车车门必须逐个地开关,不得同时进行。

(3)底开门车

开关底开门车辆的车门时,车内禁止站人,关门时必须按搭扣定位逐个扣好。开关有联动装置的底车门,松放或拧紧摇柄时,注意防止摇柄返回伤人。

(4)其他

遇有杂型车不了解车门开关方法时,应联系车辆部门处理,不准蛮干。

不得任意拆卸车门、车窗,作业完毕时应把车门、车窗、端侧关好,要插牢全部销子和门搭扣。

2. 铺垫防湿垫木

铺垫防湿垫木时,要随卸随铺,随装随撤,搬动时不应由肩上扔下。

3. 篷布苫盖

揭苫篷布时,车上作业人员应站在车顶部纵向中线位置,面向距车帮最近处的车外方向。刮风时苫盖篷布要先将迎风面绳子放下拴好,随放随拉随拴。揭篷布时由车的迎风端解开绳索卷起,两侧篷布随解随卷,车上作业人员应站在上风头。

五、手推调车

手推调车就是以人力在短距离内移动车辆、调移车辆的一种辅助形式。进行装卸作业对货位或为了腾空线路，往往需要手推调车。

手推调车作业时，须取得调车领导人的同意，人力制动机作用必须要好，有胜任人员负责制动。

1. 手推调车的限制

(1)为了便于随时按要求停车，手推调车的速度不得超过 3 km/h。

(2)手推调车每批推车车数(各铁路局自定)一般不准超过重车 1 辆或空车 2 辆。

(3)同一线路同方向两组及其以上车组同时进行手推调车时，相邻两车组间须保持不少于 50 m 的距离(间距各铁路局制定)。

(4)手推调车时，推车人员应站在车辆两侧，并要注意邻线机车车辆的动态及脚下障碍物。

(5)严禁站在道心里或站台上推车。禁止在轨面高于地面 0.4 m 以上的线路上推车。

(6)对移动后的车辆应实施防溜措施。

2. 遇下列情况禁止手推调车

(1)超过 2.5‰坡道的线路上(确需手推调车时，须经铁路局批准)。

(2)遇暴风雨雪或夜间无照明时。

(3)接发列车时，能进入接发列车进路的线路上无隔开设备或脱轨器。

(4)装载爆炸品、压缩气体、液化气体的车辆。

(5)电气化区段，接触网未停电的线路上，对棚车、敞车类的车辆。

六、电气化作业安全

1. 电气化铁路作业安全规定

为保证人身安全，除专业人员按规定作业外，任何人员所携带的物件(包括长杆、导线等)与接触网设备的带电部分需保持 2 m 以上的距离。在距接触网带电部分不到 2 m 的建筑物上作业时，接触网必须停电，并要遵照下列规定办理。

(1)施工领导人要向电力调度提出接触网停电申请书，申请书中应明确指出施工地点、施工所需时间，施工开始时间及作业特点。对于有计划的作业，申请书应于施工前两天提出。

(2)只有在接到电力调度员许可停电施工的命令，并有接触网工区指定的接触网工安设临时接地线之后，方可开始施工。施工时接触网工必须在场监护，在有关电气安全方面，施工领导人必须听从接触网工的指导。

(3)施工结束，接触网工要确认所有工作人员都已在安全地点之后，方可拆除临时接地线，并通知电力调度员施工已完毕。在拆除临时接地线之后严禁再进行施工。

在距接触网带电部分 2 ~ 4 m 的导线、支柱、房顶及其他设施上施工时，接触网可不停电，但须有接触网工或经专门训练的人员在场监护。

发现接触网断线及其部件损坏或在接触网上挂有线头、绳索等物，均不准与之接触，要立即通知附近的接触网工区或电力调度派人处理。在接触网检修人员到达以前，将该处加以防护，任何人员均应距已断导线接地处所 10 m 以外。如接触网已断导线等侵入基本建筑限界危及行车安全时，则必须根据《铁路技术管理规程》的规定进行防护处理。

在带电的接触网下，不准在敞车、平车、罐车等车辆（棚车、保温车、家畜车内除外）上进行装卸作业，不准进行用竹竿等物测量货物的装载高度等靠近接触网的作业。

在电气化铁路区段各车站指定的装卸货物线、给水线和电力机车整备线的接触网上均设有分段绝缘和隔离开关。隔离开关平时要经常处于合闸状态。

装卸作业时，必须在线路指定安全区内停电进行。作业结束，值班员确认所有人员已离开危险区域，方准合上隔离开关送电。

在上述装卸线的分段绝缘器内侧 2 m 处埋设安全作业标志，在标志外方或非指定带有接触网的线路上严禁登上车顶作业。安全作业标志，在既有电气化线路上由使用单位，在新建电气化线路上由电气化工程施工单位负责制作设置。

2. 接触网隔离开关操作规定

(1) 隔离开关开闭作业时，必须有两人在场，一人操作一人监护。操作人员由车站助理值班员、作业员、站务员、装卸员、机车司机、给水工等担任；监护人员由值班员（助理值班员）担任。上述人员由车务、（车站）机务、水电段与供电段共同负责组织训练，考试合格后由供电段发给隔离开关操作证，才能担任工作。

(2) 隔离开关操作前，操作人必须穿戴好规定的绝缘靴和绝缘手套，确认开关及其传动装置正常，接地线良好，方准按程序操作。操作要准确迅速，一次开闭到底，中途不得停留和发生冲击。操作过程中人体各部位不得与支柱及其构件相接触。当遇有雷电期间，禁止操作隔离开关。

(3) 当发现隔离开关及其传动装置状态不良时，值班员应立即要求电力调度派人检修，如危及人身、行车安全时，在修好之前，不得进行操作，并严禁擅自攀登支柱自行修理。绝缘靴和绝缘手套要存放于阴凉干燥、不落灰尘的容器内，每六个月由各站段送供电段检查和试验一次。每次使用前后，用干布擦净，使用前进行简略漏气试验。如发现有裂损等异状时，要及时要求电力调度派人检查处理。

3. 电气化铁路上作业时的其他安全规定

当接触网停电并接地以前，禁止对车辆进行下列作业：

(1) 攀登到车顶上，或在车顶上进行任何作业（如检查车顶设备、上水、上冰等）。

(2) 开闭罐车和保温车的注口（盖），或在这些注口处进行任何工作。

(3) 使用胶皮软管冲刷机车车辆上部。

电气化铁路附近发生火灾时，必须立即通知列车调度员、电力调度员或接触网工区值班人员，并遵守下列规定：

(1) 用水或一般灭火器浇灭距接触网带电部分不足 4 m 的燃着物体时，接触网必须停电；若使用沙土灭火时，距接触网在 2 m 以上者，可不停电。

(2) 距接触网超过 4 m 的燃着物体，可以不停电用水浇，但必须特别注意使水流不向接触网的方向喷射，并保持水流与带电部分的距离在 2 m 以上。

第六节　铁路货运发展概况及展望

一、铁路重载

1. 重载铁路

铁路重载始于20世纪20年代，至今已经在世界上很多国家广泛采用，特别是对于幅员辽阔的大陆国家，具有更重要的现实意义。所谓重载铁路，是指年运量为2 000万t的铁路、单元或组合列车达到或超过5 000 t、车辆中车轴轴重为25 t，具备以上条件者，可视为重载。我国东部平原地区的国家Ⅰ级干线都可以视为重载铁路（我国规定，Ⅰ级干线年运量不少于2 000万t）。

2. 我国重载线路

以大秦铁路为标志的中国铁路重载运输创造的奇迹，赢得了世界同行的广泛赞誉。作为我国新建的第一条双线电气化重载运煤专线，大秦铁路1992年年底全线通车，2002年运量达到1亿t设计能力。2008年，大秦铁路实现煤炭运量3.4亿t，2010年运量已达4.05亿t，是原设计能力的4倍。

目前，我国京广、京沪、京哈、陇海等繁忙铁路干线在列车速度大幅提升、密度大幅增加的同时，已普遍开行5 000～6 500 t重载货物列车。这种客货共线运行，速度、密度、重载三者并举的运输组织模式，是世界铁路运输的一项重大创举，也是中国铁路赢得世界铁路同行赞叹的一大特点。

中国主要的四条晋煤外运通道（山西南北各两条），即山西大同—河北秦皇岛；山西朔州—河北黄骅港；山西（支线比较多）—河北邯郸—山东济南—山东青岛；山西（支线铁路连接）—河南焦作—山东日照，都是重载铁路。

二、多式联运

1. 国际多式联运

国际多式联运是一种以实现货物整体运输的最优化效益为目标的联运组织形式。它通常以集装箱为运输单元，将不同的运输方式有机组合在一起，构成连续的、综合性的一体化货物运输。通过一次托运、一次计费、一份单证、一次保险，由各运输区段的承运人共同完成货物的全程运输，即将货物的全程运输作为一个完整的单一运输过程来安排。它最早应用于北美、欧洲和远东地区的货物运输，随后逐步在全球实行。国际多式联运很大程度上不同于传统的单一运输方式。根据1980年《联合国国际货物多式联运公约》以及1997年我国交通部和铁道部共同颁布的《国际集装箱多式联运管理规则》的定义，国际多式联运是指“按照多式联运合同，以至少两种不同的运输方式，由多式联运经营人将货物从一国境内接管货物的地点运至另一国境内指定地点交付的货物运输”。

2. 我国铁路联运

铁路和地方水路以及铁路和公路等干、支线联运，是在许多沿线、沿海、沿河城镇，以铁路车站或港口码头为中心，组织许多外接干线、内连社队的地区性的联运线，既为车站、港口集散货物，又通过代办中转业务、办理送货到家、上门取货、电话受托等联运服务，方便货主。

三、铁路物流运输

铁路发展现代物流是满足社会经济发展、实现铁路产业升级和可持续发展的重要途径。在全国现代物流业快速发展的时间里,我国铁路货运也在加快改革步伐,探索发展现代物流,并已取得显著成效。

1. 我国铁路物流的发展状况

2003 年以来,铁路陆续推行了一系列货运改革和发展现代物流的新举措,包括组建三个专业运输公司,实施大客户战略,试点“集中受理,优化装车”,实施“路企直通运输”,规划建设铁路物流中心等,并取得了一系列显著的成果。

2. 我国铁路物流现存的主要问题

我国铁路物流实践虽然取得了一定成绩,但目前还存在许多问题,如设施能力不足、信息技术落后、货运生产仍然比较粗放,社会物流需求得不到完全满足等。

3. 铁路发展现代物流系统的必要性

交通运输作为国民经济发展的基础行业现在已逐渐转变为物流系统,这已在越来越多的国家得到了承认和高度重视。我国铁路在国家综合运输体系的重要作用决定了其向现代物流发展的必然性。我国正处于国家综合物流运输结构面临重大转型的关键时刻,铁路运输积极融入社会现代物流体系中,充分发挥铁路的比较优势和实现运输链条各环节的紧密衔接,才能更好地为经济社会持续快速发展提供高质量的物流运输服务。

继第六次大面积提速和部分客运专线投入运营使铁路运输能力初步缓解之后,近年铁路改革与发展的步伐明显加快,未来几年对铁路基础设施建设的投入将极大地改善铁路运输现状。2012 年铁路客货分线基本完成后,铁路运输能力有望得到大幅释放,这将从根本上改变客货混跑导致运能紧张的现状,并可快速扩充我国铁路运能、提升技术装备水平,使铁路运输基本具备全面发展现代物流的条件。

为此,铁路部门正积极推行铁路货运向现代物流改革,不少铁路运输企业如中铁集装箱、中铁特货、中铁快运等公司也在尝试铁路物流服务,但从总体发展水平上看,铁路与公路、水运、民航相比发展现代物流的进程差距较大。与经济社会发展和市场需求相比,铁路物流发展中还存在许多不容忽视的问题。

(1)货运产品不满足市场需求,市场占有率不高。

(2)货运节点发展物流合力不足,分工不合理。

(3)基于现代物流理念的运输组织方式开发不力。

(4)铁路资源优势发挥欠缺,整合力度不足。

(5)物流企业竞争能力不强。

4. 铁路发展现代物流系统的紧迫性

为谋求更大发展空间,铁路目前存在的诸多问题使其必须向现代物流转型才能得以解决,而当前铁路系统内外的发展形势促使铁路必须尽快实现转型。

(1)国家综合运输结构的转型为铁路现代物流的发展提供了难得的契机。

(2)国内物流市场的激烈竞争使铁路现代物流的发展面临着严峻的形势。

(3)铁路货运改革的大力推进给铁路现代物流的发展准备了较好的基础。

由此可见，铁路现在正处于发展现代物流的大好时机，但同时也正处于市场竞争最为激烈的时期，铁路必须充分利用自身优势及政策、环境优势，改革现有作业方式及服务观念，提供全方位的现代物流服务，占据优势市场的同时尽量扩大市场份额，从而在未来的市场上占据更多的主动优势。

5. 铁路发展物流的市场定位

随着我国加入 WTO 和国民经济快速发展，市场需求更加多元化，国内外物流市场竞争日益激烈。近年来我国铁路实施了大规模路网建设，客货分线逐步实现，运输能力得到释放，为铁路物流企业的发展带来了巨大的机遇和空间。铁路物流企业要在激烈的市场竞争中处于不败之地应具备较强的综合能力，而企业的综合能力不仅体现在产品服务上和地域优势上，更体现在市场的营销能力和服务品质上。因此，铁路物流企业应立足于自身熟悉和专业的物流领域，开展广泛的市场调查和客户行为分析，根据客户的物流需求为其设计物流服务。以客户为中心，以物流资源链为服务手段，以市场占有率和建立客户忠诚度为导向，制定和开展有针对性的市场营销策略，实现规模化、个性化物流服务，提高物流综合服务水平，构筑自身的核心竞争力，从而与客户建立长期的、双赢的合作关系，成为客户物流供应链中具有独特核心能力的一环。

(1)从货物种类来看，铁路物流的目标市场将主要集中于快速消费品、图书、家电产品、建材产品、电子产品等日常生活用品和高附加值货物，即为“白货市场”，为其提供集装箱运输服务、流通加工服务、仓储服务、金融服务等现代物流理念下的物流服务，进而改善铁路货物运输结构，提升铁路在整个运输物流体系中的地位和作用。

(2)从客户结构来看，铁路物流主要为生产制造企业、加工企业、零售企业等上下游生产贸易提供集仓储、运输、配送等一体化物流服务，与公路货运枢纽、港口、机场等交通节点合作提供多式联运服务，与物流配送企业、传统运输仓储企业、代理企业联盟合作开展门到门全程物流服务。

(3)从服务范围来看，铁路物流在有条件的地区如沿海、沿港以及内陆的口岸地区可以积极开展国际物流服务，并提供海铁联运、国际运输、综合报关、金融服务等国际物流综合性服务；在内陆地区铁路将借助先进的铁路现代物流中心发展成为区域内重要的物流集散地。

总之，铁路物流市场主要定位于高附加值货物，为大型生产制造企业、加工企业等提供国际国内物流服务，并通过与其他运输方式的联合运输实现铁路现代物流从两根钢轨到“门到门”服务的根本性转变。

复习思考题

1. 货装职工守则的主要内容是什么？
2. 铁路线路根据其用途分为哪几类？
3. 铁路货车按用途分为哪几类？
4. 车辆由哪几部分组成？

5. 行车作业人身安全通用标准是如何规定的？

6. 哪些情况禁止手推调车？

7. 哪些线路属于重载铁路？

8. 与经济社会发展和市场需求相比，铁路物流发展中还存在哪些不容忽视的问题？

第二章　货运安全信息系统及安全检测设备

安全计量检测设备是对运用铁路运输的货物装载进行科学计量及安全检测监控，确保行车安全的重要设施。货运计量安全检测设备配置目标是卡住源头，网络监控。建立全路货运安全检测监控系统是利用安全计量检测设备，实现全路检测数据的联网，实时检测和监控货车超载、偏载、偏重、超限及危险品等运输情况，实现铁道部、铁路局和车务段（站）对货物运输装载质量的动态检测监控和报警车的处理结果反馈。

第一节　货运计量安全检测监控系统

一、货车超偏载检测子系统

（一）超偏载监控网络系统

超偏载监控网络系统包括：通道、电源、检测站超偏载设备、车站监测信息平台、铁路局监控信息平台、铁道部监控信息平台等。

1. 车站监测信息平台主要功能：

（1）对检测设备操作间传输的信息实时进行存储、处理、显示、打印、预警以及数据统计；

（2）对通过检测设备的列车按规定的标准报文格式进行存储或打印，标明序号、日期、时间、检测设备站名、方向、机车和货车类型、辆数、速度；

（3）打印班、日的累计工作报告，调阅某一检测设备的某一时段的通过车报文及自检信息等；

（4）实时反映检测设备及通道的工作状态和故障信息；

（5）自检功能；

（6）完成 TMIS 确报等货运信息的集成与匹配。

2. 铁路局监控信息平台主要功能：

（1）监控管辖货检站检测报警处理状况；

（2）监控管辖货运站装车报警核实状况。

（二）超偏载车辆的判定

1. 超偏载状态包括 3 个方面：

（1）超载状态（t）；

（2）纵向偏载状态（mm）；

（3）横向偏载状态（mm）。

超偏载预警主要内容有时间、车速、站名、方向、列车编组、车位、车型、车号、超载、纵偏与横偏等。

2. 货车超偏载分为严重、一般两级，具体分级标准见表2-1。

表2-1 货车超偏载分级表

项目＼分级	严重	一般
超载	大于货车容许载重量10 t	大于货车容许载重量5 t
偏载	货物总重心投影距车辆纵中心线距离大于150 mm	货物总重心投影距车辆纵中心线距离大于100 mm
偏重	货车两转向架承受重量之差大于15 t	货车两转向架承受重量之差大于10 t

以上的具体分级标准仅作为是否需要换装整理的依据。

(三)超偏载车辆的处理

1. 根据超偏载检测装置检测结果，对严重的超偏载货车，应通知货检和列检人员联合检查，确保车辆技术状态正常不危及行车安全的，并做好记录，重点监控运行。危及行车安全的，须立即扣车，换装整理并检查合格后，方能挂运。对一般的超偏载货车，可不换装整理。

2. 车站对未扣车处理的严重、一般超偏载车辆，应记录车种、车号、发到站、货物品名、发收货人等，并将上述信息及时通知发到站，电报通知下一编组站。同时在24 h内，将信息上报铁路局货运主管部门，并反馈到铁路局计量主管部门。

3. 严重超偏载货车换装整理作业流程：

(1)车站货检人员应根据检测结果，核对现车无误后，对危及行车安全的超偏载货车，及时打印超偏载甩车通知卡(一式三份，调度、货检、列检各一份)，并向车站行车调度部门报告；

(2)车站行车调度部门接到货检人员报告后，值班人员应在超偏载甩车通知卡上签字，安排甩车，并送入指定地点；

(3)车站对甩下的货车重新过衡或进行偏载、偏重复核。确认超载、偏载、偏重后，按规定换装整理和拍发电报；

(4)车站对卸载货车重新过衡复磅，确认货物重量不超过货车容许载重量后，方可编入列车继续运行；

(5)车站将严重超偏载货车的超偏载检测单和轨道衡复磅单，一并随运输票据寄送到站，到站应按规定处理，并按月将有关超偏载统计资料寄送主管铁路局和责任铁路局。

(四)责任划分

1. 由于人为因素，造成超偏载货车漏检，而被下一车站检出时，应列漏检车站责任；发生行车事故的，除按规定划责外，同时追究漏检车站责任。

2. 超偏载检测装置发生事故或故障期间，如发生由于超载、偏载或偏重引起的行车事故，要按规定程序调查原因，查明责任，依据《铁路交通事故调查处理规则》列相关部门和人员责任。

3. 超偏载检测装置及网络信息系统由于装置质量、维修保养不当及违规操作等原因，造成停机或影响正常使用等情况均为装置事故或故障。装置事故分为大事故、一般事故两类。

(1)责任连续停时间超过 48 h,为大事故;

(2)责任连续停机时间超过 24 h,小于 48 h,为一般事故。

未构成事故的均为装置故障。

4. 凡因超偏载检测装置发生事故或故障造成不良后果的,按下列划责:

(1)经分析认定确系超偏载检测装置质量原因,由使用单位根据合同,要求生产厂家进行赔偿;

(2)由于维修保养不当,追究养护维修单位责任;

(3)由于网络信息系统原因,列系统维护单位责任;

(4)因检衡原因,列检定部门责任;

(5)因校准原因,列校准部门责任;

(6)由于车站违规操作或未及时申请检衡等原因,列车站和铁路局相关部门责任;

(7)由于违规施工原因,列施工单位责任;

(8)无法判明责任等原因,由铁路局组织有关专家分析认定。

5. 发生一般事故由车站处理,大事故由铁路局处理。

6. 事故实行报告制度,发生大事故报铁道部,一般事故报铁路局。报告内容包括车站、事故地点、概况、事故等级等,以电报形式上报。

二、轨道衡检测子系统

轨道衡是铁路货运计量安全检测系统的重要组成部分,是防止货车超载的主要安全检测设备。

轨道衡监控网络系统包括通道、电源、货运站轨道衡设备、车站监测信息平台、铁路局监控信息平台、铁道部监控信息平台等。

1. 车站监测信息平台主要功能

(1)对轨道衡设备检测传输的信息实时进行存储、处理、显示、打印、预警以及数据统计。

(2)对通过轨道衡设备的货车按规定的标准报文格式进行存储或打印。打印内容包括序号、日期、时间、轨道衡设备站名、方向、机车和货车类型、辆数、速度。

(3)打印班、日的累计工作报告,调阅某一轨道衡设备的某一时段的通过车报文、自检信息等。

(4)实时反映轨道衡设备及通道的工作状态和故障状态。

2. 铁路局监控信息平台主要功能

(1)监控管辖货运站过衡检测状况。

(2)监控管辖货运站过衡报警核实状况。

3. 铁道部监控信息平台主要功能

(1)监控各大货运站过衡检测状况。

(2)监控各局货运站过衡报警核实状况。

第二节　货车超限及装载状态监控系统

一、超限检测系统检测功能

超限检测系统通过安装在龙门架上的两个二维激光扫描传感器组成扫描断面，实时对通过列车的纵断面轮廓进行测量，可以检测得到通过车辆及货物的断面轮廓尺寸，进而判断货物超限与否，以及超限的尺寸、部位、等级等，如图 2-1 所示。该系统可运用于正线、长大隧道、特大框架桥入口前、到达场或出发场，避免由于超限引起的安全事故的发生。

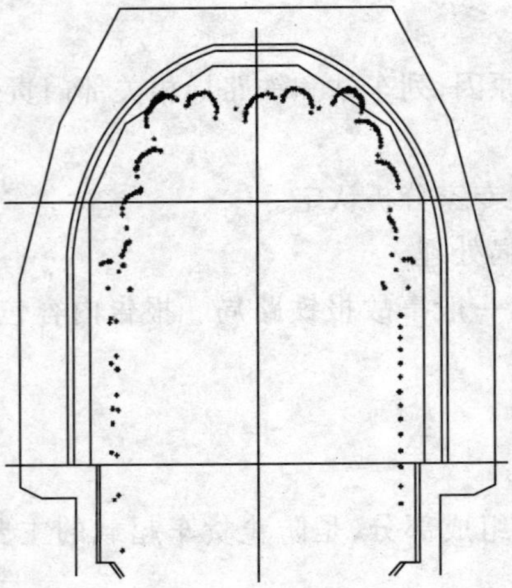

图 2-1　木材超限实例

二、超限检测系统术语

超限车辆：装载货物后，整体尺寸轮廓超出机车车辆限界要求的车辆，称为超限车辆。

门架：横跨铁路线路，用来作为传感器安装基础的建筑物。

测量断面：测点处，与线路前进方向垂直的理论平面，定义为测量断面。

测量坐标 X 轴方向：测量断面内，两钢轨顶点连线的延长线，定义为测量坐标 X 轴方向。

测量坐标 Y 轴方向：测量断面内，垂直于 X 轴方向且通过线路中心线的方向，定义为测量坐标 Y 轴方向。

三、超限指标

1. 最大轮廓超限级别

最大轮廓超限级别分为：一级超限、二级超限、超级超限。

一级超限：超过机车车辆限界而未超过一级装载限界为一级超限。

二级超限：超过一级装载限界而未超过二级装载限界为二级超限。

超级超限:超过二级装载限界而未超过建筑限界为超级超限。

2. 最大轮廓超限幅值

最大轮廓超限幅值:指超限点的 X 坐标或者 Y 坐标超过机车车辆限界对应点的幅值。例如 40 就表示超出机车车辆限界 40 mm,现在的超限以 X 轴方向超限居多,Y 轴方向超限只有在超限点 Y 坐标大于机车车辆限界的最高点 4 800 mm 才发生。

3. 最大轮廓超限位置

最大轮廓超限位置:指的是最大超限点在最大轮廓扫描断面里的位置。一共有 8 个部位,分别是前端、左上、左中、左下、右上、右中、右下、后端,如果该位为 1,就表示该部位有超限点,例如 01001000 就表示左上及右上部位超限。

上部超限:Y 坐标大于 3 600 mm 的超限部位属于上部超限。

中部超限:Y 坐标大于 1 250mm 且小于 3 600 mm 的超限部位属于中部超限。

下部超限:Y 坐标大于 150 mm 且小于等于 1 250 mm 的超限部位属于下部超限。

4. 最大超限断面位置

最大超限断面位置:表示最大超限断面从本车厢扫描开始计数,第几帧被扫描到,能反映出最大超限断面在一车厢里的位置。例如最大超限断面位置为 57,车厢扫描次数为 124,则表示最大超限断面位置基本在本辆车厢中间位置。

5. 超限次数

超限次数:表示本辆车共有几个断面超限。

6. 车厢扫描次数

超限扫描次数:表示本辆车一共扫描了多少次。

四、超限车辆处理

超限车辆根据报警区别为一级黄色、二级橙色、超级红色,并且对报警车辆进行上、下、左、右四个方向拍照,在车辆限界轮廓图中显示报警部位及超限幅值。监控人员发现超限车辆报警时,应及时通知货检值班员,由货检值班员组织人员进行现场检查确认。对货物装载确认超限的车辆,应扣车进行处理。对因盖阀张开、绳索甩动、加固材料翘起及押运人等原因造成的超限,及时进行整理。

五、视频监控

现场安装的摄像头,从上、下、左、右四个方位对通过安全门装置的车辆进行实时拍摄,并保留图像数据。通过监控管理平台,实现对到达、出发、通过列车的监控,重点对列车的门、窗、盖、阀的关闭情况,货物装载加固以及篷布苫盖等情况进行实时监控,确保对问题车的及时处理。

第三节 货检站安全集中监控系统

"货检站安全集中监控系统"作为铁路货运检查工作的一个综合性安全管理系统,它通过对超偏载检测系统、轨道衡检测系统、货车超限及装载状态监控系统(俗称安全门)、现车、预确报系统、车号、TPDS、手持机系统、站场监控等与货运相关的系统进行集成，采用先进的计算机网络技术及信息处理与集成技术，整合各应用系统，形成一个功能强大的信息平台，提供货检站作业综合、动态、全方位、立体化的监控管理支持平台，实现货运检查体系及计算机手持终端直接联网到作业岗点的科技化管理。系统组成示意如图 2-2 所示。

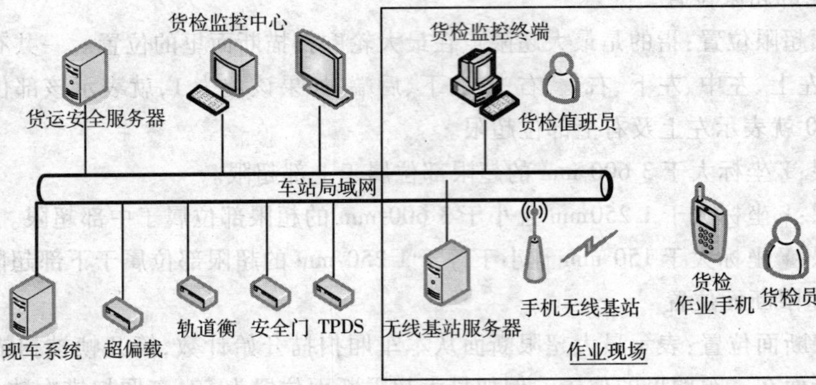

图 2-2　系统组成示意图

一、系统架构

采用“WEB +手持终端”的系统架构，为货检值班员、货检员提供信息服务。其中，WEB 模块的主要用户是值班员，其主要功能是实时监控安全设备检测结果、制订工作计划、标注工作重点、接收现场反馈信息、指导货检员的工作。手持模块的主要用户是货检员，主要功能是自动接收一组与货检工作直接相关的计划信息（包括车次、到发时间、股道、车辆装货信息、重点车信息等），提示检查重点，及时反馈检查结果。手持模块与 B/S 模块共同配合，完成货检工作的存档过程，使货检工作透明、可查。

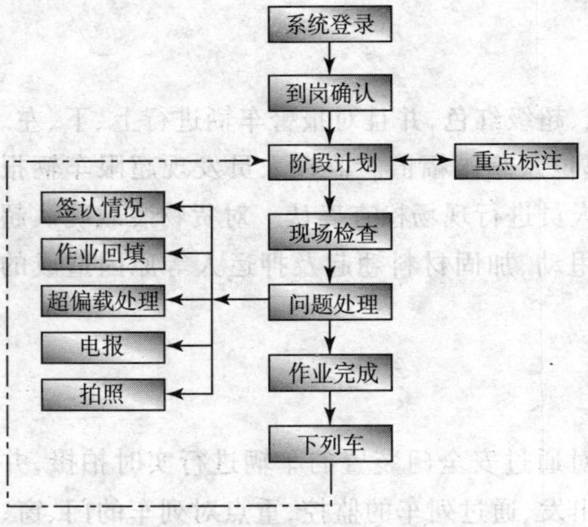

图 2-3　作业流程图

二、系统功能

货检站安全集中监控系统操作流程如图 2-3所示，其主要功能包括阶段计划、重点车标注、综合预警、货检作业信息综合管理、拍发电报、手持机系统、统计报表、用户管理等，见表 2-2。

表 2-2　货检站安全监控系统功能表

功能类别	子功能	功能类别	子功能
阶段计划	三小时阶段计划	拍发电报	自动拍发电报
	手动添加阶段计划	手持机系统	自动接收作业计划
	作业实时预报		作业结果反馈
	计划安排	统计报表	在列整理统计表
重点车标注	重点车标注		扣车整理统计表
综合预警	综合预警集中模式		拍发电报统计表
	综合预警对比模式		补封车统计表
货检作业	作业结果反馈		报警车统计表
	危险品登记		

1. 阶段计划功能

提供从现车系统实时自动接入阶段计划及人工录入阶段计划两种操作方式，货检值班员根据阶段计划标注重点车，生成货检作业计划，并自动传送到货检员监控终端，如图 2-4 所示。

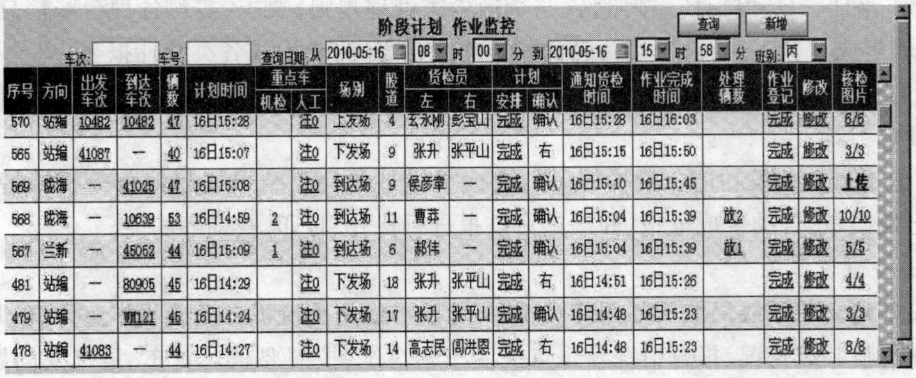

序号	方向	出发车次	到达车次	辆数	计划时间	重点车		场别	股道	货检员		计划		通知货检时间	作业完成时间	处理辆数	作业登记	修改	核检图片
						机检	人工			左	右	安排	确认						
570	站编	10482	10482	47	16日15:28		注0	上发场	4	玄永刚	彭宝山	完成	确认	16日15:28	16日16:03		完成	修改	6/6
565	站编	41087	—	40	16日15:07		注0	下发场	9	张升	张平山	完成	右	16日15:15	16日15:50		完成	修改	3/3
569	陇海	—	41025	47	16日15:08		注0	到达场	9	侯彦章	—	完成	确认	16日15:10	16日15:45		完成	修改	上传
568	陇海	—	10639	53	16日14:59	2	注0	到达场	11	曹莽	—	完成	确认	16日15:04	16日15:39	故2	完成	修改	10/10
567	兰新	—	45052	44	16日15:09	1	注0	到达场	6	郝伟	—	完成	确认	16日15:04	16日15:39	故1	完成	修改	5/5
481	站编	—	80905	45	16日14:29		注0	下发场	18	张升	张平山	完成	右	16日14:51	16日15:26		完成	修改	4/4
479	站编	—	WM121	45	16日14:24		注0	下发场	17	张升	张平山	完成	确认	16日14:48	16日15:23		完成	修改	3/3
478	站编	41083	—	44	16日14:27		注0	下发场	14	高志民	阎洪恩	完成	右	16日14:48	16日15:23		完成	修改	8/8

图 2-4　阶段计划操作界面

2. 行车预告及货检作业计划语音提示

通过 TDCS 调监系统接入或人工录入列车到达预告信息，系统自动对列车到达和货检作业信息进行声光提示，直到货检员确认。

3. 重点车标注

提供将检测设备报警车辆自动标注成重点车辆和手工标注重点车两种标注方式；对没有自动匹配上确报的车辆允许人工二次匹配；提供“重点车预报单”便于货检员重点检查。

4. 检测设备预警信息集中监控

将超偏载、轨道衡、安全门状态、TPDS 系统实时检测信息进行集成和自动关联，在一个界面集中展示。通过不同颜色区分显示各系统的报警级别，同时提供语音报警功能，如图 2-5 所示。

设备检测信息可以有分窗口显示和同一个窗口集中显示两种显示模式。在集中监控窗口中还可以显示集成的视频信息。

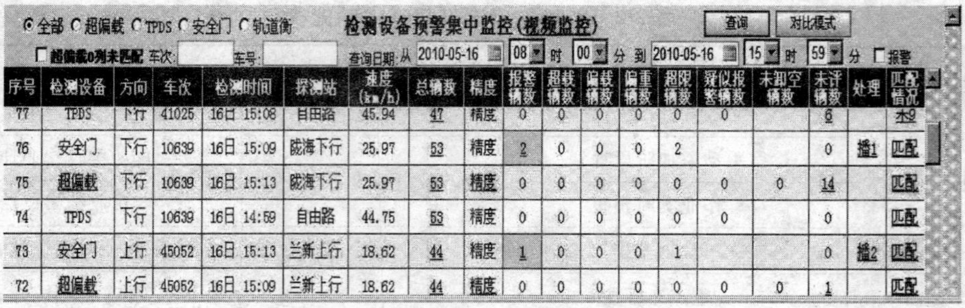

序号	检测设备	方向	车次	检测时间	探测站	速度(km/h)	总辆数	精度	报警辆数	超载辆数	偏载辆数	偏重辆数	超限辆数	疑似报警辆数	未卸空辆数	未评辆数	处理	匹配情况
77	TPDS	下行	41025	16日 15:08	自由路	45.94	47	精度	0	0	0	0	0	0		6		未9
76	安全门	下行	10639	16日 15:09	陇海下行	25.97	53	精度	2	0	0	0	2			0	播1	匹配
75	超偏载	下行	10639	16日 15:13	陇海下行	25.97	53	精度	0	0	0	0	0	0	0	14		匹配
74	TPDS	下行	10639	16日 14:59	自由路	44.75	53	精度	0	0	0	0	0	0		0		匹配
73	安全门	上行	45052	16日 15:13	兰新上行	18.62	44	精度	1	0	0	0	1			0	播2	匹配
72	超偏载	上行	45052	16日 15:09	兰新上行	18.62	44	精度	0	0	0	0	0	0	0	1		匹配

图 2-5　检测设备预警集中监控界面

5. 货检作业信息综合管理子系统

(1)自动下达货检作业计划。货检值班员根据列车到达预告信息,安排生成作业计划并自动传输给货检员,自动给出语音提示,直至货检员接收确认,作业计划下达完毕。

(2)货检作业结果反馈。货检员作业完毕后,回填货检作业情况反馈,确认检车完毕。

(3)对问题车辆相关信息实现站内追踪。系统根据问题车登记信息,对车辆运行动态及作业处理信息进行实时跟踪。

(4)作业日志自动统计。按照《铁路货运检查管理规则》要求,实现各种台账信息的统计、查询、报表生成、打印。结合机检信息和货检作业信息,自动生成各类统计报表。

(5)自动分析。按要求对各类信息进行工作量、作业情况等不同角度的分析,并提供自动分析自设定工具。

(6)电报自动拍发功能。货检值班员根据货检员的检车结果或超偏载等报警情况,选择适合的电报模板,自动生成电报,并提供对电报进行保存、打印、查询等功能。

6. 手持机子系统

在车站建立的无线局域网如图 2-6 所示,货检员使用手持机自动接收作业计划,及时掌握到达车辆货物装载情况、报警情况及重点关注车辆情况,按照要求对首车、尾车及问题车辆进行拍照。货检作业完毕,货检员通过手持机反馈检查结果及照片,并上传给货检作业管理系统,自动通知货检值班员作业已完成。

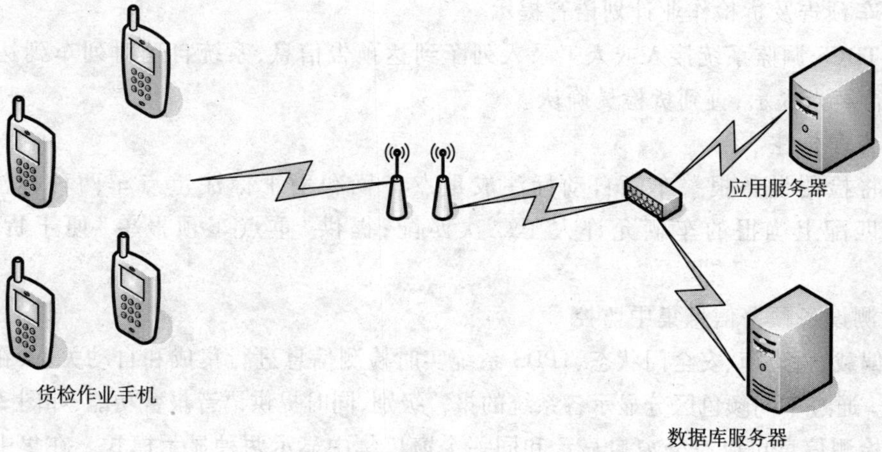

图 2-6　无线网络系统图

货检安全手持终端系统操作流程及操作界面如图 2-7 至图 2-11 所示。

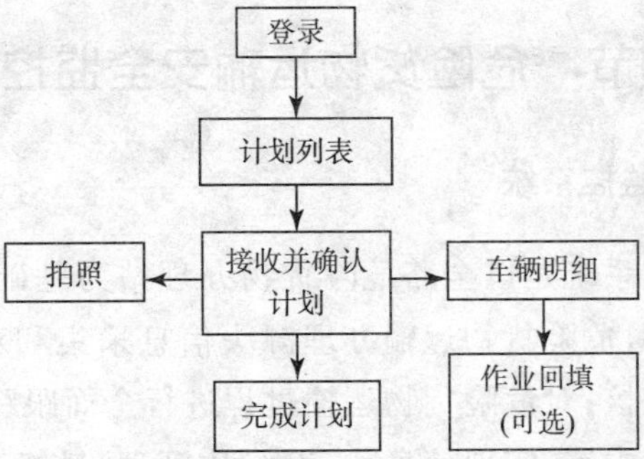

图 2-7 货检安全手持终端系统操作流程图

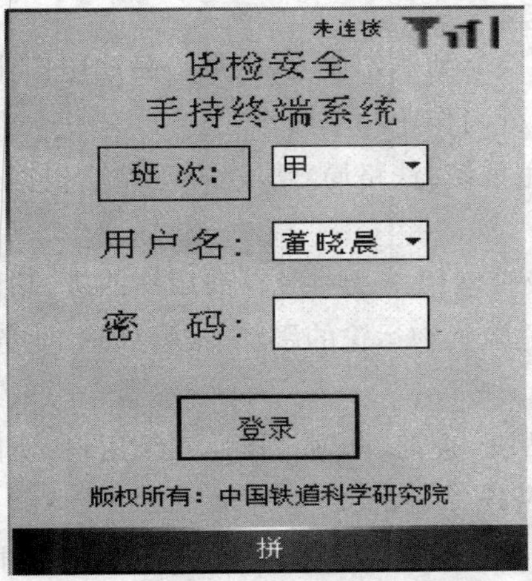

图 2-8 货检安全手持终端系统登录界面

图 2-9 货检安全手持系统检查确认界面

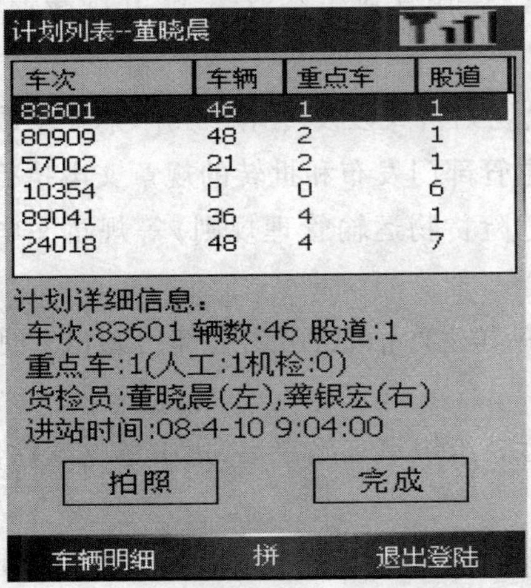

图 2-10 货检安全手持系统信息检查界面

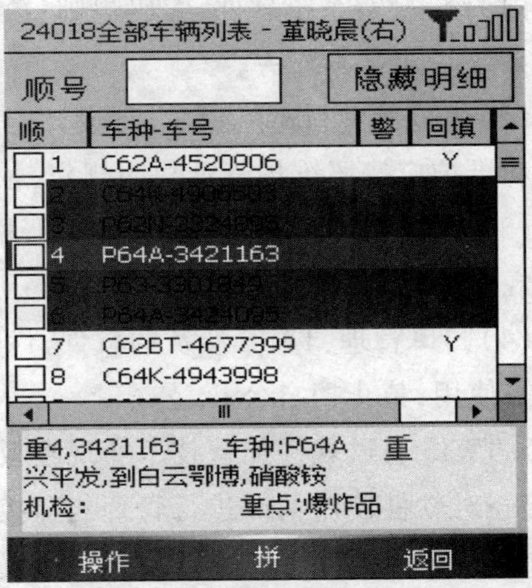

图 2-11 货检安全手持系统车次检查界面

7. 用户管理

系统管理员根据实际情况,对用户进行管理,增加、删除、修改用户,并对用户的操作权限进行授权。

第四节 危险货物运输安全监控系统

一、危险货物运输安全监控系统

危险货物运输安全监控系统是以全路危险货物办理站为基础,采用先进的计算机网络技术及信息处理与集成技术,对危险货物运输办理源头信息采集和对不同岗位作业特点的危险货物办理过程进行信息化审核;对危险货物运输过程进行全面跟踪和监控管理;对各类相关规章、文电、基础数据和台账等内容,实现信息化、网络化管理,最终达到危险货物受理、承运、装车、在途、卸车、交付等全过程安全监控,实现危险货物运输的三级管理、三级监控,确保危险货物运输安全。

危险品运输流程分为:危险品发送作业流程、危险品到达作业流程、危险品途中作业流程。

危险货物运输安全监控系统办理站级系统分为分岗作业和单岗作业。

1. TWIS 包括铁路局级应用系统和办理站级应用系统,铁路局、站段、办理站应根据岗位职责和用户权限分别设专人运用和统一维护。

2. 铁路局级应用系统设铁路局、站段、办理站级管理用户及一般查询用户四级,功能主要侧重利用办理站级系统基础数据,实现管理区域内危险货物运输的跟踪、报警处理、业务查询、分类统计、安全分析等。

3. 办理站级应用系统设铁路局查询、办理站(站段)查询、办理站作业三级用户,功能主要侧重于作业源头卡控、流程签认和互控把关等,是 TWIS 基础的数据来源。

4. TWIS 运行维护管理按照统一性、规范性、及时性、规范管理的原则进行专业管理、集中维护、统一发布、分级负责、分层落实,逐级考核。

(1)统一性:系统软件、编码规则、数据传输格式、专用字典等全路统一,基础数据字典与货票系统基础字典统一。

(2)规范性:对作业流程进行设计,其功能架构、规则格式以及专用字典严禁随意改动,其修改和维护应按照维护管理权限规定,依据铁道部主管部门发布和批转的规章文电执行。

(3)及时性:TWIS 的修改和维护严格按《铁路危险货物运输管理规则》等规章文电执行,并按规定时限要求发布。

(4)归口管理:TWIS 涉及的软件、代码、数据资料和生产信息,由主管部门归口管理、严格按权限使用,禁止擅自公开、公布。

5. TWIS 通过软件加密技术实现授权使用。货运处组织审查确定后,集中建立软件使用台账,统一对软件使用情况进行管理与监控。

6. 铁路局 TWIS 的信息库利用专用设备保存,联机存储 2 年,非联机存储不少于 10 年。

7. 未经铁路局管理组批准,任何部门不得擅自向其他系统提供信息,也不得利用该系统的软件、数据等从事其他活动

8. 安装 TWIS 的用户应严格按照铁路危险货物运输安全监控系统操作规定操作。

9. 各级用户系统中的电子信息、打印的纸质信息以及向其他用户传送的电子信息三者必

须保持一致。各级用户对信息的准确性、完整性负责。

10. 发生异常情况时，车站操作人员应及时通知本级维护人员实施维护。若本级维护人员无法处置，站段 TWIS 管理维护组分别向铁路局货运、信息部门及时上报，协调解决。

11. 危险货物作业站点是 TWIS 的信息源点，应按照《铁路危险货物运输管理规则》等规章要求，填制各种登记簿。

TWIS 的原始数据包括：

(1)全路统一的危险货物专用基础数据，如办理资质和办理站(专用线)规定、危险货物品名表、自备货车、押运员、办理人员、全路事故应急救援数据等。

(2)基层站段提供的原始数据，包括受理审核数据、基础台账、站段自身基础信息等。

(3)运输过程中产生的生产数据，如发送、途中、到达签认单数据等。

(4)其他相关数据。

二、系统使用

登录危险货物运输安全监控系统后，可看到主界面有最新公告新闻、基础数据升级、最新规章文电、最新的规章文电列表、滚动显示、常见业务问题、事故案例分析、系统部署组件等几个标签，如图 2-12 所示。在主页面上显示受理审核、承运装车、内勤复核、运单生成、货检作业、货运调度、作业签认查询等标签，如图 2-13 所示。

图 2-12　危险货物运输安全监控系统(办理站级)界面

点击菜单栏相应的标签即可按照作业岗位权限进行录入信息和查询相关信息。

例如选择危险货物运输类型，点击货检作业标签，界面显示如图 2-14 所示。

在货运检查页面点击“货运检查”，输入检查人员姓名和时间，作业人员所检查项填写完成，审核数据通过后提交。选择“待办全部完成”可以将同批受理的多车一次通过审核，如图 2-15 所示。

在《铁路危险货物运输管理规则》中指定签认的物品需进行分岗作业，按照气体类罐车运

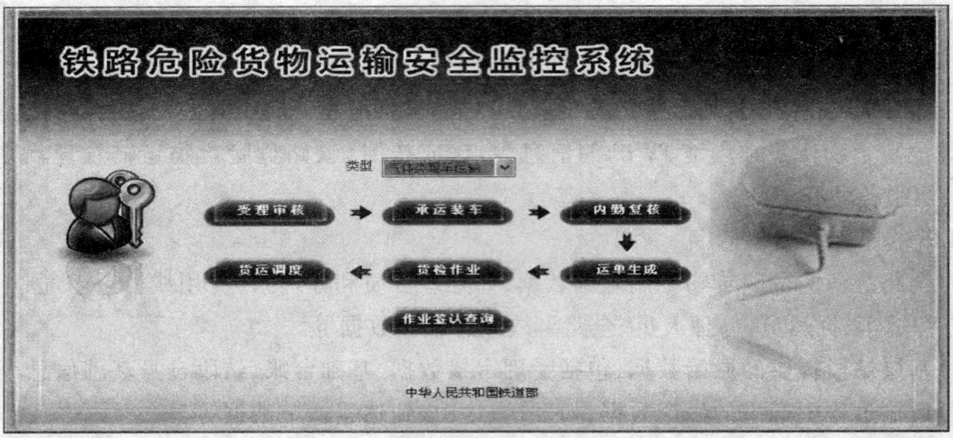

图 2-13　铁路危险货物运输安全监控系统界面

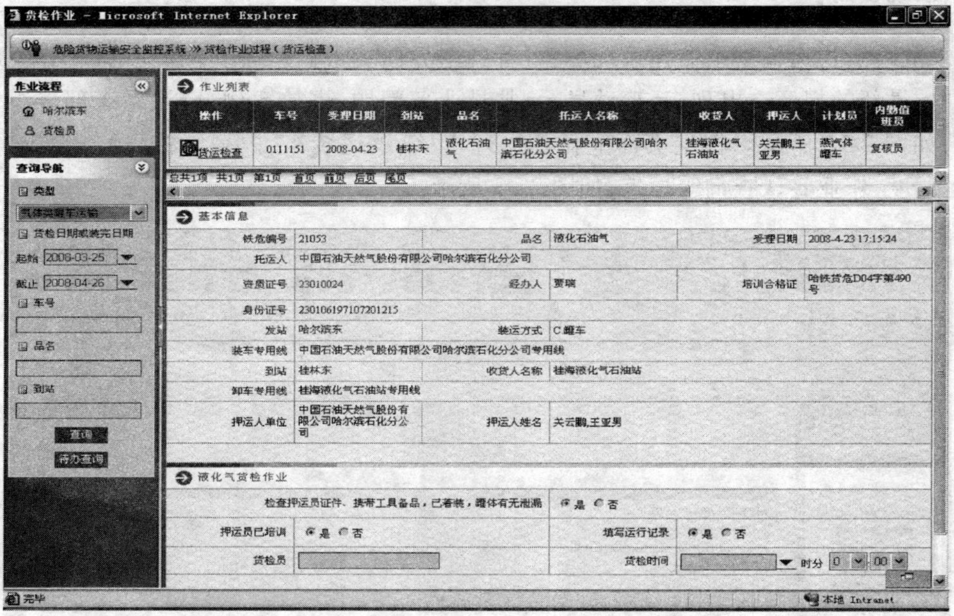

图 2-14　铁路危险货物运输安全监控系统——货检作业操作界面

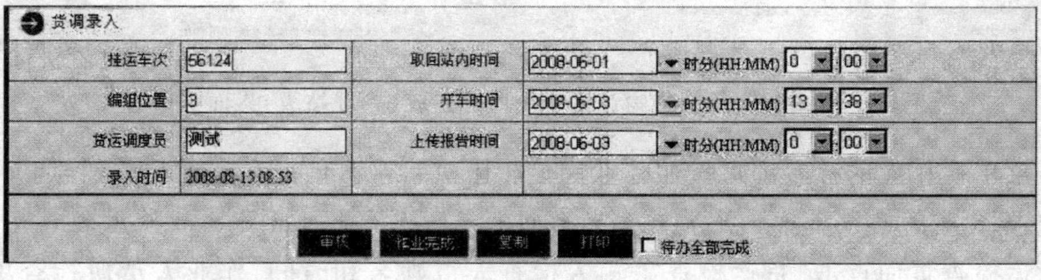

图 2-15　铁路危险货物运输安全监控系统——货调录入操作界面

输的作业流程进行作业。其他不需进行签认的物品，只需做受理审核部分，其作业流程与气体罐车运输作业流程一致。

第五节 剧毒品货物运输跟踪信息采集系统

剧毒品货物运输跟踪管理系统从用户角度划分为:基层跟踪信息采集部分、铁道部建立剧毒品数据库部分,车站、铁路局、铁道部三级信息应用部分。

信息采集部分基于微机设计,数据存储采用ACCESS桌面数据库,数据上报采用专门开发的传输软件。信息应用部分基于C/S模式设计,包含服务器和客户机两个组成部分。本节主要内容分为两个部分,第一部分介绍采集部分软件的安装、数据的录入、信息的上报、字典的维护等工作。第二部分介绍信息应用部分的安装过程和使用方法。

剧毒品跟踪软件由五部分组成:车站剧毒品运输信息采集软件、剧毒品运输信息报告软件、铁路局级剧毒品运输管理信息应用软件、铁道部剧毒品信息报告处理软件、铁道部剧毒品信息应用软件。

一、信息采集系统

在Windows开始菜单顺序选择:程序→剧毒品货物运输管理信息系统(车站使用)→剧毒品货物运输管理信息系统(车站使用),即启动了剧毒品货物运输跟踪信息采集系统,如图2-16所示。

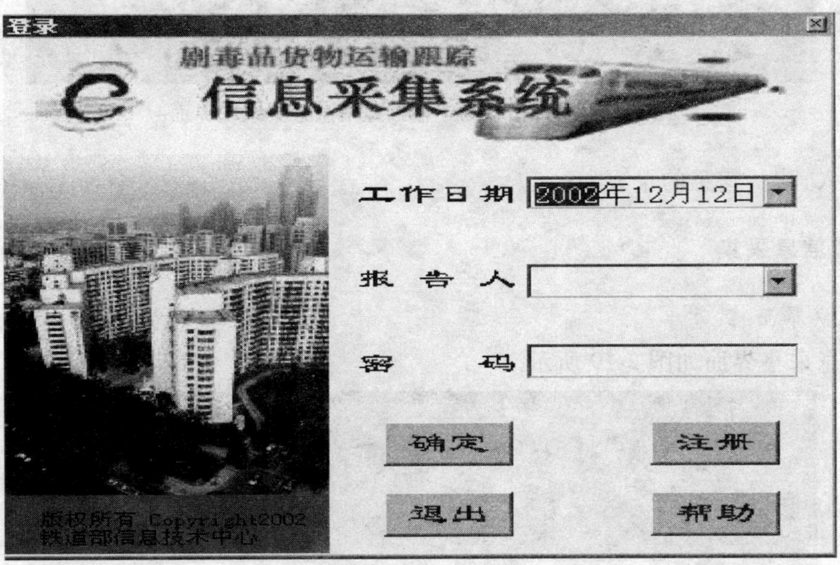

图2-16 剧毒品货物运输管理信息系统登录界面

在登录界面要求输入报告人名和密码,第一次登录时,用户要用鼠标单击注册按钮进行注册。注册窗口如图2-17所示。

以用户名jdp为例,输入密码并确认(要确保两次输入的密码相同),单击确定按钮,即完成了用户注册。

在密码输入区输入用户注册时的密码,用鼠标点击确定按钮进入系统,如图2-18所示。

信息录入有五项功能,分别实现装车信息的录入,到达交付信息的录入,通过信息的录入,

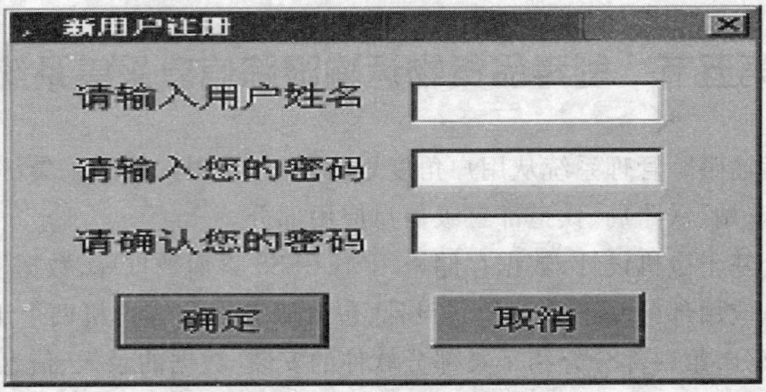

图 2-17　新用户注册窗口

图 2-18　剧毒品货物运输跟踪信息采集系统界面

换装信息录入,滞留信息的录入。

二、通过信息采集

(一)用户界面

通过信息采集界面如图 2-19 所示。

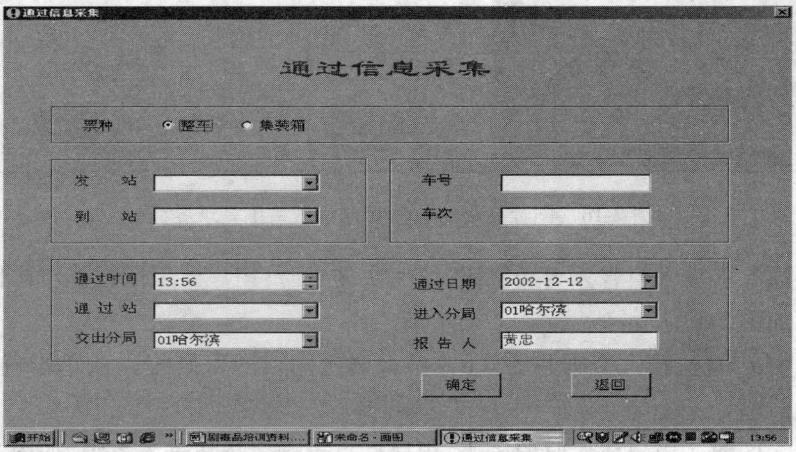

图 2-19　通过信息采集界面

(二)操作说明

1. 票种

票种分整车和集装箱票种,用鼠标选择。

2. 发站和到站

可在菜单中选择车站的输入方式(输入方式分为拼音码、电报码),默认输入方式为拼音码,根据输入方式输入车站代码,回车后系统自动填入站名,若站名不是所需站名,可用下光标键选择或用鼠标打开下拉表单进行选择。

3. 车次

输入挂运车次。

4. 车号

输入 7 位车号。

5. 通过时间

按 24 h 格式键盘输入。

6. 通过日期

输入方式与制票日期方式相同。

7. 通过站

输入通过站站名。

输入完毕后,点击确定按钮,系统提示“确认输入无误吗?”。选是按钮,则保存数据,选否按钮则不保存数据并返回输入界面。数据保存并上报后不能再修改,只能作废。

换装信息采集、滞留信息采集与通过信息采集作业流程一致。

三、其他规定

剧毒品运输实行三级计算机跟踪管理。

1. 铁路剧毒品运输计算机跟踪管理系指以危险货物办理站为基础,在铁道部、铁路局和车站,根据不同层次管理要求建立的信息管理系统。

2. 跟踪管理工作由铁道部负责方案规划和监督指导,铁路局负责方案实施和日常管理,铁路信息技术部门负责软件维护、更新、完善等技术支持,保证系统正常运转。

3. 办理剧毒品运输的车站须与剧毒品计算机跟踪管理系统联网运行。需具备原始信息及时发送和接收能力,要求配备相应的传输、通讯、打印等信息跟踪管理设备。

4. 装车站要将剧毒品货票所载信息,及时生成“剧毒品运输管理信息登记表”,实时报告剧毒品运输跟踪管理系统。内容包括剧毒品车的车号(集装箱箱型、箱号及所装车号)、发到站、“托运人资质证书”编号、品名及编号、件数、重量和承运、装车日期等。

5. 挂有剧毒品车辆的列车,应在“运统 1”记事栏中注明“D”字样,并将剧毒品车辆的车种车号、发到站、货物品名、挂运日期、挂运车次等信息及时报告给铁路局行车确报系统和剧毒品运输跟踪管理系统。

6. 剧毒品到站后和卸车交付完毕后,立即将车种车号(集装箱箱型、箱号及所装车号)、发到站、“托运人资质证书”编号、托运人、收货人、品名及编号、件数、重量、到达日期、到达车次、交付日期等信息上网报告剧毒品运输跟踪管理系统,并在 2 h 内通知发站。

第六节　货运事故处理系统

铁路货运事故处理系统涉及铁道部、铁路局、站（段）三级运输事故处理业务，是《铁路信息化总体规划》中《中国铁路保价运输管理系统（RIMS）信息化专项规划》的重要组成部分。

货运事故处理系统提供了保价管理、文档管理、事故处理、无法交付货物和无标记事故货物处理、统计月报、台账管理、规章及应急预案查询、数据交换、数据共享、系统管理等功能，使用者输入代码及密码进行登录操作，系统按照代码查询到相应的用户名、验证代码和密码的正确性，并按照该用户使用权限展示功能菜单，进入系统应用，如图 2-20 所示。

图 2-20　货运事故处理系统登录界面

一、基本功能

1. 保价管理

实现保价货物运输报告、货物保价费率管理和铁路委托代办货物保价运输管理功能，如图 2-21 所示。

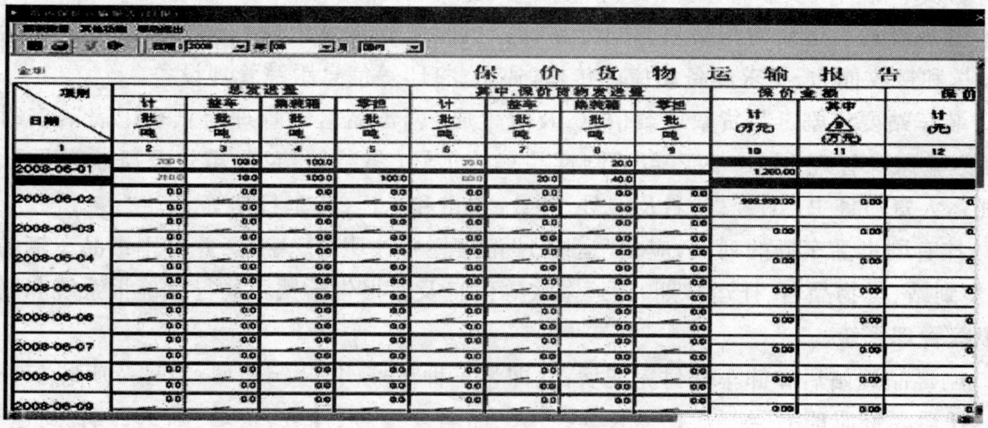

图 2-21　保价管理操作界面

2. 文档处理

通过接收电子文档或人工输入方式进行事故处理文档管理，提供数据交换、存储、查询、删除、打印、作废和归卷功能，并能进行有效控制，如图 2-22 所示。事故处理文档包括：普通记录、铁路传真电报、货运事故速报、货运草记录、货运记录、商务记录、货运事故查复书、局间行文、查询答复书、事故货物鉴定书、赔偿要求书、赔偿审批报告、货运事故赔款通知书、保价货运事故定责通知书、货运事故报告表、事故照片、扫描文档、无法交付货物通知书、无标记（无法交付）货物处理书和无标记（无法交付）事故货物处理批复。

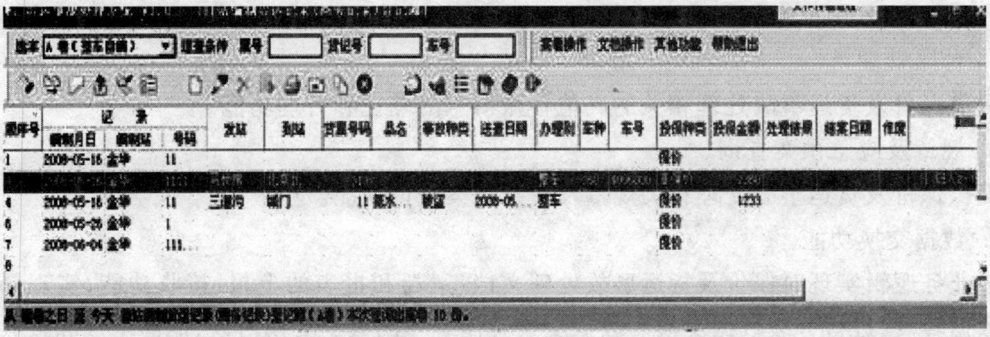

图 2-22　文档处理操作界面

3. 事故处理

按业务逻辑关系归类，实现登记簿、案卷信息和文档信息分层管理。登记簿名称的使用遵循《铁路货运事故处理规则》和铁道行业标准《铁路货运事故处理作业》的规定。在标准名称归类之下，支持用户自定义登记簿名称，并提供登记簿名称的维护功能，如图 2-23 所示。

通过制作或接收基本文档建立新事故案卷，提供对案卷的数据交换、查询、补录信息、打印、提卷、并卷、转移案卷、撤销关联、作废案卷和统计分析功能。

提供站车交接登记簿、普通记录登记簿、其他查询文档（查复书、电报、货运记录）登记簿管理功能，通过制作或接收基本文档建立新文卷，具备提示归卷的功能。

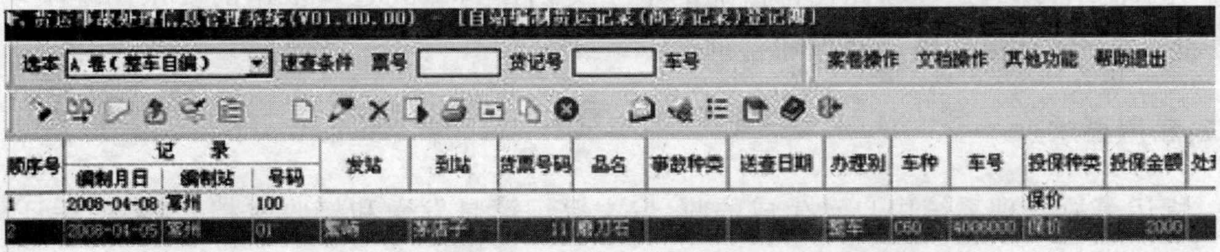

图 2-23　事故处理操作界面

4. 无法交付货物和无标记事故货物处理

实现无法交付货物和无标记事故货物（简称两无货物）登记簿、案卷信息和文档信息分层管理，按业务逻辑关系归类。

通过制作或接收基本文档建立案卷，并提供对案卷的数据交换、查询、补录信息、打印、提卷、并卷、转移案卷、撤销关联、作废案卷和统计分析功能；提供生成两无货物月报的功能，提供上传、接收、查询和输出的功能。

5. 统计月报

根据业务数据生成货运事故统计报告和货运保价运输报告;在数据源点提供人工补录功能,其他单位可根据数据源点的数据分级汇总;提供上传、接收、查询和输出的功能,并进行有效性控制。

以货运事故统计报告和货运保价运输报告为基础,生成规定格式的统计分析表,并提供用户自定义条件的统计分析功能。

进行特殊品类的统计分析,生成特殊品类运输及事故赔偿月报(粮食报表),提供上传、接收、查询、输出的功能,数据与货运事故统计报告保持一致。

6. 台账管理

提供保价及货运事故处理相关的其他台账信息的登记和管理功能。

7. 规章及应急预案查询

提供保价及货运事故处理相关规章及应急预案查询功能。

8. 数据交换功能

按业务逻辑实现对保价及货运事故处理文档、案卷和报表的上报、接收功能,实现局内和跨局数据转发,进行分级数据交换。数据交换遵循统一的数据交换协议,能够生成和接收传输回执,提供监控手段。

9. 数据共享

"保价及货运事故处理系统"使用的站名、品名、专用线及其相关字典应与铁道统一维护的基础字典保持一致,统一维护、集中发布。

10. 系统管理

提供按单位级别和岗位职责设置相应功能权限的功能。

提供专用字典维护、打印格式维护、数据备份和恢复、日志管理功能。

11. 电子证章

提供事故处理专用电子证章的制作、管理和使用的功能,对事故处理过程中的查询电子文档加盖电子证章,以满足在铁路内部流通的电子文档作为事故处理依据的要求。本项功能为可选功能,电子证章由铁路局制作和管理。

二、应用要求

1. 货运事故处理系统中自动生成的收、发文登记簿是发送和接收文档、案卷的凭证,是划分货运事故责任的重要依据,任何单位和个人不得修改和删除。

2. 货运事故处理系统发生软、硬件故障,无法正常使用时,应启用纸质文档处理货运事故,修复后将纸质文档补录补传。

3. 事故资料送查单位涉及货运事故处理部门以外的单位或部门时,应将纸质资料交与相关单位或部门。

4. 各单位每月应不少于一次进行数据备份,事故资料结案后应打印保存(照片图像资料可不打印),各类登记簿、台账、报表定期打印保存。货运事故处理系统中的动态数据自结案的次年1月1日起保存三年。

三、责任划分

1. 各单位应确保货运事故处理系统信息传输及时、准确、完整。由于管理失误或操作不当,影响货运事故处理的,要承担相应的责任。

2. 发生货运事故除按《铁路货运事故处理规则》附件二划分责任外,有下列情况时,由货运部门负责:

(1)电子文档与纸质文档内容不一致的,由录制单位承担事故责任及赔款。

(2)录制的文档信息与传输他站的内容不一致时,由录制单位分摊事故赔款的50% 。

(3)案卷传输所附资料不全,接收车站提出后未及时补传,由迟延补传单位分摊事故赔款的20% 。

(4)工作日内未开机,造成他站文档不能正常传输的,由收文单位分摊事故赔款的20% 。

(5)文档录制单位未向有关单位传输的,或传输不成功且在规定时间内未启用纸质文档送查的,由录制单位分摊事故赔款的10% 。

(6)文档、案卷到达后,未在规定时间内答复的,由接收单位分摊事故赔款的10% 。

第七节　货运安全检测设备

一、超偏载检测装置

超偏载检测装置是铁路货运计量安全检测系统的重要组成部分,是防止货车超载、偏载、偏重的主要安全检测设备。

超偏载检测装置由22根专用枕及连接装置、12个重力传感器、8个剪力传感器组成3个测量区,由数据采集仪、通道和计算机组成。超偏载检测装置应符合《铁路货车超偏载检测装置技术条件》。

二、轨　道　衡

轨道衡是称量铁路货车载重的衡器,是保证铁路运输安全的重要设备。轨道衡分静态轨道衡、动态轨道衡和轻型轨道衡3种。

(1)静态轨道衡是用于称量静止状态货车载重的轨道衡,由于操作复杂、效率低,不宜安装在列车出入频繁的线路上。

(2)动态轨道衡是用于称量运动中货车载重的轨道衡,承重台有单台面、双台面和三台面三种,计量方式有整车计量、转向架计量和轴计量三种。电子式动态轨道衡由承重台、称重传感器、称重显示器、微型计算机和打印机等组成。称量时,列车以规定的速度匀速通过承重台,轨道开关自动判别机车和货车,利用支撑承重台的传感器,将货车载重转换成电信号并经放大器放大,然后由转换器变换成数字信号输入计算机,处理后即可显示出货车载重的多种数据,并可打印记录。电子动态轨道衡具有操作方便、效率高的特点。动态轨道衡又分断轨和不断轨完全不同的两种。

(3)轻型轨道衡是一种用于小型矿车、电瓶车、配料车和轻型铁路车辆等装货时称重的衡器，通常适用于600～1 000 mm轨距车辆的称重，量程范围多在10～30 t，在铁路运输中较少使用，如图2-24所示。

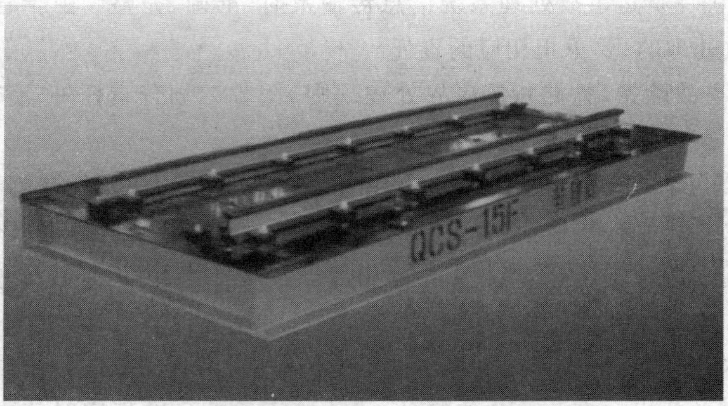

图2-24　轻型轨道衡

三、汽　车　衡

汽车衡是铁路运输货物重量的计量称重衡器，也是保证铁路运输安全的重要设备。汽车衡分机械和电子两种，按秤台分为单台面、双台面和三台面汽车衡。

机械汽车衡又称为地磅，为早期制造使用的一种衡器，它的缺点是需要全人工操作、人为误差大、结构复杂、称重量小、稳定性差、维护成本高且不能实现自动化。

电子汽车衡是新一代计量称重衡器，配有智能化称重显示仪表，与计算机系统、打印机连接组成称重管理系统，具有操作维护容易、称重精度高、反应速度快、稳定性好、可靠性高、抗干扰能力强的特点，如图2-25所示。

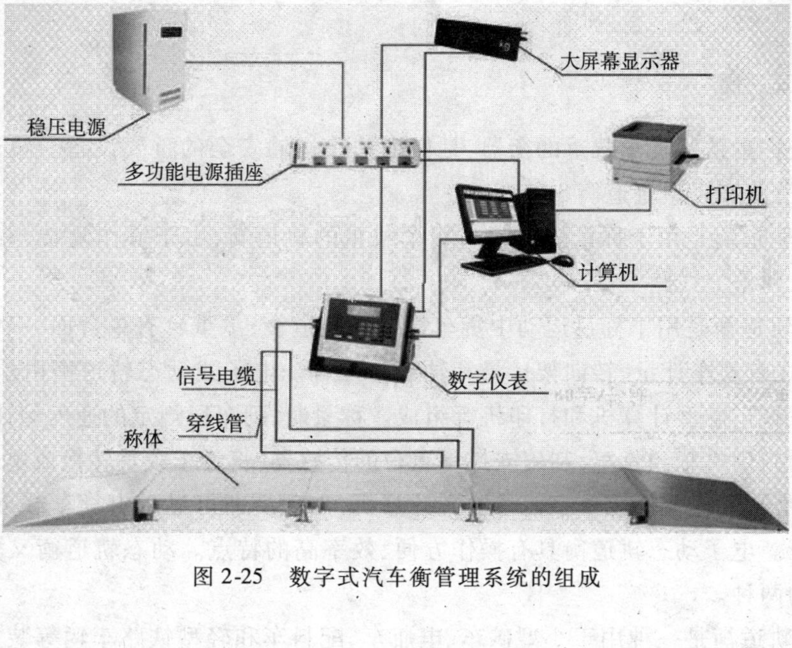

图2-25　数字式汽车衡管理系统的组成

四、轮重测定仪

轮重测定仪是一种对铁路货车轮重测定的仪器，测定仪可以预先组装，提高装配精度，并且体积小、重量轻，操作方便，减小劳动强度，新型轮重测定仪安全载荷可达 16 t。按重量读数显示方式分为仪表式和数显式 2 种，其称重原理基本相同。数字式轮重测定仪可实现单车数据存储和打印功能，适合铁路中、小站和专用线作为主要或辅助检测仪器来控制装车点车辆的装载量，可检测出在水平线路上停放的车辆超、偏载。其缺点是必须将八个车轮全部检测才能得到重量数据，测定时间长、程序复杂、效率低，通常需要 2 人或以上操作且检测作业时需要进行安全防护。

数显式轮重测定仪由机械和微电脑组成，机械部分包括一个手压泵、两个千斤顶、支承座、拉杆、弹簧、滑块组合、顶块、定位块、调整母、顶母和连接油管，如图 2-26 所示。

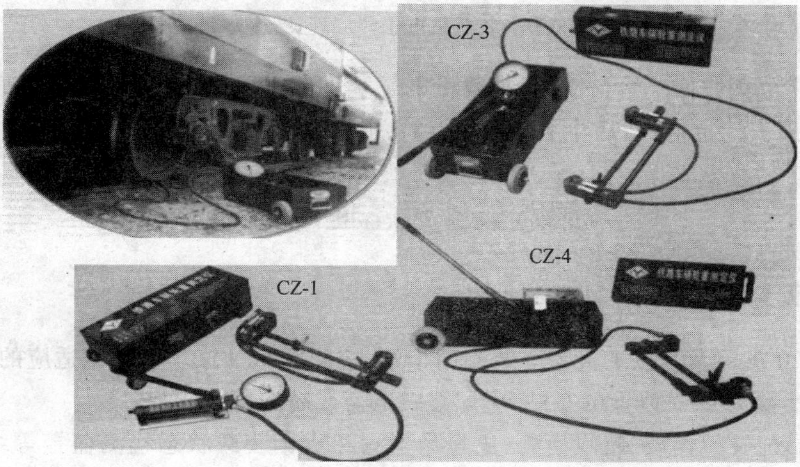

图 2-26　仪表和数显式轮重测定仪

五、装载机电子秤

装载机电子秤是对装载散料进行称量的一种计量设备，可用于车辆装载计量、限载计量、土方计量，它有如下特点：

1. 装载机电子秤与装载机的机械控制部分集成为一体，在装载机行进中实现称重。

2. 装载机电子秤由两个压力传感器、一个接近开关、车载仪表组成，可动态计量，也可静态计量，如图 2-27 所示。称重仪表可打印日期、时间、显示去皮、调零、存储重量数据和信息等功能，称重时不影响正常装载工作。对实现装载过程中对货物的自动准确计量，对于加强装载作业管理，防止超载和欠载，提高装卸作业效率和效益，保证铁路运输的安全性有着显著的实效。

3. 装载机电子秤是根据分别安装在装载机动臂油缸进油和回油油路上的 2 个压力传感器，对装载机动臂举升过程中油缸压力变化进行测定，并对速度进行调整，在车载仪表中的中央处理器自动进行计算，从而得出重量数据，并在仪表屏幕显示所得出的重量。

4. 装载机在翻斗提升过程中，压力传感器将信号传输给计算机，进行数据转换处理；当装载

图 2-27　装载机电子秤原理、结构特征

机铲货后,大臂立即收回于始点位置,装载机电子秤即刻显示货物的重量;当装载机翻斗卸货时,屏幕显示出累计重量;当翻斗下降于始点时,屏幕显示出货物的总累计重量。

第八节　设备使用要求

一、设备配置要求

1. 办理 20 英尺及其以上大型集装箱的车站,应配置 80 t 汽车衡或相适应的衡器。

2. 年运量在 50 万 t 以上的车站,应配置轨道衡或超偏载检测装置。

3. 货检站配置超偏载、超限检测、危险品检测和货车装载状态检测监控等综合安全检测监控设施。

4. 发送液化气体和年运量 30 万 t 以上的铁路专用线(专用铁路),必须配置轨道衡,其他的应配置相应的衡器。

5. 办理危险品的铁路车站、铁路专用线(专用铁路),应配置危险品检测和防爆装置。

二、设备使用要求

(一)电子汽车衡使用要求

1. 汽车衡安装后,必须经铁路局计量主管部门检定,检定合格并发给检定合格证后方可使用。汽车衡使用期间必须按检定规程定期检定。

2. 仪表开机应经过 15 min 预热。下班或长时间停止使用必须切断电源,不能在仪表通电的状态下插拔传感器插头。

3. 车辆驶入秤台时,车速应低于 5 km/h,缓缓刹车,车停稳后计量。车辆进入秤台应直线行驶,并尽可能停留在秤台中心位置。

4. 仪表读数必须在重量单位稳定时进行。

5. 下列情况不得进行计量称重:

(1)过衡车辆载荷超过衡器最大称量;

(2)叉车类短轴距车辆重量接近衡器最大称量;

(3)室外安装的汽车衡未安设防风、防雨设施,遇狂风、暴雨影响秤重准确性时;

(4)称重车辆未停留在有效称重范围;

(5)称重台面上有异物或有人员。

6. 汽车衡日常维护应注意事项。

(1)秤台四周间隙不得卡有异物。

(2)经常检查限位间隙是否合理、限位螺栓与秤体不应碰撞接触。

(3)连接件每半年进行一次保养,支承头部涂上黄油。

(4)经常清扫秤台台面,保持清洁。定期涂刷表面油漆。

(5)禁止在秤台上进行电弧焊作业。特殊情况下必须进行时,应注意信号电缆与仪表连接必须断开,电弧焊的地线必须设置在被焊部位附近,并牢固接触在秤体上,切不可使传感器成为电弧焊回路的一部分。

7. 经常检查各接线是否松动、折断、接地线是否牢靠。

8. 要保持接线盒内干燥清洁。

(二)装载机电子秤使用要求

1. 装载机电子秤在使用时应做预热,提升动臂 5 ~ 10 次,使油压及传感器预热到正常工作温度。

2. 操作中,翻斗提升时,首先应控制动臂的操纵杆放在极后位置,即翻斗处于最后端。

3. 动臂系统应进行严格润滑,减少动臂的摩擦系数。

4. 选择在较平坦的地面上进行称重。

5. 提升动臂的过程应将速度控制均匀。

6. 装载机停止行驶的情况下置零较好。

7. 称重过程避免装载机行驶,如需行驶,应控制车速在 10 km/h 左右。

8. 如配备多个翻斗时,称重时必须校正所使用的翻斗。

9. 电子秤开机前先启动装载机,电子秤关闭后再关闭装载机电源。

10. 清洗时避免水流入仪表,避免损坏。

(三)轮重测定仪使用要求

1. 将其左、右支承座置于钢轨上,左右支承座的顶块分别与车轮踏面左、右两侧接触,滑块组合的尺片置于车轮一侧的轨面上放平。

2. 使左右支承座的定位块紧靠车轮外侧。

3. 锁紧拉杆、顶杆,使左右支承座与车轮卡紧成一体。

4. 将滑块组合调整到右支承座一侧,尺片置于轮轨结合面一侧。

5. 锁紧泄油阀,慢慢给高压油泵加压,油缸中的活塞移动,反向顶起车轮。

6. 当滑块组合上的尺片从车轮下迅速通过时,停止加压,微电脑记录数据并储存(仪表式轮重测定仪读数据并记录)。

7. 将滑块组合复位。

8. 缓缓打开泄油阀。

9. 按顺序松开顶母、调整母。

10. 将使左右支承座抽出放在另一个车轮下，重复上述操作，依次测量完每个车轮。

11. 通过对货车八个轮的分别测重，加减计算即可得到车辆的总重及超、偏载情况。

(四)轮重测定仪维护及注意事项

1. 仪器应轻拿轻放，不可随意拆卸。

2. 测量时发现单轮重量超过标定最大测量值 13 t 时要停止加压，防止油缸活塞崩出。

3. 卸载时应缓慢打开泄油阀。

4. 不得测量停留在弯道或坡道上连接在一起的车辆。

5. 液压油不足时应按所在区域所适用的油品补充。

6. 长时间不使用时应关闭电源。

三、设备技术要求

(一)铁路货车超偏载检测装置技术条件

超偏载检测装置技术条件是依据《铁路货车超偏载检测装置》、《铁路货车超偏载检测装置检定规程》、《自动轨道衡》、《电子衡器通用技术条件》、《动态称量轨道衡检定规程》、《称重传感器》、《称重传感器检定规程》、《铁路货物装载加固规则》有关条款制定。

铁路区间及站场线路安装的超偏载检测装置均应符合下列技术条件：

1. 总体技术性能

铁路货车超偏载检测装置作为铁专量具，实行铁专量具新产品技术认证制度。必须通过铁道部主管部门组织的技术认证后方可在线路上安装使用。

其产品结构应采用不断轨钢结构或混凝土结构框架型式。

总体技术性能须满足：

(1)称量性能稳定、使用安全可靠。安装使用后不得对行车安全造成任何隐患。

(2)称重准确度：列车在 40 km/h 及以下速度称量时，称重准确度应小于或等于 0.5%；在 40 ~ 60 km/h 速度范围内称量时应小于或等于 1%。

前后转向架偏重差变动范围：列车在 40 km/h 及以下速度称量时应小于或等于 400 kg；在 40 ~ 60 km/h 速度范围内称量时应小于或等于 800 kg。

前后转向架偏重差平均值与理论偏重差之差的绝对值应小于或等于 500 kg。

设偏转向架偏载率平均值与理论偏载率之差的绝对值应小于或等于 5%。

68 t 或 76 t 车中未设偏检衡车整车初始偏载率平均值的绝对值应小于或等于 5%。

(3)称重范围：18 ~ 120 t。

(4)自动判别机车车辆通过及确定通过速度，实现车种、车型、车号、机车车号及配属段的自动识别功能。

(5)系统能够对传感器、通道、采集卡等部件的状态参数进行自检并实时上传。

能够自动累计传感器承受冲击次数，并对传感器剩余寿命预警。

当一组传感器的某一只损坏时，系统应能自动解除另一只传感器的信号，并将故障状态及时通知铁路局超偏载检测设备维修部门。

(6)自动检测通过车辆的总重、载重、前后偏重及左右偏载，并进行数据储存、阶段统计、超偏载车辆报警及打印和实时上传数据。

(7)测点到检测数据集中器的有线传输通道带宽不低于 2 Mbit/s。

(8)满足双向计量检测的要求。

(9)安装防雷装置,控制室内应采取屏蔽措施以防电磁干扰。能在电气化牵引区段正常工作。

(10)无轨道电路盲区,钢轨与轨枕间、相邻轨枕之间必须采取可靠的绝缘措施。

(11)具有双路供电和 8 h UPS 电源。

(12)称重软件应通过铁道部主管部门组织的测试并出具报告后方可使用。测试报告应包括性能测试和安全评估等项内容。

应采用机械、电子印封装置和其他措施对影响测量结果的参数加以保护。

(13)环境温度、湿度条件见表 2-3。

表 2-3　产品使用环境条件

	室 外 设 备	室 内 设 备
环境气温	$-45℃\sim+60℃$	$0℃\sim+50℃$
环境湿度	≤95%	≤85%

当产品使用环境条件超出产品规定条件时,应采取局部调温措施。

2. 主要部件性能指标

(1)传感器。

①符合《称重传感器》和《称重传感器检定规程》要求。

②有强抗震动、抗冲击能力和良好的互换性。

③安装传感器后保证钢轨和轨枕有扣压力的刚性联接。传感器耐受冲击次数应不小于 1.5×10^{7}。

④在钢轨轨腰上钻孔安装剪力传感器时,不得影响钢轨的强度和刚度。

(2)承载结构。

①采用施工现场拼装方式。

②牢固、可靠、稳定、安装方便。

③有与普通线路等同的承载力、强度、刚度。

④有可靠的接地装置和防腐、防锈性能。

(3)数据采集系统。

①数据采集仪保证正常连续工作和采样精度。

②传感器各通道之间互不影响,有较强的抗干扰性能。

③采用性能可靠的工业控制计算机。

④提供网络通信接口,以实现与局域网、车站监控系统和货运计量安全检测监控系统的连接。

⑤在交流电源 AC220 V($-20\%\sim+15\%$)、50 Hz 条件下稳定工作。

3. 安装技术要求

(1)安装位置。

①设备应安装在货车集中出入的直线上,线路坡度不超过 2‰,轨面横向水平高差小于

2 mm,检测区前后应有 100 m 及以上直线段。

②检测区距道岔应大于 50 m。

③安装地点应避开电气化分相点、高压输电线、短梁、短隧、道口及易产生洪水、塌方、冻胀等地点。

④碎石道床。

(2)安装区段线路要求。

①应采用 50 kg/m 或 60 kg/m 钢轨的无缝线路,检测区无钢轨接头和伤损。

②应采用新钢轨,使用旧轨时其垂直磨耗小于 5 mm,侧磨耗小于 6 mm。

③应采用Ⅲ型或Ⅲ型改进型混凝土轨枕,轨枕无失效。

④应采用Ⅰ级道砟,道床饱满清洁、道床两侧排水良好、无路基病害。

⑤安装位置及其前后线路应保证有良好的轨道平顺性、等同的轨道结构强度、刚度和承载力。

⑥安装时禁止在钢轨上焊接。

4. 控制室

(1)有可靠的 220 V 电源和接地装置,接地电阻应小于 4 Ω。

(2)有防尘、防雨、防暑、通风、防盗、防鼠等功能。

(3)有保温、隔热功能,其温度应在 0℃ ~ +50℃之间,在寒冷地区仪表柜应能自动调温。

(4)控制室与检测数据集中器间应采用性能可靠的有线传输方式。

(5)控制室内控制仪表与室外设备的连线应采用有护管暗埋方式,裸露部分有防破损和鼠噬的护套。

(6)控制室使用面积不得小于 3 m × 5 m,地面应进行防潮处理。

5. 检测信息管理

(1)检测信息要实现共享。

(2)检测数据集中器应采用 Windows 操作系统,以满足数据上传需要。

(3)检测信息重量以千克(kg)或吨(t)为单位(以吨为单位小数点后保留两位有效数字),前后偏重差及变动范围以千克(kg)为单位,左右偏载以货物重心偏移量表示,以毫米(mm)为单位。

(4)检测信息应采用加密格式保存。保存、发送检测信息的内容包括列车车次、机车车号及配属段、检测时间(年月日时分秒,除年度为 4 位数外均取两位)、总重、载重、车辆序号、车型、车号、车速、超载、前后偏重、左右偏载、检测站名称等。

车站检测信息服务器保存发送的信息除上述内容外,还应增加检测站名、发到站、货物品名、超偏载处理情况等内容。

(二)铁路站场用轨道衡技术条件

轨道衡技术条件是依据国家质量监督检验检疫总局颁布的国家标准《自动轨道衡》、《电子衡器通用技术条件》以及《动态称量轨道衡检定规程》有关条款制定。

站场用轨道衡既是强制检定的贸易结算用计量器具,又是保证铁路运输安全的重要设备。考虑到铁路站场的特殊环境及要求,站场用轨道衡除须符合国家有关标准要求外,还应符合下列技术条件。

1. 站场用轨道衡的技术要求

站场用轨道衡应称量性能稳定、使用安全可靠。安装使用后对行车安全不得造成任何隐患。根据轨道衡的技术发展现状，应选用经过型式评价取得生产许可证的有基础轨道衡。

(1)轨道衡称量速度范围:5 ~ 35 km/h。

(2)不断轨轨道衡非计量时通过速度不限;断轨轨道衡通过速度不得超过 35 km/h。

(3)称重范围:18 ~ 120 t(100 t 以上数据仅作为运输安全检测数据,不作为贸易结算的依据)。

(4)能自动检测运行中的车辆总重、载重。

(5)自动判别机车车辆通过及确定通过速度。

(6)实现车种、车型、车号自动识别功能。

(7)能自动识别机车。

(8)采用性能可靠的工业控制计算机。

(9)系统能够对传感器、通道、采集卡等部件的状态参数进行自检并实时上传。

能够自动累计传感器承受冲击次数,并对传感器剩余寿命预警。

当一组传感器的某一只损坏时,系统应能自动解除另一只传感器的信号,并将故障状态及时通知铁路局轨道衡维修部门。

(10)能进行数据储存、阶段统计、超载车辆报警及打印和实时上传数据。

(11)测点到车站检测信息服务器有线传输通道带宽不低于 2 Mbit/s。

(12)应能进行双向计量检测。

(13)提供网络通信接口,以实现与局域网、车站监控系统和货运计量安全监控系统的连接。

(14)具有可靠的防雷措施。

(15)适用电源条件:AC220 V(-20% ~ +15%)、50 Hz 交流电源。

(16)环境温度、湿度条件见表 2-4。

表 2-4　产品使用环境条件

	室外设备	室内设备
环境温度	-45℃ ~ +60℃	16℃ ~ +30℃(有人值守) 0℃ ~ +40℃(无人值守)
相对湿度	≤95%	≤85%

当产品使用环境条件超出产品规定条件时,应采取局部调温措施。

(17)轨道衡的准确度应达到《动态称量轨道衡检定规程》(JJG 234—1990)的规定要求。

(18)为保证轨道衡的稳定性,整个称量区和两端引轨区采用整体道床,混凝土基础厚度不小于 0.8 m,并深入到冻土层以下。

(19)称量液态货物时,应采用整车计量的具有独立称量台面(断轨的)双台面或三台面轨道衡。同时要具备现场临时建标条件。

2. 站场用轨道衡设置位置

(1)应设在站场货车集中出入的线路上。

(2)设在交通、供电、通讯、供水、施工检修方便及便于维护的位置,并考虑经济合理性。

(3)设在平直线路地段中部,称量区两端引轨区应不小于25 m,称量区两端引轨区外的直线段不小于50 m。在此区段内无道岔。

(4)应避开长大坡道线路,线路坡度应小于2‰,轨面横向水平高差小于2 mm。

(5)应避开不利的地理位置,如桥梁、道口、立交处等。防止传感器和控制设备遭雷击、洪水、塌方、冻害等自然灾害的破坏,如无法避开应采取有效的防护措施。

(6)避开电气化区段分相点。

3. 站场用轨道衡控制室要求

(1)应具有良好的防尘、防盗措施。

(2)铺设设备地线及防雷地线。

(3)提供可靠电源和8 h UPS电源(双台面或三台面轨道衡控制室应具有380 V交流电源)。

(4)应有良好的排水及通风条件。

(5)有人值守轨道衡控制室应面对轨道衡,瞭望条件良好,使用面积不小于40 m^2。无人值守轨道衡控制室使用面积不小于4 m×4 m。

4. 检测信息管理

(1)检测信息要实现共享。

(2)站场用轨道衡控制室工控机应采用Windows操作系统,以满足数据上传需要。

(3)检测信息重量以千克(kg)或吨(t)为单位(以吨为单位小数点后保留两位有效数字)。

(4)检测信息应采用加密格式保存。保存、发送检测信息的内容包括检测时间(年月日时分秒,除年度为4位数外均取两位)、总重、载重、车辆序号、车型、车号、车速、超载、检测站名称等。

车站检测信息服务器保存发送的信息除上述内容外,还应增加车站站名、列车到达方向、发到站、货物品名、超载处理情况等内容。

(三)货运计量安全检测监控系统联网暂行技术条件

1. 网络通道和网络设备技术要求

(1)建立车站内各测点设备(厂家数据集中器,以下简称数据集中器)与车站计算机房内货运计量安全检测监控系统服务器(以下简称车站服务器)的连接通道,网络连接采用专线方式,必须保证通道的质量和带宽,不得采用微波等无线方式,有图像数据传输要求的货检站、重点货物装车站的通道需提供2 Mbit/s以上的传输速率,其他车站的传输速率不得低于128 kbit/s。

车站货运计量安全检测监控系统配置的监控终端与车站服务器连通。

(2)车站、铁路局、铁道部间利用TMIS & OA通道和网络设备相联,需提供2 Mbit/s以上的传输速率。

(3)铁道部/铁路局货运计量安全检测监控系统主机设备以及货运安全管理客户机接入铁道部/铁路局机关局域网。

(4)轨道衡计量站/分站管理客户机接入铁道部/铁路局机关局域网。

2. 计算机设备配备要求

在铁道部、铁路局、车站配置必要的计算机设备,作为超偏载、轨道衡、危险货物等货运计量安全检测监控系统各级公用的服务器，今后系统扩充时，不再重复购置。铁道部、铁路局、车站各级货运计量安全检测监控系统服务器要求预装操作系统和 Oracle 数据库。

(1)车站货运计量安全检测监控系统服务器(1套)

根据车站性质的不同，提出以下几种配置方案。在安装超偏载检测装置的货检站采用双机和 SAS 磁盘阵列系统作为车站服务器，其他车站均采用单机系统微机服务器作为车站服务器，放置在车站计算机房内。

配置方案一：安装超偏载检测装置的货检站双机服务器，技术指标见表 2-5。

表 2-5 货检站双机服务器技术指标

名　称		主要技术指标和数量
微机服务器(1套)	处理器	≥ 2 × Intel Xeon 双核处理器，主频≥2.0 GHz
	处理器缓存	≥4 MB 二级缓存
	内存	≥4GB，可扩充到 16 GB
	机内硬盘	≥2 × 73 GB 热插拔硬盘，可扩充到 6 块硬盘，转速≥10 000 r/min
	网卡	≥ 2 × 100/1 000 Mbit/s 以太网卡
	RAID	RAID 控制器，≥256 MB 缓存，支持 RAID 0,1,5
	光驱	DVD – ROM
	性能接口要求	≥2USB 口；≥1 串口
	电源和风扇	冗余热插拔电源；冗余热插拔风扇
	预装操作系统	Windows 2003 企业版，支持群集
SAS 磁盘阵列柜	硬盘	不少于 5 块 SAS 热插拔硬盘，转速≥10 000 r/min，裸容量 1.5 TB 以上
	主机接口	配置 SAS 主机接口数目≥4
	缓存	磁盘阵列配置双控制器，每控制器缓存≥512 MB
	RAID 级别	支持 RAID 0,1,0 + 1,5
	电源和风扇	冗余热插拔电源；冗余热插拔风扇
机柜及套件(须提供原厂设备)	机柜	42U 标准服务器机柜
	主控台终端	15 英寸液晶显示器，含机架式鼠标、键盘
	主控台终端切换器	提供 8 个 USB/PS2 接口及以上

配置方案二：对于一般货运站，用户可以根据车站货运计量安全检测监控系统数据量的大小和今后系统的发展规划，选配不同档次、不同配置的服务器。

机架式服务器基本技术指标见表 2-6。

表 2-6 机架式服务器技术指标

类　别	主 要 技 术 指 标
CPU	≥1 × Intel Xeon 双核处理器，主频≥2.0 GHz
处理器缓存	≥4 MB 二级缓存
内存	1 GB，可扩充到 16 GB
硬盘	≥2 块 SAS 热插拔硬盘，可扩展至 6 块，转速≥10 000 r/min，裸容量 500 GB 以上
RAID	RAID 控制器，≥256 MB 缓存，支持 RAID 0、1、0 + 1、5
网卡	10/100/1 000 Mbit/s 以太网卡
光驱	DVD – ROM
操作系统	Windows 2000/2003 Server
显示器	15 英寸液晶显示器

塔式服务器,服务器基本技术指标见表2-7。

表2-7 塔式服务器技术指标

类　别	主要技术指标
CPU	1×Intel Xeon 处理器,主频≥1.86 GHz
处理器缓存	≥2 MB 二级缓存
内存	1GB ECC DDR-2 内存,可扩充到4 GB
硬盘	≥2 块 SCSI 硬盘,转速≥10 000 r/min,裸容量300 GB 以上
RAID	RAID 控制器
网卡	10/100/1 000 Mbit/s 以太网卡
光驱	DVD-ROM
操作系统	Windows 2000/2003 Server
显示器	15 英寸液晶显示器

车站机房要提供充足的不间断电源容量,保证服务器7×24 h不间断供电的要求。

(2)车站监控复示微机和打印机

每个监测点的生产岗位和管理岗位应配置复示监控微机和打印机至少1套,基本技术指标见表2-8。

表2-8 车站监控复示微机技术指标

项　目	类　别	技术要求
监控微机	CPU	主频≥3.0 GHz,支持酷睿技术
	内存	≥512 MB
	硬盘	≥80 GB
	网卡	1个10/100/1 000 Mbit/s 网卡
	光驱	DVD-ROM
	操作系统	Windows XP Professional
	显示器	17 英寸液晶显示器
打印机		行式打印机

铁路局、铁道部货运计量安全检测监控部门也需要配置相应设备。

四、货车超载案例

1. 超载案例概况

2009年7月23日13时13分,86988次货物列车经成昆线经久站—西昌南站间TPDS检测发现超载问题。经复核确认,86988次货物列车全列46节中有45节均存在不同程度的超载,超载量从2.47~12.16 t不等(其中超载10 t以上的3节),全列超载总量283.87 t,车均超载6.3 t。经查,超载货车装载货物为铁精矿粉、铁矿石,发站为××站,托运人为××钒钛制品有限公司,装车作业全部在托运人专用铁路内进行,由托运人组织装车。

2. 问题发生的原因

托运人利用专用铁路自有动力的便利条件,在装车过衡、办理制票、取得计量单后,由企业司磅员提供加装车号及数量、企业运输员现场布置指挥、企业装载机司机实施，组织加装所致。

3. 问题定性与处理

此次恶意超载行为，严重违反了《铁路运输安全保护条例》第四十八条“托运人不得谎报货物重量、装车不得超过规定重量”的规定，严重影响铁路行车安全，属违法行为，性质恶劣。主管铁路局安全监督管理办公室依照《铁路运输安全保护条例》第九十一条等有关规定，向托运人追缴了运费和违约金、责成对参与恶意超载人员进行严肃处理，对××钒钛制品有限公司专用铁路做停装整顿三个月和安全信用评价等级降级等处理。同时，成都铁路局就安全监管不严等问题对责任站段和责任人做出了相应处理。

第九节　危险货物应急处理设备

一、正压式空气呼吸机

1. 用途和常用型号

(1)用途：正压式空气呼吸机是一种自给开放式空气呼吸机，可用于在浓烟、毒气、蒸汽和缺氧等各种环境下安全有效地进行灭火、抢险救灾和救护等工作。

(2)常用型号：RHZK－6.8/30(R—个人装备；H—呼吸器；Z—正压式；K—空气；6.8—气瓶容积，L；30—气瓶工作压强，MPa；报警压强 4～6 MPa)；

2. 结构部件及工作原理

(1)全面罩：面罩内设有与口鼻相贴的小口鼻罩，头罩采用收紧带与快速夹子相连，接紧收紧带使佩戴者脸部与面罩双层密封环相结合，保证使用者安全可靠的使用。

(2)供气阀和旁通机构：供气阀内设有开启和呼吸控制开关。供气阀外有气源手动关闭开关，开关杆向下按一下，听到“啪”的一声即为关。

(3)高压管路、压力表及残气报警系统：当报警器发出连续声响，此时气瓶气源可供佩戴者使用 5～8 min，使用人员应尽快撤离现场。

(4)背托部分：作用是支承固定气瓶和减压器。

(5)减压阀：将高压气体减压成 0.7 MPa 恒定输出压力后向供气阀供气。

(6)气瓶和气瓶阀：气瓶的额定储气压强是 30 MPa。

3. 使用方法

(1)将空气呼吸器气瓶瓶底向上背在肩上。

(2)调节肩带调节带到背负舒适为宜。

(3)腰带系紧程度以舒适和背托不摆动为宜。

(4)把下巴放入面罩，由下向上拉上头网罩，将网罩两边的松紧带拉紧，使全面罩双层密封紧贴面部。

(5)把气瓶打开深吸一口气将供气阀门打开，呼吸几次感觉舒适后关闭，可以进行作业。

4. 使用、保管应注意事项

(1)使用中应使气瓶阀处于完全打开状态。

(2)使用中必须经常查看气瓶气源压力表，一旦出现高压表指针快速下降或发现不能排除的漏气时,应立即撤离现场。

(3)使用中感觉呼吸阻力增大,呼吸困难出现头晕等不适现象时应急时撤离。

(4)使用中听到残气报警器报警哨声后,应尽快撤离现场。

(5)气瓶在使用或充气等过程,要轻拿轻放,切勿强烈碰撞。高压压缩空气突然释放非常危险,要小心存放。如发现纤维断裂损坏或明显划痕,不应充装。

(6)应存放在低温、干燥和通风环境中,避免阳光直射,避免存放在潮湿和有毒气体的环境里,远离高温环境。

(7)使用前,打开气瓶阀开关,观察压力表,要求气瓶内空气压力为28~30 MPa,如压力不足应到专业充气站充至规定压力。

(8)打开气瓶阀开关,观察压力表的读数,稍后关闭,5 min内表示压力下降不大于4 MPa,表示系统气密良好,此过程中供气阀开关应处于关闭状态。

(9)报警器系统有故障需维修时,应由专业人员进行修理,不要碰击高压管系统接头顶端,以防堵塞管路。

(10)使用前应经过专业培训,培训合格后方可佩戴使用,使用过程中必须确保气瓶阀处于安全打开状态。

二、过滤式防毒面具

1. 用途和防护范围

(1)用于危险场所呼吸保护。

(2)对有毒气体、蒸汽、有毒颗粒、放射性粒子、细菌有良好的过滤性。

(3)防护范围:丙酮;醇类;苯胺类;二硫化碳;四氯化碳;氯仿;溴甲烷;氯化苯;氯甲烷;氯气;硝基烷;苯。

(4)不防毒烟、毒雾。

2. 使用方法

(1)根据有害气体的种类,选择相适应的滤毒罐。

(2)防毒面具使用前应检查全套面具致密性。在毒区内戴面具时,先停止呼吸,闭上眼睛,戴上后,深呼一口气,然后睁开眼睛正常呼吸。随后,用手或橡皮塞堵上滤毒罐的进气孔,深吸气,若很致密,防护可靠,松开进气孔正常呼吸。如不致密,应立即出毒区调整佩戴或更换。

(3)在毒区外佩戴面具,也应经过致密试验动作后,再进入毒区。

三、消防防化服

1. 用途

(1)适用于有酸碱类化学物品事故现场。

(2)在特殊情况下须与空气呼吸器和防毒面具配套使用。

2. 使用方法

(1)先撑开服装的颈口、胸襟,两脚伸进裤子内,将裤子提至腰部,再将两臂伸进两袖,并将内袖口套环套在手腕上。

(2)将上衣护胸布折叠后，拉过胸襟布将护胸布盖严，然后将前胸大白扣扣牢。

(3)戴好消防面具后再将头罩罩在头上，并将颈扣带的大白扣扣上。

(4)最后戴上手套，将内袖压在手套里。

3. 使用、保管注意事项

(1)防化服不得与火焰及熔化物直接接触。

(2)使用前必须认真检查服装有无破损，如有破损，严禁使用。

(3)使用时，必须注意头罩与面具的紧密配合，颈扣带、胸部的大白扣必须扣紧，以保证颈部、胸部气密。腰带必须束紧，以减少运动时的"风箱效应"。

(4)每次使用后，根据脏污情况用肥皂水或0.5% ~1%的碳酸钠水溶液洗涤，然后用清水冲洗，放在阴凉通风处，晾干后包装。

(5)折叠时，将头罩开口向上铺于地面，折回头罩、颈口带及两袖，再向纵折，左右重合，两靴尖朝外一侧，将手套放在中部，靴底相对卷成一卷，横向放入防化服包装袋内。

(6)防化服在保存期间严禁受热及阳光照射，不许接触活性化学物质及各种油类。

(7)产品在符合标准规定的保管条件下，保质期为5年。

四、有毒气体探测仪

1. 用途

检测空气中的可燃气、一氧化碳、硫化氢等多种有毒、有害气体的浓度。

2. 有毒气体探测仪使用

(1)屏幕同时显示四种气体检测浓度，自动背景光，自动调零与校准，具有连续检测和声光报警等功能。

(2)显示说明：氧气正常值为20.9%，小于18.5%为缺氧环境，大于21.5%存在爆炸危险；一氧化碳大于35 ppm、硫化氢大于35 ppm、可燃气体大于50%，检测仪开始报警。

3. 使用注意事项

(1)潜在爆炸空气中氧气含量不得超过20.9%。

(2)电池按生产厂商要求进行更换。

(3)充电时间：2 ~3 h。

(4)为达到最佳充电量，电池需要完全充满并放完三次。

(5)充电应在每个工作日后进行，充电前先关闭检测器并插入充电适配器。

(6)严禁违章操作，禁止非工作性质的气体探测和使用，否则会损坏内部传感器或导致传感器失灵。

(7)特殊情况下，应配合空气呼吸机或防毒面具共同使用。

复习思考题

1. 计量安全检测设备包括哪两大类？
2. 简述根据超偏载检测装置测量的严重超偏载货车换装整理作业流程。

3. 简述根据货车超限及装载状态监控系统发现超限车辆的处理流程。
4. 铁路剧毒品运输计算机跟踪管理系统实行哪三级跟踪管理？
5. 事故处理系统提供了哪些功能？
6. 过滤式防毒面具怎样使用？
7. 消防防化服怎样使用？

第三章 运输基本条件

第一节 货物运输的基本条件

为安全、迅速、经济、便利地运送货物，铁路部门规定了货物运输的最基本条件和办理种别。

一、货物运输种类及办理条件

根据托运人托运的货物重量、数量、性质、体积、形状和铁路设备等情况，铁路货物运输的种类分为整车、零担和集装箱。

其办理条件为：

(1)一批货物的重量、体积或形状需要以一辆以上货车运输的，应按整车办理；

(2)不够整车运输条件的，可按零担托运；

(3)符合集装箱运输条件的，可按集装箱办理。按集装箱办理的货物，每批必须是同一箱型，至少一箱，最多不得超过铁路一辆货车所能装运的箱数。

二、按"一批"办理的条件

1. 一批托运的条件

"一批"是指使用一张货物运单和一份货票，按照同一运输条件运输的货物。"一批"是铁路承运货物、计算运输费用和交付货物的一个单位。

(1)整车货物每车为一批，跨装、爬装及使用游车的货物，每一车组为一批。

(2)零担货物运输以每张运单为一批。

(3)使用集装箱运输的货物，每张货物运单为一批。

按一批托运的货物，必须托运人、收货人、发站、到站和装卸地点相同(整车分卸货物除外)。

2. 不得按一批托运的货物

铁路运输的货物性质各不相同，在运输中需要采取不同的运输和保管措施，为了保证货物的安全和质量，对下列货物不得按一批托运：

(1)易腐货物与非易腐货物，如蔬菜和纺织品；

(2)危险货物与非危险货物(另有规定者除外)，如农药和茶叶；

(3)根据货物的性质不能混装运输的货物，如液体货物和怕湿货物；

(4)运输条件不同的货物，如按件数和重量承运的货物和散、堆装货物；

(5)按保价运输的货物与不按保价运输的货物；

(6)投保运输险货物与未投保运输险货物。

不能按一批托运的货物,在特殊情况下经铁路局承认,可按一批办理,车站应在货票记事栏内注明承认命令号。

三、准、米轨直通运输

为方便物资单位,减少在不同轨距换装地点提货和托运的手续,加速货物的运送,对跨及准、米轨两种轨距的整车货物,可使用一份运输票据,从发站直通运输至到站。但由于货物的性质,运输条件以及铁路设备条件的限制,下列货物不办理准米轨直通运输:

(1)鲜活货物及需要冷藏、保温或加温运输的货物。

(2)罐车运输的货物。

(3)每件重量超过 5 t(特别商定者除外),长度超过 16 m 或体积超过米轨装载限界的货物。

准米轨间直通运输的整车货物,一批的重量或体积应符合下列要求:

(1)重质货物重量为 30、50、60 t(不适用货车增载的规定)。

(2)轻浮货物体积为 60、95、115 m^3。

四、站界内搬运和途中装卸

按整车运输的货物,托运人要求在站界内搬运或途中装卸时(包括在不办理货运营业的车站装卸),经月度要车计划核准后,可在铁路局自局管内办理。但危险货物不得办理站界内搬运或途中装卸。

途中装卸的货物,可根据托运人的要求,以途中装卸的后方或前方办理货运业务的车站作为发站或到站。途中装卸货物,无论托运人、收货人要求在途中装卸地点的前方或后方货运站办理托运或领取手续,途中装车按后方货运站计算运价里程,途中卸车按前方货运站计算运价里程。

五、整车分卸

"整车分卸"是铁路为了使托运人能经济地运输其数量不足一车,而又无其他方式运输货物的一种特殊的运输方式。

整车分卸托运的条件为:

(1)必须是限按整车办理的货物,每一分卸站的货物其数量不足一车。

(2)必须是装在同一车内的同一径路上,且最多不超过三个站。例如保定站发江岸站一批整车分卸货物,可以在石家庄、安阳、孝感三站分卸,不能要求在石家庄、郑州东、孝感三站分卸,以免干扰运输组织工作,因为郑州东位于陇海线,不属于京广线车站。

(3)在站内公共装卸场所卸车的货物,不能要求送到分卸站的专用线、专用铁路或其他站外或专用场所卸车,以免占用货车的时间过长,影响货车使用效率。

(4)整车分卸货物须在运单右上角注明"整车分卸"字样,基本货物运单内的到站,收货人各栏应填写最终到站的站名和收货人;货物名称、件数和重量各栏,应填写全部货物名称、件数和重量;在托运人声明事项栏内分别注明分卸站名、货物名称、件数和重量;分卸货物运单只填写分卸站的有关事项。

(5)使用冷藏车装运需要制冷或保温的货物和不易计算件数的货物时,不得按整车分卸办理。

第二节 铁路货物运输合同

《中华人民共和国合同法》和《中华人民共和国铁路法》,都明确指出货物运输合同是明确承运方与托运方之间权利、义务关系的协议。据此,铁路运输企业为适应市场经济的发展和提高货物运输服务质量、规范铁路货物运输服务收费行为,在制定货物运输计划时,按照国家计委和铁道部联合发电要求实行铁路货物运输服务订单制,整车货物以铁路货物运输服务订单作为合同,零担货物和集装箱运输的货物使用货物运单作为运输合同。在实施货物运输时,还应按批向铁路车站递交货物运单,组成完整的货物运输合同。

一、货物运输合同的性质

货物运输合同是当事人约定一方收取报酬,将他方的货物运到约定地点的合同。其中,收取报酬并完成货物运输的一方为承运人,交运货物的一方为托运人。

托运人以铁路运输货物,应与承运人签订货物运输合同,在履行货物运输合同中如有违约的各自承担违约责任。

二、托运人应承担的义务和享有的权利

1. 托运人承担的义务

(1)按照货物运输合同约定的时间和要求向承运人交付托运的货物。

(2)需要包装的货物,应当按照国家包装标准或部包装标准(专业包装标准)进行包装,没有统一规定包装标准的,要根据货物性质,在保证货物运输安全的原则下进行包装,并按国家规定标明包装储运指示标志,笨重货物还应在每件货物包装上标明货物重量。

(3)按规定需要凭证运输的货物,应出示有关证件。

(4)对整车货物,提供装载货物所需的货车装备物品和货物加固材料。

(5)托运人组织装车的货物,装车前应对车厢完整和清洁状态进行检查,并按规定的装载技术要求进行装载,在规定的装车时间内将货物装载完毕或在规定的停留时间内,将货车送至交接地点。

(6)在运输中需要特殊照料的货物,须派人押运。

(7)向承运人缴纳规定的运输费用。

(8)将领取货物凭证及时交给收货人并通知其向到站领取货物。

(9)货物按保价运输办理时,须提出货物声明价格清单,并支付货物保价费。

2. 托运人享有的权利

(1)要求承运人在指定的地点,在规定的期限内将货物交给指定的收货人。

(2)货物在运输过程中发生灭失、毁损时有权要求赔偿。

三、承运人应承担的义务和享有的权利

1. 承运人应承担的义务

(1)运送义务:承运人应按合同约定将货物运到合同约定的目的地。

(2)催领义务:承运人组织卸车的货物,货物运到指定地点后,应不迟于卸货完了的次日向收货人发出催领通知。

(3)保管义务:从收到托运人的货物时起至交给收货人时止,承运人应对货物妥善保管。

2. 承运人享受的权利

(1)由于托运人或收货人的责任,给铁路运输企业造成财产损失,承运人有权要求托运人或收货人赔偿。

(2)处理权:货物运到指定地点后,收货人不明或拒绝领取的,承运人应请求托运人在规定的期限内就货物的处理提出处理意见。托运人在规定期限内未提出处理意见或处理意见在实际上不可能执行时,承运人可按规定处理。

(3)留置权:承运人在收到运费和其他费用之前,可对货物行使留置权。

四、收货人应承担的义务和享有权利

1. 收货人应承担的义务

(1)及时领取货物,并在规定的免费暂存期限内将货物搬出车站。

(2)对托运人在车站未缴或少缴以及在运送中所发生的运输费用,包括由于托运人的责任所发生的垫款,及时在到站向承运人缴清。

(3)收货人组织卸车的货物,应当在规定的卸车时间内将货物卸完或在规定的停留时间内将货车送至交接地点;将货车清扫干净并关好门窗、端侧板(特种车为盖、阀),规定需要洗刷消毒的应进行洗刷消毒。

2. 收货人享有的权利

(1)对运输过程中发生的货物灭失或毁损,收货人有权要求赔偿。

(2)合同有约定在提货时需要进行检验的货物,应按照约定的期限检验。检验期限没有约定或约定不明的,应当在合理的期限内检验。

五、货物运输合同的特点

货物运输合同除了具有一般经济合同的法律特征外,还具有以下特点:

(1)运输合同的标的为运送行为。虽然运输合同是将物品运到约定地点,但物品本身不是合同的标的,合同的标的是运送行为。

(2)货物运输合同的基本条款和内容,不是按承托双方意愿或商定,而是根据双方都必须遵守的法规、规章、办法决定的。因此,货物运输合同为格式合同(标准合同)。

(3)收货人作为合同当事的第三者,虽未参与合同的签订,但在托运人与承运人签订的合同成立后,收货人实施领取货物时享有合同所赋予的权利,也承担相应的义务和责任。

(4)货物运输合同是有偿合同。

六、货物运输合同的签订

1. 托运人与承运人在按季度、半年度或更长期限签订整车大宗物资运输合同时，还必须提出铁路货物运输服务订单，见格式 3-1。

格式 3-1

铁路货物运输服务订单（整车）

______年______月报

报表时间：______年______月______日 要求运输时间：______日至______日 受理号码：____________	发站	名称　　　　略号
	发货单位盖章	省/部名称______　代号______ 发货单位名称______　代号______ 地址______　电话______

顺号	到局： 代码：			收货单位				货物			车种代号	车数	特征代号	换装港	终到港	报价（元/t）（元/车）	备注
	到站	到站电报略号	专用线名称	省/部		名称	代号	品名		吨数							
				名称	代号			名称	代号								

供托运人自愿选择的服务项目（由托运人填写，需要的项目打√）	说明或其他要求事项	承运人签章
□1. 发送综合服务　□5. 清运、消纳垃圾 □2. 到达综合服务　□6. 代购、代加工装载加固材料 □3. 仓储保管　□7. 代对货物进行包装 □4. 篷布服务　□8. 代办一关三检手续	□保价运输	年　月　日

说明：1. 涉及承运人与托运人、收货人的责任和权利，按《铁路货物运输规程》办理。

2. 实施货物运输，托运人还应递交货物运单，承运人应按报价核收费用，装卸等需发生后确定的费用应先列出，项目金额按实际发生核收。

3. 用户发现超出国家发改委、铁道部、省级物价部门公告的铁路运输货运价格及收费项目、标准收费的行为和强制服务、强行收费的行为，有权举报。

举报电话：物价部门　××××××　　铁路部门　××××××

2. 按月度（包括计划外）签订的其他整车货物可用铁路货物运输服务订单作为运输合同，经双方在合同上签认后，合同即告成立。在交运货物时还必须向承运人递交货物运单作为运输合同的组成部分，见格式 3-2。

格式 3-2

货物指定于　月　日搬入
货位:
计划号码或运输号码:
运到期限　日

××铁 路 局
货　物　运　单

承运人/托运人装车
承运人/托运人施封

托运人→发站→到站→收货人　　货票第　　号

托运人填写					承运人填写				
发站		到站(局)			车种车号			货车标重	
到站所属省(市)自治区					施封号码				
托运人	名称				经由	铁路货车篷布号码			
	住址		电话						
收货人	名称				运价里程	集装箱号码			
	住址		电话						
货物名称	件数	包装	货物价格	托运人确定重量(公斤)	承运人确定重量(公斤)	计费重量	运价号	运价率	运费
合计									
托运人记载事项:					承运人记载事项:				

注:本单不作为收款凭证,托运人签约须知见背面。规格:350 mm×185 mm	托运人盖章或签字 年　月　日	到站交付日期戳	到站承运日期戳

领货凭证

车种及车号
货票第　号
运到期限　　日

发　站		
到　站		
托运人		
收货人		
货物名称	件数	重量
托运人盖章或签字		
发站承运日期戳		

注:收货人领货须知见背面

3. 集装箱运输的货物,使用货物运单作为运输合同,当承运人在货物运单上加盖车站承运日期戳后,合同即告成立。

七、运输合同的变更及解除

1. 运输变更的范围

托运人或收货人由于特殊原因,对铁路承运后的货物,可按批向货物所在中途站或到站提出变更到站、变更收货人。承运后发送前托运人可向发站提出取消托运。

2. 不予办理运输变更的原因和内容

承运后的货物发生运输变更或取消托运,实质上就是变更或解除运输合同。运输变更对铁路计划运输将产生干扰,并势必增加车辆的非生产停留时间和调车作业。同时,在某些情况下,还会增加限制区段的负荷,造成不合理运输和延缓货物运送。因此,铁路对下列情况的运输变更不予办理。

(1)违反国家法律、行政法规、物资流向、运输限制和蜜蜂的变更。

(2)变更后的货物运到期限大于容许运输期限。

(3)变更一批货物中的一部分。

(4)第二次变更到站。

3. 运输变更的手续和处理方法

托运人或收货人要求变更或取消托运时,应提出领货凭证和“货物运输变更要求书”(格式3-3)。提不出领货凭证应提出其他有效证明文件(单位的提供发、收货的单位证明,私人的提供身份证),并在“货物运输变更要求书”内注明。

格式3-3

货物运输变更要求书

受理变更顺序号	第　号

提出变更单位名称和住址____________印章____________　　年　　月　　日

变更事项						
原票据记载事项	运单号码	发　站	到　站	托运人	收货人	办理种别
	车种车号	货物名称		件　数	重　量	承运日期
	记　事					
承运人记载事项					经办人	

规格:185 mm×130 mm

货物运输变更由车站受理,但整车货物变更到站,受理站应报主管铁路局承认,并将命令号码记在运单、货票上。

车站在处理变更时,应在货票记事栏内注明有关变更的根据,改正运输票据、标记(货签)、货运票据封套等有关记载事项,并加盖车站日期戳或带有站名的名章。变更到站时,并应电知新到站及其主管铁路局收入检查室和发站。办理货物运输变更或取消托运,托运人或收货人应按规定支付费用。

第三节　货物的托运、受理和承运

一、货物的托运

托运人向铁路提出运输货物要求,并提交货物运单,即为托运。

货物运单(格式3-2)是承运人与托运人之间,为了运输货物而签订的一种运输合同。对整车运输,运单是作为货物运输合同的组成部分。运单体现了在货物运输过程中承、托双方的权利、义务和责任,双方都应对所填记的内容负责。

托运人向承运人交运货物,应向车站按批提出货物运单一份。对使用机械冷藏车运输的货物,同一到站、同一收货人可以数批合提一份运单。整车分卸货物,除提出基本货物运单一份外，每一分卸站应另增加分卸货物运单两份（分卸站、收货人各一份）。

遇以下三种情况，托运人在提交运单的同时，还须提出物品清单（格式3-4）一式三份：

（1）一批托运的货物品名过多，不能在运单内逐一填记时。

（2）搬家货物。

（3）同一包装内有两种以上的货物。

格式3-4

物 品 清 单

发站________　　　　　　　　　　　　　　　　　　　　　　　　货票第________号

货件编号	包装	详细内容			件数或尺寸	重量	价格
		物品名称	材质	新旧程度			

托运人盖章或签字________年　月　日

注意事项	
注意事项	1. 个人托运的物品（如搬家货物、行李），分为保价运输和不保价运输两种，由托运人选定。发生货损、货差时，保价运输的，按保价运输有关规定赔偿；不保价运输的，每重10 kg（不满10 kg按10 kg计算），最多赔偿人民币30元，实际损失低于这个标准的，按货物实际损失的价格赔偿。 2. 本清单由托运人填写，一式三份，记载必须真实、正确。 3. “物品名称”栏要详细填写，如衣服应记明外衣、衬衣、男式、女式、童装等；“材质”栏应写明棉、毛、呢、绒、化纤等；“件数”栏如系衣料应注明尺寸。“价格”栏只供按保价运输托运时填写。 4. 个人物品内不得夹带下列物品： （1）金、银、钻石、珠宝、首饰、古玩、文物字画、手表、照相机。 （2）有价证券、货币、各种票证。 （3）危险货物。

二、货物的受理

铁路接受托运人提出的货物运单，经车站审查符合运输要求，在货物运单上签证货物搬入日期或装车日期后，即为受理。

对于抢险救灾物资，直接用于农业生产的物资、鲜活货物、文艺演出用品、搬家货物以及其他需要急运的物资，应优先运输。

1. 货物运单的审查

（1）整车货物有无批准计划号码。

（2）对到站、到局和到站所属省、市、自治区各栏内容应相互核对，三者必须相符。

（3）确认到站的营业办理限制（包括临时停、限装）。到站营业办理范围可查看《货物运价里程表》中“营业办理限制”栏，营业办理限制的符号说明见表3-1。

表3-1　营业办理限制符号说明

符　号	说　　明
货（三角形内）	站内及专用线均不办理货运营业
专（圆圈内）	仅办理专用线、专用铁路整车发到

续上表

符　号	说　明
㊗路	仅办理整车路用货物发到
△牲	不办理活牲畜到达
△湿	站内不办理怕湿货物发到
△散	站内不办理散堆装货物发达
△蜂	站内不办理蜜蜂发到
危	站内办理危险货物运输,具体办理内容另查《铁路危险货物运输办理站(专用线、专用铁路)办理规定》

注:以上符号中,△货和㊀专是对车站货运营业范围的总体描述,适用于零担、集装箱和整车。

(4)到站如果仅办理专用线货物发到时,运单内应记明在××专用线卸车。对途中装卸的货物,应记明途中装卸车的地点。

(5)托运人、收货人名称、住址、邮政编码和电话号码是否填写清楚、完整。收货人住址,除收货人为新华书店,并冠有省、市、自治区、地区或县(市)名称的,以及由于特殊原因托运人要求在货物运单上不填收货人住址,并在运单"托运人记载事项"栏内注明原因时,可免填外,均应详细填写。

(6)对危险货物、鲜活货物或使用集装箱运输的货物,还应用红色墨水书写或加盖红色戳记标明货物的性质。笨重货物要注明每件重量并核对其是否超过到站的卸车能力。

(7)需要有证明文件才能运输的货物,其证明文件是否齐全有效。

(8)对个人托运的物品,其物品清单内容是否具体。特别注意是否夹带有贵重物品(金、银、钻石、珠宝、首饰、古玩、文物字画、手表、照相机、有价证券、货币和各种票证等)和危险货物。

(9)托运易腐货物或"短寿命"放射性货物时,是否记明容许运输期限。

(10)危险货物和超限、超重、超长货物还应按照有关规定的各项要求进行审查。

(11)整车货物的重量、体积、长度、性质与托运人在运单中注明要求使用的车种吨位是否符合。

(12)受理保价运输货物时,应检查货物运单"托运人记载事项"栏是否已注明"保价运输"事项(对一批办理的个人物品不能只办理其中一部分物品的保价运输),运单或物品清单内托运人填记的货物价格是否清楚齐全,必要时可要求托运人提出确定价格的有关依据予以核实。发现保价金额不符或涂改时,要求托运人更换货物运单或物品清单。

(13)规定须派押运人的货物,是否注明押运人姓名及证件号码,去边境地区的押运人有无边境通行证。

(14)各国驻华使、领馆公用或个人用品以及我国外交用品的托运是否符合"特定运输条件"的规定。

(15)认真审核货物运单与领货凭证是否一致。

(16)托运人是否在运单上签章。有涂改时,是否已盖章证明。

2. 证明文件和单据

(1)需凭证明文件运输的货物

根据中央、省(市)、自治区法令,对需凭证明文件运输的货物,托运人应将证明文件与货物运单同时提出,并在货物运单托运人记载事项栏内注明文件名称和号码,车站在证明文件背面注明托运数量，并加盖车站日期戳。除按规定须留发站存查外，其余退还托运人，托运人对其提出的证明文件的真实性应负责任。

对需凭证明文件运输的货物（物资运输限制、检疫规定、爆炸品和枪支管理、蜜蜂等），托运人如未按规定提出证明文件，车站应拒绝受理。

(2)代递文件和单据

对办理海关、检疫手续及其他特殊情况的证明文件，以及有关该批货物数量、质量、规格的单据，可牢固地附在货物运单上，并在运单托运人记载事项栏内记明名称和页数，委托承运人代递至到站交给收货人。

承运人对托运人委托代递的证明文件和单据，在代递过程中要注意保管。遇有遗失时，到站应编制普通记录，予以证明。

三、货物的搬入和验收

在车站公共装卸场所装车的货物，托运人应按车站指定的日期，凭铁路受理的货物运单，将货物和所需要的货车装备物品或加固材料一起搬入车站。

对搬入货场的货物，车站要检查货物品名与运单记载是否相符，运输包装和标志是否符合规定，按件数承运的货物应对照运单点清件数。对个人托运的行李、搬家货物要按照物品清单进行核对，并抽查是否按照规定在包装内放入标记（货签）。

由托运人确定重量的货物，车站应组织抽查。

货物应稳固、整齐地堆码。堆放在场地上的货物，距钢轨头部外侧不少于1.5 m，站台上堆放的货物距站台边缘不少于1 m。

四、货物的承运

零担和集装箱运输的货物，由发站接收完毕，整车货物装车完毕，发站在货物运单上加盖车站日期戳时起，即为承运。

承运标志着运输合同成立，从承运时起铁路对货物的运送承担义务和责任，因此对货物包装、标记和标志、货物重量和件数、货物的押运、货票各联的用途及运输费用的核收都作了明确规定。

1. 货物的包装

托运人托运货物，应根据货物的性质、重量、运输种类、运输距离、气候以及货车装载等条件，使用符合运输要求，便于装卸作业和保证货物安全的运输包装。

有国家包装标准或部颁包装标准（行业包装标准）的应按国家包装标准或部颁包装标准（行业标准）执行。铁道部规定的包装标准现有《铁路危险货物包装表》、《铁路零担货物运输包装管理办法》。

没有统一规定包装标准的，车站应会同托运人研究制定货物运输包装暂行标准，共同执行。对于需要试运的货物运输包装，除另定者外，车站可与托运人商定条件组织试运。货物的运输包装不符合要求时，应由托运人改善后承运。

货物状态有缺陷，但不致影响货物安全，可以由托运人在货物运单内注明后承运。

2. 货物的重量

货物的重量包括货物包装重量，集装化用具、自备集装箱和加固材料、加固装置的重量。

(1)整车货物和使用集装箱运输的货物重量由托运人确定。

(2)托运人托运标准重量,标记重量的货物应在运单内注明每件货物重量。托运人托运有过秤清单的货物,其清单内容应有货物名称、件数、货物重量,过秤人盖章或签字,并加盖单位戳记,在运单内注明有过秤清单字样,交车站一份存查。

(3)托运人确定重量的整车货物、集装箱货物和零担货物,承运人应进行抽查,重量不符,并超过国家规定的衡器公差时,应向托运人或收货人核收过秤费。

3. 货物的件数

铁路运输货物按重量和件数承运,但下列货物按整车运输时,只按重量承运,不计件数:

(1)散堆装货物;

(2)成件货物规格相同(规格在三种以内的视作规格相同),一批数量超过 2 000 件;规格不同,一批数量超过 1 600 件。

下列整车货物,无论规格是否相同,按一批托运时,每件平均重量在 10 kg 以上,托运人能按件点交给车站的,承运人都按重量和件数承运:

(1)针、纺织品、衣、袜、鞋、帽;

(2)钟表、中西成药、卷烟、文具、乐器、工艺美术品;

(3)面粉、肥皂、糖果、橡胶、油漆、染料、轮胎、罐头食品、瓶装酒类、医疗器械、洗衣粉、缝纫机头、空钢瓶、化学试剂、玻璃仪器、241 L 空铁桶;

(4)电视机、收音机、录音机、电唱机、电风扇、计算机、照相机。

上述明定品名的货物与未明定品名货物作为一批托运时,按未明定品名货物的规定办理。

4. 货物的押运

下列货物因性质特殊,在运输途中需要有熟悉货物性质的人加以特殊的防护和照料,才能保证货物在运输途中的安全与完整,托运人必须派人押运:

(1)活动物;

(2)需要浇水运输的鲜活植物;

(3)生火加温运输的货物;

(4)挂运的机车和轨道起重机;

(5)液化气罐车(含空车);

(6)特殊规定应派押运人的货物。如整车运输的爆炸品(烟花、爆竹除外),零星办理按整车办理的汽车、拖拉机或自有动力的机械以及尖端、保密物资和指定需要由托运人派专人护送至到站的超限货物、剧毒品等。

押运人员如需到达规定的边境地区时,必须有“边境通行证”,否则车站不得承运货物。

押运人数,除特定者外,每批不应超过 2 人。托运人要求增派押运人或对上述以外的货物要求派人押运时,须经承运人承认。

5. 制票

制票就是根据运单填制货票。

货票分现付货票和后(到)付货票,后(到)付货票是后付或在到站付费时使用。货票一式四联。甲联为发站存查联;乙联为报告联,由发站按日顺号装订,定期上报铁路局;丙联为托运人报销用;丁联为运输凭证,由发站将其与运单一起随货物递交到站存查,见格式 3-5。

货票金额不得涂改，打印错误时按作废处理。作废的货票要加盖“作废”戳记，按顺号装订上报铁路局，不得废弃。

格式 3-5

××铁 路 局

货 票

运输凭证：发站→到站存查

计划号码或运输号码　　　丁联

货物运到期限　　日　　　A00001

发 站		到站(局)		车种车号		货车标重		承运人/托运人 装车
托运人	名 称			施封号码				承运人/托运人 施封
	住 址		电话	铁路货车篷布号码				
收货人	名 称			集装箱号码				
	住 址		电话	经 由			运价里程	

货物名称	件数	包装	货物重量(公斤) 托运人确定	货物重量(公斤) 承运人确定	计费重量	运价号	运价率	现付 费 别	现付 金 额
								运 费	
								装 费	
								取送车费	
								过 秤 费	
合 计									
记 事								合 计	

卸货时间　月　日　时 催领通知方法： 催领通知时间　月　日　时 到站收费的收据号码	收货人盖章或签字	到站交付日期戳 经办人盖章	发站承运日期戳 经办人盖章

规格：270 mm×185 mm

（货票丁联背面）

1. 货物运输变更事项

受理站	电报号	变更事项	运杂费收据号码
处理站日期戳		经办人盖章	

2. 关于记录事项

编制站	记录号	记录内容

3. 交接站日期戳

1.	2.	3.	4.	5.	6.

4. 货车在中途站摘车事项

车种、车号车次、时间	摘车原因	货物发出时间、车次、车种、车号

摘车站日期戳　　经办人盖章

车种、车号车次、时间	摘车原因	货物发出时间、车次、车种、车号

摘车站日期戳　　经办人盖章

第四节 货物的装车和卸车

一、装卸车作业的责任范围

货物装车和卸车的组织工作,在车站公共装卸场所以内由承运人负责;在其他场所由托运人或收货人负责。但罐车运输的货物、冻结的易腐货物、未装容器的活动物、蜜蜂、鱼苗,一件重量超过1 t的放射性同位素,以及用人力装卸带有动力的机械和车辆,均由托运人或收货人负责组织装车或卸车。

其他货物由于性质特殊,经托运人或收货人要求,并经承运人同意,也可由托运人或收货人组织装车或卸车。

二、合理使用车辆

合理使用车辆的原则是车种要配合货种。因此铁路拨配车辆必须做到以下几点:

(1)承运人应按照运输合同约定的车种拨配适当的车辆。承运人如无适当车辆拨配时,在征得托运人同意,保证货物安全、货车完整和装卸作业方便的条件下可以代用。以长大货物车、冷藏车代替其他车辆及改变罐车使用范围时,应经铁道部承认;其他车辆代替棚车时,应经铁路局承认。同时车辆代用必须符合"货车使用限制表"的规定。

(2)对保密物资、涉外物资、精密仪器、展览品能用棚车装运的,必须使用棚车装运,不得用其他货车代用。

(3)装车前,装车单位应对车辆的完整和清洁状态进行检查。对状态不良的车辆应采取措施,如采取措施后仍不能保证安全时,则不能使用。

(4)凡一件货物重量超过到站的起重能力,或一件货物重量超过500 kg,发至《货物运价里程表》中"最大起重能力"中未公布的车站时,装车站必须先联系到站,征得同意后并按到站指定的车种装运。货物运单上注明在专用线卸车的笨重货物,不受"最大起重能力表"的限制。

(5)装运活鱼、家畜、家禽时,不得使用无窗棚车,装运牛、马、驴、骡大牲畜时,不得使用铁底棚车,以防牲畜打滑,偏向车辆一侧,造成偏重而导致行车事故。装往深圳北站的活牛必须使用棚车。

(6)装运危险货物时,除《铁路危险货物品名表》中特别规定者外,应使用棚车或毒品专用车;爆炸品、氯酸钾、氯酸钠和铁桶包装的一级易燃液体不能使用全铁底板棚车。

(7)以大吨位货车代用小吨位车时,应经铁路局承认并将承认命令号码填入货票内。

三、取送装卸作业车

为了提高装卸作业效率,压缩作业车停留时间,车站货运调度员应密切与车站调度员配合,按班计划组织装卸车和做好到达本站作业车的预确报。将取送车作业计划及时通知货场和专用线货运员,以便提前确定装卸车地点及送车对位,准备好装卸劳力和机具,做好装卸车的各项准备工作。

货场和专用线货运员,要切实掌握所管货区空、重货位情况和装卸作业进度。接班后向货运调度员全面核对一次,每次装卸车开始和完了时间要及时通知货运调度员。送车时货运员应亲自提前到现场等候车到，会同调车人员对好货位。

四、装车作业

铁路组织装车的货物，承运人应做好装车前、后的三检工作，装车时严格按照《铁路装卸作业安全技术管理规则》有关规定办理。

1. 装车前“三检”是指检查货物运单、检查待装货物、检查配空车辆。其重点工作是认真检查货车的车体（包括透光检查）、车门、车窗、盖阀是否完整良好，有无扣修通知、色票、货车洗刷回送标签或通行限制，车内是否干净，是否被毒物污染。装载粮食、医药品、食盐、鲜活货物、饮食品、烟草制品以及有押运人押运的货物时，还应检查车内有无恶臭异味。要认真核对待装货物品名、件数，检查标志、标签和货物状态。对集装箱还应检查箱内装载情况，检查箱体、箱号和封印。

2. 装车时，必须核对运单、货签、实际货物，保证“三统一”。要认真监装，做到不错装、不漏装、巧装满载，防止偏载、偏重、超载、集重、亏吨、倒塌、坠落和超限。对易磨损货件应采取防磨措施，怕湿和易燃货物应采取防湿或防火措施。

对以敞、平车装载的需要加固货物，有定型方案的，严格按方案装车；无定型方案的，车站应制定装载加固方案，并按审批权限报批，按批准方案装车。装载散堆装货物，顶面应予平整。对自轮运转的货物、无包装的机械货物，车站应要求托运人将货物的活动部位予以固定，以防止脱落或侵入限界。

3. 装车后“三检”是指检查重车、检查运单、检查货位。其重点工作是认真检查车门、车窗、盖、阀关闭及拧固和装载加固情况。需要填制货车装载清单及标画示意图的，应按规定填制。需要施封的货车，按规定施封，并用粗铁线将车门上部门鼻拧紧。需要插放货车表示牌的货车应按规定插放，对装载货物的敞车，要检查车门插销、底开门搭扣和篷布苫盖、捆绑情况。装载超限、超长、集重货物，应按装载加固定型方案或批准的装载加固方案检查装载加固情况。对超限货物，还应对照铁路局批示文电，核对装车后的尺寸。

五、卸车作业

由铁路组织卸车的货物，承运人应做好卸车前、后的“三检”工作，卸车时严格按照《铁路装卸作业安全技术管理规则》及有关规定进行卸车作业。

1. 卸车前“三检”是指检查货位、检查运输票据、检查待卸车辆。其工作重点是检查车辆、篷布苫盖、货物装载状态有无异状，施封是否完好。

2. 卸车时，必须核对运单、货签、实际货物，保证“三统一”。要认真监卸，根据货物运单清点件数，核对标记，检查货物状态。对集装箱货物应检查箱体，核对箱号和封印。合理使用货位，按规定堆码货物。发现货物有异状，要及时按章处理。

3. 卸车后“三检”是指检查运输票据、检查卸下的货物、检查卸空后的车辆。其工作重点是应将车辆清扫干净，关好车门、车窗、阀盖。检查卸后货物安全距离，清理线路，将篷布按规定折叠整齐，送到指定地点存放。对托运人自备的货车装备物品和加固材料，应妥善保管。

对卸下的货物登记“卸货簿”或卸货卡片，见格式3-6。在货票丁联左下角记明卸货日期。

格式 3-6

卸货簿

货车卸妥日期	车种车号	货票号码	发站（局）	货物名称	件数	重量（kg）	收货人名称	堆放地点	货物搬出时间	搬出证号码	铁路标记	记事

六、装卸车的附属作业

下列工作属于装卸车附属作业，不另清算：

（1）铺垫或整理防湿垫枕、苫盖、撤除、折叠和取送篷布；

（2）清扫货车、货位，关闭拧固车门、车窗、盖、阀；

（3）整理装车后剩余货物，必要时用篷布苫盖或搬入库台；

（4）安装或撤除支柱、挡板、垫板、禽畜支架；

（5）装卸货物的捆绑加固（需要铆接、焊接等特殊加固除外）；

（6）托盘、网络等铁路装卸工具的铺设、撤除、整理和堆码。

七、货车的洗刷、除污

1. 必须洗刷除污的货车

（1）装过活动物、鲜鱼介类、污秽品等货物的车辆，以及受易腐货物污染的冷藏车应洗刷，或依照卫生（兽医）人员的要求进行除污（消毒）。

（2）装过毛皮、兽骨等禽畜产品（包括生毛皮、鬃尾、羽毛、骨、角、蹄、血等）的车辆，要认真洗刷除污（消毒）。

（3）被植物检疫对象污染的车辆，应按植物检疫机构和口岸动植物检疫机关的要求处理。

（4）《铁路危险货物运输管理规则》规定必须洗刷除污的货车：装过剧毒品的毒品车；发生撒漏、受到污染（包括有刺激异味）的货车；回送检修运输危险货物的货车。

2. 回送洗刷及洗刷后的处理

应洗刷消毒的货车，收货人有洗刷消毒设备时可以自行办理，并出具洗刷消毒证明，车站以此证明检查车辆，对装过活动物和畜禽产品后洗刷消毒的车辆由铁路兽医部门检查验收。

未经洗刷除污的货车严禁使用或排空。

对货车的洗刷、除污应在卸车站进行。如卸车站有困难时，须报局调度，凭调度命令，并填制回送清单向指定车站回送。

对回送洗刷除污的货车，卸车站应清扫干净，并在两侧车门外部及车门明显处粘贴“货车洗刷回送标签"各一张,见格式3-7。货物如有撒漏,应在标签上注明。

格式3-7

铁路货车洗刷回送标签

此车　　月　　日　　　　　　　　　　　　站装过货物品名: 我站卸车后未洗刷,经铁路局　　　　　　　　　　　　号命令 回送　　　　　　　　　　站洗刷。严禁排空和调配放货。 卸车站 年　　月　　日

规格:180 mm×120 mm

注:1. 此标签在货车两车门内外明显处所各粘贴一张;
2. 中间粗斜线印红色。

货车经洗刷除污达到要求后,应撤出货车洗刷回送标签,并在货车两车门内外明显处粘贴"铁路货车洗刷除污工艺合格证",见格式3-8,并填写"洗刷除污登记表"。

格式3-8

铁路货车洗刷除污工艺合格证

洗刷工艺合格 车种车号:　　　　　　　　已按规定清洗 ×××站 洗刷组(签章) 货运员(签字) 年　　月　　日

规格180 mm×120 mm

注:此标签在货车两车门内外明显处所各粘贴一张

3. 装过放射性物质的货车、篷布及有关用具的检测

装过放射性物质的货车、苫盖的篷布及有关用具,卸车后须由铁路防疫部门对β、γ发射体的污染水平进行检测,检测结果必须低于《铁路危险货物运输管理规则》第一百三十三条规定的限值,否则必须由收货单位彻底洗刷除污,经检测达到要求后方可排空使用。

4. 缺乏有效洗刷除污手段的货车处理

装过性质特殊、缺乏有效洗刷除污手段的货车,洗刷所应通知卸车站,要求收货人提供有效的洗刷除污方法和药物,再次洗刷处理。

第五节　货物的到达、交付和搬出

一、催领通知

车站对到达货物应及时发出催领通知,这是铁路履行运输合同应负的责任。车站发出催领通知应在货票(丁联)内记明通知方法和时间,必要时应再次催领。

承运人组织卸车的货物，到站应不迟于卸车完了次日内，用电话或书信，向收货人发出催领通知并在货票内注明通知的方法和时间。有条件的车站可采用电报、挂号信、长途电话、登广告等通知方法，收货人也可与到站商定其他通知方法，采用电报等方法或商定的办法通知的，车站应按实际支出向收货人核收催领通知费用。

收货人在到站查询所领取货物时，到站要认真确认是否到达，如果确实未到时，到站应在领货凭证背面加盖车站日期戳，证明“货物未到”。

货物运抵到站，收货人应及时领取，拒绝领取时，应出具书面说明，自拒领之日起，3 日内到站应及时通知托运人和发站，征求处理意见，托运人自接到通知次日起，30 日内提出处理意见并答复到站。

从承运人发出催领通知次日起（不能实行催领通知时，从卸车完了的次日起），经查找，满 30 日（搬家货物满 60 日）仍无人领取或收货人拒领的货物，托运人又未按规定期限提出处理意见的货物，承运人可按无法交付货物处理。对性质不宜长期保管的货物，如鲜活货物、危险货物等，承运人可根据具体情况缩短上述期限。

二、货物暂存期间

承运人组织卸车的货物，收货人应于承运人发出催领通知的次日（不能实行催领通知或会同收货人卸车的货物为卸车的次日）起算，2 日内将货物搬出。超过上述期间未将货物搬出，对其超过的期间核收货物暂存费。

根据各地具体情况，铁路局可以缩短免费暂存期限一天，也可以提高货物暂存费率，但提高部分最高不得超过规定费率的 3 倍，并均报当地政府和铁道部备案。车站站长可以适当延长货物免费暂存时间。

三、货物交付

货物的交付是承运人履行运输合同的最后一个程序，到站向货物运单内所记载的收货人交付货物完毕，即视为铁路履行合同的义务已经结束。货物的交付分为票据交付（内勤交付）和货物交付（外勤交付）。

1. 票据交付

（1）收货人在铁路货场领取货物时，必须提出领货凭证，并在货票丁联上盖章或签字，车站应认真核对货物运单和领货凭证的骑缝戳记。

（2）收货人为个人的，还须提出本人身份证。

（3）收货人为单位的，还须提出该单位出具所领货物和领货人姓名的证明文件及领货者本人身份证。

提出介绍信时，应按批记明发站、发货人、货物名称、件数等信息，并附于货票存查联上。

机关、企业、团体向到站领取货物时，应在货票丁联上加盖符合收货人名称的单位公章或运输专用章。如有长期委托书或临时委托时，可由被委托人盖章领取。（办理委托领取货物时，应提供委托书并由被委托人盖章领取。）

（4）领货凭证未到或丢失时，机关、企业、团体应提出本单位的证明文件，个人应提出本人居民身份证、工作证（或户口簿）或服务所在单位（或居住所在单位）出具的证明文件。

(5)第三者代替原收货人领货时还必须同时提出证明第三者和原收货人本人的身份证件。

(6)收货人在专用线或专用铁路内取货的，车站可与收货人商定票据交付办法。

2. 现货交付

到站在收货人办完领取手续和支付费用后，应将货物连同货物运单一并交给收货人。

(1)到达到站的货物，如已编有记录或发现有事故可疑痕迹，到站必须复查重量和现状。如已构成货运事故，到站在交付货物时，应将货运记录交给收货人。

(2)在站内卸车的货物，办理货物交付时，车站货运员必须在现场向收货人点交货物，并在运单上加盖“货物交讫”戳记。对装备物品和加固材料也应一并点交，同时在卸货簿或卸货卡片中将交付事项作记载。

承运人组织卸车和发站由承运人组织装车到站由收货人组织卸车的货物，在向收货人点交货物或办理交接手续后，即为交付完毕；发站由托运人组织装车，到站由收货人组织卸车的货物，在货车交接地点交接完毕，即为交付完毕。

第六节　货物运到期限和逾期违约金

一、货物运到期限

铁路运输货物应在规定的运到期限内运至到站，这是铁路履行运输合同应负的责任。为此铁路实行货物运到逾期责任追究制度和货物运到逾期支付违约金制度。

货物运到期限按日计算，由下述三部分组成：

1. 货物发送期间($T_{发}$)：是完成货物发送的作业时间。发送期间规定为1日。

2. 货物运输期间($T_{运}$)：是根据运输速度和运输距离，从发站至到站运输货物所需要的时间。运输期间规定每250运价公里或其未满为1日；按快运办理的整车货物每500运价公里或其未满为1日。

3. 特殊作业时间($T_{特}$)：

(1)整车分卸货物，每增加一个分卸站，另加1日；

(2)准、米轨间直通运输的整车货物，另加1日。

对于上述三项特殊作业时间应分别计算，当一批货物同时具备几项时，应累计相加计算。此外，运价里程表中规定需要另加运到期限的，也应加入其内。若运到期限用T表示，则

$$T = T_{发} + T_{运} + T_{特}$$

货物实际运到日数(用$T_{实}$表示，超过规定的运到期限时即为运到逾期)按下列规定计算：

(1)起算时间：从承运人承运货物的次日起算，指定装车日期的从指定装车日的次日起算。

(2)终止时间：到站由承运人组织卸车的货物，到卸车完了时止；由收货人组织卸车的货物，到货车调到卸车地点或货车交接地点时止。

(3)货物运到期限，起码天数为3日。

二、运到逾期违约金

货物实际运到日数超过规定的运到期限时，承运人应按所收运费的百分比向收货人支付违约金。具体计算方法是：

(1)运到期限在10日以内者，可从表3-2中查出应付违约金所占运费的百分比。

(2)运到期限在11日以上者，可从表3-3中查出支付违约金所占运费的百分比。

表3-2　运到逾期违约金(10日以内)

<table>
<tr><th>逾期总日数
违约金
运到期限</th><th>1日</th><th>2日</th><th>3日</th><th>4日</th><th>5日</th><th>6日以上</th></tr>
<tr><td>3日</td><td>15%</td><td colspan="5">20%</td></tr>
<tr><td>4日</td><td>10%</td><td>15%</td><td colspan="4">20%</td></tr>
<tr><td>5日</td><td>10%</td><td>15%</td><td colspan="4">20%</td></tr>
<tr><td>6日</td><td>10%</td><td>15%</td><td>15%</td><td colspan="3">20%</td></tr>
<tr><td>7日</td><td>10%</td><td>10%</td><td>15%</td><td colspan="3">20%</td></tr>
<tr><td>8日</td><td>10%</td><td>10%</td><td>15%</td><td>15%</td><td colspan="2">20%</td></tr>
<tr><td>9日</td><td>10%</td><td>10%</td><td>15%</td><td>15%</td><td colspan="2">20%</td></tr>
<tr><td>10日</td><td>5%</td><td>10%</td><td>10%</td><td>15%</td><td>15%</td><td>20%</td></tr>
</table>

表3-3　运到逾期违约金(11日以上)

逾期总日数占运到期限天数	违约金
不超过1/10时	为运费的5%
超过1/10，但不超过3/10时	为运费的10%
超过3/10，但不超过5/10时	为运费的15%
超过5/10	为运费的20%

三、不支付运到逾期违约金的货物

1. 超限、限速运行和免费运输的货物以及货物全部灭失，承运人不支付违约金。

2. 从承运人发出催领通知的次日起(不能实行催领通知或会同收货人卸车的货物为卸车的次日起)，如收货人于2日内未将货物领出，即失去要求承运人支付违约金的权利。

3. 收货人组织卸车的货物，自铁路将货车送到卸车地点的次日起，两日内未卸完时承运人不再承担支付货物逾期违约金。

四、滞留时间的扣除

货物在运输过程中，影响运到期限的因素很多，其中许多因素非铁路责任。因此要从实际运到日数中扣除。影响运到期限的因素包括：

(1)因不可抗力的原因引起的；

(2)由于托运人责任致使货物在途中发生换装、整理所产生的;

(3)因托运人或收货人要求运输变更所产生的;

(4)运输活动物,由于途中上水所产生的;

(5)其他非承运人责任发生的。

由于上述原因致使货物发生滞留时,发生货物滞留的车站,应在货物运单"承运人记载事项"栏内注明滞留时间和原因。到站应将各种情况所发生的滞留时间加总,加总后不足1日的尾数进整为1日。

五、运到逾期违约金的支付办法

对承运人责任逾期的货物,由到站用"车站退款证明书"支付违约金,在车站运输收入进款中支付,由收入检查部门冲减货物运输收入。车站应在运单及货票丁联反面空白处加盖"逾期×天、应支付违约金××元(大写数字),凭××号退款证明书支付"的字样。

第七节 货物交接检查

一、货物的交接和检查

为保证行车安全和货物安全,明确各自责任,对运输中的货物(车)和运输票据要进行交接和检查,并按规定处理。

1. 交接检查的内容和方法

货运交接检查包括列车中货物装载、加固状态,车辆篷布苫盖状态,施封及门、窗、盖、阀关闭情况,货车票据完整情况。但罐车和集装箱封印、苫盖货物篷布的顶部、集装箱顶部、敞车装载的不超出端侧板货物的装载状态,在途中不交接检查,如接方发现有异状,有运转车长的由交方编制记录后接收,无运转车长的由发现站拍发电报。发现重罐车盖开启,车站负责关好,并由交方编制记录证明。在发站和中途站发现空罐车上盖张开,要及时关闭。

整车货物变更到站时,处理站应对该车的装载加固情况进行检查,对施封货车应检查封印是否完好,站名、号码是否与票据相符。

货物运单、封套上的到站、车号、封印号码各栏,不得任意涂改。在装车站(含分卸站)、换装站、变更处理站因作业需要或填写错误时,应按规定更改。

运输途中发生票据丢失时,丢失单位或处理站应编制普通记录继运到站,并及时拍发电报向有关站查询,全列车票据丢失时,还应于当日上报主管铁路局。被查询站接电后,均应于48 h内电复或继续查询。发站接到查询电报后,48 h内应按货票内容拍发电报,并将货票抄件寄送到站处理。

货物在运输途中,由于货物本身、车辆技术状态或自然灾害等原因发生货车滞留,其在站滞留时间达到48 h应拍发电报,通知发到站,必要时应抄送有关铁路局。

装车站按施封办理的货车,途中不得改为不施封办理。

2. 有运转车长值乘列车的交接、检查及处理

车站与运转车长或运转车长相互间使用列车编组顺序表和乘务员手册办理签证交接。交

接的时间、地点由铁路局指定,涉及两个铁路局的由有关铁路局商定。接收方应在规定时间内将列车检查完毕并办理交接签证。

到达列车在规定时间内未经车站签证,车长不得退勤;超过规定时间,车站未同车长办理交接,车长要求车站值班负责人(无值班负责人时为车站值班员)签证后退勤。

站车交接中发现问题车长拒绝出具证明时,车站应于列车到达后 120 min 内拍发电报,主送责任列车段(站),抄知主管局。

货物检查的内容以及发现问题的处理方法,按表 3-4 规定办理。

表 3-4 货物检查的内容及问题的处理

顺号	检查内容	发现的问题	处理方法
1	运输票据或封套	(1)有票无货(车)或有货(车)无票	有票无货(车)车长不接收,车长交给车站时应编制记录;有货(车)无票,在装车站车长不接收,在其他站(指中途站和到站,以下同)由交方编制记录
		(2)货物运单或封套上记载的车号、到站与编组顺序表或现车不符	在装车站不接收;在其他站由交方编制记录后接收。有涂改时,应加盖带有所属单位的经办人名章(简称盖章,以下同)并编制记录(编组顺序表涂改时不编记录)
		(3)货物运单或封套上封印站名或号码被划掉、涂改未按规定盖章	在装车站不接收;在其他站由交方编制记录证明。货车上无封印时,由交方补封(车长交出时为委托车站代封,以下同),是否清点货件由交方确定,并负担费用
		(4)封套的封口有异状或票据不全	在装车站不接收;在其他站由交方编制记录
		(5)货物运单或封套以及编组顺序表记有铁路篷布,现车未盖有铁路篷布;现车盖有铁路篷布,货物运单或封套以及编组顺序表未记载,或记载张数不符	在装车站不接收;在其他站由交方编制记录,车站拍发电报
2	货车的施封	(1)封印失效、丢失、断开或不破坏封印即能开启车门	在装车站不接收;在其他站由交方编制记录并补封。是否需要清点货件由交方确定,并负担费用。 对封印站名、号码不清、无法辨认和交接双方意见不一致时,由双方编制记录证明印文现状后接收
		(2)封印站名或号码与运输票据或封套上记载不一致	在装车站不接收;在其他站由交方编制记录后接收
		(3)货车已施封,但未在运输票据或封套上记明封印号码、编组顺序表无"F"字样	在装车站不接收;在其他站由交方编制记录
		(4)未使用施封锁施封(罐车和朝鲜进口货车除外)	在装车站不接收;在其他站由交方编制记录并补施施封锁
		(5)在同一车门上使用两个以上串联施封	在装车站不接收;在其他站由交方编制记录证明现状
		(6)货车两侧或一侧未按规定在车门下部门扣处施封	
		(7)施封货车的上部门扣未以铁线拧固(车门构造只有一个门扣或上部门扣损坏的除外)	由车站拧固后接收

续上表

顺号	检查内容	发现的问题	处理方法
3	装有货物的货车	(1)车门窗未按规定关闭(损坏的车窗已用木板、铁箱、木箱封固的除外)	在装车站由车站关严后接收;在其他站由交方编制记录,由车站关闭门窗,是否清点货件由交方确定,并负担费用
		(2)货物损坏、被盗	在装车站不接收;在其他站由交方编制记录,并由车站处理
		(3)棚车车体、平车及集装箱专用平车装运的集装箱箱体的可见部位损坏或集装箱箱门开启	
		(4)篷布(包括自备篷布)苫盖捆绑不牢、被刮掉或被割危及运输安全。易燃货物未按规定苫盖篷布或未采取规定的防护措施	在装车站不接收;在其他站由交方编制记录后接收,并由车站换装、整理或补苫篷布。但对篷布苫盖不严,在其他站可根据具体情况处理。货物是否有坠落可能,货物或篷布捆绑松动程度,双方意见不一致时,由车站确认能保证安全的,可编制记录继续挂运 补苫路布时,车站应在货物运单、货票或封套上注明补苫张数和号码。如路布数量发生变化时,还应在编组顺序表上修改或填写路布张数
		(5)货物装载有异状或超过货车装载限界;支柱、铁线、绳索有折断或松动;货物有坠落可能;车门插销不严,危及运输安全;底开门用一个扣铁关闭底开门(如所装货物能搭在底板横梁上,且另一个搭扣处用铁线捆牢者除外)	
		(6)超限货物无调度命令	由车站取得调度命令后,车长方可接收
4	货车使用和通行限制	(1)货车违反运行区段的通行限制	在装车站不接收;在中途站由交方编制记录,并由车站换装适当货车
		(2)装载金属块、木材或空铁桶使用的车种违反《铁路货物装载加固规则》货车使用限制表的规定	

3. 无运转车长值乘列车的交接、检查及处理

无运转车长值乘的列车实行站间交接检查区段负责制,车站负责交接检查工作。

区段负责制是指在对货物列车的交接检查中,按列车运行区段划分货运检查站责任的制度。

列车运行途经有技术作业或无技术作业但停车时间在35 min以上的(包括35 min)技术作业车站,视为责任货运检查站(简称货检站),由车站组织人员进行货运检查作业。

中间站保留及甩挂作业的货物列车(包括非保留、临时停车的),由车站负责看护,保证货物安全,发生问题车站要及时处理。

货物列车无改编作业时,货检站对货车施封,仅凭列车编组顺序表的有关记载检查施封是否有效,不核对站名、号码。货物列车有改编作业时,货检站对货车的施封状态,交接时只核对站名,不核对号码。

交接检查时发现的问题应按有关规定进行处理,并应于列车到达后120 min内以电报通知上一货检站,同时抄知发到站。电报内容应包括车次、到达时分、车种、车号、发站、到站、品名、发现问题及简要处理情况等。需编制记录时,按规定要求编制,并将记录粘贴在货票丁联背面或封套背面,无法粘贴的随封票交接。

运输票据由编组列车的车站封固并与机车乘务组实行封票签字交接。列车运行中在车站更换机车时,由更换地所在车站检查封固状态,并负责传递。机车乘务人员负责将票据完整地传递至列车终到站、甩挂作业站,并与车站办理票据签字交接,没有车站签字不得退勤,发生票

据丢失，追查当事人责任。途中临时甩挂车作业时，由车站编制普通记录后启封处理，并将运输票据连同普通记录重新封固。

货物检查、交接内容，以及发现问题的处理方法，按表 3-5 规定办理。

表 3-5　货物检查、交接内容及问题的处理

顺号	检查内容	发现的问题	处理方法
1	运输票据或封套	(1)有票无货(车)或有货(车)无票	编制记录并拍发电报
		(2)货物运单或封套上记载的车号、到站与编组顺序表不符	
		(3)货物运单或封套上记载的车号、到站有涂改，未加盖带有所属单位的经办人名章	
		(4)货物运单或封套上记载的车号与现车不符	编制记录并拍发电报，查明情况后继运
		(5)货物运单或封套上封印号码划掉、涂改未按规定盖章	编制记录并拍发电报证明现状继运。货车上无封印时，由发现站确定是否补封
		(6)货物运单或封套以及编组顺序表记有铁路篷布，现车未盖有铁路篷布；现车盖有铁路篷布，货物运单或封套以及编组顺序表未记载，或记载张数不符	编制记录并拍发电报
2	货车的施封	(1)封印失效、丢失、断开或不破损封印即能开启车门	拍发电报并补封，是否清点货件由发现站确定
		(2)运输票据或封套上记载的封印站名或号码与现封不一致或发生涂改	核对站名、拍发电报。到站检查封印站名、号码
		(3)货车已施封，但未在运输票据或封套上记明封印号码、编组顺序表无"F"字样	编制记录证明现状继运
		(4)未使用施封锁施封(罐车和朝鲜进口货车除外)	拍发电报并补施施封锁
		(5)在同一车门上使用两个以上封串联施封	拍发电报并补封，如因车门技术状态无法补封时，车站以交方责任继运
		(6)货车两侧或一侧在车门上部施封	按现状拍发电报
		(7)施封货车的上部门扣未以铁线拧固(车门构造只有一个门扣或上部门扣损坏的除外)	由发现站拧固
3	装有货物的货车	(1)车门窗未按规定关闭(损坏的车窗已用木板、铁箱、木箱封固的除外)	由发现站关闭并拍发电报
		(2)货物损坏、被盗	拍发电报、编制记录进行处理
		(3)棚车车体、平车及集装箱专用平车装运的集装箱箱体的可见部位损坏或集装箱箱门开启	拍发电报、并由车站处理
		(4)易燃货物未按规定苫盖篷布或未采取规定的防护措施	拍发电报，编制记录补苫篷布并采取防护措施
		(5)篷布(包括自备篷布)苫盖捆绑不牢、被刮掉或被割危及运输安全	及时进行整理，丢失或补苫篷布时由发现站拍发电报并编制记录
		(6)货物装载有异状或超过货车装载限界；支柱、铁线、绳索有折断或松动；货物有坠落可能；车门插销不严，危及运输安全；底开门车用一个扣铁关闭底开门(如所装货物能搭在底板横梁上，并且另一个搭扣处用铁线捆牢者除外)	由发现站按规定换装或整理并拍发电报
		(7)超限货物无调度命令	取得调度命令后继运

续上表

顺号	检查内容	发现的问题	处理方法
4	货车使用和通行限制	(1)货车违反运行区段的通行限制	拍发电报,并由车站换装适当货车
		(2)装载金属块、木材或空铁桶使用的车种违反《铁路货物装载加固规则》货车使用限制表的规定	

二、货物的换装整理

在运输中发现货车偏载、超载、货物撒漏,以及因车辆技术状态不良,经车辆部门扣留,不能继续运行,由发现站(或局指定站)及时换装整理,货票(丁联)记事栏记明有关事项。

换装整理的时间一般不应超过 2 天,如 2 天内未换装整理完毕时,应由换装站以电报通知到站,以便收货人查询。

编组站、区段站对扣留的换装整理车,应进行登记,并按月汇总报主管铁路局,同时通知有关铁路局。

货物换装整理所需的加固材料,由车站购置,以成本列支并保证满足使用需要。

货物换装整理的费用负担:

(1)承运人责任的货物整理费,由整理站(局)列销;换装费由原装车站(局)负担。

(2)由于行车事故或调车冲撞发生的换装费由责任单位负担。

(3)因车辆技术状态不良发生的换装,属车辆部门责任,换装费由发生局负担。

需要向责任单位清算的换装费,由换装站将记录连同有关费用的单据,按月汇总报主管局,在发生换装的次月内向责任局(或责任单位)清算,但每一责任局发生款额累计不足 1 000 元的不清算。

三、运输阻碍的处理

因不可抗力(如风灾、水灾、山体滑坡、地震等)的原因致使行车中断,货物运输发生阻碍时,铁路局对已承运的货物,可指示绕路运输,所需装卸费用,由装卸作业的铁路局负担。因货物性质特殊(如活动物、易腐货物、危险货物等)绕路运输或卸下再装,将造成货物损失时,车站应联系托运人或收货人请其在要求的时间内提出处理办法。超过要求时间未接到答复或因等候答复将使货物造成损失时,比照无法交付货物处理,所得剩余货款(缴纳装卸、保管、运输、清扫、洗刷除污费后)通知托运人领取。

第八节　货物运输施封

一、施封锁在铁路运输过程中主要作为交接凭证,以此划分责任

1. 凡使用棚车、冷藏车、罐车运输的货物,由组织装车单位负责在货车上施封。但派有押运人、需要通风运输的货物以及组织装车单位认为不需要施封的货物,可以不施封。

2. 使用集装箱运输的货物,由托运人负责施封。

二、使用施封锁施封和拆封的规定

(一)棚 车 锁

1. 型号

FS 表示施封锁,P 表示棚车,两位数字表示设计年份,具体表示如图 3-1 所示。棚车锁适用于棚车、冷藏车使用。

2. 结构尺寸

棚车锁由锁体和锁杆两部分分体组成,外加配套挡圈。锁体为长方体,尺寸为 23 mm × 22 mm × 10 mm(长 × 宽 × 高);锁杆为弯曲硬杆,直径 5 mm,长 80 mm,中间成 150°平滑弯曲的折角,插入锁体的一端为前端,其长为 25 mm,另一端为尾端,长 55 mm;尾端挡头直径 12 mm ,厚 2. 5 mm;配套的挡圈外径 28 mm,内孔 6 mm,厚 3 mm,各部位名称及尺寸如图 3-2 所示。

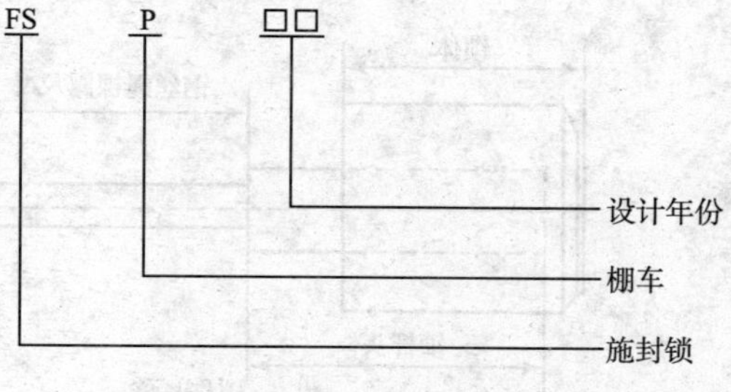

图 3-1 棚车锁型号表示示意图

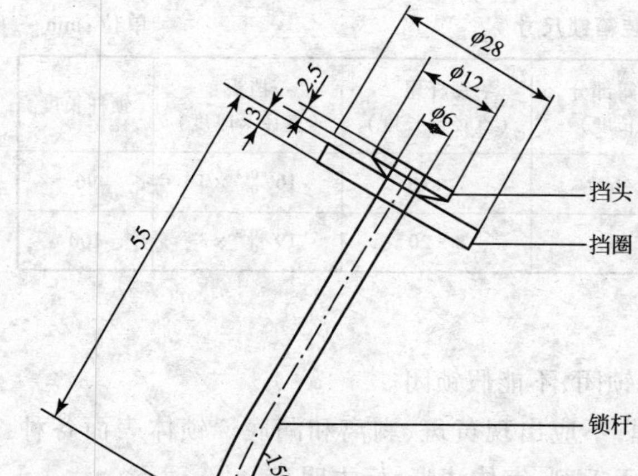

图 3-2 FSP04 棚车锁结构示意图(单位:mm)

3. 技术要求

(1)棚车锁只能一次锁闭,不能二次插入锁闭,不能假锁闭。

(2)表面质量要求:棚车锁表面为镀锌纯白处理,不应出现黄斑、剥离和漏底,锁体正面字体涂以不褪色深色涂料,锁体各部位应光洁无毛刺,字体清晰,标志明显。

4. 锁体标志

(1)锁体正面(23 mm × 22 mm)打印发站站名和编号号码,位置均等。站名在上,字体大小为 5 mm × 4 mm(高 × 宽),字符上端距锁体上沿 3 mm;号码在下,字体大小为5 mm × 2. 5 mm(高 × 宽)的 5 位数字,字符下端距锁体下沿 3 mm ,锁体正面不应出现其他文字或数码。

(2)锁体背面打印制造厂简称(中文打印),并在字外加直径为 8 mm ~ 10 mm 圆圈,还可打印用户要求增加的专用线代号或施封锁组号等。

(3)各表面字体打印深度不小于 0. 2 mm。

(二)集装箱锁

1. 型号

FS 表示施封锁,J 表示集装箱,两位数字表示设计年份,适用箱型代号(1 表示适用 10 t 以下箱,2 表示适用 20 t 以上箱)组成。具体表示如图 3-3 所示。

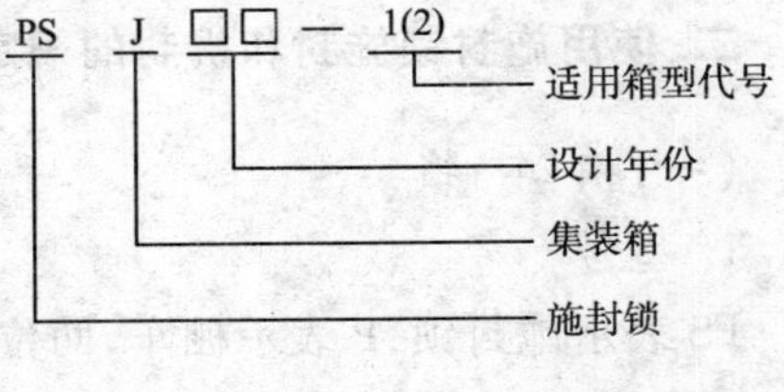

图 3-3　集装箱锁型号表示示意图

2. 结构尺寸

集装箱锁由锁体和锁杆两部分分体组成。锁体为六棱柱体,锁杆包括锁杆头、钢丝绳、锁杆尾及挡头。各部位名称及尺寸如图 3-4 及表 3-6 所示。

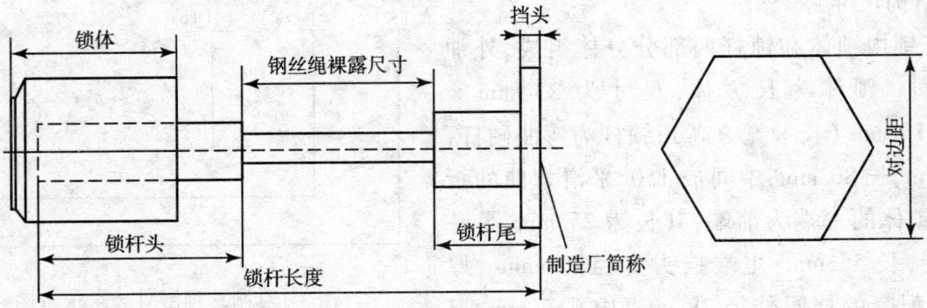

图 3-4　FSJ04 集装箱锁示意图

表 3-6　集装箱锁尺寸　　单位:mm

型号	锁体（长度×对边距）	锁杆头（直径×长度）	钢丝绳裸露部分（直径×长度）	锁杆尾（直径×长度）	挡头（直径×厚度）	锁杆长度
FSJ04—1	25×12	5×31	2.5×46	7×16	$16^{+0.3}_{0}\times 3$	96
FSJ04—2	25×17	7×31	3.2×46	8×20	$19^{+0.3}_{0}\times 3$	100

3. 技术要求

(1)集装箱锁只能一次锁闭,不能二次插入锁闭,不能假锁闭。

(2)表面质量要求:锁表面为镀锌纯白处理,不应出现黄斑、剥离和漏底。锁体表面各种字体均涂以不褪色深色涂料,锁体各部位光洁、无毛刺,字体清晰,标志明显。

4. 锁体标志

(1)在锁体 6 个平面隔面分别打印站名、编号号码、制造厂简称(放在正反括号内)和用户要求增加的专用线代号或施封锁组号等,站名字体大小为 6 mm×4 mm (高×宽),号码为字体大小 3.6 mm×1.8 mm(高×宽)的 6 位数字,站名面和编号号码面不能出现其他文字或数码。

(2)挡头端部打印制造厂简称。

(3)各表面字体打印深度不小于 0.2 mm。

(三)罐 车 锁

1. 型号

FS 表示施封锁,G 表示罐车,两位数字表示设计年份。具体表示如图 3-5 所示。

2. 结构尺寸

罐车锁由锁体和锁杆连为一体组成。锁体为长方体,钢结构注塑外套,尺寸为 23 mm×

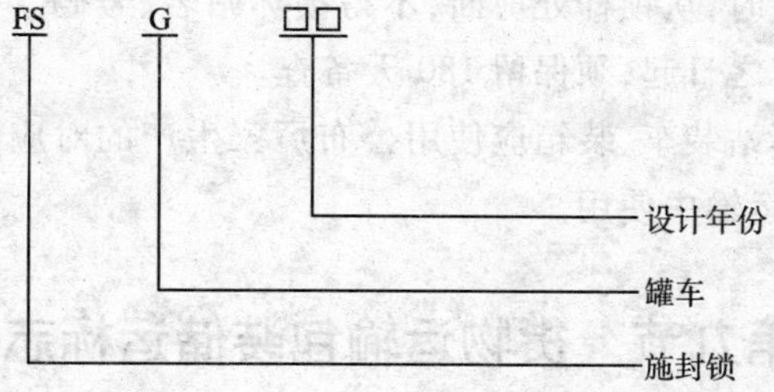

图 3-5　罐车锁型号表示示意图

18 mm×11mm(长×宽×厚),注塑材料为 ABS 工程塑料。锁杆为包塑钢丝绳,直径 1.8 mm,长度由供需双方确定。各部位名称及尺寸如图 3-6 所示。

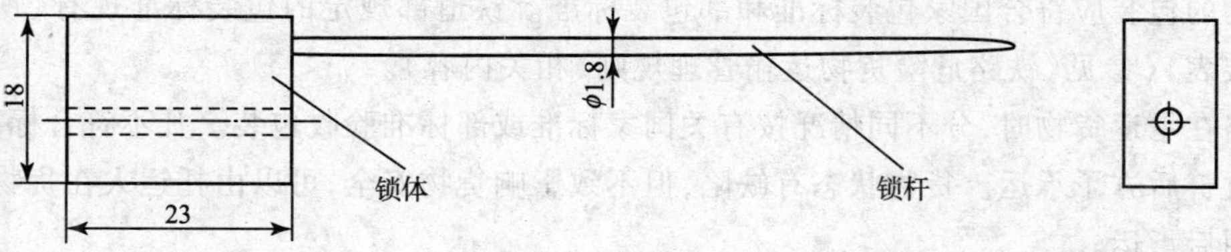

图 3-6　FSG04 罐车锁结构尺寸示意图(单位:mm)

3. 技术要求

(1)罐车锁只能一次锁闭,不能二次插入锁闭,不能假锁闭。

(2)表面质量要求:锁体表面光滑,不应有划痕、毛刺。字体涂以与锁体颜色反差大的颜色,字体清晰,标志明显。

4. 锁体标示

(1)锁体正面(23 mm×18 mm)打印发站站名和编号号码,字体大小为 5 mm×4 mm(高×宽),位置均等,号码为 6 位数。

(2)锁体背面打印制造厂简称,并在字外加直径 6 mm 圆圈。还可根据用户要求打印用户简称和专用线代号等。

(3)各表面字体打印深度不小于 0.2 mm。

(四)施封规定

施封的货车应使用粗铁线将两侧车门下部门扣和门鼻拧固并剪断燕尾,在每一车门上部门扣处施施封锁一枚。施封后,须对施封锁的锁闭状态进行检查,确认落锁有效,车门不能拉开。在货物运单或货车装载清单和货运票据封套上记明锁及施封号(如锁 146355、146356)。

车门构造每侧只有一个门扣的货车施封,按上部施封办理,遇车门上部门扣损坏或途中补封须在下部门扣处施封时,施封单位(或委托施封单位)应编制普通记录证明。

罐车应在灌油口和排油口施封,并用铁丝拧紧。施封后在货物运单或货车装载清单和货运票据封套上记明施封号码。

(五)拆封的规定

卸车单位在拆封前,应根据货物运单、货车装载清单和货运票据封套上记载的号码核对,并检查施封是否有效，拆封时，从锁杆处剪断，不得损坏站名、号码。拆下的施封锁，对编有记录涉及货运事故的，自卸车之日起，须保留 180 天备查。

根据铁道部要求，各车站装车、装箱应使用公布厂家生产的对应型号的施封锁，不在公布之列的施封锁不准在铁路运输中使用。

第九节　货物运输包装储运标志

一、货物的包装

托运人托运货物，应根据货物的性质、重量、运输种类、运输距离、气候以及货车装载等条件，使用符合运输要求、便于装卸作业和保证货物安全的运输包装。

货物的包装应符合国家包装标准和部包装标准。铁道部规定的包装标准现有《铁路危险货物包装表》（参见《铁路危险货物运输管理规则》相关内容）。

铁路在承运货物时，分不同情况按有关国家标准或部标准验收包装。凡不符合标准，应由托运人改善后方予承运。货物状态有缺陷，但不致影响货物安全，可以由托运人在货物运单内具体注明后承运。

承运人与托运人应积极开展集装化运输，保证货物安全。

（一）危险货物的包装

危险货物包装是指以保障运输、储存安全为主要目的，根据危险货物性质、特点，按国家有关法规、标准，专门设计制造的包装物、容器和采取的防护技术。根据《铁路危险货物运输管理规则》及其附件“铁路危险货物包装”的有关包装的规定办理。除按规定程序经有关部门批准外，不符合规定包装的危险货物，不准运输。

1. 包装的分类

(1)危险货物包装根据其内装物的危险程度划分为三种包装类别：

Ⅰ类包装——盛装具有较大危险性的货物，包装强度要求高；

Ⅱ类包装——盛装具有中等危险性的货物，包装强度要求较高；

Ⅲ类包装——盛装具有较小危险性的货物，包装强度要求一般。

(2)有特殊要求的另按国家有关规定办理。

2. 包装的要求

危险货物的运输包装和内包装应按《铁路危险货物品名表》及《铁路危险货物包装表》的规定确定，同时还须符合下列要求：

(1)包装材料材质、规格和包装结构应与所装危险货物性质和重量相适应。包装材料不得与所装物产生危险反应或削弱包装强度。

(2)充装液态货物的包装容器内至少留有 5% 的余量，罐车及罐式集装箱装运的液体危险货物应符合《铁路危险货物运输管理规则》第十五章有关规定。

(3)液态危险货物要做到气密封口。对须装有通气孔的容器，其设计和安装应能防止货物流出和杂质、水分进入。其他危险货物的包装应做到严密不漏。

(4)包装应坚固完好，能抵御运输、储存和装卸过程中正常的冲击、振动和挤压，并便于装卸和搬运。

(5)包装的衬垫物不得与所装货物发生反应而降低安全性,应能防止内装物移动和起到减震及吸收作用。

(6)包装表面应保持清洁,不得黏附所装物质和其他有害物质。

(7)包装不得重复使用(特殊包装规定的除外,如钢瓶等)。

危险货物包装应取得国家规定的包装物、容器生产许可证及检验合格证。

铁路运输时,应根据铁路运输特点、状况、条件,由符合国家规定且铁道部认定的包装检测机构进行包装性能试验。试验要求、方法、合格标准,须符合《铁路危险货物运输包装性能试验规定》和《铁路危险货物运输包装性能试验要求和合格标准》。

钢瓶应符合《气瓶安全监察规程》规定;放射性物质包装应按照《放射性物质安全运输规定》(GB 11806)的要求进行设计和试验。

采用集装化运输的危险货物,使用的集装器具必须有足够的强度,能够经受堆码和多次搬运,并便于机械装卸。

(二)易腐货物的包装

易腐货物的包装,根据《铁路鲜活货物运输规则》、《易腐货物机械冷藏车运输条件表》、《易腐货物运输包装表》中规定的包装条件办理。易腐货物的初始质量和包装是优质运输易腐货物的重要前提,如不能满足运输要求或不适于提交运输而予以承运,必然造成货物损失,浪费了运输能力。因此货物的质量和包装应由托运人负责。同时铁路在运输过程中除对合同规定的义务应承担责任外,还应负责监督托运人、收货人承担合同规定的义务。货物质量、包装、温度达不到要求时,承运人有权拒绝承运货物。

二、货物的标记和标志

货物标记是根据运输需要,用文字形式显示的运输指示标记。其内容包括运输号码、到站、收货人、货物名称、件数和发站。货物标记与其相关的货物运单记载内容相符。

托运搬家货物除使用布质、木质、金属等坚韧材料的货签或书写标记外,并应在货物包装内部放置标记(货签)或记载有到站、收货人和地址的字条。托运人应对每一件进行编号,并将其编号分别填记于物品清单上和每件货物的货物标记(货签)总数之后。

托运人应根据货物性质,按照国家标准,在货物包装上做好包装储运图示标记。危险货物包装上应牢固、清晰地标明《危险货物包装标志》(参见《铁路危险货物运输管理规则》相关内容)和《包装储运图示标志》(参见《铁路危险货物运输管理规则》相关内容)中相应的包装标志和储运标志。进出口危险货物在国内段运输时必须粘贴或拴挂、喷涂相应的中文危险货物包装标志和储运标志。包装储运图示标志如图 3-7 所示。

货件上与本批货物无关的运输标记和包装储运图示标记,托运人必须撤除或抹消。

图 3-7　包装储运图示标志

复习思考题

1. 哪些货物不能按“一批”办理？

2. 哪些情况不予办理变更？
3. 运输哪些货物时，托运人必须派人押运？
4. 哪些货车必须洗刷除污？
5. 如何计算货物运到期限？
6. 哪些情况下承运人不支付运到逾期违约金？
7. 货运交接检查主要内容是什么？
8. 什么叫区段负责制？
9. 交接检查拍发电报主要包括哪些内容？

第四章　货场管理

第一节　概　　述

一、货　　场

车站货场是铁路办理货物运输的场所，也是货运产品的营销窗口，并以铁路承运人资格代表铁路运输企业货场管理参与市场经营，履行铁路运输企业赋予的权利和义务。

二、货场分类

1. 按办理货物品类分综合性货场和专业性货场。

(1)综合性货场：指办理整车、零担、集装箱运输和货车洗刷等两项以上作业的货场。

(2)专业性货场：指专门办理单项运输种类或单一货物品类的货场。如整车货场、零担货场、危险品货场、粗杂品货场、集装箱货场等。

2. 综合性货场根据年办理货运量分为大、中、小型货场。

(1)大型货场：年办理货运量100万t以上。

(2)中型货场：年办理货运量30万t以上不满100万t。

(3)小型货场：年办理货运量不满30万t。

三、货场管理的基本要求

车站应用现代化管理方法和新技术、新设备管理货场，不断提高工作质量和服务质量。货场要努力创优，不断改进装备设施，提高现代化管理水平；经常保持货场的安全、文明、整洁、畅通；做到服务文明化，管理科学化，作业标准化，不断提高运输集装化和装卸机械化水平。

货场内应建立适应货主办理运输手续的作业流程，加强各环节间内部衔接，实行一个窗口办理、一次收取费用、一张支票结算。开办货运信息服务项目，利用电话、电传、计算机等现代化手段，为货主提供进货、到货、运费等信息咨询。零星小件货物实行就地检斤、就地收货、就地承运。

车站应根据货运设备、装卸机具和办理货物种类等情况合理划分货区、装卸、运转部门的关系，明确分工，密切配合。

四、货场管理的主要内容

货场管理的主要内容包括：货场计划管理、货场作业管理、货场设备管理、货场安全管理、专用线管理。

第二节 货场设备管理

一、货运设备分类

货运设备是指在车站或货车上直接用于货物装卸、运送、保管作业以及其他为办理货运业务服务的设备。

1. 基本设备:

(1)货场用地;

(2)线路(指装卸货物用的线路或为货运服务的线路,如货场内的调车线、牵出线、加冰线、货车洗刷线、轨道衡线、换装线、危险品货车停留线等);

(3)货物仓库及雨棚;

(4)各种货物站台、低货位、高架线、各种滑坡仓、漏斗仓;

(5)货物照明设备;

(6)直接为货运职工和货主服务的房舍,如货运营业室、货运员办公室、门卫室、工人值班室、休息室、工具室、表格库等;

(7)货场硬面、道路、道口、货场围墙;

(8)上水管路及排水设备;

(9)消防及保安设备;

(10)电力及通信、信号设备;

(11)通风采暖设备;

(12)货场内港池、码头;

(13)货场清扫设备。

2. 货运用具及衡器:包括台秤、地中衡、电子秤、轨道衡。

3. 特种用途设备:

(1)货车洗刷、除污、污水处理设备;

(2)危险货物专用设备,如经常办理危险货物的车站,应建有具备通风、洗刷、避雷、报警等安全设施的专门仓库;

(3)牲畜专用设备(包括饮水栓);

(4)军用装卸设备;

(5)罐车装卸设备;

(6)篷布及维修设备。

4. 集装箱及其他集装用具。

5. 各种装卸机械。

6. 用于维修、制造、鉴定货运用具的有关设备。

7. 监测设备:

(1)工业闭路电视;

(2)辐射仪;

(3)其他监测设备,如轮重监测仪等;

8. 用于货运作业的电子计算机等。

二、货运设备编号

1. 货场命名

只有一个货场时,即以站名命名;有两个以上货场时,以车站为中心按方位命名,如东货场、南货场。

2. 货场线路的编号

一般以车站线路为基准向外顺序编号,如货 1、货 2;如果划分货区的货场,可按作业性质顺序编号,如整 1、整 2、整 3 等。

3. 货物站台的编号

以邻近线路名称命名,如货 1 站台,整 2 站台。当一股线路上有两座以上站台时,应按线路号顺序编排,如货 5 一号站台、货 5 二号站台等。

4. 货物仓库及雨棚的编号

按顺序以数字编号,如 1 号库、2 号库。也可冠以用途按顺序编号,如到达 1、到达 2,或危 1、危 2、危 3 库等。

5. 货位的编号

一般用 3 位数字,以单双号区别一侧。

三、货运设备管理

为了加强货运设备管理,车站要设专职或兼职人员管理货运设备,建立设备台账,逐项登记入册。

车站要充分利用货运设备,发挥设备的效能。凡属货场范围的土地、设备,未经铁路局批准,其他单位不得占用。

车站应积极应用电子计算机技术,提高货运、装卸管理水平和工作效率。

车站(车务段)应有专人负责货场内电子计算机的管理工作。管理人员应熟悉货场使用的各种计算机的性能、构造,能够排除计算机常见故障。

四、场库设备

1. 仓库、雨棚、雨搭

(1)仓库是为存放怕受自然条件影响的货物、危险货物和贵重货物而修建在普通站台的封闭式建筑物。

(2)雨棚是为避免货物受自然条件影响而修建在普通站台上的带有顶棚的建筑物。雨棚主要用于存放怕湿、怕晒货物。在多雨雪地区,作业量大的货物可根据需要采用跨线雨棚。

(3)雨搭是仓库、雨棚的辅助防雨设备。为避免货物在装卸和搬运作业时遭受湿损,雨搭一般应伸至站台边缘。多雨地区且作业繁忙的,装卸线一侧雨搭可伸至线路中心线以远;搬运站台一侧的雨搭一般应伸至站台边缘 3 m 为宜。

2. 货物站台

货物站台是为便于装卸车作业，存放不受自然条件影响的货物而修建的建筑物。货物站台按其结构及高度可分为普通站台和高站台两种。

(1)普通站台。普通货物站台是指站台面距轨面高度 1.1 m 的站台，即与普通货车底板高度接近。普通货物站台是用来存放不怕风雨及阳光等自然条件影响的货物。

普通货物站台按其与装卸线的配置形式可分为侧式货物站台和尽端式站台。

(2)高站台。凡站台面距轨面的高度大于 1.1 m 的站台，统称为高站台。

高站台分为平顶式、滑坡式和跨线漏斗式三种。

3. 堆放场

堆放场是主要用来装卸并短期存放煤炭、砂石、木材等散堆装货物、长大笨重货物的场所。

堆放场按其装卸线的水平位置分为平货位和低货位两种。

(1)平货位堆放场：即一般的堆放场。地面用块石、沥青或混凝土筑成，地面与路基相平。

(2)低货位堆放场：货物堆放场的地面低于线路路肩的，称为低货位堆放场。低货位适用于散堆装货物的卸车作业。

五、装卸机械

装卸作业是货物运输过程的重要组成部分。装卸作业的机械化，是完成装卸作业任务的重要手段。

1. 装卸机械分类

装卸机械根据技术特征和使用特点可分为以下两类。

(1)间歇作业的装卸机械

常见的有：手推车、叉式车、铲车、门式起重机、轨道起重机、桥式起重机、轮胎起重机、履带式起重机、汽车起重机等；

(2)连续作业的装卸机械

常见的有：斗式联合卸煤机、螺旋卸煤机、装砂机、皮带运输机等。

2. 包装成件货物的装卸机械

包装成件货物品种繁多，货物价值一般较高，对装卸搬运的质量要求也较高，而且这些货物的装卸作业一般在仓库、雨棚、货物站台及棚车内进行。根据这些特点，广泛采用叉式车作为装卸包装成件货物的机械。

3. 长大笨重货物装卸机械

长大笨重货物一般是每件货物重量、体积比较大，因而要求装卸机械应坚固、稳定、起重能力大。目前货场采用的长大笨重货物装卸机械一般有门式起重机、桥式起重机等。运量较小的货场，则采用轮胎式起重机、汽车式起重机等。

4. 散堆装货物装卸机械

散堆装货物运输，在铁路总运量中占有很大比重。在专用线、专用铁路内的散堆装货物的装卸，大量采用漏斗仓、滑坡仓。部分车站，砂、石装卸一般采用装砂机，煤炭装卸采用各式卸煤机。

六、货区、货位管理

1. 货区管理

为了提高货场作业能力和货场管理水平，在货运量较大的货场内，可以根据办理运输种别、作业量和作业性质，将一条或若干条装卸作业线及相关的货运设备合并在一起划分为若干作业区进行管理。

划分货区，主要考虑下列因素：

(1)在综合性货场，由于不同货物品类的运输对货运设备有不同的要求，因此，可划分为包装成件货区、长大笨重货区、集装箱货区、散堆装货区、危险货物货区等。

(2)在专业性货场，可根据货运作业程序和性质划分货区。如零担货场应按普零、笨零各集中在一个货区；在运量较大的零担货场又可分为普零到达货区、普零发送货区。

做好货区的组织和管理工作对提高货场作业能力和管理水平有十分重要的意义。车站应设专人负责货区的管理及货运组织工作。在货区内，根据运量、作业性质和设备状况，可实行货运员包线、包库责任制。

2. 货位管理

货位是暂时存放待装、卸后待搬货物的地方。

整车货位的大小原则上以容纳一车货物的面积为准，一般为货车面积的 1.2 ~ 1.25 倍。划分货位时，应考虑其用途。在同一条线路上，装车和卸车货位如何排列应结合以下几点因素：

(1)是否有利于卸后车辆的利用，提高双重作业比重；

(2)是否有利于货物的搬进搬出，进出货作业互不干扰；

(3)是否有利于调车作业，组织按运输方案成组挂线装车，减少取送车调车作业钩数。

对货位的掌握和管理，可用货位示意板，挂牌显示其使用情况。有的车站，在重要货位的表示牌上，注明货物名称、卸货日期、收货人名称等有关内容，使货位使用情况一目了然。

加强货位管理，提高货位使用效率，是评定货场组织和管理工作好坏的重要内容。考核货位使用效率的主要指标，就是货位周转时间。

第三节　货场及专用线管理

一、货场及车站管理

1. 货场管理的基本制度货场管理的基本制度包括：包区、包库或包线负责制；货场清扫分工负责制；运输票据、货物检查交接制；取送车作业制；站车交接检查制；保价运输管理制；施封锁请领、发放、使用保管制；门卫、巡守、消防制；衡器使用、维修、保管制；统计分析制 。

2. 车站货运管理细则

为顺利执行日常货运作业计划，正确组织货物运输，落实各项货运规章制度，保证安全生产，明确和协调货场内各种工作关系，车站(车务段)应根据实际情况编制《车站货运管理细则》。

《车站货运管理细则》应包括以下内容：

(1)车站货场概况。

①货场的位置，占地面积，作业性质，设计能力，实际运量(标明年度)，大宗货物品类。

②各种货运设备、装卸机具、消防设施的数量、分布及能力(包括货场、专用线等平面图)。

③货区和货位的数量、面积、分布及分工。

(2)货运、装卸组织管理系统：

①组织机构、指挥系统及货装职责分工。

②人员配备及分工。

(3)货运计划管理：

①整车、集装箱运输计划的编制方法、步骤，计划的受理与审批制度。

②装卸车方案和日班计划的编制、审核与执行。

(4)各项基本作业制度。

(5)货场内各种单项管理办法。

单项办法包括安全、防火、设备、规章、文电、业务教育、计算机、篷布、军运、票据、实施用具、上水、货车洗刷除污、专用线、竞赛奖励，以及其他需要单独明确的办法。

(6)岗位责任制。

(7)各项作业基本程序、内容和质量标准。

(8)检查及考核办法。

二、专用线(专用铁路)管理

目前，专用线内完成铁路装卸作业量占铁路总装卸量的70%以上。因此，组织好专用线、专用铁路的运输工作，有着极其重要的意义。

1. 专用线、专用铁路概念

专用线是指由企业或者其他单位修建、管理的与国家铁路或者其他铁路线路接轨的岔线。

专用铁路是指由企业或者其他单位修建、管理，专为本企业或者本单位内部提供运输服务的铁路。一般都自备动力，自备运输工具，在内部形成运输生产的一套系统的运输组织。

2. 专用线办理货物品类

专用线办理的货物运输品类，应符合《铁路专用线专用铁路名称表》的规定。需要变更时，要经铁路局批准，由铁道部公布。专用线办理铁路集装箱运输时，须经铁道部批准。专用线产权单位不得发到与本单位生产、经营无关的货物。

3. 专用线运输协议

专用线产权单位使用专用线进行铁路运输要与车站签订运输协议。专用线产权单位不得发到与本单位生产、经营无关的货物。

(1)运输协议签订时间

车站与其接轨的专用线产权单位，于每年12月底以前，签订下年度专用线运输协议。

(2)运输协议内容

专用线运输协议的基本内容包括：设备状况，交接地点和方法，一次(批)作业车数，装卸作业时间，预确报制度，货车清扫、洗刷、消毒工作，运输生产安全措施及费用清算等。车站与企业签订运输协议前应征得铁路局同意,站企双方签字盖章后生效,并报铁路局备案。

(3)运输协议变更或解除

铁路与企业间的运输协议,一经确定,不得随意改变。路企一方要求变更或解除已有的协议,应在两个月前提出,由双方协商解决。因变更或解除协议使一方遭受损失的,由责任方负责赔偿。

4. 专用线交接

专用线的装卸车工作由企业负责。但铁路专用线货运员应会同企业运输员,在运输协议规定的地点,使用货车调送单按铁路规定办理交接。

(1)交接内容

施封的货车凭封印交接;不施封的货车、棚车、冷藏车凭车门、窗关闭状态交接;敞车、平车、砂石车不苫盖篷布的,凭货物装载状态或规定标记交接;苫盖篷布的,凭篷布现状交接。

(2)交接标准

专用线内装车的货物,车站发现下列情况之一时,应加以改善,达到标准后接收:

①凭封印交接的货车,发现封印脱落、损坏、不符、印文不清或未按施封技术要求进行施封;

②凭现状交接的货物,发现货物装载加固状态或所作的标记有异状或有灭失、损坏痕迹;

③规定应苫盖篷布的货物而未苫盖、苫盖不严、使用破损篷布或篷布绳索捆绑不牢固;

④车门、车窗未关严(需要通风运输的货物除外),车门插销未插牢固;

⑤使用敞车、平车或砂石车装载的货物,违反《铁路货物装载加固规则》的要求;

⑥违反铁路规定的货车使用限制或特定区段装载限制。

5. 专用线共用

专用线共用(不含专用铁路)是指在保证专用线产权单位运输需要和专用线既有设备能力富裕的前提下,与其吸引范围内的单位,共同使用该专用线办理货物发到业务。

开展专用线共用是为了缓解铁路货场能力不足,保证货场畅通,挖掘专用线潜力,满足国民经济发展需要。

专用线共用应遵守以下规定:

(1)专用线共用应坚持自愿互利、有偿共用和就地、就近、方便货主的原则;

(2)应由共用单位、产权单位、车站三方签订共用协议;

(3)专用线办理共用的货物运输品类和业务范围,原则上不应与其设计时办理的内容有别;

(4)严格控制专用线办理危险货物,超限、超长和集重货物的共用。

6. 基本制度

(1)岗位责任制

车站与专用线产权单位分别对进入专用线工作的铁路调车人员、货运员和企业运输员、装卸工等制定岗位责任制,明确工作内容、分工和责任。

(2)分区、分线、分库使用制

根据设备的特点和作业性质,实行划分货位、线路固定使用及仓库分库管理负责制。

(3)检查交接制

对在专用线内作业的货物、车辆、篷布等，路企双方必须制定检查交接制度，明确内容和责任。铁路和企业双方应正确填写货车调送单，按规定办理交接。

(4)预确报制度

车站与企业应制定预确报制度，双方指定专人负责。车站向企业通报装车计划，到货情况和取送车预确报；企业向车站通知装卸车完了时间。

(5)统计分析制度

对专用线内各项管理数据进行统计与分析。

7. 安全管理

专用线运输必须坚持"安全生产"的方针，铁路和企业都要制定安全生产制度，严格执行操作规程，配备专职或兼职安全员，形成安全生产联防、联控。

(1)线路两侧建筑物、设备均不得侵入铁路基本建筑限界。

(2)专用线应具备良好的通信、照明设备和明显的货位标志及防溜设施，入口门栏上应装设安全防护信号，专人负责，定期检查。

(3)专用线原则上不准手推调车作业，确需手推调车作业时，根据规定制定相应的保证安全措施；装有爆炸品、压缩气体、液化气体的车辆，禁止手推调车。

(4)专用线的货物装载、加固方法、加固材料必须符合《铁路货物装载加固规则》的规定；专用线装运超长、超限货物必须按铁路规定办理。

(5)加强专用线道口的安全管理，未经批准不得擅自设置平交道口；经批准设置的道口，由产权单位负责派人监护和管理。

复习思考题

1. 什么是货场？货场分为哪几类？
2. 货场管理的基本要求是什么？
3. 什么叫货运设备？货运设备主要有哪些？
4. 仓库、雨棚、雨搭有何作用？
5. 如何划分货区？
6. 什么叫货位？怎样划分货位？
7. 货场管理包括哪些基本制度？
8.《车站货运管理细则》应包括哪些内容？
9. 什么叫专用线？什么叫专用铁路？
10. 专用线运输协议的内容有哪些？
11. 专用线交接的内容有哪些？
12. 专用线交接时，装车站发现哪些问题应改善，并达到标准后接收？
13. 专用线共用应遵守哪些规定？

第五章 集装箱运输

第一节 集装箱运输条件

一、集装箱的定义

集装箱是一种运输工具。根据国际标准化集装箱技术委员会(简称 ISO/IC104)的建议,凡具备下列条件的运输货物的容器,可称为集装箱:

(1)具有足够的强度,可长期反复使用;

(2)适于多种运输方式运送,途中无需倒装货物;

(3)设有快速装卸的设施,便于从一种运输方式转移到另一种运输方式;

(4)便于箱内货物装满和卸空;

(5)容积不小于 $1m^3$。

二、集装箱的分类

集装箱可根据集装箱重量、尺寸、箱主、所装货物种类和箱体结构及是否符合国家或行业标准不同来分类。

1. 按重量和尺寸分为20吨箱、40英尺箱、48英尺通用集装箱及经铁道部批准运输的其他重量和尺寸的集装箱。

2. 按箱主可分为铁路箱(承运人提供的集装箱)和自备箱(托运人自有或租用的集装箱)。

3. 按所装货物种类和箱体结构可分为通用箱和特种箱。特种货物箱包括冷藏箱、罐式箱、干散货箱、折叠箱、板架箱和按货物命名的集装箱,汽车箱、水泥箱、水煤浆箱等等。

4. 按是否符合国家和铁道行业标准分为标准箱和非标箱。

三、集装箱的标记代号及主要技术参数

1. 我国集装箱的标记代号

(1)箱主代号:它是集装箱所属部门的代号,由四个大写拉丁字母表示。为区别其他设备,规定第四位字母为“U”。例如 TBJU 为铁道部的集装箱,COSU 表示中国远洋运输公司的集装箱,RZDU 表示俄铁集装箱,KZTU 表示哈铁集装箱。

(2)箱号:箱号又称为集装箱的顺序号。国际标准箱的箱号由6位阿拉伯数字组成,如实有数字不足6位时,应在实有数字前用“0”补齐,如“059791”;箱主代号和箱号之间至少留一个字体的间隔。

(3)核对数字:它是用来检查箱主代号与箱号是否一致的数字,用一位阿拉伯数字表示,与箱号之间有一个字体的间隙或者在核对数字上加一个框。

国际标准规定，箱主代号、箱号和核对数字布置成单行横排标记。

(4)国家或地区代号：国家代号表示集装箱的国籍，使用两个字母标记。例如 CN 表示中国，US 表示美国，HK 表示中国香港，KR 表示韩国，JP 表示日本。

(5)其他标记。在集装箱上还标有集装箱总重、自重和容积、制造厂名及出厂日期、检修厂名及检修日期等标记。

另外，我国铁路运输的 20 英尺以上的集装箱应有集装箱检验单位徽记、国际集装箱安全公约(CSC)安全合格牌照、国际铁路联盟认证标记，其中国际集装箱安全公约安全合格牌照上应标有维修检验日期或有连续检验计划标记，且箱体标明的集装箱号码应与牌照一致。

2. 集装箱的换算方法

为了便于统计集装箱的吞吐量、集装箱码头的通过能力以及机械的装卸效率，国际上通常将一个 20 英尺长度的集装箱称之为一个标准箱，其换算方法如下：

40 英尺集装箱 = 2TEU

30 英尺集装箱 = 1.5TEU

20 英尺集装箱 = 1TEU

四、集装箱运输基本条件

在铁路办理集装箱货物运输时，必须符合下列基本条件：

1. 集装箱仅限在集装箱办理站(在《货物运价里程表》中公布)间办理运输。自备集装箱还可以在经铁路局批准的专用线发送或到达。要做到非办理站不能制票、办理站不能往非办理站制票，不向非办理站回送空箱。对违章办理的，不予清算费用，并严肃查处。

办理大型自备集装箱的专用线可办理 20 英尺与 40 英尺集装箱(含中铁箱和互使箱)发到业务。

2. 集装箱所装货物应适合集装箱运输的要求：

(1)所装货物不得腐蚀、损坏箱体。

(2)性质互抵的货物不得混装于同一箱内。

(3)易于污染箱体的货物不得使用铁路通用集装箱装运。

(4)在一定季节和区域内不易腐烂的易腐货物，经承运人确定，可使用通用集装箱装运。

3. 托运的集装箱每箱总重不得超过其标记总重和铁道部规定的限制重量。在集装箱总重有限制的办理站间运输时，不得超过限制总重。

4. 集装箱内单件货物的重量超过 100 kg 时，应在运单"托运人记载事项"栏内分别注明实际重量。在专用铁路、铁路专用线卸车的集装箱，应在运单"托运人记载事项"栏内记明"在×××专用铁路(铁路专用线)卸车"。

5. 集装箱施封由托运人负责。通用集装箱重箱必须施封，施封时左右箱门锁舌和把手须入座，在右侧箱门把手锁件施封孔施封一枚，用 10 号镀锌铁线将箱门把手锁件拧固并剪断余尾。其他类型集装箱的施封方法另行规定。

托运的空集装箱可不施封，托运人须关紧箱门并用 10 号镀锌铁线拧固。

托运人施封后，应在运单上逐箱填记集装箱箱号和相应的施封号码。运单内填记不下时，可另附清单。已填记的箱号和施封号码不得随意更改；必须更改时，托运人须在更改外盖章证明。

6. 集装箱办理军事运输。军运使用自备箱,并要求按军运办理的,不再按集装箱运输条件办理。

第二节 集装箱的发送组织

一、托运与受理

1. 托运人应如实填记运单。箱内所装货物的品名、件数、重量及使用的箱型、箱号、封印号等应与运单(物品清单)记载的内容相符。

集装箱装运的货物不得匿报货物品名,货物中不得夹带危险货物、易腐货物、货币、有价证券以及其他政令限制运输的物品。

2. 受理货运员接到货物运单后,除按规定逐项审核外,还应根据集装箱运输要求审核下列内容:

(1)货物能否使用集装箱装运,是不是禁止使用通用集装箱的货物;

(2)到站是否办理该吨位集装箱;

(3)是否符合一批办理条件;

(4)件数是否按箱数填写。审核后是否在运单右上角和领货凭证上分别加盖"×吨集装箱"戳记。

计划货运员应指定并记载箱号,按批填写"铁路箱出站单",并进行登记。

3. 空箱的拨配

托运人持经车站货运室计划货运员受理核准的货物运单,向发送货运员领取空箱。发送货运员接到运单后,应做以下几项工作:

(1)核对批准的进箱日期及需要拨配的空箱数;

(2)指定箱号,并记入运单"集装箱号码"栏内;

(3)集装箱落地的按箱,原卡车回站的按批填写"铁路箱出站单",并进行登记;

(4)由托运人签认后,取走空箱。发送货运员应会同托运人共同检查空箱箱体,托运人认为箱体状态不良不能保证货物运送安全,要求更换时,承运人应及时给予更换。

4. 集装箱货物集配

集配就是把受理的运单集结起来,按月度装箱计划和装车计划,按集装箱调度箱流调整的意图,按集装箱装车组织的规定,做出配装计划。车站集装箱的运用效率和装车组织水平与集配的质量关系很大。

5. 装箱和掏箱

(1)集装箱的装箱由托运人负责。托运人在装箱前必须检查箱体状态,发现箱体状态不良时,应要求更换。

装箱时应充分利用箱内容积,码放稳固,装载均匀,不超载、不集重、不偏重、不偏载、不撞砸箱体。要采取防止货物移动、滚动或开门时倒塌的措施,确保箱内货物和集装箱运输安全。

(2)集装箱的掏箱由收货人负责。铁路箱掏空后,收货人应清扫干净,将箱门关闭良好,撤除货签及无关标记,有污染的须除污洗刷。车站对交回的铁路箱空箱应进行检查,发现未清扫或未洗刷的，应在收货人清扫或洗刷干净后接收，或以收货人责任委托清扫人员清扫洗刷。

6. 集装箱承运

货运员接收集装箱货物时，应逐箱检查的内容有：箱体状态是否良好；箱门是否关好，施封是否有效；运单上填记箱号和施封号码与实际是否一致、有效等内容。如发现问题，由托运人按规定改正后再行检查接收。货运员收箱时，还需要对托运人确定的货物重量和品名应进行抽查。发现集装箱总重超过其标记总重或限制总重时，在托运人减载后方可收箱。

需要开箱检查时，应通知托运人在场，待检查、验收、符合要求方能收箱，发站在货物运单上加盖站名日期戳，即为承运。

二、集装箱的装车作业

集装箱装车时，应填制“集装箱货车装载清单”（表 5-1），记明箱号和对应的施封号。在货运票据封套右上角加盖箱型戳记并填记箱号，在“货物实际重量”栏内填记箱数和全车集装箱总重。

集装箱装车作业，除货物装车作业的一般要求外，还要注意以下几点：

（1）使用敞车装车时，装前应检查车地板有无残留物，以防损坏箱体。使用集装箱平车装车时，应检查翻板蘑菇头的位置是否正确；

（2）装车时应逐箱核对箱号、施封号码与运单记载是否一致，核对集装箱到站与该车去向是否一致；

（3）一车内各箱货物的重量差距较大时，要防止重量较重的箱都装在一端，造成车辆偏载影响货物运送安全；

（4）装车工组装车时负责检查箱体外状，发现破损及时报告装车货运员；

（5）集装箱装卸和搬运时稳起轻放，防止冲撞。20 t 以上集装箱应使用集装箱专用吊具装卸。

表 5-1　集装箱货车装载清单

装车站　　　　　　　　　　　　　　　　　　　　　　　　　　年　　月　　日

到站			车种车号			标记载重			施封号码	
货票号码	运输号码	发站	到站	品名	箱数	重量	托运人	箱号	施封号码	记事

计划员　　　　　　　　　　　　装车货运员　　　　　　　　　　装车工组

三、集装箱的装运

1. 使用铁路货车装运集装箱时，应合理装载，防止超载、偏载、偏重。

2. 端部有门的 20 英尺集装箱使用平车装运时，箱门应朝向相邻集装箱。

3. 使用普通平车装运集装箱时，应按规定装运加固。

4. 使用敞车装运重集装箱时，应采取措施，防止偏载。

第三节　集装箱的到达与交付

一、卸车作业

集装箱卸车作业，除按货物卸车的一般要求外，还应注意以下几点：

(1)安排卸车计划时，应将不同类的集装箱卸于相应的货区中，以便下一环节作业，避免误交付；

(2)卸车货运员的工作重点是核对箱号、封号与运单记载是否一致，检查施封状态是否良好，检查箱体外状有无破损；

(3)卸车工组在卸车时应检查箱体外状，发现破损及时报告卸车货运员，当即清点箱内货物并编制货运记录；

(4)注明卸车完了时间，以便计算集装箱停时；填记到发登记簿或箱号卡片，以对集装箱进行箱号管理。

二、交　　付

到站应在车站货场(托运人要求在专用线卸车的在专用线)，向运单内记载的收货人交付集装箱。集装箱的掏箱由收货人负责。铁路箱掏空后，收货人应清扫干净，将箱门关闭良好，撤除货签及无关标记，有污染的须除污洗刷。车站对交回的铁路箱空箱应进行检查，发现未清扫或未洗刷的，应在收货人清扫或洗刷干净后接收，或以收货人责任委托清扫人员清扫洗刷。

交付时收货人应按运单填记的箱号、封号与现箱核对，检查施封状态和箱体外状。如发现有问题，应立即向货运员提出，当场检查，明确责任。如收货人在交付当时没有提出异议，接收了集装箱，即表明交付完毕，运输合同随即解除。

收货人领取自备箱时，自备箱与货物应一并领取。

三、集装箱的交接

1. 交接凭证

(1)承运人与托运人或收货人交接集装箱时，施封的凭箱号、封印和箱体外状交接；不施封的凭箱号和箱体外状交接。

(2)从车站搬出铁路箱时，车站根据运单填写“铁路箱出站单”(格式 5-1)作为出站和箱体状况交接的凭证。甲联留站存查，乙联随箱联，在集装箱送回车站时，车站收妥集装箱并结清费用后，在乙联上加盖车站日期戳和经办人章，将收据交还箱人。

格式 5-1

铁路箱出站单

______站存查　　　　　　　　　　　　　　　　　　　　　　　　　甲联
A00001

出站填记(空　重)							
托运/收货人						调度命令号	
到站/货票号		箱型箱号				接收站	
箱体状况	割伤C. 擦伤B. 破洞H. 凹损D. 破损BR. 部件缺失M. 污箱DR					领箱人	
搬出汽车号		破损记录号		车站经办人		出站日期	
进站填记(空　重)							
箱体状况	割伤C. 擦伤B. 破洞H. 凹损D. 破损BR. 部件缺失M. 污箱DR					还箱人	
搬入汽车号		破损记录号		车站经办人		进站日期	

门卫验放:(章)

领箱人须知
1. 如本单记载与实际不符,应在出站前要求更正。
2. 应及时将铁路箱送回,超过规定时间需支付集装箱延期使用费。
3. 保证箱体完好,发生破损须赔偿。
4. 本单乙联随箱同行,还箱时将乙联交回。
5. 还箱收据盖戳后,保存 60 日。

说明:1. 铁路箱空箱出站时,将收货人、货票号抹消;重箱出站时,将托运人、到站抹消。
2. 甲、乙联可用不同颜色印制。
3. 各站可根据管理需要,增加联数。

铁路箱出站单

______站　随箱联　　　　　　　　　　　　　　　　　　　　　　　乙联
A00001

出站填记(空　重)							
托运/收货人						调度命令号	
到站/货票号		箱型箱号				接收站	
箱体状况	割伤C. 擦伤B. 破洞H. 凹损D. 破损BR. 部件缺失M. 污箱DR					领箱人	
搬出汽车号		破损记录号		车站经办人		出站日期	
进站填记(空　重)							
箱体状况	割伤C. 擦伤B. 破洞H. 凹损D. 破损BR. 部件缺失M. 污箱DR					还箱人	
搬入汽车号		破损记录号		车站经办人		进站日期	

门卫验放:(章)

还箱收据
本单记载的铁路箱已交回车站,收据请保存 60 日。
车站经办人:　　　　　　　　车站日期戳记:
A000001

(3)在专用铁路、铁路专用线装卸车的集装箱,交接办法由车站与专用铁路、铁路专用线的使用单位商定。

2. 交接检查发现问题的处理

(1)发站在接收集装箱时,检查发现箱号或封印内容与运单记载不符或未按规定关闭箱门、拧固、施封的,应由托运人改善后接收。箱体损坏危及货物和运输安全的不得接收。

(2)收货人在接收集装箱时,应按运单核对箱号,检查施封状态、封印内容和箱体外状。发现不符或有异状时,应在接收当时向车站提出。

(3)到站检查发现施封锁脱落、失效、站名或号码不符、箱体损坏危及货物安全的集装箱,应向收货人出具货运记录,并按记录点交货物。

(4)铁路集装箱由于托运人或收货人责任造成丢失、损坏及无法洗刷的污染时,应由托运人或收货人负责赔偿。责任人在"铁路箱出站单"上签认,车站凭"铁路箱出站单"编制"集装箱破损记录"(格式 5-2),作为向责任人索赔的依据。

(5)托运人有违约责任时,承运人应按合同约定或有关规定向托运人或收货人核收违约金和因检查产生的作业费用。可继续运输的,车站应会同托运人或驻站公安补封,编制货运记录。

格式 5-2

集装箱破损记录

No. 00001

________英尺(吨)箱　　　　箱号____________

1. 发站____________发局__________托运人__________
2. 到站____________到局__________收货人__________
3. 运送票据等________号______年____月____日承运
4. 车种车号__________到达车次__________
5. 发现集装箱破损地点__________
6. 破损部位。按下面符号所示内容填在视图上。

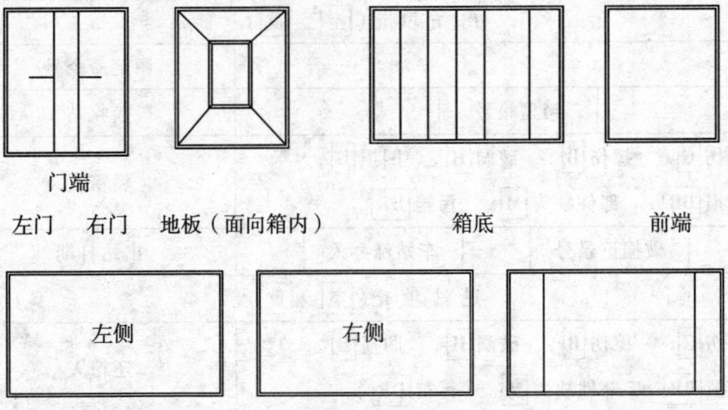

状态代号:割伤 C . 擦伤 B . 破洞 H . 凹损 D . 破损 BR . 部件缺失 M . 污箱 DR .

7. 破损原因和程度____________
8. 责任者____________(签章)
9. 装卸或货运主任____________(签章)
10. 填写单位:________(章)　填写人:________
11. ______年______月______日

注:本记录一式三份,一份编制记录站存查,一份交责任单位,一份随箱通行。

(6)自备箱由于承运人责任造成丢失损坏及无法洗刷的污染时,车站应编制货运记录,由承运人负责赔偿。赔偿费按实际发生的费用计算。

四、交接责任的划分

1. 交接责任在交接前由交方承担,交接后由接方承担。但运输过程中由于托运人责任造成的事故和损失由托运人负责;因集装箱质量发生的问题,责任由箱主或集装箱承租人负责。

2. 集装箱在承运人的运输责任期内,箱体没有发生危及货物安全的变形或损坏,箱号、施封号码与运单记载一致,施封有效时,箱内货物由托运人负责。

五、集装箱破损事故的责任划分

铁路箱发生破损、丢失和因损坏报废时,车站应填写"集装箱破损记录"作为责任划分和赔偿依据,由责任单位承担费用。

1. 卸车发现破损时,由装卸人员通知卸车货运员。除能判明属于行车事故和偷盗造成的破损外,责任列装车站装卸单位。

2. 装卸车作业中发生的破损,责任列装卸单位。

3. 站内外存放的铁路箱发生破损,除能判明责任者外,责任列存放地单位。

4. 进站的铁路箱发现破损,责任列送箱人。

第四节 集装化运输

一、定　义

凡使用集装用具或自货包装、捆扎等方法,将散装、小件包装、不易使用装卸机械作业的货物,按规定集装成特定的单元后运往到站,皆称为集装化运输。

二、集装化用具

在集装化运输中,用以集装货物的箱、盘、笼、袋、夹、绳等称为集装用具。主要集装用具有集装盘、集装笼、集装桶、集装袋、集装网、集装捆、集装架、预垫绳等。

集装用具应符合以下基本条件:

(1)有足够的刚度和强度;

(2)能充分利用货车容积和载重力;

(3)有利于货场码放,能够保证货物、人身、行车安全,不损坏车辆;

(4)具有机械作业需要的起吊装置或叉孔;

(5)循环使用的用具能够拆解、折叠、套装,便于回送。

三、集装化运输的基本条件

1. 集装化运输的货物,以集装后组成的特定单元(盘、架、袋、网、捆等)为一件。每件集装货件的体积应不小于 0.5 m^3 或重量不小于 500 kg。

2. 棚车装运的集装化货物，每件重量不得超过 1 t，长度不得超过 1.5 m，体积不得超过 2 m^3。到站限制为叉车配属站。

3. 敞车装运的集装化货物，每件重量不超过到站最大起重能力(征得到站同意时除外)。

4. 集装化货物应捆绑牢固，表面平整，适合多层码放；码放要整齐、严密，并按规定有包装储运标志。以绳索、预垫等方式运输竹、木等货物时，必须满足卸车时机械作业的要求。

5. 集装化货物与非集装化货物不能一批运输，一批运输的多种集装化货物，按零担运输时，应采用同一集装用具。

复习思考题

1. 集装箱按箱主及所装货物种类和箱体结构是如何分类的？
2. 下列符号分别表示什么含义？

   TBJU 001234 3

3. 集装箱按一批托运有什么规定？
4. 受理货运员接到货物运单后，除按规定逐项审核外，还应审核哪些内容？
5. 确定下列货物能否用通用集装箱装运？

   运动服　挂面　盐　废钢铁　苹果　地板块　柴油

6. 集装箱装车时除装车作业的一般要求外，还要注意哪些问题？
7. 铁路箱掏箱后收货人应做好哪些工作？
8. 集装化运输的基本条件是什么？

第六章 篷布管理

第一节 篷布运用管理

篷布是铁路货车辅助用具，按产权分为铁路篷布和自备篷布。篷布在全国营业铁路使用，实行集中统一运用。

一、篷布用途

篷布仅用于苫盖敞车装运的怕湿、易燃货物或其他需要苫盖篷布的货物。毒害品、腐蚀性物品及污染性物品不得使用铁路篷布。苫盖易于损坏篷布的货物时，装车单位必须采取防护措施，防护材料由托运人提供。

二、篷布运用管理

1. 铁路篷布不得外借或挪作他用。发现时立即纠正，并按规定核收篷布延期使用费。

2. 发站使用篷布前，应逐张检查质量。使用铁路篷布时，将篷布号码填记在货物运单“铁路货车篷布号码”栏内；使用自备篷布时，应在货物运单“铁路货车篷布号码”栏内划“⊗”符号，并检查托运人是否在货物运单“托运人记载事项”栏内注明“自备篷布×张”和号码。

专用铁路、铁路专用线使用铁路篷布时，由托运人凭车站填制的“货车篷布交接单”到车站领取。

制票时，应根据货物运单将铁路篷布号码填制在货票、货运票据封套篷布号码栏内；自备篷布张数和号码填记在“记事”栏内。

3. 对运输途中的货车，车站认为需要苫盖篷布时，必须经铁路局篷布调度批准。苫盖后，在货物运单、货票、货运票据封套、列车编组顺序表作相应修改，同时编制普通记录并拍发电报通知到站及有关单位。

4. 卸车时，应检查铁路篷布质量；卸车后，将铁路篷布送到车站指定地点，车站检查发现铁路篷布破损、缺少篷布绳时，应填制“货车篷布交接单”，按《铁路篷布损坏丢失处理办法》办理。

5. 铁路篷布要固定存放地点，按规定折叠，妥善保管，进行日常整理和晾晒，运用、待修、待报废篷布应分别码放。

6. 使用铁路篷布，货物运输票据记载的张数、号码与实际不符时，发现单位应按实际更正，编制记录并向发到站和发到铁路局篷布调度拍发电报，责任铁路局应于当日调整。

第二节 货车篷布使用规定

一、使用前的质量检查

布体完整,无破损,眼圈完好,标记、号码完整清晰。绳索齐全、完整、无接头、插接牢固,与篷布连接正确。

二、篷布苫盖要求

1. 篷布仅限敞车使用。其他车辆和货物装载高度超过敞车端侧墙 1 m 以上或有押运人乘坐的敞车不得苫盖篷布。

2. 需要加固的货物必须在苫盖篷布前捆绑加固完毕。

3. 货车丁字铁上无残留的旧绳头、铁线等废弃物。

4. 货物装载高度低于车辆端侧墙时,可安置篷布支架,支架突出部位与篷布接触处应采取防磨措施(是否使用篷布支架及篷布支架的技术条件由各铁路局自定)。

5. 苫盖易于损坏篷布的货物时,在篷布与货物之间应采取防磨或防护措施。

三、苫盖方法

1. 正面(腰绳向外)纵向苫盖。货车两侧篷布下垂高度应一致。货车人力制动机一端篷布下垂遮盖端墙部分高度 300 ~ 500 mm,另一端下垂遮盖端墙部分高度 600 mm 左右。

2. D 型篷布:每车苫盖一张篷布。车辆较短时,篷布多余部分可折叠在中部相邻两腰绳处的篷布下方,折叠部分两腰绳对角拉紧拴固。

3. 篷布:每车苫盖两块篷布,无端绳的一端须苫在车辆中部,两张篷布搭接处需折叠。折叠时,将上层篷布向上向回折不小于 1 000 mm,下层篷布压住上层篷布(长度为上层篷布回折长度的一半),再将上层篷布向下层篷布方向折回一半,最后将折叠部分再向下层篷布方向折回。

4. 篷布包角:将篷布角绳拉紧,使篷布角向内侧展开成三角形,布角两面压平后折向货车端墙,在车辆两端严密包角,使压绳压住包角。

四、捆绑方法

1. 篷布绳应拴结在货车丁字铁上,不得捆绑在其他部位。

2. 中间折叠处的加固:车辆中部的篷布角(腰)绳分别向相对方向斜拉。

3. 货车两端篷布角绳沿货车端墙交叉后分别拴结在车辆端部的两丁字铁上。角绳经货车人力制动机闸台时,应从其上方通过;经闸杆、提钩杆时,应从其内侧穿过。

4. 货车两端篷布中间的两根端绳分别垂直向下拉紧拴结在车辆端部的两丁字铁上,经提钩杆时,也应从其内侧穿过。

5. 篷布每端的压绳应压住篷布包角拉紧,使篷布紧贴在车辆端墙上,分别捆绑在车辆侧部的第二个丁字铁上,不得拴结在端梁和车侧端部的丁字铁上。

6. 腰绳应直拉拴结在车侧丁字铁上。装车时，弹力绳弹力部分的拉伸长度不小于300 mm。使用D型篷布时，车辆中间有丁字铁的，中间的腰绳捆绑在车辆中间的丁字铁上；车辆中间无丁字铁的，篷布中间的腰绳分别捆绑在靠近车辆中间的丁字铁上。其他腰绳，从车辆两端开始，朝向车辆中部，顺序捆绑在相应丁字铁上。弹力棒不紧靠眼圈时，应将弹力绳从中间收起，并将中间多余绳索折叠打两个死结后余尾用绳卡或麻线绑5圈与自身绳杆捆紧。

7. 篷布绳采用蝴蝶套结拴结法或回头花结法，拴结后的绳头，应绕在自身绳杆上，至少打两个死结。绳头余尾长度不得超过300 mm，不短于100 mm。

8. 除篷布自带绳索和篷布绳网外，不得使用其他绳索捆绑篷布。

9. 篷布绳、篷布绳网系绳余尾均须使用绳卡进行加固。使用时，将拴结后的绳尾拉紧贴在自身绳杆上，绳卡头印有标记面及齿面朝向外侧，离绳尾部50 mm处，将锁绳绕过绳尾和绳杆后从锁绳插槽底部向上穿出，并沿锁绳插槽方向拉紧，将卡绳端锁紧齿与压块上的齿啮合，此时，绳卡进入锁紧工作状态。打开时，沿插槽反方向用力拉锁绳，绳头沿断裂槽处破坏，绳卡即可打开。

五、苫盖后检查

1. 篷布苫盖平坦，货物不外露，两端包角密贴，两侧线条流畅。各部位不超限。

2. 绳索拴结、捆绑位置正确，绳结牢固，无松弛脱落，捆绑在丁字铁上的绳索呈蝶翅形结，绳头余尾长度100～300 mm。

3. 货车人力制动机一端篷布下垂遮盖端板部分长度300～500 mm。货车人力制动机闸盘外露，不影响人力制动机及提钩杆使用。另一端的下垂高度600 mm左右，篷布过长时可超过此限制，但不得影响压绳使用。

4. 车辆两侧篷布下垂高度一致。

5. 篷布（包括篷布绳网）苫盖捆绑完毕后，装车单位对车辆两侧（包括篷布号码）、两端及中部篷布苫盖状态各拍照一张，留存3个月。

六、铁路篷布损坏丢失处理办法

1. 铁路篷布损坏、丢失时，由责任者赔偿，因不可抗力、运输途中治安原因造成的除外。

2. 铁路内部责任划分有分歧时，由有关铁路局协商；不一致时，报铁道部篷布调度裁决。

3. 铁路篷布损坏、丢失按下列规定核收赔偿费用：

（1）发生报废、丢失时，按当年篷布购置价格赔偿。

（2）破损面积每100 cm^2 10元；篷布破损面积达到40%时，按当年购置价格赔偿。

（3）篷布绳损坏或丢失时，赔偿标准由公司提出并定期报部批准。

（4）铁路篷布因托收货人责任损坏、丢失时，自指定送回车站之日起，至赔偿当日止，按规定核收篷布延期使用费。

4. 车站收取赔款后，需向铁路局篷布调度拍发电报，抄报铁道部篷布调度。电报内容包括：责任单位、篷布张数、篷布号码、赔偿金额、延期使用费金额、杂费收据号码。

七、篷布报废标准

篷布使用年限暂定为3年。使用满3年或未满3年但修补面积达40%或修补处达200处的篷布，必须进行报废。

复习思考题

1. 篷布有哪些用途？
2. 苫盖篷布时有哪些要求？
3. 篷布使用年限及报废有何规定？
4. 苫盖篷布绳网时有何要求？
5. 货车篷布损坏丢失如何赔偿？
6. 篷布苫盖后应检查哪些内容？

第七章　危险货物运输

第一节　危险货物的分类及性质

一、危险货物定义

在铁路运输中，凡具有爆炸、易燃、毒害、感染、腐蚀、放射性等特性，在运输、装卸和储存保管过程中，容易造成人身伤亡和财产毁损而需要特别防护的物品，均属危险货物。

二、危险货物的分类

危险货物按其主要危险性和运输要求划分为九大类。

第1类　爆炸品

第1.1项　有整体爆炸危险的物资和物品；

第1.2项　有迸射危险，但无整体爆炸危险的物质和物品；

第1.3项　有燃烧危险并有局部爆炸危险或局部迸射危险或两种危险都有，但无整体爆炸危险的物质和物品；

第1.4项　不呈现重大危险的物质和物品；

第1.5项　有整体爆炸危险的非常不敏感物质；

第1.6项　无整体爆炸危险的极端不敏感物品。

第2类　气体

第2.1项　易燃气体；

第2.2项　非易燃无毒气体；

第2.3项　毒性气体。

第3类　易燃液体

第3.1项　一级易燃液体；

第3.2项　二级易燃液体。

第4类　易燃固体，易于自燃的物质，遇水放出易燃气体的物质

第4.1项　易燃固体；

第4.2项　易于自燃的物质；

第4.3项　遇水放出易燃气体的物质。

第5类　氧化性物质和有机过氧化物

第5.1项　氧化性物质；

第5.2项　有机过氧化物。

第6类　毒性物质和感染性物质

第 6.1 项　毒性物质；

第 6.2 项　感染性物质。

第 7 类　放射性物质

第 8 类　腐蚀性物质

第 8.1 项　酸性腐蚀性物质；

第 8.2 项　碱性腐蚀性物质；

第 8.3 项　其他腐蚀性物质。

第 9 类　杂项危险物质和物品

第 9.1 项　危害环境的物质；

第 9.2 项　高温物质；

第 9.3 项　经过基因修改的微生物或组织，不属于感染性物质，但可以非正常地天然繁殖结果的方式改变动物、植物或微生物物质。

三、危险货物编号

危险货物的类项号是判定属于普通货物与危险货物的主要标志之一，是办理承运手续、配放、确定运输条件的主要依据，一旦发生事故，它还是判定货物性质，采取相应施救方法的依据。

1. 危险货物编号（铁危），由 5 位阿拉伯数字及英文大写字母组成。第 1 位数字表示该危险货物的类别，第 2 位数字表示该危险货物的项别，第 3、4、5 位数字表示该危险货物品名的顺序号。

例：过氧化钾 51003	5	1	003
	第五类	第一项	第三个品名

2. 铁危编号后的英文大写字母（如 A、B、C 等）表示同一品名编号具有不同运输条件的危险货物。

如："51031A"与"51031B"分别表示氯酸钾与氯酸钾溶液。

3. 对物品性质基本相同，运输条件、消防方法和急救措施相同的危险货物可使用同一编号。

4. 后三位数字 500 以内（不含 500）为一级，501 以上为二级。

5. 一、二、七、九类不分级；三类按项分级；四、五、六、八类按品名顺序号分级。

四、各类危险货物的主要特性、装卸保管及撒漏处理

（一）爆 炸 品

1. 特性

爆炸品系指受到高热、摩擦、撞击、震动或其他外界作用，能迅速发生剧烈化学反应，瞬间产生大量气体和热量，形成巨大的压力而发生爆炸，对周围环境造成破坏的物质和物品。

本类货物包括爆炸性物质、爆炸性物品以及为产生爆炸或烟火实际效果而制造的爆炸性物质和物品中未提及的物质和物品。但过分敏感或反应性很强以至可能产生自发反应的爆炸性物质禁止运输。

2. 装卸、保管及撒漏处理

(1)装卸作业时,开关车门、车窗不得使用铁撬棍、铁钩等铁质工具,必须使用时,应采取防火花涂层等防护措施。装卸搬运时,不准穿铁钉鞋,使用铁轮、铁铲头推车和叉车时,应有防火花措施。禁止使用可能发生火花的机具设备。照明应使用防爆灯具。作业时应轻拿轻放,不得摔碰、撞击、拖拉、翻滚。第1.1项和1.2项爆炸品的装载和堆码高度不得超过1.8 m,其他各项超过1.8 m的,须经铁路局批准。车、库内不得残留酸、碱、油脂等物质。发现跌落破损的货件不得装车,应另行放置,妥善处理。

(2)爆炸品必须存放于专库内,库房应有避雷装置、防爆灯及低压防爆开关。仓库应由专人负责保管。库内应保持清洁,并隔绝热源与火源,在温度40℃以上时,要采取通风和降温措施。爆炸品的堆垛间及堆垛与库墙间应有0.5 m以上的间隔,要避免日光直晒。

(3)对撒漏的爆炸品应及时用水润湿,撒以松软物后轻轻收集,并通知公安和消防人员处理。禁止将收集的撒漏物品装入原包装件中。

(二)气　体

1. 特性

本类气体系指符合下述两种情况之一的物质:

(1)在50℃时,蒸气压大于300 kPa的物质;

(2)在20℃及101.3 kPa标准压力下完全是气态的物质。

本类气体包括:压缩气体、液化气体、溶解气体、冷冻液化气体、气体与其他类别物质的蒸气的混合物、充有气体的物品和烟雾剂。

2. 装卸、保管及撒漏处理

(1)装卸作业时,应使用抬架或搬运车,防止撞击、拖拉、摔落、滚动。防止气瓶安全帽脱落及损坏瓶嘴。装卸机械工具应有防止产生火花的措施。

气瓶装车时应平卧横放。装卸搬运时,气瓶阀不要对准人身。装卸搬运工具、工作服及手套不得沾有油脂。装卸有毒气体时,应配备防护用品,必要时使用供氧或防毒面具。

(2)物品应存放于阴凉通风场所,防止日晒、油污,隔绝热源与火种,当库内温度超过40℃时,应采取通风降温措施。

气瓶平卧放置时,堆垛不得超过5层,瓶头朝向同一方,瓶身要填塞妥实,防止滚动,立放时要放置稳固,防止倒塌。

(3)阀门松动漏气时应立即拧紧,如无法关闭时,可将气瓶浸入冷水或石灰水中(氨气瓶只能浸入冷水中);液化气体容器破裂时,应将裂口部位朝上。

气瓶着火时,应向钢瓶浇洒大量冷水,或将气瓶投入水中使之冷却,同时将周围气瓶和可燃物搬离现场。

(三)易燃液体

1. 特性

易燃液体系指闭杯闪点不高于60.5℃,或开杯闪点不高于65.6℃的液体或液体混合物,或在液体及悬浮液中含有固体的液体。

2. 装卸、保管及撒漏处理

(1)装卸作业前应先通风,开关车门、车窗时不要使用铁制工具猛力敲打,必须使用时应采取防止产生火花的防护措施。作业人员不准穿铁钉鞋。装卸搬运中,不能撞击、摩擦、拖拉、翻滚。装卸机具应有防止产生火花的措施。装载钢桶包装的易燃液体,要采取防磨措施,不得倒放和卧放。

(2)货品应存放于阴凉通风场所,避免日晒,隔绝热源和火种。堆放要稳固,严禁倒置。库内温度超过40℃时,应采取通风降温措施。容器受热膨胀时,应浇洒冷水冷却,必要时应移至安全通风处放气处理。

(3)容器渗漏时,应及时移至安全通风处更换包装。渗出的液体用干砂土等物覆盖后扫除干净。

灭火时,一般不宜用水,对比重大于水或溶于水的易燃液体,可用雾状水或开花水灭火,但应注意液体被冲散而扩大着火范围。扑救有毒性液体的火灾,应戴防毒面具或站在上风处。发现中毒人员,应立即移至空气流通处,并送医诊治。

(四)易燃固体,易于自燃的物质,遇水放出易燃气体的物质

1. 特性

(1)易燃固体:在运输环境和条件下容易燃烧或由于摩擦可能引燃或助燃的固体;可能发生强烈反应的自反应物质;不充分稀释可能发生爆炸的固体退敏爆炸品。这些物质燃点低,对热、撞击、摩擦均较敏感,易被外部火源点燃,燃烧迅速,并可散发出有毒烟雾或气体。

(2)易于自燃的物质:发火物质和自燃物质。这些物质自燃点低,在空气中易于发生氧化反应,放出热量而自行燃烧。

(3)遇水放出易燃气体的物质:与水接触或受潮可能放出易燃气体,这种气体与空气混合能够形成爆炸性混合物。这种混合物极易被引燃,所产生的冲击波和火焰可能对人和环境造成危害。

2. 装卸、保管及撒漏处理

(1)作业时不得摔碰、撞击、拖拉、翻滚,防止容器破损。特别注意勿使黄磷脱水,引起自燃。装卸搬运机具,应有防止产生火花的措施。雨雪天气无防雨设备时,不能装卸遇湿易燃物品。

(2)应存放于阴凉、通风、干燥场所,防止日晒,隔绝热源和火种。与酸类、氧化剂必须隔离存放。严禁露天存放遇水易燃物品。

(3)对撒漏的物品,应谨慎收集妥善处理。撒漏的黄磷应立即浸入水中;硝化纤维应用水润湿;金属钠、钾应浸入煤油或液体石蜡中,电石、保险粉等遇水易燃物品撒漏,收集后进行安全处理,不得并入原货件中。

一些金属粉末,金属有机化合物,氨基化合物和遇水易燃物品着火时,禁用水和二氧化碳灭火剂。扑救浸油的棉、毛、麻类制品火灾时,要注意防止复燃。灭火时,应有防毒措施。

(五)氧化性物质和有机过氧化物

1. 特性

具有强氧化性,易引起燃烧、爆炸。

(1)氧化性物质:本身不一定可燃,但通常因放出氧或起氧化反应而可能或促使其他物质燃烧的物质。

(2)有机过氧化物:分子组成中含有过氧基(—O—O—)的有机物质,属热不稳定物质,

可能发生放热自加速分解等。主要具有可能发生爆炸性分解,迅速燃烧,对碰撞或摩擦敏感,与其他物质起危险反应,损害眼睛等几种特性。有些有机过氧化物在运输时必须加入稳定剂。对在常温下会自行加速分解的,必须控温运输。

2. 装卸、保管及撒漏处理

(1)装车前,车内应打扫干净,保持干燥,不得残留有酸类和粉状可燃物。卸车前,应先通风后作业。装卸搬运中不能摔碰、拖拉、翻滚、摩擦和剧烈震动。搬运工具上不得残留或沾有杂质。托盘和手推车尽量专用,装卸机具应有防止产生火花的防护装置。

(2)本类物品应存放于阴凉通风场所,防止日晒、受潮,远离酸类和可燃物,特别要远离硫黄、硝化棉、金属粉等还原性物质。亚硝酸盐类与其他氧化性物质应分库或隔离存放。堆垛不宜过高过大,注意通风散热。库内货位应保持清洁,对搬出后的货位应清扫干净。

(3)氧化剂撒漏时,应扫除干净,再用水冲洗,收集的撒漏物品,不得倒入原货件内。过氧化钠等着火时,不能用水扑救,其他氧化性物质用水灭火时,要防止水溶液流至易燃、易爆物品处。

(六)毒性物质和感染性物质

1. 特性

(1)毒性物质在吞食、吸入或与皮肤接触后可能损害人类健康、造成严重损伤甚至死亡。

(2)感染性物质:含有病原体的物质,包括生物制品、诊断样品、基因突变的微生物、生物体和其他媒介,如病毒蛋白等。

2. 装卸、保管及撒漏处理

(1)装卸车前应先行通风。装卸搬运时严禁肩扛、背负,要轻拿轻放,不得撞击、摔碰、翻滚,防止包装破损。装卸易燃毒害品时,机具应有防止发生火花的措施。作业时必须穿戴防护用品,严防皮肤破损处接触毒物。作业完毕及时清洁身体后,方可进食和吸烟。

(2)此类物品应存放在阴凉、通风、干燥的库内,不得露天存放。与酸类应隔离存放,严禁与食品同库存放,必须加强管理,严防丢失和发生误交付。

(3)固态毒品撒漏时,应谨慎收集处理,如氰化钠可用漂白粉或次氯酸钠处理;液态毒品渗漏时,可先用砂土、锯末等物吸收,妥善处理。被毒性物质污染的机具、车辆及仓库地面,应进行洗刷除污。

发生火灾时,对遇水能发生危险反应的毒性物质(如金属铊、锑粉、铍粉、磷化锌、磷化铝、氟化汞、氟化铅、四氰基乙烯等)不得用水灭火。

处理撒漏毒性物质和扑救毒性物质火灾时,必须穿戴防护服、手套、口罩或防护面具,施救人员要站在上风处。发现头晕、恶心、呕吐等现象,要立即转移至空气新鲜处。

(七)放射性物质

1. 特性

单个放射性核素大于或等于《铁路危险货物运输管理规则》附录 7 中 A_1、A_2 相应限值,或放射性核素混合物大于《铁路危险货物运输管理规则》附录 8 相应限制的,属放射性物质。此类物质能自发地不断地放出 α、β、γ 射线或中子流,具有不同的穿透能力,过量的射线照射对人体细胞有杀伤作用。有些放射性物质还具有易燃、易爆、腐蚀和毒害等危险性。

2. 装卸、保管及撒漏处理

(1)装卸车前应先行通风,严禁肩扛、背负、撞击、翻滚。作业时间应按《铁路危险货物运输管理规则》中相关内容的要求控制。堆码时应将辐射水平低的放射性包装件放在辐射水平高的包装件周围。在搬运Ⅲ级放射性包装件时,应在搬运机械的适当位置上安放屏蔽物或穿防护围裙,以减少人员受照剂量。

装卸、搬运放射性矿石、矿砂时,作业场所应喷水防止飞尘,作业人员应穿戴工作服、工作鞋,戴口罩和手套,作业完毕后应全身清洗。

(2)放射性物质的存放必须专库专用,仓库应通风良好、干燥、地面平坦,应有专人管理,按规定码放。

遇到燃烧、爆炸可能危及放射性物质安全时,应迅速将放射性物质转移至安全处,并派专人看管。

(3)运输中包装件破裂,内容物撒漏时,应立即向有关部门报告。由安全防护人员测量并划出安全区域,悬挂明显标志。

当人体受污染时,应在防护人员指导下迅速除污。若人员受到过量照射时,应立即送医救治。放射性矿石、矿砂的包装件破损时不得运输。

(八)腐蚀性物质

1. 特性

腐蚀性物质系指与完好皮肤组织接触不超过 4 h,在 14 天的观察期中发现引起皮肤全厚度损毁,或在 55℃时,对 S235JR + CR 型或类似型号钢或无覆盖层铝的表面均匀腐蚀率超过 6.25 mm/年的物质。

本类物质可通过化学作用使生物组织接触时造成严重损伤,在渗透时会严重损害甚至毁坏其他货物和运载工具。有些腐蚀性物质挥发出的蒸气能刺激眼睛、黏膜,吸入后会中毒;有些腐蚀性物质受热或遇水会形成有毒烟雾;有些无机酸性腐蚀性物质具有较强氧化性,接触可燃物易引起燃烧;有些有机腐蚀性物质具有易燃性。

2. 装卸、保管及撒漏处理

(1)作业前应穿戴耐腐蚀的防护用品,对易散发有毒蒸气或烟雾的腐蚀性物质,必须通风作业,并使用防毒面具。货物堆码必须平稳牢固,严禁肩扛、背负、撞击、拖拉、翻滚。装车前卸车后必须清扫车辆,不得留有稻草、木屑、煤炭、油脂、纸屑、碎布等可燃物。

(2)应存放在清洁、通风、阴凉、干燥场所,防止日晒、雨淋。堆码应整齐稳固,不得与可燃物、氧化剂等混存。

(3)发现液体酸性腐蚀性物质撒漏应及时撒上干砂土,清除干净后,再用水冲洗污染处;大量酸液溢漏时,可用石灰水中和。

着火时,不可用柱状水,以防腐蚀液体飞溅伤人;对遇水能剧烈反应及引起燃烧、爆炸或放出有毒气体的腐蚀性物质,禁用水灭火。

(九)杂项危险物质和物品

本类物质和物品系指危险货物第 1 类至第 8 类未包括的物质和物品。主要包括:

(1)危害环境的物质;

(2)高温物质(如运输或要求运输的物质液态温度达到或超过 100℃,或固态温度达到或超过 240℃);

(3)经过基因修改的微生物或组织，不属于感染性物质，但可以非正常地天然繁殖结果的方式改变动物、植物或微生物物质。

第二节　办理站和专用线(专用铁路)办理规定

一、办理站的类型

危险货物办理站是指站内、专用线、专用铁路办理危险货物发送、到达业务的车站。按类型分为5种：

(1)专办站：指主要办理危险货物运输的车站；

(2)兼办站：指主要办理普通货物运输，兼办危险货物运输的车站；

(3)集装箱办理站：指在站内办理危险货物集装箱运输的车站；

(4)专用线接轨站：指仅在接轨的专用线、专用铁路办理危险货物作业的车站；

(5)综合办理站：指前四项中两项以上的车站。

二、《铁路危险货物运输办理站(专用线、专用铁路)办理规定》的主要内容

凡是具有承运人、托运人资质的单位在办理危险货物运输时，按《铁路危险货物运输办理站(专用线、专用铁路)办理规定》执行。

《铁路危险货物运输办理站(专用线、专用铁路)办理规定》的主要内容：

(1)危险货物办理站名表，规定站内办理危险货物的发到品类；

(2)危险货物集装箱办理站名表，规定站内办理危险货物集装箱发到站名及允许的箱型；

(3)剧毒品办理站名表，规定剧毒品发到的品名、发到站及专用线、运输方式；

(4)专用线、专用铁路办理规定一览表，规定铁路罐车、集装箱(罐)、整车装运危险货物发到的品名；与车站衔接的专用线、专用铁路产权单位名称、共用单位名称；轨道衡计量以及集装箱(罐)作业条件(起重能力、起重设备类型)等。

第三节　危险货物的托运和承运

一、运单填写要求

1. 托运人托运危险货物时，应在货物运单“货物名称”栏内填写“危险货物品名索引表”内列出的品名或别名相对应的信息化品名和铁危编号，在运单的右上角用红色戳记标明类项名称，并在货物运单“托运人记载事项”栏内填写《托运人资质证书》、经办人身份证和《铁路危险货物运输业务培训合格证》号码。

2. 对派有押运员的还需填写押运员姓名、身份证号码和《培训合格证》号码，气体危险货物还需填写《液化气体铁路罐车押运员证》号码。

3. 托运爆炸品时，托运人须出具到达地县级人民政府公安部门批准的《民用爆炸物品运输许可证》，托运烟花爆竹时须出具《烟花爆竹道路运输许可证》，并注明许可证名称和号码，

并在运单右上角用红色戳记标明“爆炸品”或“烟花爆竹”字样。

4. 危险货物运单包装栏须按《铁路危险货物运输管理规则》“铁路危险货物包装表”的规定填写相应的外包装和内包装名称。

二、托运危险货物的运输限制

1. 危险货物仅办理整车和20吨以上集装箱运输。

2. 禁止运输国家禁止生产的危险物品。

3. 禁止运输《铁路危险货物运输管理规则》未确定运输条件的过度敏感或能自发反应而引起危险的物品。

4. 对易发生爆炸性分解反应或需控温运输等危险性大的货物，须由铁道部确定运输条件。

5. 凡性质不稳定或由于聚合、分解在运输中能引起剧烈反应的危险货物，托运人应采用加入稳定剂或抑制剂等方法，保证运输安全。

三、受理、承运危险货物时，必须符合的规定

1.《托运人资质证书》、经办人身份证和《铁路危险货物运输业务培训合格证》与运单记载一致。

2. 运单记载的品名、类别、编号等内容与《铁路危险货物品名表》规定相统一，并核查《铁路危险货物品名表》第12栏内有无特殊规定。

3. 发到站、办理品名、运输方式与《铁路危险货物运输办理站（专用线、专用铁路）办理规定》相统一。

4. 货物品名、重量、件数与运单记载相统一。

5. 具有危险货物运输包装检测合格证明。

6. 运单右上角用红色戳记标明编组隔离、禁止溜放或限速连挂等警示标记。

7. 国内运输危险货物禁止代理。

8. 其他有关规定。

第四节　运输及签认制度

一、车辆使用

1. 危险货物限使用棚车装运（《铁路危险货物品名表》第12栏内有特殊规定除外）。装运时，限同一品名，同一铁危编号。

2. 爆炸品、硝酸铵、氯酸钠、氯酸钾、黄磷和钢桶包装的一级易燃液体应选用车况良好的P_{64}、P_{64A}、P_{64AK}、P_{64AT}、P_{64GK}、P_{64GT}等竹底棚车或木底棚车装运，并须对门口处金属磨耗板，端、侧墙的金属部分采用非破坏性措施进行衬垫隔离处理。如使用铁底棚车时，须经铁路局批准。

3. 毒性物质限使用毒品专用车，如毒品专用车不足时，经铁路局批准可使用铁底棚车装运(剧毒品除外)。

二、装卸作业

危险货物装卸作业使用的照明设备及装卸机具必须具有防爆性能,并能防止由于装卸作业摩擦、碰撞产生火花。装卸作业前,应对车辆和仓库进行必要的通风和检查,向装卸工组说明货物品名、性质、作业安全事项并准备好消防器材和安全防护用品。作业时要轻拿轻放,堆码整齐稳固,防止倒塌,严禁倒放、卧装(钢瓶等特殊容器除外)。装卸车作业要求如下:

1. 装车作业

(1)检查车辆。检查车种车型与规定装运货物是否相符,查看门窗状态、进行透光检查,确认车辆检修是否过期。

(2)检查货物。检查货物品名、包装、件数与运单填写是否一致,以及货物包装是否符合规定。装载货物(含国际联运换装)不得超过车辆(含集装箱)标记载重量,严禁增载和超装超载。

(3)装车作业。传达安全注意事项及装载方案,检查消防器材和安全防护用品。

(4)装车后工作。检查堆码及装载状态,查验门窗是否关闭良好,作好施封加锁及装车台账登记工作等。

2. 卸车作业

(1)检查车辆。车辆状态及施封检查,核对票据与现车,确定卸车及堆码方法。

(2)卸车作业。传达安全作业注意事项及卸车方案,检查消防器材和安全防护用品。

(3)卸车后工作。填记卸货登记簿。对受到污染的车辆,及时回送洗刷所洗刷除污。清理车辆残存废弃物交由收货人负责处理。因污染、腐蚀造成车辆损坏的,要按规定索赔。

三、特殊防护

1. 根据危险货物特殊性质,在调车作业和运输编组隔离,车辆技术检查、整备、检修等技术作业中需采取特殊防护事项,要有明确规定,并须书面通知有关单位和人员。有关运输单据和货车上表示方式见表7-1。

表7-1　特殊防护事项表

特殊防护事项	货车上的表示	运输票据上的表示
《铁路危险货物运输管理规则》附件7中规定禁止溜放和限速连挂的货车	在货车两侧插挂“禁止溜放”或“限速连挂”的货车表示牌	在运单右上角、票据封套上用红色记明“禁止溜放”或“限速连挂”字样
《铁路危险货物运输管理规则》附件6中规定编组需要隔离的货车	①在货车表示牌上要记明三角标志。 ②未限定“禁止溜放”或“限速连挂”的货车可用表示牌背面记明三角标记,并插于货车两侧	在运单右上角,票据封套上用红色记明规定的三角标记
《铁路危险货物品名表》第12栏中规定停止制动作用的货车	在货车表示牌上记明“停止制动作用”字样	在运单右上角、票据封套上用红色记明“停止制动作用”字样

2. 派有押运员的成组危险货物车辆，要求成组连挂，不得拆解；发站必须在该组车辆每一张运单、货票上注明“成组连挂，不得拆解”，并将该组票据单独装入封套（剧毒品除外），封套上注明“成组连挂，不得拆解”。

3. 装运需停止制动作用的货车时，车站应通知车辆部门关闭制动机，到站卸车后，应通知车辆部门恢复制动作用。车站及车辆部门应认真登记，做好记录。

4. 装运危险货物应快装、快卸、快取、快送、优先编组，优先挂运。站内停放危险货物车辆时，要采取安全防护措施，对重点危险货物由车站通知公安部门派人看护巡守。

四、签认制度

爆炸品、硝酸铵、剧毒品（非罐装有特殊规定 67 号）、气体类和其他另有规定的危险货物运输实行签认制度。

危险货物运输作业实行签认制度。作业应按规定程序和作业标准进行并签认。要对作业过程内容的完整性、真实性负责，严禁漏签、代签和补签。签认单保存期半年。

落实危险货物运输签认制度的有关要求按“铁路剧毒品运输作业签认单”（格式 23）、“铁路危险货物运输作业签认单”（格式 24）、“危险货物罐车作业签认单”（格式 25）办理（以上签认单格式参见《铁路危险货物运输管理规则》相关内容）。

货检站无改编作业时，由各铁路局结合实际情况确定签认方式。

第五节　危险货物运输押运管理

一、押运规定

1. 运输爆炸品（烟花爆竹除外）、硝酸铵实行全程随货押运。剧毒品、罐车装运气体类（含空车）危险货物实行全程随车押运。装运剧毒品的罐车和罐式箱不需押运。其他危险货物需要押运时按有关规定办理。

剧毒品押运系指《铁路危险货物运输管理规则》附件 1“铁路危险货物运输特殊规定”中第 67 条所规定的危险货物。各作业环节完毕后要将签认单实时传递到到站。

2. 押运员必须取得《铁路危险货物运输业务培训合格证》。运输气体类的危险货物时，押运员还须取得《液化气体铁路罐车押运员证》。

3. 押运员应了解所押运货物的特性，押运时应携带所需通信、防护、消防、检测、维护等工具以及生活必需品，应按规定穿着印有红色“押运”字样的黄色马甲，不符合安全规定的不得押运。

4. 押运间仅限于押运员乘坐，不允许闲杂人员随乘，执行押运任务期间严禁吸烟、饮酒及做其他与押运无关的事情。

5. 押运员在押运过程中必须遵守铁路运输的各项安全规定并对所押运货物的安全负责。

6. 发站要对“押运工具、备品、防护用品”（表 7-2）以及押运间清洁状态等进行严格检查，不符合要求的禁止运输。

表 7-2 押运员必备的工具、备品、劳动保护用品

名称	数量（个/人）	用途	名称	数量（个/人）	用途
防爆活扳子	1	300 mm × 36 mm 或根据所押运车型自选用于安全附件泄漏事故处理	防护服装	1(套)	同上
防爆管钳子	1	根据所押运车型选配用于安全附件泄漏事故处理	防护眼镜	1	同上
防爆克丝钳子	1	同上	罐体 $H—V$ 曲线图	1	本车的充装曲线图复印件
防爆螺丝刀	1	同上	工具专用皮包	1	携带工具和备品
直径 100 mm 压力表	1	备用压力表要求是校验岔格在有效期内，作为压力表失灵时更换备品	黄色马甲	1(件)	押运全过程中穿着马甲
压力表表管	1	作为现车压力表表管备用品	本人身份证		
滑管液位计保护罩密封垫及胶带纸	2～3	必备用品	培训合格证		
角阀接头紫铜垫片和盲垫	2	必备用品	气体罐车押运证		
石棉绳填料及生料带		必备用品	全程押运签认登记表		
气、液相阀门盲板垫	1	必备用品	途中突发事故应急预案		
防护面具	1	根据押运的介质选择	押运员须知		
防护手套	1	同上			

7. 押运员在途中要严格执行全程押运制度，认真按照“全程押运签认登记表”要求进行签认，严禁擅自离岗、脱岗。

二、押运员管理

1. 气体危险货物押运员应对押运间进行日常维护保养，破损严重的要及时向所在车站报告，由车站通知所在地货车车辆段按规定予以扣修。对门窗玻璃损坏等能自行修复的，必须及时修复。

2. 押运间内必须保持清洁，严禁存放易燃易爆物品及其他与押运无关的物品。

3. 对未乘坐押运员的押运间应使用明锁锁闭，车辆在沿途作业站停留时，押运员必须对不用的押运间进行巡检，发现问题，及时处理。

4. 严禁押运员在区间或站内向押运间外投掷杂物。

5. 运行时，押运间的门不得开启。

6. 对押运期间产生的垃圾要收集装袋，到沿途有关站后，可放置车站垃圾存放点集中处理。

7. 托运人应针对运输的危险货物特性，建立危险货物运输事故应急预案及施救措施，并对押运员进行有关培训。押运员在运输途中发现异常现象时，应及时采取应急措施并向铁路部门报告。

三、押运管理工作实行区段签认负责制

1. 货检人员须与押运员在所押运的车辆前签认,要对押运备品及押运间状态进行检查,不符合要求的要甩车处理。

2. 签认内容见“全程押运签认登记表”(参见《铁路危险货物运输管理规则》相关内容)。

3. 托运人再次办理运输时(含须押运的气体罐车返空)须出具“全程押运签认登记表”,并由车站保留三个月。

4. 对未做到全程押运的,再次办理货物托运时车站不予受理。

四、押运人数规定

同一托运人、同一到站押运方式、车辆及人数规定:

1. 气体类 6 辆重(空)罐车(含带押运间车辆)以内编为 1 组。1 ~ 6 车押运员不得少于 2 人,7 ~ 12 车押运员不得少于 4 人,13 ~ 18 车押运员不得少于 6 人。每列编挂不得超过 3 组。每组间的隔离车不得少于 10 辆(原则上需要用普通货物车辆隔离)。装运爆炸品(含烟花爆竹)、硝酸铵、气体类车辆与牵引机车隔离不少于 4 辆。

2. 剧毒品 4 辆(含带押运间车辆)以内编为 1 组,每组 2 人押运;2 组以上押运人数由铁路局确定。

3. 硝酸铵 4 辆以内编为 1 组,每组 2 人押运;2 组以上押运人数由铁路局确定。

4. 爆炸品(烟花爆竹除外)每车 2 人押运。

上述车辆编组隔离除符合本条规定外,还须符合《铁路车辆编组隔离表》(参见《铁路危险货物运输管理规则》相关内容)的规定。

派有押运员的车辆,成组挂运时,途中不得拆解。

补充规定:发站对需要押运的货物按一组运输时,必须是同一托运人、同一到站、同一卸车地点。需要押运的自备罐车成组运输时,必须是同一产权单位的车辆。

五、不需押运的规定

新造出厂的和洗罐站洗刷后送检修地点的及检修后首次返空的气体类危险货物罐车不需押运,但须在运单、货票上注明“新造车出厂”、“洗刷后送检修站”或“检修后返空”字样。

六、运输途中缺乘、漏乘处理规定

运输时发现押运员身份与携带证件不符或押运员缺乘、漏乘时应及时甩车,做好记录,并通知发站或到站联系托运人、收货人立即补齐押运员后方可继运。

第六节　保管、配放和交付

一、存放保管规定

1. 危险货物应按其性质和要求存放在指定的仓库、雨棚等场地。遇潮或受阳光照射容易

燃烧或产生易燃、易爆、有毒气体的危险货物不得在雨棚、露天存放。存放保管危险货物时，应符合《铁路危险货物运输管理规则》附件 2“铁路危险货物配放表”的要求。编号不同的爆炸品不得同库存放。放射性物质需建专用仓库，并与爆炸品仓库保持 20 m 以上的安全距离。

2. 堆放危险货物的仓库、雨棚等场地必须清洁干燥、通风良好，配备充足有效的消防设施。货场应设置明显的安全警示标志，须建立健全值班巡守制度。仓库作业完毕后应及时锁闭，剧毒品须加双锁，做到双人收发、双人保管。进入货场的机动车辆必须安装防火帽（罩）。

二、危险货物配放表

1. 进入货场待装和到达卸车的不同品名危险货物，能否放在同一库内保管，应根据“铁路危险货物配放表”确定。

2. 确定能否同库配放的方法：

（1）根据危险货物的品名查《铁路危险货物品名表》，确定该品名的铁危编号；

（2）依据品名的铁危编号查《铁路危险货物运输管理规则》附件 2“铁路危险货物配放表”确定配放号；

（3）按需同库存放的危险货物品名，画铁路危险货物配放梯形表。依据配放符号说明表示可否同库配放。

三、交付规定

对到达的货物要及时通知收货人，做到及时交付货物，及时取送车辆。货位清空后，需及时清扫、洗刷干净。对撒漏的危险货物及废弃物，应及时通知收货人进行处理。对危险性大、撒漏严重的，要会同卫生防疫、环保、消防等部门共同处理。

第七节　危险货物罐车运输

一、危险货物罐车的运用

1. 危险货物罐车装卸作业必须在专用线（专用铁路）办理。

2. 自备罐车装运危险货物应符合“铁路危险货物运输特殊规定”（《铁路危险货物品名表》第 12 栏）的规定，未做规定的报铁道部制定运输条件。

3. 铁路产权罐车限装品名为原油、汽油、煤油、航空煤油、柴油、石脑油、溶剂油及非危险货物的重油、润滑油。

4. 危险货物自备货车运输时，须由车辆产权单位向过轨站段提出申请，站段初审后报所属铁路局审核，符合规定的，由所属铁路局签发“危货车安全合格证”。“危货车安全合格证”实行一车一证，车证相符，按规定品名装运，不得租借和混装使用。铁路局应建立“危货车安全合格证”档案，每年进行一次复核。

二、危险货物自备罐车标识

1. 装运危险货物的自备罐车罐体底色为银灰色，罐体两侧纵向中部涂刷一条宽300 mm表示货物主要特性的水平环形色带:红色表示易燃性,绿色表示氧化性,黄色表示毒性,黑色表示腐蚀性。

2. 装运酸、碱类的罐体为全黄色,罐体两侧纵向中部应涂刷一条宽 300 mm 黑色水平环形色带;装运煤焦油、焦油的罐体为黑色,罐体两侧纵向中部应涂刷一条宽 300 mm 红色水平环形色带。

3. 装运黄磷的罐体为银灰色,罐体中部不用涂打环形色带。需在罐体两端右侧中部喷涂 9、13 号危险货物标志图。

4. 环形色带上层 200 mm 宽涂蓝色,下层 100 mm 宽涂红色或黄色分别表示易燃气体或毒性气体。环带 300 mm 为全蓝色时表示非易燃无毒气体。

5. 罐体两侧环形色带中部(有扶梯时在扶梯右侧)以分子、分母形式喷涂货物名称及其危险性,如苯:$\frac{\text{苯}}{\text{易燃,有毒}}$。对遇水会剧烈反应,事故处理严禁用水的货物,还应在分母内喷涂"禁水"二字,如硫酸:$\frac{\text{硫酸}}{\text{腐蚀、禁水}}$。并按《铁路危险货物运输管理规则》附录 3 在罐体两端头两侧环形色带下方喷涂相应标志,规格 400 mm×400 mm。

三、事故施救

危险货物罐车运输途中发生泄漏、火灾及其他行车事故时,车站应立即启动应急预案,迅速向铁路主管部门、地方政府、公安、消防及环保、卫生防疫部门报告,并速请熟悉货物性质及罐体构造部门协助处理。要设立警戒区,组织人员向逆风方向疏散,防止危险货物流入水域。易燃、有毒液体发生泄漏时,应及时阻断火源。对标有"禁水"标记的罐车,严禁用水施救。对有毒气体施救时应站在上风方向,防止中毒事故发生。

第八节　危险货物集装箱运输

一、装运品名、运输方式及场地要求

1. 铁路危险货物集装箱(以下简称危货箱)限装同一品名、同一铁危编号的危险货物,包装须与《铁路危险货物运输管理规则》规定一致。装箱须采取安全防护措施,防止货物在运输中倒塌、窜动和撒漏。

2. 运输时只允许办理一站直达并符合《铁路危险货物运输办理站(专用线、专用铁路)办理规定》要求。

3. 危货箱办理站(专用线、专用铁路)应设置专用场地,并按货物性质和类项划分区域;场地须具备消防、报警和避雷等必要的安全设施;配备装卸设备设施及防爆机具和检测仪器。

4. 危货箱的堆码存放应符合《铁路危险货物配放表》中的有关规定。

二、办理品类的规定

危货箱仅办理《铁路危险货物品名表》中下列品类:

1. 铁路通用箱。

(1)二级易燃固体(41501—41559)。

(2)二级氧化性物质(51501A—51530)。

(3)腐蚀性物质:

①二级酸性腐蚀性物质(81501—81535,81601A—81647);

②二级碱性腐蚀性物质(82501—82524);

③二级其他腐蚀性物质(83501—83514)。

2. 自备危货箱。

(1)第1项规定的品名。

(2)毒性物质(61501—61940)。

3. 集装箱装运上述第1、2项以外的危险货物,以及改变包装的需经铁道部批准,有关试运程序比照《铁路危险货物运输管理规则》第六章有关规定办理。

三、车辆的使用

1. 办理罐式箱运输时,托运人、收货人、发到站、专用线(专用铁路)、货物品名等须与《铁路危险货物运输办理站(专用线、专用铁路)办理规定》相符。限使用集装箱专用平车(含两用平车)运输。

2. 凡检修过期的不得办理运输。

3. 罐式箱使用期限不得超过15年。

四、包装标志的拴挂

托运人应根据危险货物类别在箱体上拴挂相应危险货物包装标志。拴挂位置:箱门把手处各1枚,箱角吊装孔各1枚,共计6枚,需拴挂牢固,不得脱落。标志采用塑料双面彩色印刷,规格为:100 mm×100 mm。

五、装卸车作业及掏装箱的要求

1. 车站办理危货箱时,应对品名、包装、标志、标记等进行核查,防止匿报、谎报危险货物或在危货箱中夹带违禁物品。

2. 严禁在站内办理危货箱的装箱、掏箱作业。

3. 危货箱装卸车作业前,货运员须向装卸工组说明货物性质及作业安全事项,作业时应做到轻起轻放,不得冲撞、拖拉、刮碰。

4. 收货人应负责危货箱的洗刷除污,并负责撤除危险货物标志。无洗刷能力时,可委托铁路部门洗刷,费用由收货人负担。洗刷除污不符合规定要求的不得再次使用。

第九节　剧毒品运输

一、铁路剧毒品运输跟踪管理的范围及使用运单的规定

1. 剧毒品系指《铁路危险货物品名表》中第6类一级毒性物质(编号61001~61499)。在《铁路危险货物品名表》第12栏内注有特殊规定67号者,均实行铁路剧毒品运输跟踪管理,运输时须全程押运,具体品名参见表7-3。

表 7-3　铁路剧毒品运输跟踪管理品名表

序号	铁危编号	铁路品名
1	61001	氰化汞
		氰化钾
		氰化钠
2	61007	三氧化二砷(砒霜)
3	61010	五氧化二砷
4	61028	五氧化二钒
5	61079	氯乙醛
6	61088	丙酮氰醇
7	61111	甲苯二异氰酸酯
8	61125	甲基对硫磷
		保棉磷
		对氧磷
		威菌磷
		久效磷
		杀扑磷
		水胺硫磷

序号	铁危编号	铁路品名
9	61126	甲拌磷
		毒虫畏(一)
		百特磷
		治线磷
		磷胺
		速灭磷(一)
		特丁磷
		乙硫磷
		治螟磷
		氧化乐果
10	61129	西力生
11	61133	恶虫威
		克百威
		抗虫威
		灭多威
		灭害威
		涕灭威
12	61135	毒鼠磷
13	61137	灭蚜胺
14	61875	三唑磷
15	61904	甲氰菊酯

2. 剧毒品运输采用剧毒品黄色专用运单，并在运单上印有骷髅图案。未列入剧毒品跟踪管理范围的剧毒品不采用剧毒品黄色专用运单，不实行全程押运，但仍按剧毒品分类管理。

3. 整列运输剧毒品由铁道部确定有关运输条件。

二、装运品名限制及签认制度

1. 同一车辆只允许装运同一品名、铁危编号的剧毒品。

2. 装车前，货运员要认真核对剧毒品到站、品名是否符合《铁路危险货物运输办理站(专用线、专用铁路)办理规定》；要检查品名填写是否正确，包装方式、包装材质、规格尺寸、车种车型、包装标志等是否符合《铁路危险货物运输管理规则》规定。

3. 各铁路局要根据专用线办理剧毒品运输的情况，配齐专用线货运员。

4. 装卸作业时，货运员要会同托运人确认品名、清点件数(罐车除外)，监督托运人进行施封，并检查施封是否有效。

5. 须在车辆上门扣用加固锁加固并安装防盗报警装置。

6. 剧毒品运输过程须进行签认，签认单格式见“铁路剧毒品发送作业签认单”、“铁路剧毒品途中作业签认单”、“铁路剧毒品到达作业签认单”。

三、剧毒品跟踪管理

1. 剧毒品运输安全要作为重点纳入车站日班计划、阶段计划。车站编制日班计划、阶段计划时要重点掌握,优先安排改编和挂运。

2. 车站要根据作业情况建立剧毒品车辆登记、检查、报告和交接制度,值班站长要按技术作业过程对剧毒品车辆进行跟踪监控。

3. 跨铁路局运输的剧毒品,由铁道部调度负责跟踪。在铁路局管内运输的剧毒品,由铁路局调度负责。各级调度部门要及时组织挂运,成组运输的不得拆解,无特殊情况不得保留,必须保留时,要通知公安等有关方面采取监护措施。

4. 剧毒品运输实行三级计算机跟踪管理。

(1)铁路剧毒品运输计算机跟踪管理系指以危险货物办理站为基础,在铁道部、铁路局和车站,根据不同层次管理要求建立的信息管理系统。

(2)跟踪管理工作由铁道部负责方案规划和监督指导,铁路局负责方案实施和日常管理,铁路信息技术部门负责软件维护、更新、完善等技术支持,保证系统正常运转。

(3)办理剧毒品运输的车站须与剧毒品计算机跟踪管理系统联网运行。需具备原始信息及时发送和接收能力,要求配备相应的传输、通信、打印等信息跟踪管理设备。

(4)装车站要将剧毒品货票所载信息,及时生成《剧毒品运输管理信息登记表》,实时报告剧毒品运输跟踪管理系统。内容包括剧毒品车的车号(集装箱箱型、箱号及所装车号)、发到站、《托运人资质证书》编号、品名及编号、件数、重量和承运、装车日期等。

(5)挂有剧毒品车辆的列车,应在“运统1”记事栏中注明“D”字样,并将剧毒品车辆的车种车号、发到站、货物品名、挂运日期、挂运车次等信息及时报告给铁路局行车确报系统和剧毒品运输跟踪管理系统。

(6)中途站发现装有剧毒品的车辆或集装箱无封、封印无效以及有异状时,应立即甩车,报告所属铁路局,并通知公安部门共同清点。同时按规定及时以电报形式,向发到站及所属铁路局和铁道部报告有关情况。继续运送时,按本条第(4)项办理。

(7)剧毒品到站后和卸车交付完毕后,立即将车种车号(集装箱箱型、箱号及所装车号)、发到站、《托运人资质证书》编号、托运人、收货人、品名及编号、件数、重量、到达日期、到达车次、交付日期等信息上网报告剧毒品运输跟踪管理系统,并在2 h内通知发站。

途中发生问题时的处理方式及报告程序如图7-1所示。

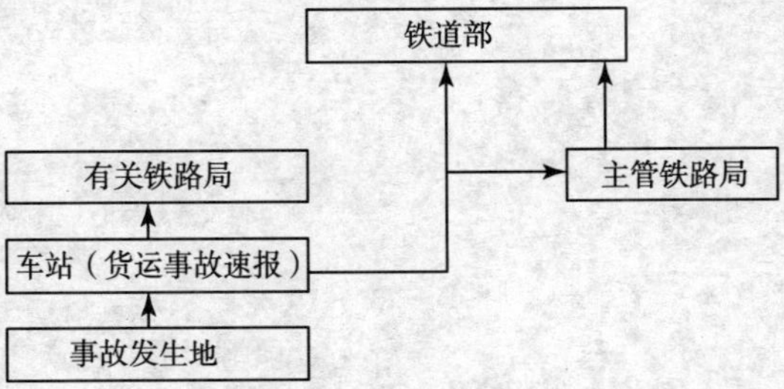

图7-1 剧毒品铁路运输途中发生问题的处理流程

复习思考题

1. 应如何正确填写危险货物运单？
2. 受理承运的危险货物必须符合哪些条件？
3. 装运危险货物使用的车辆有何要求？
4. 危险货物装卸车作业应注意哪些事项？
5. 哪些危险货物需要押运？
6. 对危险货物押运人数有何规定？
7. 哪些情况不需派押运员？
8. 危险货物存放有何规定？
9. 使用危险货物罐车运输时有哪些要求？
10. 危险货物自备罐车的标记是如何规定的？
11. 危险货物罐车运输途中发生事故时如何组织施救？
12. 危险货物集装箱运输装运品名有何限制？
13. 铁路剧毒品运输跟踪管理的范围及使用运单有何规定？

第八章　鲜活货物运输

第一节　鲜活货物定义

一、鲜活货物定义

在铁路运输过程中需要采取制冷、加温、保温、通风、上水、加冰等特殊措施，以防止出现腐烂、变质、冻损、生理病害、病残死亡等问题的货物。

鲜活货物都是有生命或生命现象及经过冷冻加工的货物，在流通、保管过程中需要有适宜的储运环境、生存条件来维持其生命、生理状态或物态。这是鲜活货物运输区别于其他货物运输的主要地方，也正是鲜活货物在铁路运输过程中必须采取特殊的防护措施和服务工作的原因所在。

二、鲜活货物分类

鲜活货物按其自然属性分为易腐货物和活动物两大类。

易腐货物包括肉、蛋、乳制品、速冻食品、冻水产品、鲜蔬菜、鲜水果等，按其热状态分为冻结货物、冷却货物和未冷却货物。常见品名见《铁路鲜活货物运输规程》“易腐货物机械冷藏车运输条件表”。易腐货物在鲜活货物中占的比例较大，按其温度状况(即热状态)的不同，又可分为三类：冻结货物、冷却货物、未冷却货物。

按照热状态来划分易腐货物种类的目的，是为了便于正确确定易腐货物的运输条件(如车种、车型的选用，装载方法的选取，以及运输方式、控温范围、途中服务的确定等)，合理制定运价，提高综合经济效益。

活动物包括禽、畜、兽、蜜蜂、活水产品等。

托运的鲜活货物必须质量良好，无病残，包装适合货物性质并能保证铁路运输安全。

三、鲜活货物运输种类

鲜活货物适用于整车运输，鲜活货物集装箱运输按有关规定办理。

第二节　易腐货物运输

一、易腐货物承运

1. 按一批托运的规定

(1)易腐货物与非易腐货物不得按一批托运。

(2)不同热状态的易腐货物不得按一批托运。

(3)使用机械冷藏车时,按一批托运的易腐货物,一般限运同一品名。不同品名的易腐货物,如运输温度要求接近、货物性质允许混装的,可按一批托运,在同一机械冷藏车内组织混装运输。此时,托运人应与发站和乘务组商定运输条件,签订运输协议,并将运输条件记录在货物运单“托运人记载事项”栏和“机械冷藏车作业单”内。

(4)货物性质有抵触,不能按一批托运。

一般情况下,不得混装运输具有强烈气味的货物和容易吸收异味的货物;易产生乙烯气体的货物和对乙烯敏感的货物;水果和肉类,蔬菜和乳制品。

2. 运单特殊填写

托运人托运易腐货物除按普通货物规定填写运单外,还应遵守下列特殊规定:

(1) 托运人托运易腐货物时,应在货物运单“货物名称”栏内填记货物名称,注明品类顺号及热状态。

例如:菠萝经过冷却处理的应写“菠萝(11.6,冷却)”。

(2)托运人在“托运人记载事项”栏内应注明容许运输期限。容许运输期限须大于铁路规定的运到期限3日以上;使用机械冷藏车运输时,应具体注明装载货物的运输温度要求和运输条件。

(3)发站应在货物运单、货票、封套上分别加盖红色“易腐货物”、△K(△K表示须快速挂运的货车)戳记。发站、列车编组站要将△K符号转记在“列车编组顺序表”记事栏内。

3. 货物质量、温度和包装

托运人托运易腐货物时,货物的质量、温度、包装和选用的车辆,均须符合“易腐货物机械冷藏车运输条件表”和“易腐货物运输包装表”参见《铁路鲜活货物运输规则》相关内容的规定。

发站应认真抽查托运货物的质量、包装及安全防护用品是否符合要求。使用机械冷藏车装运时,发站应在装车时会同乘务组对货物的温度、质量、包装和安全防护用品进行抽查,并将抽查情况记录在“机械冷藏车作业单”(参见《铁路鲜活货物运输规则》相关内容附件)内。货物包装和破验部位的恢复由托运人负责。

4. 不按规定条件运输的易腐货物

使用机械冷藏车运输易腐货物,托运人要求不按《铁路鲜活货物运输规则》规定条件办理时,应在确认货物不致出现腐烂、变质、冻损等问题的前提下,与发站和乘务组商定运输条件,签订运输协议,并将运输条件记录在货物运单“托运人记载事项”栏和“机械冷藏车作业单”内。

二、装车与卸车作业

1. 车辆选用

根据铁路货车使用范围,装运易腐货物应选用冷藏车装运,确因冷藏车不足时,承运人可根据托运人的要求,按“使用棚敞车运输易腐货物的措施”(参见《铁路鲜活货物运输规则》)的规定办理。

2. 冷藏车使用规定

冷藏车包括机械冷藏车和冷板冷藏车等车型。目前我国铁路数量最多的是机械冷藏车。冷藏车是运输易腐货物的专用车辆，但使用时应遵守以下规定：

(1)机械冷藏车装载货物的重量，不得超过车辆的标记载重量。

(2)无包装的水果、蔬菜(西瓜、哈密瓜、南瓜、冬瓜除外)等易污染、损坏车内设备的易腐货物不得用冷藏车装运。

(3)冷藏车严禁用于装运易污染、腐蚀和损坏车辆的非易腐货物(如煤炭、化肥、砖瓦、水泥等)。

(4)使用机械冷藏车(包括空车回送和回空代用)，应由发站逐级上报铁道部调度部门，经铁道部调度命令承认后方可使用。车站应将调度命令号码填记在"机械冷藏车装车通知单"(参见《铁路鲜活货物运输规则》相关内容)内。

3. 车辆检查

装车单位应在易腐货物装车前检查冰箱、排水装置、通风口、车门及车内设备是否良好，车内是否清洁卫生。对不能保证货物质量的车辆，承运人应及时予以调换。

4. 车辆预冷

用冷藏车运输易腐货物时，在装车前必须预冷，待车内温度降低到规定温度后，方可装车。《铁路鲜活货物运输规则》对机械冷藏车的预冷作了不同的规定：冻结货物为 -3℃ ~0℃；香蕉为 11℃ ~15℃；菠萝、柑橘为 9℃ ~12℃；其他易腐货物为 0℃ ~3℃。

5. 装(卸)车要求

(1)易腐货物应按《铁路鲜活货物运输规则》有关机械冷藏车运输条件和装载方法的规定装载。

(2)经过预冷的冷藏车装车时，应采取措施保持车内温度。

(3)装(卸)车作业中应使用不致损坏车内设备的工具，并不得挤碰循环挡板，上层货物距离循环挡板至少应留出 50 mm 的空隙。

(4)开关车门时，严禁乱砸硬撬。

(5)采取保温、防寒、防湿等措施时，严禁以钉、钻、铆等方式损坏冷藏车车体。

6. 装卸时间

单节机械冷藏车每辆装(卸)车作业时间(不包括洗车和预冷时间)不得超过 3 h；货物车为 4 辆的机械冷藏车组，每组装(卸)车作业时间不得超过 6 h，每车的装(卸)车作业时间不得超过 3 h。由于托运人(收货人)的责任超过规定的装(卸)车时间，应核收货车延期占用费。

7. 填写"冷藏车作业单"

使用机械冷藏车时，填写"机械冷藏车作业单"(详见《铁路鲜活货物运输规则》)。"冷藏车作业单"是掌握易腐货物运输的原始记录，是改进易腐货物冷藏运输工作，分析事故原因，划分承运人、托运人和收货人之间以及铁路内部有关部门之间责任的依据。所以装卸车单位、发站、到站及机械冷藏车乘务组都要认真填写"冷藏车作业单"，并做好作业单的传递交接工作。

三、到达与交付

1. 到站对到达的易腐货物应及时组织卸车和交付。对事故货物亦应及时卸车，妥善处理。在铁路货场内卸车的易腐货物应防止被污染,必要时可联系收货人采取措施随卸随搬。如果是冻结、冷却货物或寒季运送需保温、加温运输的货物,应联系收货人准备防护用品和搬运工具,组织直接卸车。

2. 使用机械冷藏车装运易腐货物卸车时,车站货运员应会同机械冷藏车乘务员对卸车作业进行技术指导,发现问题应及时联系收货人共同解决。卸车作业后车站(乘务组)应正确及时地填写冷藏车作业单的到站作业记录部分各项内容。到站将作业单粘附于货票丁联存查。

3. 收货人领取货物时,必须将货物的装车备品、防护用品、衬垫物品等全部搬出。卸车单位负责将卸后的车辆和货位清扫干净。

四、发现问题的处理

1. 易腐货物运抵到站,联系不到收货人或收货人拒绝领取时,到站应自发出催领通知次日起(不能实行催领通知时,为卸车完了的次日)或收货人拒绝领取之日起,1 日内及时通知发站和托运人,征求处理意见。托运人自接到通知之日起,2 日内提出处理意见答复到站。对于超过容许运输期限仍无人领取的货物,或收货人拒领而托运人又未按规定期限提出处理意见的货物,或虽未超过上述期限,但是货物已开始腐坏、变质时,到站可按无法交付货物或依据有关规定处理。

2. 到达货物出现腐烂、变质、冻损、污染、生理病害、病残死亡等问题时,到站应立即组织卸车并按规定编制货运记录,使用机械冷藏车的应会同乘务组组织卸车。收货人有异议的,不得拒绝卸车或中途停止卸车,否则因此造成的扩大损失由收货人承担。

第三节　活动物运输

一、托运和承运

1. 查验规定的检疫证明

托运人托运活动物时,应按国家有关规定提出检疫证明,在货物运单"托运人记载事项"栏内注明检疫证明的名称和号码,并将随货同行联牢固地粘贴在运单背面,随货物递到站交收货人。没有检疫证明的,发站不得承运。

为了预防和消灭家畜、家禽的传染病和寄生虫病,保护畜牧业生产发展和人民的身体健康,根据国务院颁布的《家畜家禽防疫条例》的规定,到市场出售和外运的家畜及家禽产品,都必须持有检疫证明(实验动物、观赏动物、演艺动物、家养野生动物应参照家畜、家禽办理)。

2. 猛禽猛兽托运要求

托运猛禽、猛兽时,托运人应与发站商定运输条件和运输防护方法,报发送铁路局批准。跨局运输时,发送铁路局应将商定的事项通知相关铁路局。托运人应在货物运单"托运人记载事项"栏内注明商定的运输条件和运输防护方法。

3. 蜜蜂运输要求

蜜蜂运输时托运人要按车填写物品清单(一式三份,一份留站存查,一份随票递送到站,一份交托运人)。物品清单要记明蜜蜂的空箱数、有蜂箱数、押运人所带的生活用品,饲养工具及蜜蜂饲料等。

二、装　　车

1. 车辆选用

(1)装运活动物应选用专用车辆、敞车或有窗的棚车。

(2)装运牛、马、骡、驴、骆驼等大牲畜,应使用带有㊍标记的木地板货车;确因木地板货车不足需要使用其他货车时,应采取衬垫等防滑措施。

(3)发往深圳北的活牛不得使用敞车装运。

(4)装运活鱼不得使用全钢棚车及车窗不能开启的棚车(采用增氧机运输的除外)。托运人随车携带增氧机时,必须配带1至2只灭火器。随车携带的动力用柴油不得超过100 kg。柴油应盛装于小口塑料桶内,口盖必须拧紧,严密不漏。严禁使用汽油动力增氧机,严禁携带汽油上车。

拨配的车辆是否适合装运活动物由托运人检查确定,并在运单"托运人记载事项"栏内记明同意使用车辆的车型、车号。托运人认为车辆不适合时,承运人应予以调换。

2. 装载要求

(1)禽、畜可单层或多层装载,每层的装载数量由托运人根据季节、运输距离、活动物的体积及选用的车种等情况确定。

(2)装运活动物的车辆可开启门窗,但应采取措施防止大牲畜头部伸出。

(3)蜜蜂的装载,应纵向排列、稳固堆码,并留有足够的通风道,预留押运人休息的位置。在顶部蜂箱上不准乘坐人员,不准装载自行车和其他杂物。

另外蜜蜂进站时,托运人必须在蜂箱巢门外安装好纱罩,防止蜜蜂飞出蜇人,遮蔽信号,影响车站作业和行车安全。蜂箱巢门未安装纱罩的,发站不得承运。

三、押　　运

装运活动物时,托运人必须派熟悉动物特性的押运人随车押运,负责做好动物的饲养、饮水、换水、洒水、看护和安全工作。因此运送活动物时,有关押运人的人数、携带物品应按规定办理。

1. 押运人数

押运人每车一至两人,托运人要求增派押运人时,须经发站承认,但合计人数不得超过七人。

2. 押运人携带品的规定

押运人携带物品只限途中生活用品和途中需要的饲料和饲养工具。为放蜂需要带的狗必须装在铁笼内,并交验检疫证明。押运人不得携带危险品和违反政令限制的物品。

四、发现问题的处理

运输过程中发现活动物染疫、疑似染疫、病死或死因不明时,押运人应及时通知车站。车站发现上述情况时,应及时向当地动物防疫部门报告并按动物防疫部门的规定妥善处理,同时拍发电报通知发、到站和上级主管部门。严禁乱扔染疫、疑似染疫的活动物,病死或死因不明的活动物尸体。

活动物的排泄物以及垫料、包装物、容器等污染物应由押运人或收货人在铁路指定站或到站清除，并按动物防疫部门的规定处理，不得中途随意向车外抛撒，不得违规在中途站清扫和冲洗。

五、到达作业

1. 各车站对到达的活动物应及时组织卸车和搬出货场。货车和货位必须认真清扫、洗刷、除污，必要时还应进行消毒。

2. 被动物、动物产品等污染的车辆、货位，卸车单位要彻底洗刷除污，保证没有残留的污水、秽物。按规定需要消毒的，由收货人委托有资质的单位进行消毒。车辆洗刷除污、消毒后适当通风，晾干后再关车门。机械冷藏车洗刷除污、消毒后须经车站和乘务组检查验收，棚、敞车洗刷除污、消毒后须经车站检查验收。卸车单位没有货车洗刷除污条件的，车站应根据调度命令填写"特殊货车及运送用具回送清单"，向铁路局指定的洗刷除污站回送。

收货人领取活动物后，货位上还残存有装车时防护、衬垫物品和装车备品，以及饲料碎屑及动物粪便等污物及异臭气味，因此收货人必须认真进行清扫、洗刷除污。发现有病畜禽及死畜禽的应按规定或依照防疫部门的处理意见进行消毒。一方面是便于场地的复用，另一方面也是为了防止疫病传播或扩大疫情。

复习思考题

1. 何谓鲜活货物？
2. 鲜活货物分为哪几类？
3. 装运易腐货物时，车内预冷是如何规定的？
4. 使用机械冷藏车运输易腐货物，托运人要求不按《铁路鲜活货物运输规则》规定条件办理时，应如何处理？
5. 易腐货物按一批托运的条件是什么？
6. 装车前如何检查冷藏车？
7. 鲜活货物的运输票据上应做何标记？
8. 易腐货物运抵到站，联系不到收货人或收货人拒绝领取时，应如何处理？

第九章　货物装载加固

第一节　装载加固的基本技术条件

一、装载加固基本技术条件

货物装载加固的基本技术要求是指能够使货物均衡、稳定、合理地分布在货车上,不超载、不偏载、不偏重、不集重;能够经受正常调车作业以及列车运行中所产生各种力的作用,在运输全过程中,不发生移动、滚动、倾覆、倒塌或坠落等情况。

偏载:货物总重心在车地板上的投影位于车地板纵中心一侧,且偏离超过限度。

偏重:货物总重心在车地板上的投影位于车地板横中心一侧,造成转向架承重或两转向架承重之差超过规定限度。

调车速度:《铁路技术管理规程》规定空线牵引不大于 40 km/h ,推进运行时不大于 30 km/h,装载爆炸品、压缩气体、液化气体、超限货物的车辆不大于 15 km/h,接近被连挂的车辆时不大于 5 km/h,《铁路危险货物运输管理规则》规定限速连挂速度不大于 2 km/h。

二、车辆使用要求

装车前应正确选择车辆,遵守货车使用限制表(表 9- 1)及有关规定。未经铁道部运输局批准,各类货车装载的货物不得超出货车的设计用途范围。

表 9-1　货车使用限制表

顺号	限制条件 车种 / 货物名称	棚车	敞车	底开门车	有端侧板平车	无端侧板平车	有端板无侧板平车	铁地板平车	共用车	备注
1	散装的煤、灰、焦、炭、砂、石、土、矿石、砖	×				×	×	×	×	无端侧板平车或有端板(渡板)无侧板平车(共用车除外),在使用围挡并安有支柱时,可装运煤、灰、砂、石、土、砖
2	金属块			×		×	×	×	×	无端侧板平车或有端板(渡板)无侧板平车(共用车除外),在使用围挡并安有支柱时,可装运散装的金属块
3	空铁桶				×	×	×	×	×	应加固并外罩绳网
4	木　材				×	×	×	×	×	原木不得使用棚车装运
5	集装箱	×		×				×		1 t 集装箱可装棚车
6	超长货物	×	×	×				×		
7	超限货物	×		×				×		
8	钢　轨	×		×				×		
9	组成的机动车辆	×	×	×				×		组成的摩托车、手扶拖拉机及小型车辆可使用棚车,在到站有起重能力时,可使用敞车

注:×—不准使用的车种。

货车的技术参数由铁道部运输局公布，常用敞车、平车、长大货物车技术参数参见《铁路货物装载加固规则》附录。凡货车车体上的标记技术参数与附录不一致时，以车体上的标记技术参数为准。货车制造、检修单位应确保货车车体上涂打的标记技术参数的准确性。

凡未经铁道部运输局公布的，技术参数不全的敞车、平车及长大货物车，一律不得使用。

三、平车装运货物长度（宽度）超出车地板的规定

1. 对车辆的要求

使用有端、侧板的平车装载长度或宽度超出车地板的货物，可将端、侧板放下，同时用镀锌铁线将其与车体捆绑牢固或用锁铁卡紧。

涂打“㊖”的平车在运行时，端板应处于立起关闭状态。特殊情况下，在安装车钩缓冲停止器后允许将端板放倒运行；或将两平车相邻端的一辆平车的端板采取可靠吊起措施后，将另一辆平车的端板放倒运行。

2. 装载要求

货物突出平车车端装载，突出端的半宽不大于车辆半宽时，允许突出端梁 300 mm；大于车辆半宽时，允许突出端梁 200 mm。凡超过此限时，应使用游车。

四、装车后货物总重心的投影位置的规定

货物的重心：为货物质量所在位置。

货物的中心：为货物的几何中心。

1. 总重心投影应位于车辆纵横中心线的交点上。

2. 偏离的规定：

（1）横向偏离量不得超过 100 mm。

（2）纵向偏离时，每个车辆转向架所承受的货物重量不得超过货车容许载重量的 1/2，且两转向架承重之差不得大于 10 t。

横向偏离考虑转向架心盘直径为 300 mm，不超过 100 mm 时，货物重心能落在车辆转向架心盘内；纵向考虑两转向架的磨耗及运行安全。

五、重车重心高的规定

1. 重车重心高指将车辆和所装货物看作一整体，该整体的重心距轨面的高度。

2. 规定重车重心高度从钢轨面起，超过 2 000 mm 时应按表 9-2 的规定限速运行。限速运行时，由装车站以文电向铁路局请示，铁路局以电报批示，跨局运输则应同时抄给有关铁路局，并符合《铁路货物装载加固规则》的规定。限速运行时，发站应在货物运单、票据封套、编组顺序表及货车表示牌上注明“限速 × × 公里”字样。

表 9-2　重车重心超高限速表

重车重心高度 H (mm)	区间限速 (km/h)	通过侧向道岔限速 (km/h)
$2\,000 < H \leq 2\,400$	50	15

续上表

重车重心高度 H (mm)	区间限速 (km/h)	通过侧向道岔限速 (km/h)
$2\,400 < H \leqslant 2\,800$	40	15
$2\,800 < H \leqslant 3\,000$	30	15

六、货物装载高度(宽度)的规定

货物的装载高度、宽度和计算宽度,除超限货物外,不得超过货物装载限界和特定区段装载限制。

货物的装载高度:指距轨面起算的高度。

货物的装载宽度:指装车后货物外缘距车辆纵中心线的距离。

七、货车装载货物重量的规定

1. 货车装载货物重量的范围

(1)货物的重量(包括包装重量)。

(2)防护物重量。

(3)装载加固材料及装置的重量。

2. 货车装载重量的规定

货车装载的货物重量不得超过货车容许载重量。

3. 货车容许载重量范围

(1)货车标重。

(2)货规规定的附加装载量。

(3)允许增载量。

(4)规定的装载量:一定的装载方法规定的装载量(达不到货车的标重)。

4. 货车允许增载量

(1)装运国内货物按铁道部2007年218号文件规定的车型、货物品类及允许增载量装载。

(2)装运军运货物按"军运装载加固基本要求"规定办理。即:60 t平车装运特殊装备允许增载10%。

(3)《国际铁路货物联运协定》规定在1 435 mm轨距铁路上运送时,车辆轴重不得超过20 t,但保加利亚铁路和越南铁路除外,在保加利亚铁路的车辆轴重不得超过22.5 t,在越南铁路1 000 mm轨距铁路运送时,车辆轴重不得超过14 t。车辆只能装到最大载重量,装车超过最大载重量时即为超载。

《国际铁路货物联运协定》对最大载重量规定如下:

①如车辆上只有一个关于载重量的标记,则二轴车的最大载重量为标记载重量加1 t,四轴和四轴以上车辆加2 t。在中华人民共和国和朝鲜民主主义人民共和国铁路上,为载重量加5%,1 520 mm轨距车辆,为车辆上所注的载重量。

②如车辆上有两个标记,则较大的数字为最大载重量(较小的数字表示最小载重量)。

③如车辆上标有"ABC"符号,则"C"字下面所注的最大数值为最大载重量。

5. 货车装载重量的确定

货车装载重量应使用计量衡器确定；暂不具备条件的，可按装载高度、货物密度确定。按装载高度确定重量的散堆装货物，托运人应根据货物的粒度、含水量等变化情况随时测定其密度，每季度至少应测定一次。装车时，应按所装车辆的容积和货物密度，量尺划线，确定装载高度。货物密度的测定办法，由铁路局统一制定。

散堆装货物装车后必须平顶。

八、成件包装货物的装载加固

1. 装载要求

应排列紧密、整齐。当装载高度或宽度超出货车端侧墙时，应层层压缝，梯形码放，四周货物倾向中间，两侧超出侧墙的宽度应一致。袋装货物袋（扎）口朝向车内。

2. 加固方法

对超出货车端侧墙高度的成件包装货物应用绳网或绳索串联一起捆绑加固。也可用挡板（壁）、支柱、镀锌铁线（盘条）等加固。袋装货物起脊部分应使用上封式绳网或绳索加固。

第二节　加固材料及加固一般要求

一、加固材料

1. 禁止用菱苦土、水泥、砖、石等材料做加固材料与装置。

2. 篷布不能作为加固材料。

3. 常见装载加固材料和装置的技术条件及运用管理见《铁路货物装载加固规则》附件5《常见装载加固材料及装置》。

（1）拉牵捆绑材料有镀锌铁线、盘条、钢丝绳和钢丝绳夹头、固定捆绑铁索、绳索、螺旋式紧线器、84型紧固器、腰箍等。

（2）衬垫材料有垫木、隔木、条形草支垫、稻草绳把、稻草垫、橡胶垫。

（3）掩、挡类材料有支柱、挡木、钢挡、锅炉挡铁、掩挡（三角挡、掩木、方木、凹木）、铁泥塑料挡、围挡及挡板（壁）。

（4）其他材料有绳网、焦炭网、绞棍、圆钢钉、扒锔钉、U形钉、U形夹、钢板夹。

（5）常用的装载加固装置有货物转向架、钢支架、钢座架、车钩缓冲停止器等。

二、加固的一般要求

1. 常用加固方法有拉牵加固、挡木或钢挡加固、围挡加固、掩挡加固、腰箍下压式加固、整件捆绑等。

2. 加固的一般要求：

（1）拉牵形式加固可采用八字形、倒八字形、交叉、又字形或反又字形等方式。

（2）使用多股线材加固，绞棍绞紧时不能损伤铁线、盘条。

（3）使用钢丝绳加固时，应采取配套的钢丝绳夹，使用紧线器连接装置时，紧线器与钢丝绳强度应匹配。

(4)使用挡木或钢挡加固时,其高度不宜过大,与车地板之间要求有足够的联结强度。

(5)掩挡的有效高度应符合要求,掩挡与车地板的联结强度必须足以保证掩挡自身不发生移动或倾覆。

(6)使用腰箍下压式加固时,每道腰箍的预紧力必须达到设计要求。

(7)必要时,加固线与货物、车辆棱角接触处采取防磨措施。

3. 加固货物所有绳索或加固捆绑拴结后余尾部分,长度不得超过 300 mm,一般不短于 100 mm。

4. 使用铁地板长大货物车装载货物,可采用焊接加固,焊接时应采取安全接地措施。卸车时应由卸车单位恢复车辆原状。禁止在车辆上挖孔。

复习思考题

1. 货物装载加固基本要求有哪些?
2. 使用平车装载突出车端有何规定要求?
3. 成件货物的装载要求是什么?
4. 举例说明主要常见的加固材料有哪些。
5. 货物重心位移应遵守什么规定?

第十章 超长、超限、超重货物运输

第一节 超长货物运输

一车负重，突出车端，需要使用游车或跨装运输的货物，称为超长货物。

一、一车负重装载技术条件

货物的全部重量由一辆货车承担，在负重车的一端或两端加挂游车的装载方法，称为一车负重的装载方法。一车负重装载超长货物应遵守下列规定：

(1)均重货物使用60 t、61 t平车两端均衡突出时，其装载量不得超过表10-1的规定。

表10-1 60 t、61 t平车两端均衡突出装载量

突出车端长度 L(mm)	$L<1500$	$1\,500\leqslant L<2\,000$	$2\,000\leqslant L<2\,500$	$2\,500\leqslant L<3\,000$	$3\,000\leqslant L<3\,500$	$3\,500\leqslant L<4\,000$	$4\,000\leqslant L<4\,500$	$4\,500\leqslant L<5\,000$
容许载重量 Q(t)	58	57	56	56	55	54	53	52

注：表内所列重量，包括加固材料的重量。

(2)均重或非均重货物一端突出端梁装载时，重心最大容许纵向偏移量应根据计算确定，即

$$\text{当 } P_{容}-Q<10 \text{ 时：} a_{容}=\left(\frac{P_{容}}{2Q}-0.5\right)l\ (\text{mm}) \tag{10-1}$$

$$\text{当 } P_{容}-Q\geqslant 10 \text{ 时：} a_{容}=\frac{5l}{Q}\ (\text{mm}) \tag{10-2}$$

式中 $P_{容}$——车辆的容许载重量，t；

l——车辆转向架中心距，mm；

Q——车辆所装货物重量，t。

(3)所用横垫木或支(座)架的高度，应根据下式确定。

为使装有超长货物的连挂车组通过线路纵向变坡点时，货物突出部分的底部与游车地板不相接触，以保证行车和货物安全，垫木高度应通过计算得出最低高度，如图10-1所示。

$$H_{垫}=0.031a\pm h_{车差}+f+80\ (\text{mm}) \tag{10-3}$$

$$a=(L_{车}-l-l_{轴})/2+(L_{货}-L_{车})\ (\text{mm}) \tag{10-4}$$

式中 a——货物突出端至负重车最近轮轴轴心所在垂直面的距离，mm；

$h_{车差}$——游车地板高度与负重车地板高度差，游车地板比负重车地板高时，取正值，反之取负值，mm；

f——货物突出端的挠度，mm；

80——安全量，mm；

$L_{车}$——货车长度，mm；

l——车辆销距，mm；

$l_{轴}$——固定轴距，mm；

$L_{货}$——货物长度，mm。

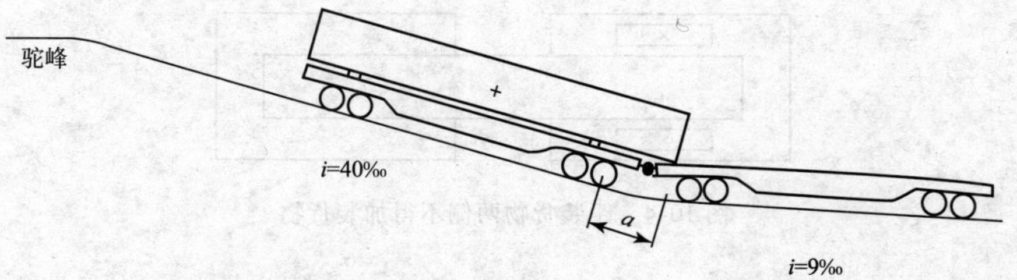

图 10-1　横垫木或支架高度计算图

若货物突出车端部分底部低于其支重面时，垫木高度还应加该突出部分低于货物支重面的尺寸；如果货物突出车端部分底部高于货物支重面时，垫木高度应减去货物突出车端部分高于货物支重面的尺寸。

(4)共用游车时，两货物突出端间距不小于 500 mm，如图 10-2 所示。

500 mm 的规定，主要考虑在车辆运行条件下，使货物与货物之间仍能保持一定的安全距离。

$$75\ \text{mm}\times 4（车钩压缩量）+200\ \text{mm}（安全间隙）=500\ \text{mm} \tag{10-5}$$

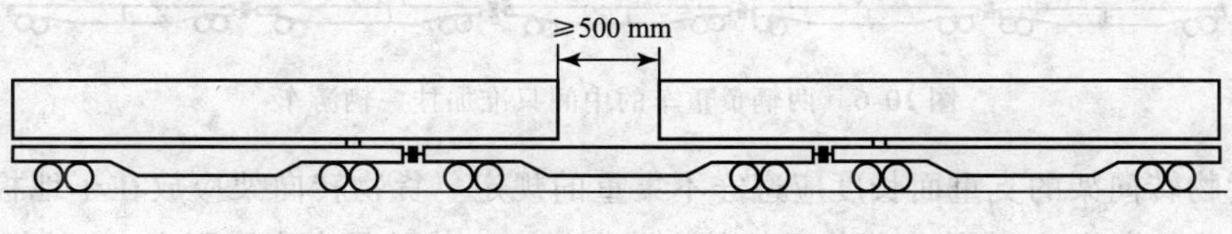

图 10-2　共用游车货物间距

(5)游车上装载的货物，与货物突出端间距不小于 350 mm，如图 10-3 所示，货物突出部分的两侧不得装载货物。

$$75\ \text{mm}\times 2（车钩压缩量）+200\ \text{mm}（安全间隙）=350\ \text{mm} \tag{10-6}$$

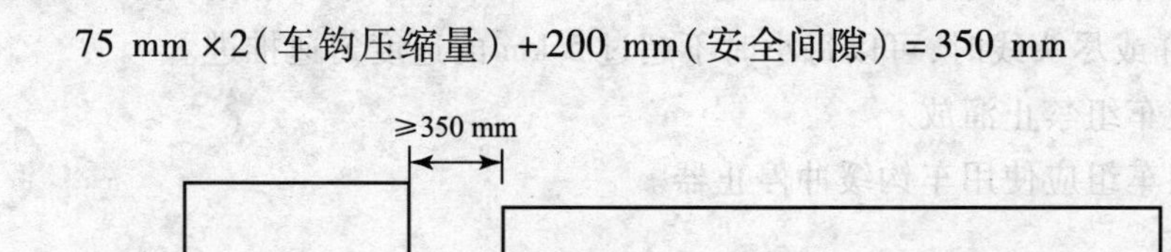

图 10-3　游车加装货物间距

二、跨装运输时的技术条件

跨装超长货物时,应遵守下列规定:

(1)跨装货物只准两车负重。负重车车地板高度应相等,如高度不等时,需要垫平。

对未达到容许载重量的货车,可以加装货物,但不得加装在货物的两侧,如图 10-4 所示,与跨装货物端部间距不小于 400 mm,如图 10-5 所示。

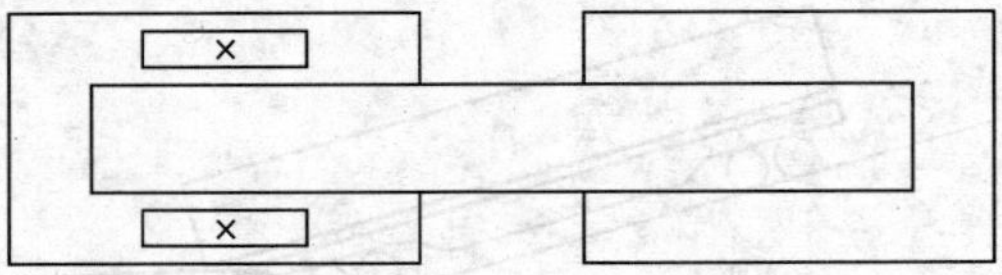

图 10-4　距装货物两侧不得加装货物

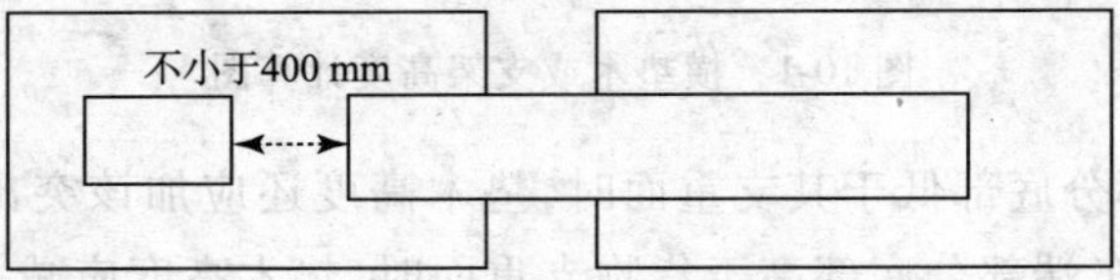

图 10-5　加装货物距跨装货物端部不小于 400 mm

(2)在两辆负重车的中间只准加挂一辆游车,如图 10-6 所示(N_{15}型运梁专用平车允许加挂两辆游车)。

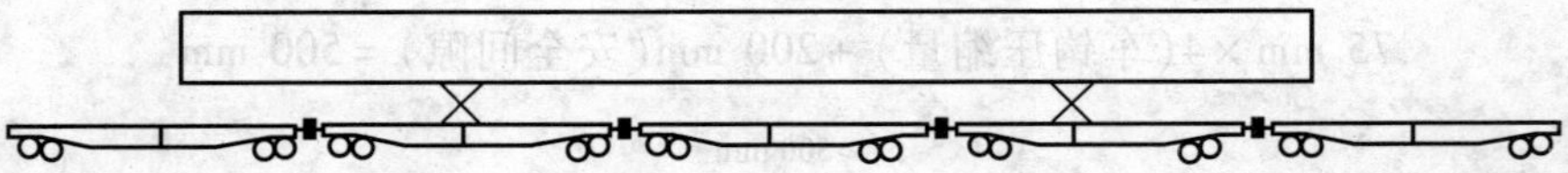

图 10-6　两辆负重车的中间只准加挂一辆游车

(3)货物转向架的支重面长度应遵守不集重的规定。货物转向架应放在车地板的横中心线上,必须纵向位移时,应符合货物重心偏离货车横中心线的最大容许距离 $a_{容}$ 的规定。

(4)货物转向架的上架体与跨装货物,下架体与车辆分别固定在一起。加固方法不得影响车辆通过曲线,并将提钩杆用镀锌铁线捆紧。

(5)中间加挂游车的跨装车组通过 9 号及其以下道岔时,不得推送调车,以防脱轨。遇设备条件不容许或尽头线时,可以每小时不超过 5 km 的速度匀速推进。

(6)跨装车组禁止溜放。

(7)跨装车组应使用车钩缓冲停止器。

第二节　超限、超重货物概述

一、超限货物定义

货物装车后,车辆停留在水平直线上,货物的任何部位超出机车车辆限界基本轮廓者或车辆行经半径为 300 m 的曲线时,货物的计算宽度超出机车车辆限界基本轮廓者,均为超限货物。具体可分为下列两种情况：

(1)货物装车后，在平直线路上停留时，货物的任何部位超出机车车辆限界基本轮廓，都称为超限货物。

(2)货物装车后，在平直线路上虽然不超限，但当行经在半径为 300 m 的曲线线路上时，货物的计算宽度超出机车车辆限界基本轮廓时，亦属超限货物。

二、超限货物的种类

根据货物超限部位所在高度的不同，分为上部超限、中部超限和下部超限。

1. 上部超限：由轨面起高度超过 3 600 mm，任何部位超限者。

2. 中部超限：自轨面起高度在 1 250 mm 至 3 600 mm 之间，任何部位超限者。

3. 下部超限：自轨面起高度在 150 mm 至未满 1 250 mm 之间，任何部位超限者。

三、超限货物等级的划分

1. 一级超限：自轨面起高度在 1 250 mm 及其以上超限但未超出一级超限限界者。

2. 二级超限：超出一级超限限界而未超出二级超限限界者，以及自轨面起高度在150 mm 至未满 1 250 mm 间超限但未超出二级超限限界者。

3. 超级超限：超出二级超限限界者。

划分超限等级的目的，是为了具体说明超限货物的超限程度，按超限等级确定超限货物的运送条件，确定请示范围及文电内容，同时超限等级也是发站计算核收超限货物运费的依据。

四、超重货物

超重货物是指货物装车后，重车总重活载效应超过桥涵设计标准活载（中—活载）的货物。

根据货物的超重程度，超重货物分为三个等级：一级超重、二级超重和超级超重。

设 Q 代表活载系数，则一级超重：$1.00 < Q \leq 1.05$；二级超重：$1.05 < Q \leq 1.09$；超级超重：$Q > 1.09$。超重货物分级表，见表 10-2。

表 10-2　超重货物分级表

等级＼项目	长大货车型号	重车总重 P(t)	长大货车型号	重车总重 P(t)
一级	D_2	$314 < P \leq 330$	D_{26B}	$371 < P \leq 390$
	D_{2A}	$P > 329$	D_{28}	$369 < P \leq 388$
	D_{2G}	$326 < P \leq 342$	DK_{29}	$370.8 < P \leq 389.5$
	D_{9G}	$372 < P \leq 391$	D_{30A}	$369 < P \leq 388$
	D_{17}	$P > 197$	D_{30G}	$437 < P \leq 459$
	D_{18A}	$P > 310$	D_{32}	$491 < P \leq 515$
	D_{18G}	$P > 331$	D_{32A}	$P > 545$
	D_{19G}	$372 < P \leq 391$	350 t 落下孔车	$490 < P \leq 514$

续上表

等级 \ 项目	长大货车型号	重车总重 P(t)	长大货车型号	重车总重 P(t)
一级	D_{23G}	$310<P\leqslant 326$	D_{35}	$502<P\leqslant 527$
	DK_{23}	$P>296$	DQ_{35}	$508<P\leqslant 533$
	D_{25A}	$P>374$	DK_{36}	$P>545.7$
	DA_{25}	$P>361$	DK_{36A}	$P>521.3$
	D_{26}	$371<P\leqslant 390$	D_{38}	$543<P\leqslant 571$
	D_{26AK}	$P>332$	D_{45}	$580<P\leqslant 609$
二级	D_2	$330<P\leqslant 343$	D_{30A}	$388<P\leqslant 403$
	D_{2G}	$342<P\leqslant 355$	D_{30G}	$P>459$
	D_{9G}	$P>391$	D_{32}	$515<P\leqslant 535$
	D_{19G}	$391<P\leqslant 406$	350 t 落下孔车	$P>514$
	D_{23G}	$P>326$	D_{35}	$527<P\leqslant 548$
	D_{26}	$P>390$	DQ_{35}	$P>533$
	D_{26B}	$P>390$	D_{38}	$571<P\leqslant 592$
	D_{28}	$P>388$	D_{45}	$609<P\leqslant 632$
	DK_{29}	$P>389.5$		
超级	D_2	$P>343$	D_{32}	$P>535$
	D_{2G}	$P>355$	D_{35}	$P>548$
	D_{19G}	$P>406$	D_{38}	$P>592$
	D_{30A}	$P>403$	D_{45}	$P>632$

注:以上均为货物装载无偏心情况,如有偏心,则应按实际装载偏心另行计算等级。

第三节　超限货物测量

正确测量超限货物装车前后各部位尺寸,是确定超限货物等级和运送条件的重要依据。如果测量发生误差,一方面可能会使非超限货物变为超限货物或提高超限等级,造成不必要的限速、绕道运输以及会车上的困难,增加产品的运输费用;另一方面也可能将超限等级降低或将本来是超限货物误按非超限货物办理,这样就会直接影响货物在运输中的完整和超限货物列车的运行安全,减少合理运输收入。因此,必须按规定严格进行测量。

一、测量的基本要求

1. 测量前要合理选择计划装载方案,根据货物的重量、重心位置、外形和结构特点结合装运车辆的技术条件,综合考虑。

2. 装车前按计划的装载方案进行测量,以超限车的运行方向为前方来确定货物的左侧和右侧。测量货物的各不同高度均从货物底部支重面起算,测量其各不同高度处的宽度均从货物重心所在的纵向垂直平面起算。

3. 测量高度应严格按垂直距离测量,宽度应严格按水平距离测量,装载货物的高度应包括垫木的高度,宽度应包括铁线、钢丝绳、腰箍等加固材料在内,测量要有完整的记录,数据必须齐全。测量结果应与“托运超限超重货物说明书”中的有关数据进行核对。

4. 装车后按实际装载状态进行测量，高度从轨面起算；宽度从车辆纵中心线所在的垂直平面起算，并测量检定断面距车辆横中心线间的水平距离。

5. 超限货物的测量尺寸，均以毫米（mm）为单位。

二、测量用的工具

为了准确地测量超限货物的外形尺寸，车站必须备有质量良好的测量工具，并指定专人妥善保管和维修，常用的测量工具及计算用具主要有以下几种：

(1)钢卷尺及皮尺；

(2)水平尺；

(3)吊锤；

(4)辅助测量用的木板条；

(5)小型电子计算器；

(6)具有广角镜性能的照相机；

(7)袖珍绘画垫板。

三、装车前的测量

装车前的测量是指按上述基本要求测量货物本身的有关尺寸。主要目的是为了确定能否经铁路安全运送，拟定装载方案和为请示电报提供资料。测量时应按计划的装载状态进行；以重心位置为准，顺车长为货长，顺车宽为货宽，并以初次挂运方向为左侧和右侧。测量内容包括以下几点：

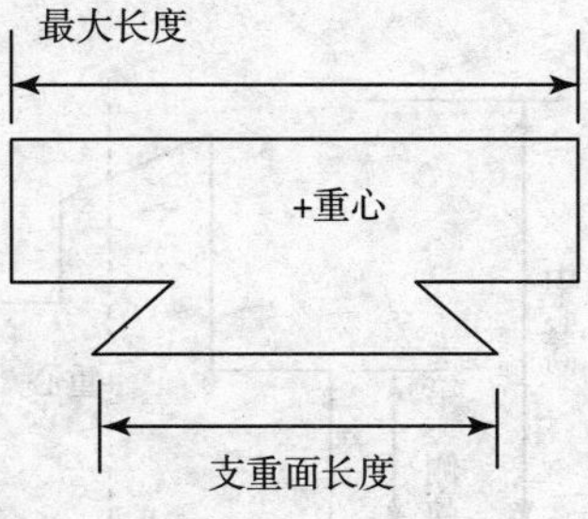

图 10-7 货物长度的测量

1. 长度

测量货物的最大长度（全长）和支重面长度，如图 10-7 所示。

2. 高度

由底部支重面起，测量货物中心高度和侧高度。

(1)中心高度：货物的最大高度叫中心高度。

当货物纵中心线与货物重心所在垂直平面一致时，从货物支重面起至货物重心所在纵向垂直平面上的最大高度为货物的中心高度，如图 10-8(a)所示；如其高度低于侧高度时应以最大高度为中心高，如图 10-8(b)所示。

当货物纵中心线与货物重心所在垂直平面不一致时，以最大高度为中心高，如图 10-8(c)、图 10-8(d)所示。

(2)侧高度

中心高度处以下货物两侧不同宽度处的高度称为侧高度。以货物重心为标准（货物的重心应位于车地板的纵中心线上），按超限列车运行方向分左、右两侧进行测量。如有数个不同的侧高度时，不分左右，由高到低依次编为第一侧高、第二侧高等，分别测出其不同的侧高度，如图 10-9 所示。

3. 宽度

测量中心高度处的宽度和不同侧高度处的宽度。

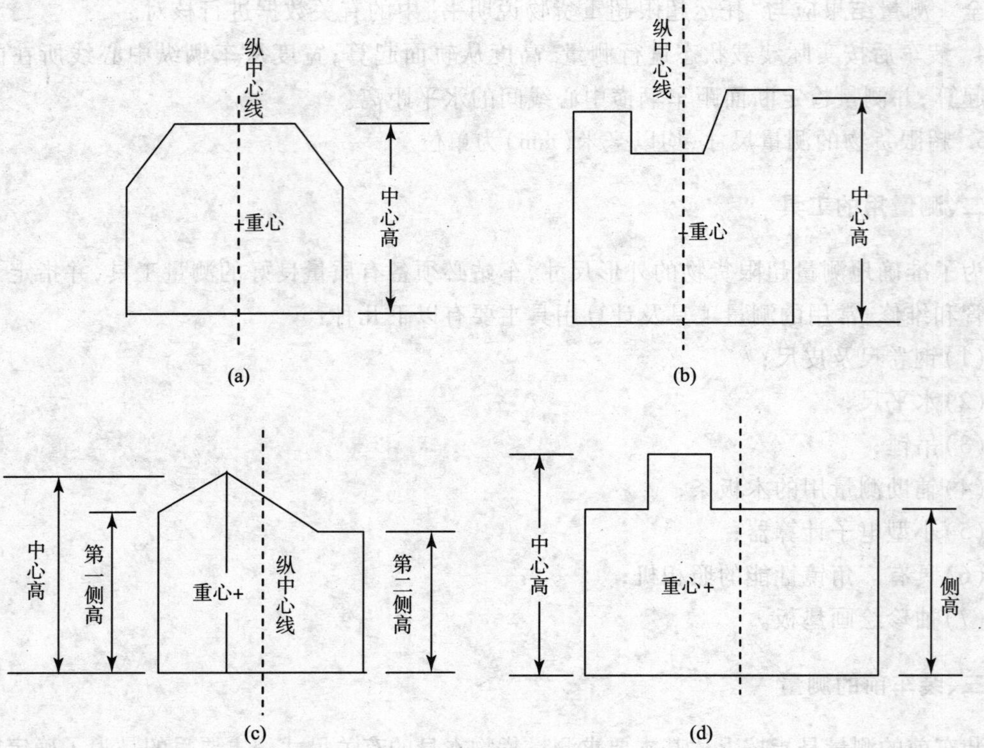

图 10-8　货物中心高度的测量

(1)中心高度的宽度。由货物重心所在的纵向垂直平面起,测量最大高度处的左侧和右侧的宽度,如图 10-10(a)所示。

(2)两侧不同高度处的宽度。应分别测量其每一不同侧高度处的左侧和右侧的宽度,如图 10-10(b)所示。

(3)圆形货物的宽度。圆形货物中心高度处的左右侧宽为“0”,因此应测量其侧高度处的左、右宽度,如图 10-10(c)所示。

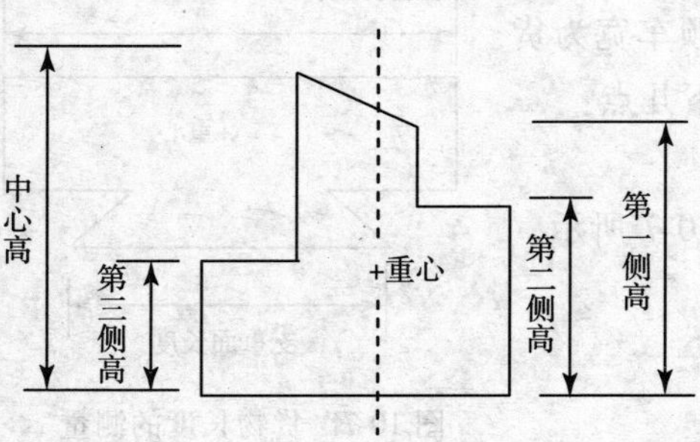

图 10-9　货物侧高度的测量

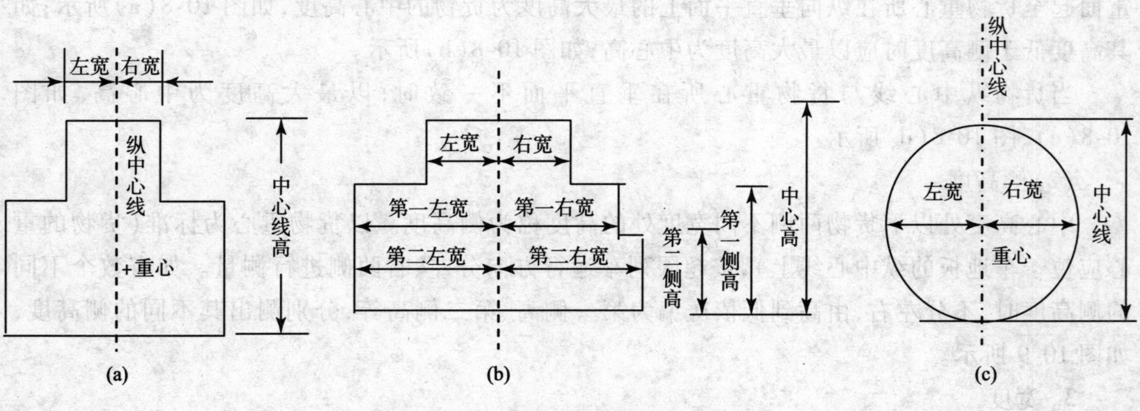

图 10-10　货物宽度的测量

四、装车后的测量方法

超限货物装车后应按实际的装载状态和测量要求进行复测，其主要目的是为了检查装载状态是否符合上级批示电报指示的尺寸要求和正确填写“超限货物运输记录”。

1. 长度

(1)跨装时，测量支距的长度和分别测量两支点外方的长度，如图 10-11 所示。

(2)突出装载时，测量突出车辆端梁外方的长度；如两端突出不相等时，应分别测量，如图 10-12 所示。

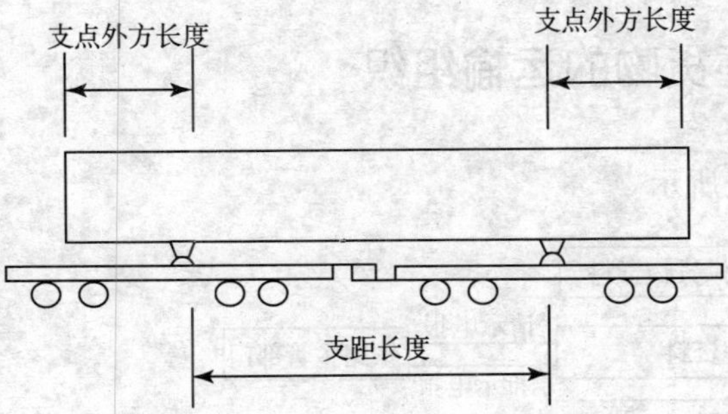

图 10-11　跨装时货物长度测量

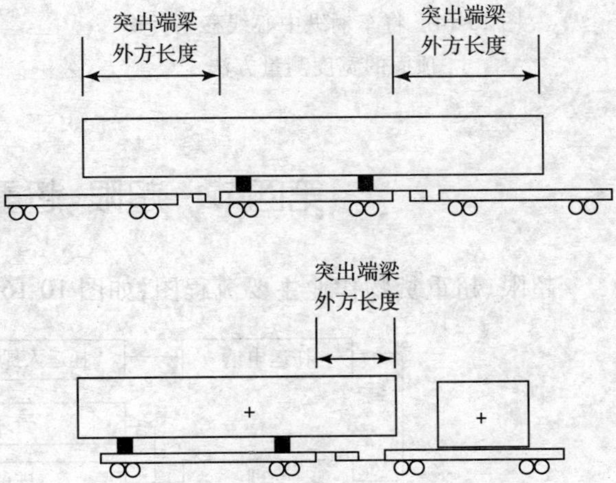

图 10-12　突出装载时货物长度的测量

2. 高度

由轨面起测量其中心高度和每一侧高度。测量高度时，应由中心高或侧高处垂直量至钢轨平面，其测量方法如下：

用一根硬质木板条，一端置于所测货物高度处并用水平尺使其保持水平，另一端伸出车辆侧梁以外，系一吊锤，在钢轨面上也放一根木板条，使其与轨面成水平位置，皮尺沿铅垂线直接量至轨面，其距离即为高度，如图 10-13 所示。

3. 宽度

由车辆纵中心线所在纵向垂直平面起分别测量各不同高度处的左侧和右侧宽度。测量方法如下：

(1)将车辆纵中心线移至货物顶面后，再进行测量，其移法如下：

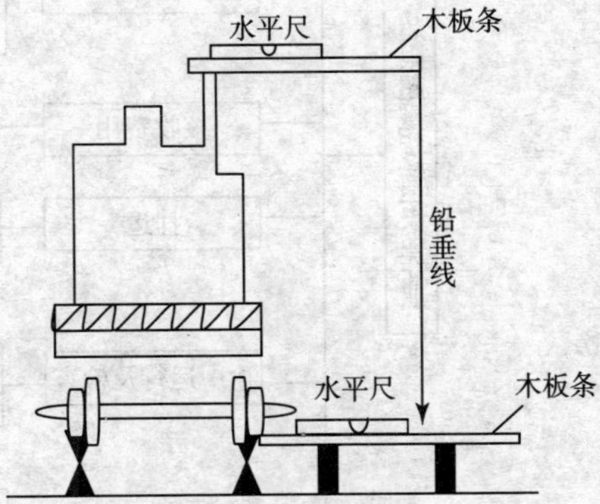

图 10-13　装载后货物高度的测量方法

装车前先在车地板上标画车辆纵中心线，装车后在货物顶面两端先后用吊锤对准车辆纵中心线，依垂线竖直方向，在货物顶面确定甲、乙两点，两点之连线即车辆纵中心线，如图 10-14 所示。此时可在货物顶面测量每一高度处的水平宽度。

(2)当货物某高度处的宽度大于车宽的一半时，也可以从该高度处系一吊锤，测量垂线与车地板边的水平距离，再加上车地板的一半，即为该高度处的宽度，如图 10-15 所示。

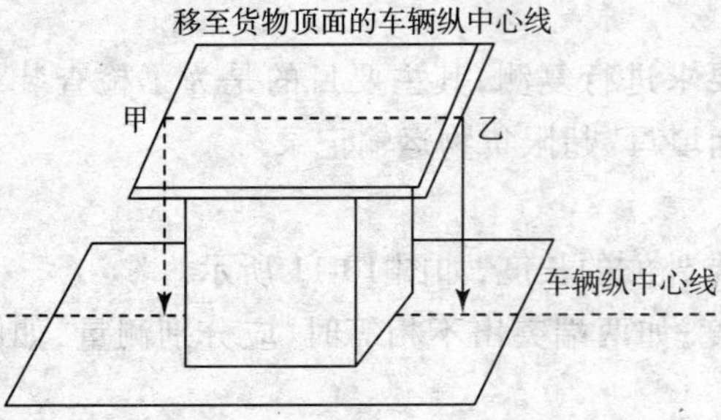

图 10-14　将车辆纵中心线移至货物顶面的宽度测量方法

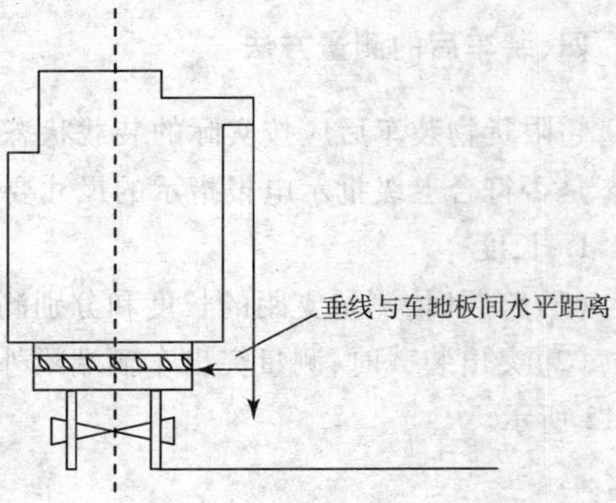

图 10-15　垂线与车地板边的水平距离

第四节　超限、超重货物的运输组织

超限、超重货物作业主要流程图，如图 10-16 所示。

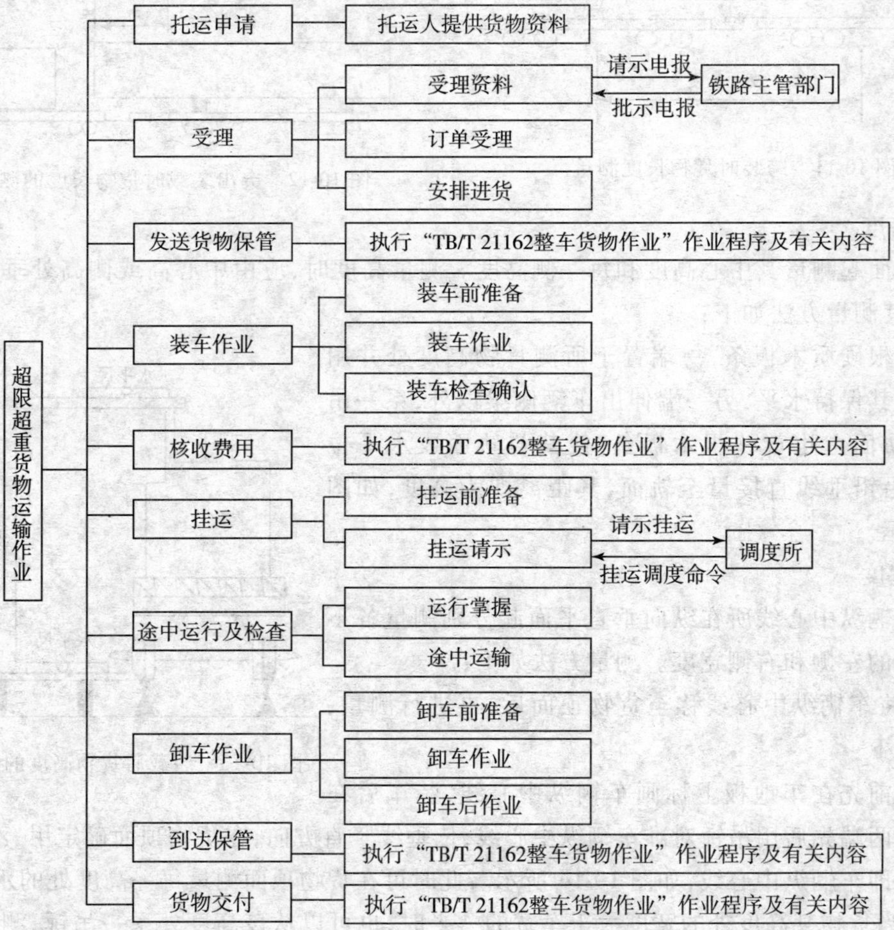

图 10-16　超限、超重货物作业主要流程图

超限、超重货物运输实行关键作业质量签认制度和关键作业工序间交接签认制度。货物受理和装车作业填记××车站超限超重货物发送作业质量监控表，超限超重车装车质量由装车站段主管站段长签认，特殊情况时可由站段长授权货运主任签认。

一、托运与承运

1. 超限、超重货物的托运

托运超限、超重货物时托运人除应根据批准的要车计划向车站提出货物运单外还提供相应资料。

托运人应提供的资料包括：

(1)超限超重货物托运说明书，见格式 10-1；

格式 10-1

超限超重货物托运说明书

<table>
<tr><td colspan="2">发　局</td><td colspan="3"></td><td colspan="2">装车站</td><td colspan="4"></td><td colspan="4">预计装后尺寸</td></tr>
<tr><td colspan="2">到　局</td><td colspan="3"></td><td colspan="2">到　站</td><td colspan="4"></td><td colspan="2" rowspan="2">由轨面起高度</td><td colspan="2">由车辆纵中心线起</td></tr>
<tr><td colspan="2">品　名</td><td colspan="3"></td><td colspan="2">件　数</td><td colspan="4"></td><td>左宽</td><td>右宽</td></tr>
<tr><td colspan="15"></td></tr>
<tr><td colspan="2">每件
重量</td><td></td><td colspan="2">总重量</td><td colspan="3"></td><td colspan="2">重心
位置</td><td></td><td>中心高</td><td></td><td></td><td></td></tr>
<tr><td colspan="2">货物长度</td><td colspan="3"></td><td colspan="3">支重面长度</td><td colspan="3"></td><td>侧高</td><td></td><td></td><td></td></tr>
<tr><td colspan="2" rowspan="4">高
度</td><td colspan="2">中心高</td><td></td><td rowspan="4">宽
度</td><td colspan="3">左</td><td colspan="2">右</td><td>侧高</td><td></td><td></td><td></td></tr>
<tr><td colspan="2">侧　高</td><td></td><td colspan="3">左</td><td colspan="2">右</td><td>侧高</td><td></td><td></td><td></td></tr>
<tr><td colspan="2">侧　高</td><td></td><td colspan="3">左</td><td colspan="2">右</td><td>侧高</td><td></td><td></td><td></td></tr>
<tr><td colspan="2">侧　高</td><td></td><td colspan="3">左</td><td colspan="2">右</td><td>侧高</td><td></td><td></td><td></td></tr>
<tr><td colspan="4">要求使用车种</td><td colspan="2"></td><td colspan="5">标记载重</td><td>侧高</td><td></td><td></td><td></td></tr>
<tr><td colspan="4">卸车时的要求</td><td colspan="7"></td><td></td><td></td><td></td><td></td></tr>
<tr><td rowspan="4">其
他
要
求</td><td colspan="10" rowspan="4"></td><td colspan="4">车地板高度</td></tr>
<tr><td colspan="4">垫木或转向架高度</td></tr>
<tr><td colspan="4">预计装在车上货物重心位置距轨面的高度</td></tr>
<tr><td colspan="4">重车重心高度</td></tr>
</table>

注：粗线栏内由铁路填记

发货单位　　　戳记　20　　年　　月　　日提出

(2)货物外形尺寸三视图(图中应标明货物的有关尺寸、支重面长)，并以“+”号标明货物重心位置；

(3)申请装运超限、超重货车的车种、车型及车数，计划装载加固方案；

(4)自轮运转超限货物，应有自重、轴数、轴距、固定轴距、长度、转向架中心销间距离、制动机型式及限制条件；

(5)其他规定的资料。

2. 受理

托运人提供的货物技术资料及相关证明文件齐全有效、符合规定，且货物发到站(含专用线、专用铁路)具备超限、超重承运人资质的,发站应给予资料受理。

货物受理实行签认制度,包括审核受理资料,对照资料核对货物、确定货物运输条件。

3. 选择装载方案

资料受理后,发站须认真审核资料,必要时应组织有关部门共同研究;对照资料核查货物实际、复核货物重量,测量核对货物外形尺寸和重心位置;拟定使用货车的车种、车型及车数,拟定货物装载加固方案。

根据货物的外形情况、重量和结构特点、结合装运车辆的技术条件,综合考虑装车方案。

根据货物外形情况研究顺装、横装或立装等方案,以确定最有利的装载方法。必要时应采取改变货物包装、解体货体或某个部件的措施,以降低超限等级。

货物如不能解体,为通过个别区段的建筑界限,经铁路局确定,准许将木制车地板拆下,以容纳货物的突出部分。拆下的车地板必须原装在车上,并应在运单内说明。

4. 超限、超重货物运输请示电报

方案拟定后,车站应向铁路局超限、超重货物运输主管部门提报铁路特种车使用计划,拍发超限、超重货物运输请示电报。

5. 超限、超重货物运输批示电报

铁路局接到发站请示电报后,应及时审核批示或向铁道部拍发超限、超重货物运输请示电报。

接到铁道部或铁路局批示的电报后,应及时结合管内实际向管内有关站段批示通行条件,管内通行确有困难时,应立即以电报和电话通知电报批示单位和发局。

超限、超重货物运输电报管理审批权限为:

(1)各铁路局间运输的一、二级超限货物和到站跨及三个及其以下铁路局的超级超限货物由发站所在铁路局审批;

(2)到站跨级四个及其以上铁路局的超级超限货物由发站所在铁路局审查后报铁道部审批;

(3)到站跨及三个及其以下铁路局的超重货物由发站所在铁路局审批;

(4)超重同时又超限的货物,同超重货物审批权限规定。

超限、超重货物应经由最短径路运输,但受限界条件限制的,可指定径路绕道运输。跨铁路局运输的,经由以铁路局间分界站表述。

6. 审核运单等资料

发站接到铁路局批示电报后,应按规定及时审核、受理托运人提出的铁路货物运输服务订单、货物运单和有关证明文件等资料。

7. 进货验收

根据货物运单上填写的货物搬入日期,发站须及时安排托运人进货,并对照请示电报核查、确认待装货物的尺寸、重心位置和重量等。

二、装车组织

装车作业实行签认制度,内容包括装车前准备,检查货物装载加固状态,对照电报复核,标划货物检查线及拴挂书写表示牌,填写超限货物运输记录,检查票据记载事项。

1. 装车前工作

装车前,发站应做好以下工作:

(1)应严格按批复的电文内容和要求选择车辆。装车前应通知车辆部门进行技术检查,并经货运人员确认符合批示电报和装车要求,方能使用。

(2)选择在平直的线路上进行超限车的测量。测量的内容包括车地板的高度、长度和宽度。

(3)确认加固材料和加固装置的规格、数量及质量符合装载加固方案规定。

(4)在负重车上标划车辆纵、横中心线。车辆纵、横中心线是货物装载位置的依据,又是装后测量各部位尺寸的标准线。

(5)在货物上标明重心位置(投影)、索点。货物装车前应按货物重心的位置,在货物的两端或两侧,标画货物纵、横重心的垂直线。货物重心的垂直线是确定货物重心装载位置的主要依据。

(6)开好车前会,向装车人员布置装车事项。

2. 装车时

装车时站段超限、超重运输和装载加固主管人员须到装车现场进行指导。

3. 装车后检查

装车后须检查、确认货物装载加固符合规定要求。

货物装载加固应满足以下内容:

(1)货物实际装载位置符合装载加固方案。

(2)车辆转向架旁承游间符合《铁路货物装载加固规则》要求。

(3)使用的加固材料(装置)规格、数量、质量和加固方法、措施、质量符合装载加固方案。

(4)垫木、(支)座架等加固装置、状态良好,完好无损坏。

(5)加固线(钢丝绳、镀锌铁线)已采取防磨措施,捆绑拴结牢固,拴结点无损坏。

(6)焊接处焊缝长度、高度符合规定,焊接质量良好,无虚焊现象。

(7)跨装车组连接处的提钩杆捆绑牢固,车钩缓冲停止器已按《铁路货物装载加固规则》要求安装。

(8)带有制动装置、变速器和旋转装置的货物,制动装置全部制动,变速器置于初速位置,旋转部位锁定牢固。

(9)自轮运转货物的动力传动装置已断开(机车车辆除外),制动手柄在重联位置并固定良好。

确认货物装载加固符合规定要求后,须对照批示电报重点复核、确认以下内容:

(1)货物突出车端的尺寸符合规定或批示电报要求。

(2)货物突出端底部与游车车地板的距离及与游车上所装货物的距离符合规定。

(3)超限货物装后各部位的尺寸(高度和宽度)符合批示电报。

(4)重车重心高、货物支重面长度(跨装货物支距)等符合批示电报。

(5)其他各有关数据和要求符合批示电报。

4. 标记

装车完毕,确认符合批示电报条件后标画相关标记。

(1)按规定需要"禁止溜放"的货车,应在货车两侧插挂表示牌。

(2)用颜色醒目的油漆,画易于判定货物是否移动的检查线。

(3)在货物两侧明显处用油漆书写、印刷或粘贴"×级超限、×级超重",书写困难时亦可挂牌标识。

(4)对某些有特殊要求的货物,在运单、票据封套、列车编组顺序表及车牌上注明“超限货物”、“超重货物”或“超限超重货物”、“连挂车组不得分摘”、“限速××公里”、“禁止溜放”(二级以上超限或跨装运输时)等字样。需要限速运行的货物和自有动力行驶的机车,记明铁路局承认命令。

5. 超限超重货物运输记录

车站装车后要以批示文电为依据进行复测,复测应与上级批准的计划装车尺寸相符,对复测后各超限部位的尺寸,以及运输有关事项,车站应会同工务、车辆等有关部门确认与实际情况相符无误后,填入“超限超重货物运输记录”甲页,见格式10-2,否则应另行请示。途中货物检查时,应将检查结果填记在超限超重货物运输记录乙页,见格式10-3。

格式 10-2

超限超重货物运输记录

甲页　　　　__级超限　　__级超重　　　　(单位:mm)

装车局			发　站		经由线名		
到达局			到　站		经由站名		
品　名			件　数		每件重　t	配　重　t	总　重　t
货物长度		支重面长度		转向架中心销间距离		重车重心高	
装车后尺寸	中心高		中心高的宽	左	记　事		
				右			
	第一侧高		侧高的宽	左			
				右			
	第二侧高		侧高的宽	左			
				右			
	第三侧高		侧高的宽	左			
				右			
	第四侧高		侧高的宽	左			
				右			
车　种		车　号		标记载重	t	轴　数	
文电内有关指示	铁道部 20　年　月　日　部超限超重　　号　批准使用　　车						
	铁路局 20　年　月　日　超限超重　　号　批准使用　　车						
					本记录在　站作成,经检查完全符合批示的条件 发　站　签字 段　签字 段　签字 段　签字 段　签字 20　年　月　日		

注:1. 不用的各栏应划去;

2. 按电报批示尺寸填记,小于批示时,将实际尺寸填于记事栏内,大于批示尺寸时,必须重新指示;

3. “重车重心高”栏在不超出2 000 mm时须以〔✓〕号标示之;

4. 一式两份,第一份仅为甲页留站存查;第二份为甲、乙页,随货运票据送到达站。

(规格270 mm×185 mm)

格式 10-3

检查结果记录

乙页

检查站名		检查站名	
检查站名		检查站名	
检查站名		检查站名	
检查站名		检查站名	
检查站名		检查站名	

（规格 270 mm×185 mm）

三、超限车的检查

由于超限列车在运行中受到各种影响，不可避免的有时会发生移动。为了确保行车安全，除在发站开车前认真检查外，途中货检站应加强对超限超重车辆的安全检查。

1. 货物检查主要内容

(1)货物列车中货物装载、加固状态：货物是否倾斜、移位、窜动、坠落、倒塌和渗漏；在没有超偏载仪的车站，还应检查货车是否超、偏载；加固材料、装置是否完好无损；货物超限装载和特定区段装载限制是否符合有关规定；加固绳索、铁线捆绑拴结是否符合规定。

(2)《铁路超限超重货物运输规则》规定的事项。

(3)《铁路货车超偏载检测装置运用管理办法》规定的内容。

(4)铁道部规定的其他事项。

2. 重点检查、确认的内容

(1)有无超限超重货物运输记录及其填写是否完整。

(2)货物两侧明显位置，是否有超限、超重等级标识。

(3)是否标画有检查线，货物有无移动，加固材料是否有松动和损坏。

(4)车辆转向架左右旁承游间不得为零(结构规定为常接触式旁承及球形心盘除外)。

检查确认后须在超限、超重货物运输记录上记录检查结果并签章。

四、超限、超重货物运输变更

超限、超重货物变更到站时，受理变更的车站应复测货物装车后尺寸，以电报向铁路局重新请示，并注明原批准单位、电报号码、新到站及车号。受理变更的车站，应对货物的装载加固状况进行检查，并在超限超重货物运输记录中签认。

五、超限、超重货物到达作业

超限、超重货物到站应根据批示电报正确选择、确定卸车地点和货位，科学制定卸车方案，严格加强卸车组织，确保安全。

收货人组织自卸的，车站应与收货人签订自卸车协议，明确安全责任，并在卸车前与收货人办理完货物交付手续。

复习思考题

1. 超长货物一车负重装载时，应遵守哪些规定？
2. 超长货物跨装运输时，应遵守哪些规定？
3. 超长货物装车后在票据上应如何记载？
4. 何谓超限货物？
5. 按超限货物的程度如何划分超限等级？
6. 何谓超重货物？根据货物的超重程度如何划分超重等级？
7. 托运人托运超限货物时应提供什么资料？
8. 超限、超重货物装车前发站应做哪些工作？
9. 货物装车后，还应做好哪些工作才可以填写超限货物运输记录？
10. 超限车的重点检查确认内容有哪些？

第十一章　铁路货物运价

第一节　概　　述

一、货物运价的分类

我国铁路货物运价由基价1和基价2两部分组织。其运费一般是由货物运输组织形式、货物的种类、货物的计费重量及货物的运输距离等因素决定的。

货物运价按货物运输种类划分,包括以下几类。

1. 整车货物运价

整车货物运价是按整车运送的货物的运价。

2. 集装箱货物运价

集装箱货物运价是铁路对按集装箱运送的货物所规定的运价。

3. 零担货物运价

零担货物运价是铁路对按零担运送的货物的运价。

二、货物运输费用的依据

铁路货物运价,由国务院铁路主管部门拟定,经国务院批准后执行;杂费由国务院主管部门规定。货运运杂费的收费项目和收费标准必须公告,未公告的不准实施。

铁路货物运输费用的计算,是一项复杂细致的工作,又是政策性强、涉及面广的工作。正确计算运费对完整地核收运费,防止漏收、少收和多收,维护托收货人的正当权益具有重要意义。因此,必须正确执行国家规定的运价政策,认真执行《铁路货物运价规则》和铁道部有关文件等,正确、迅速地进行运杂费的计算,保证运杂费计算工作的质量,维护路收路誉。

第二节　计算运输费用的程序

计算货物运输费用的一般程序:

(1)按《货物运价里程表》计算出发站至到站的运价里程。

(2)根据货物运单上填写的货物名称查找“铁路货物运输品名分类代码”、《铁路货物运输品名检查表》,确定适用的运价号。

(3)整车、零担货物按货物适用的运价号,集装箱货物根据箱型,冷藏车货物根据车种分别在“铁路货物运价率表”中查出适用的运价率(即基价1和基价2,以下同)。

(4)货物适用的基价1加基价2与货物的运价里程相乘之积后,再与按《铁路货物运价规则》确定的计费重量(集装箱为箱数)相乘,计算出运费。

货物运费为：基价 1 × 计费重量 + 基价 2 × 运价里程 × 计费重量

(5)杂费按《铁路货物运价规则》的规定计算。

货物运费、杂费加总之和即为货物运输费用。

第三节 计算运费基本条件

一、计费重量

货物运费的计费重量，整车货物以吨为单位，吨以下四舍五入；零担货物以 10 kg 为单位，不足 10 kg 进为 10 kg；集装箱货物以箱为单位。

二、运价里程的计算

运价里程应根据《货物运价里程表》按照发站至到站间国铁正式营业线最短径路（与国家铁路办理直通的合资、地方铁路和铁路局临管线到发的货物也按发、到站间最短径路）计算，但《货物运价里程表》内或铁道部规定有计费经路的，按规定的经路计算。运价里程不包括专用线、货物支线的里程。通过轮渡时，应按规定的轮渡里程加入运价里程内计算。水陆联运的货物，应将换装站至码头线的里程加入运价里程内计算。

下列情况发站在货物运单内注明，运价里程按实际经由计算：

(1)因货物性质（如鲜活货物、超限货物等）必须绕路运输时；

(2)因自然灾害或其他非铁路责任，托运人要求绕路运输时；

(3)属于五定班列运输的货物，按班列经路运输时。

承运后的货物发生绕路运输时，仍按货物运单内记载的经路计算运输费用。

实行统一运价的营业铁路与特价营业铁路直通运输，运价里程分别计算。

三、货物运费的计算

货物运费按照承运货物当日实行的运价率计算。杂费按照发生当日实行的费率核收。

四、运杂费尾数的处理

每项运费、杂费的尾数不足 1 角时按四舍五入处理。

各项杂费凡不满一个计算单位，均按一个计算单位计算（另定者除外）。

五、铁路建设基金

铁路建设基金的计算公式为：

建设基金 = 费率 × 计费重量（箱数或轴数）× 运价里程

六、铁路电气化附加费

电气化附加费计算公式为：

电气化附加费 = 费率 × 计费重量（箱数或轴数）× 电化里程

七、铁路货物保价费

货物保价费,按货物保价金额和规定的费率计算。

第四节 货物运输杂费

杂费是铁路运输费用的一部分,是因运输货物而发生的辅助作业费。杂费应按实际发生的项目和当日实行的费率,根据《铁路货物运价规则》表3、表4、表5的费率向托运人、收货人核收。

现行杂费种类主要有表格材料费、冷却费、D型长大货物车使用费、D型长大货物车回送费、取送车费、机车作业费、押运人乘车费、货车篷布使用费、集装箱使用费、货物装卸作业费、货物保价费、过称费、货物暂存费、货车延期占用费、D型长大货物车延期使用费、篷布延期使用费、集装箱延期使用费、冷藏车(取消托运时)空车回送费、机械冷藏车制冷费、货物运输变更手续费、清扫除污费、匿报品名违约金、超重违约金、货车占用费、货车篷布占用费、自备车或租用铁路货车停放费、车辆租用费、铁路码头使用费、路产专用线租用费、货场场地出租费、自备车管理费、机车租用费、煤炭运输抑尘费、翻卸车维检费。

?复习思考题

1. 计算货物运输费用的一般程序有哪些?
2. 货物运费的计费重量是如何规定的?
3. 运杂费尾数应如何处理?
4. 因自然灾害发生运输阻碍变更到站时,变更运费应如何计算?
5. 托运人提出变更到站,变更运费应如何计算?

第十二章 铁路保价运输

在铁路货物运输过程中存在各种各样的风险，这些风险来自自然灾害、意外事故、人为失误、蓄意破坏等方面，往往因此发生事故，造成货物损失。而这些风险和损失是人们无法把握和避免的。为了应对运输过程中发生风险造成的损失，所采取的措施之一，就是参加保价运输或保险运输。通过参加保价运输或保险运输缴纳一定的费用来分散和化解风险，发生损失时可及时得到补偿。

1991 年 5 月 1 日，《中华人民共和国铁路法》颁布实施，铁路部门按照《中华人民共和国铁路法》的规定开办了保价运输服务，这对维护托运人、收货人及承运人的合法权益，提高铁路运输的信誉发挥了重要作用。

保价运输，是指托运人在托运物品时向承运人声明物品的实际价值，并缴纳相应的费用，当物品在运输过程中发生损失时，承运人按照托运人的声明价值赔偿损失。因此，保价运输实质是铁路运输合同当事人就物品运输中的损坏、灭失赔偿预先作出的约定。

第一节 铁路保价运输托运人、承运人的职责

一、托运人办理保价运输的职责

1. 托运人托运货物时，根据自愿的原则，可向发站要求办理保价运输，并按《铁路货物保价运输办法》规定支付货物保价费。

2. 按保价运输办理的货物，托运人应以全批货物的实际价格保价，货物的实际价格以托运人提出的价格为准。货物的实际价格包括税款、包装费用和已发生的运输费用。

货物的价格，到达地一般高于起运地。两者的差额大部分转化为商业利润，货物在运输途中发生损失，承运人赔偿的是托运人（或收货人）的直接（实际）损失，不包括这部分商业利润，所以货物的价格应是起运地的价格。托运人要按保价运输货物时，还没有与承运人签订运输合同，那么已经发生的运输费用是货物在铁路承运前的费用，亦即尚未发生的铁路运输费用不包括在实际价格中。例如，某托运人托运一批保价货物，货物价格 3 万元，税款和包装费 200 元，从仓库运到铁路车站的汽车运输费用 50 元，这批货物的实际价格为 30 250 元。全批货物的实际价格即是货物的保价金额。

3. 托运人要求按保价运输时，应在货物运单“托运人记载事项”栏内注明“保价运输”字样，并在“货物价格”栏内以元为单位，填写货物的实际价格。全批货物的实际价格即为货物的保价金额。

4. 按保价运输办理的货物，应全批保价，不得只保其中一部分。保价率不同的货物作一批托运时，应分项填记品名及保价金额，保价费用分别计算。保价率不同的货物合并填记时，

适用于其中最高的保价费率。以概括名称托运或品名、规格、包装不同，不能在货物运单内逐一填记的保价货物，托运人须提出物品清单。物品清单一式三份，加盖车站承运日期戳后，一份由发站存查，一份随运输票据递交到站，一份交托运人备存。加盖车站日期戳后，表明经过审查，明确责任，防止理赔时发生扯皮。

二、承运人受理保价运输的职责

1. 承运人应按《铁路货物保价运输办法》规定正确计算货物保价费（货物保价费用＝保价金额×所适用的货物保价费率）。货物保价费尾数不足 1 角时，按四舍五入处理。货物保价费每批起码额，零担、集装箱为 5 角，整车为 2 元。保价费率分为五个基本级、两个特定级。费率按千分比计算，等级的划分及其费率的确定是按照货物的具体品类确定。

例如，某托运人保价运输一批酒，托运人填写的保价金额 25 万元，查保价费率表得知，酒的保价费率为 4‰，则保价费为 250 000 × 4‰ = 1 000 元。保价率不同的货物做一批托运时，应分项填记品名及保价金额，保价费用分别计算。例如，石家庄发十堰站盐 30 t，豆油 30 t，使用 60 t 棚车装运。托运人要求保价运输，所填保价金额分别为 5 万元和 15 万元。查的盐和豆油的保价费率分别为 1‰和 3‰，则这批保价货物的保价费为 50 000 × 1‰ + 150 000 × 3‰ = 500 元。

2. 发站受理保价运输货物时，应按货物运单或物品清单记载，检查托运人填记的货物价格是否清楚、齐全，如认为有必要时，可以要求托运人提出确定价格的有关依据，予以核实。发现保价金额不符或涂改时，需更换货物运单或清单。

货物保价费在货票现付栏内记明，与运费同时核收。但根据托运人要求，货物保价费也可以单独核收，在货物运单承运人记载事项栏和货票记事栏内注明“保价费另收”字样或加盖相同内容的戳记。

3. 保价运输货物变更到站后，保价运输继续有效。取消托运时，货物保价费应全部退还托运人。货物在发送前如发生损失并按有关规定处理时，货物保价费不再退回托运人。

货物保价费发生补退款时，补款使用“保价费补退款收据”（以《铁路货物运输规程》格式十三“运费杂费收据”代用），退款使用“车站退款证明书”（见《铁路运输收入报表格式及说明》财收-16）进行补退。

4. 承运人从承运货物时起，至将货物交付收货人时止，对保价货物发生的灭失、短少、变质、污染、损坏承担赔偿责任，但由于下列原因造成的，承运人不承担赔偿责任：

（1）不可抗力；

（2）货物本身的自然属性或合理损耗；

（3）托运人、收货人或押运人的过错。

5. 对属于承运人承担赔偿责任的货物损失，承运人要主动向托运人或收货人赔偿。

第二节　铁路保价货物的运输管理

保价运输的货物除按现行的货物运输有关规章办理外，为了更有效地保证运输安全和托运人或收货人的利益，铁道部对保价运输制订了特殊的管理办法，充分体现了铁路办理保价运输能够有效防范事故发生和保证货物运输安全质量的作用。

没有实行保价运输时，铁路不清楚货物的实际价值，在运输过程中不便重点掌握。如哈尔滨局受理一批羊绒在广铁集团公司发生被盗，货主索赔款额大得惊人，从而无法在事前采取有效的防范措施。开办保价运输，铁路知道货物的实际价格，并根据运输情况了解哪类货物或哪些区段易发生货运事故，在运输过程中就可以采取有效的安全措施加以防范。对保价运输的货物，铁路各级运输企业都设有专门的管理机构，专门管理保价货物的运输、安全防范、赔偿等各项工作。

车站在受理保价货物时，要严格按照规章办事，认真检查货物的包装和质量，核实托运人所填“运单”的内容和货物是否相符，防止发生不法分子类似“吃保险”的事情。对承运后的保价货物要快装快运，车站要加强对保价货物车辆的重点检查。到站对到达的保价货物，卸车后要妥善保管，并及时通知收货人领取货物。在经常发生货物被盗的个别地段，铁路公安部门和地方政府联合，开展护路联防工作，治理沿线的社会治安，保证货物运输安全。

车站受理一批保价金额在50万元及以上的整车货物、大型集装箱货物，应建立“保价货物△B运输台账”（格式12-1）并逐级报告，由铁路局保价机构下达命令号批准，另有指示时，按其指示办理。按上款办理的保价货物，车站应在货物运单、货运封套或货车装载清单上加盖“△B”戳记（或用红色书写），并在“列车编组顺序表”（运统1）记事栏内注明“△B”字样。对△B货物，铁路应采取下列安全防范措施。

格式12-1

保价货物（△B）运输台账

顺序号	日期	发站	到站	托运人	收货人	品名	件数	重量	车车种号	保金价额	批准号	附记
1	2	3	4	5	6	7	8	9	10	11	12	13

规格：8开横印

（1）车站应及时组织装车和挂运，运送途中严格交接检查。

（2）装有△B的贵重、易盗的整车货物，各铁路局根据需要组织武装押运。这类货物遍及整个铁路网，铁路警力少、点多线长，普遍开展武装押运的难度相当大。但在当前的治安状况下，在某些区段针对某些货物实行武装押运还是十分有效的。

（3）各编组站、区段站对装有△B货物的货车应及时挂运，在站中转停留时间一般不超过24 h，对保留列车中装有△B货物的货车，车站负责派人重点看护。

（4）标有△B的货物，运抵到站后，车站应采取有效的防范措施，并及时通知收货人领取。

(5)建立货物保价运输统计、分析制度,用科学的数据研究指导货物保价运输的顺利开展。

第三节　限额赔偿与不足额保价

一、限额赔偿制度

铁路运输的货物发生损失,实行限额赔偿制度。限额赔偿的含义是指在发生铁路责任赔偿事故时,铁路运输企业按照货物的实际损失赔偿,但最高不超过国务院铁路主管部门规定的限额。如果货物的实际损失低于限额的,则按照货物的实际损失赔偿,这就是《中华人民共和国铁路法》中关于限额赔偿的规定。《中华人民共和国合同法》第32条也规定,法律、行政法规对限额赔偿的计算方法和赔偿限额另有规定的。依照其规定,在货物运输赔偿责任上,基本都采取限额赔偿的制度。其原因是由于现代科技的发展,运输物品中高、精、尖产品越来越多,所占比重越来越大。这种产品价格昂贵,与他们支付的实际运输费用很不相称。因此,规定限额赔偿,即是为了保护铁路运输企业的合法权益,也是贯彻我国民法通则关于公平合理的原则的一种具体体现。从运输责任制的发展来看,目前世界各国普遍采取限额赔偿的运输责任制度。《中华人民共和国铁路法》第十七条对限额赔偿的规定是有限制的。这就是如果当事人能证明货物或行李、包裹的损失是由于铁路运输企业的故意或重大过失造成的,则应当按照实际损失予以赔偿,不适用限额赔偿的规定,这是铁路法赔偿原则的一个特点。所谓故意是指铁路运输企业应当预见自己的行为可能造成运输的货物、行李和包裹的损失,但希望发生或者放任结果的发生导致的损失,铁路运输企业应当承担按实际损失赔偿的责任。《中华人民共和国铁路法》第十七条中的"重大过失"是指铁路运输企业或其受雇人、代理人对承运的货物明知可能造成损失的而轻率地作为或者不作为。换句话说是指铁路运输企业应当预见自己的行为可能造成运输的货物、行李和包裹损失,但由于铁路运输企业的疏忽大意而没有预见或虽预见但自信能够避免,从而导致损失。这种情况下铁路运输企业仍然要按照实际损失予以赔偿。例如,铁路车站承运一批需要防潮防湿的货物,因仓库货物已满,无法存放,只好把这批货物放在露天站台上。由于该站所处的位置正是多雨地区,因此,对这批货物应当加苫防湿篷布,这是一般所应具备的常识。如果承运方没有采取防雨措施,则造成货物湿损就是属于承运人有重大过失,承运人应当按照货物的实际损失予以赔偿,而不适用限额赔偿的规定。

限额赔偿制度的核心是承运人对其承运的货物的损失,在限额的范围内承担赔偿责任。

限额赔偿的规定:不保价运输的货物,不按件数只按重量承运的,每吨最高赔偿100元,按件数和重量承运的,每吨最高赔偿2 000元;个人托运的搬家货物、行李每10 kg最高赔偿30元,实际损失低于上述赔偿限额的,按货物实际损失的价格赔偿。

货物的损失由于承运人的故意行为或重大过失造成的,不适用赔偿限额的规定,按照实际损失赔偿。

二、不足额保价的法律后果

不足额保价是指托运人在声明价格时,没有按照货物的实际价格申报而产生差额。《中华人民共和国铁路法》第十七条规定:“托运人或者旅客根据自愿申请办理保价运输的,按实际损失赔偿,但最高不超过保价金额。”例如,一批货物实际价值10万元,托运人保价5万元,货物全部损失后,承运人按照保价金额最多只能赔偿5万元,其余5万元损失差额,托运人将无法取得有效赔偿。因此,由于托运人不如实申报货物的实际价值,不足额保价,应当承担相应的法律后果。

不足额保价的赔偿方式,除《中华人民共和国铁路法》规定外,铁道部根据目前国内惯例,并参照《中华人民共和国保险法》、《中华人民共和国海商法》、《中华人民共和国邮政法》,规定并制定了不足额保价赔偿方式。《铁路货物运输规程》第56条、《铁路货物保价运输办法》第十条规定:“保价运输的货物发生损失时的赔偿额,按照实际损失赔偿。全批货物损失时,最高不超过保价金额;一部分损失时,则按损失货物占全批货物的比例乘以保价金额赔偿。”以上述为例:一批货物的实际价值10万元,托运人保价5万元(不足额保价),当货物损失5万元(一部分损失),按其保价比例计算应赔偿:50 000元÷100 000元×50 000元=25 000元。可以看出,当货物损失10万元(全部损失)时,《铁路法》和《铁路货物运输规程》相一致,托运人都能取得5万元的赔偿。当货物只损失5万元(一部分损失)时,按其保价比例,托运人能够取得25 000元赔偿。这本来是合理的,理由是托运人没有按照货物的实际价值足额保价,没有足额缴纳保价费,当货物发生部分损失时,按照保价额的比例计算赔款,体现了承托双方权利、义务和责任公平对等。所以,自1991年铁路开办保价运输以来,全路一直执行这一赔偿方式没有改变。但是,1994年最高人民法院《关于审理铁路运输损害赔偿案件若干问题的解释》对《中华人民共和国铁路法》十七条作出如下司法解释:铁路法第十七条“按照实际损失赔偿,但最高不超过保价额。”是指保价运输的货物、包裹、行李在运输中发生损失,无论托运人在办理保价运输时,保价额是否与货物、包裹、行李的实际价值相符,均应在保价额内按照实际损失部分的价值赔偿,实际价值超过保价额的部分不予赔偿。如法院判决按照实际损失赔偿时,其差额部分由发站和责任单位共同负责,事故列责任单位。由此可见,不足额保价,在特定条件下,承运人同样面临承担法律责任的后果。因此,应深刻理解保价运输与法律法规之间的关系,充分认识足额保价的重要性,不断促进足额保价。

复习思考题

1. 保价的定义是什么?
2. 发生哪些情况承运人不承担赔偿责任?
3. 保价限额赔偿是如何规定的?
4. 假定20万元货物保价5万元,损失6万元。按比例赔偿原则,承运人应赔偿多少万元?

第十三章　工作机构与职责权利

第一节　货运安全室工作机构与职责

一、工作机构

车站应设置货运安全室，配备货运安全人员，车务段应设置专业人员负责货运安全工作。各级货运安全人员要保持相对稳定。对业务量较大的三等以上站或设有货运检查员的区段站、编组站应配备专职货运安全员。三人以上的货运安全室应设有货运安全值班员。负责加强对货运安全工作的管理和日常监督检查，健全货运安全管理制度。

二、工作职责

货运安全员的职责包括以下几点：

(1)负责审查货运员的“事故报告记录”(草记录)。负责编制带号码货运记录，并深入班组了解货运事故概况，查明原因，落实责任。负责货运事故的调查处理工作。

(2)发现货运事故应积极组织抢救，对事故货物立即采取保护措施，尽量减少或降低货物损失程度。

(3)有权制止违章作业并处理不安全因素，负责车站货运安全质量工作的检查、督促。

(4)按规定会同有关人员对事故货物进行鉴定，并制作事故货物鉴定书。

(5)在主管领导主持下，按照四不放过原则组织召开责任事故分析会，查找事故原因、落实事故责任、对责任者提出处罚意见、提出防范措施。

(6)对损失较大的事故，在查清本站各项作业环节问题的同时，应及时外出调查，并填写情况报告。不能久拖不决，延误事故处理时间。

(7)负责有关货运事故处理方面的人民来信、来访的查询答复工作。

(8)负责货运安全及事故处理规章文电的保管、修订工作，负责货运记录、施封锁的请领、发放、使用、保管、登记工作。

(9)负责对货运事故的受理和理赔工作。负责正确统计本单位发生的货运事故，正确填报各种报表，提出当月事故动态分析，报主管领导。有权建议主管领导对长期安全生产、防止事故和对发生事故造成严重损失的有关人员分别给予表彰或处罚。

(10)负责对发生的货运事故到现场进行调查等工作。

(11)负责对产生的无法交付货物(包括无标记事故货物)按照规定进行编记、保管、报批、变卖处理工作。

第二节　货运安全室工作制度与标准

一、工作制度

1. 总结分析制度

(1)货运安全室应将每月发生的事故件数、赔款、记录查询分别按发生的时间、地点、人员、岗位以及事故种类进行统计分析,找出规律和带普遍性的问题,提出针对性的措施,于每月以书面报告形式提交货运主任。

(2)货运主任根据安全室提交的书面报告,每月组织召开一次安全分析例会,按照"四不放过"的原则对责任事故进行认真分析、研究,对事故责任人追究相应责任。分析会的结果和预防措施要向全体货装干部职工进行传达,让每个职工明白在什么环节上容易出问题,以便在作业中引起重视和警觉,达到预防为主的目的,减少事故的发生。

(3)货运安全室有权建议领导对安全生产、防止事故和发生事故造成严重损失的有关人员分别给予表彰奖励或处罚。

2. 事故报告制度

(1)车站发现重大、大事故、火灾事故和罐车装运的压缩气体、液化气泄漏以及一级毒害品、放射性物品被盗丢失,根据《中华人民共和国安全生产法》的规定,发生事故后,车站、直属站或车务段主管安全负责人应按规定时间将事故信息情况逐级报告铁路局有关主管部门。

(2)发生事故后,调动一切可用的力量,组织对事故进行抢救,防止事故扩大。货运安全员应在 24 h 内向有关站、段、铁路局拍发货运事故速报,并抄报铁道部运输局、主管铁路局和有关站、段、铁路局。

(3)对事故隐瞒不报、谎报或者拖延不报的,对直接负责的主管人员和其他直接责任人员依法给予有关经济处罚或行政处分。

3. 查询答复制度

货运安全室接到记录(函电)查询,除登记立案外,应填写"货运事故查询答复书",向作业装卸班组和货运作业人员进行书面调查,必要时深入班组了解事实情况,逐项填写货运事故查询答复书内容,货运作业人员和装卸班组有义务按要求的时间将货运事故查询答复书送交货运安全室,作为安全室对外答复和对内定责分析的依据。记录查询与班组负责人应有签收和交接。

4. 事故内查外调制度

车站接到记录查询或事故速报,应及时组织有关人员查找资料认真分析,对损失较大的事故,在查清本站各项作业环节问题的同时,应指派有经验、业务能力强的人员及时外出调查,不能久拖不决,延误调查时机,发现线索要一追到底,查个水落石出,查清结案为止。

事故调查处理的四项基本原则是:

(1)及时、准确地查清事故发生原因。

(2)查明事故的性质和责任,确定事故责任人员。

(3)总结经验教训,提出整改措施。查清事故原因并明确事故责任,其目的在于发现安全生产环节中的漏洞，总结经验教训，提出整改措施，防止类似事故再次发生。

(4)对事故责任者提出处理意见。明确事故责任人员和责任程度后，分别提出行政处罚、行政处分或司法建议。

5. 保价理赔宣传制度

车站货运安全室要加大保价理赔宣传力度，设置有关保价运输视觉识别标识、揭示牌等，宣传足额投保，做好保价运输售后服务工作。保价运输赔偿案件，要始终坚持“三快”(快速调查、快速受理、快速赔偿)和“三赔”(赔出速度、赔出质量、赔出信誉)的原则。

(1)在明确为铁路责任时，应做到主动通知货主办理赔偿，再划分铁路内部责任，抓住时机向货主宣传保价运输优越性，提高保价运输的知名度，以吸引货主自愿参加保价运输。

(2)车站在适当地点应设置保价运输宣传橱窗，在营业厅和安全室醒目位置揭挂铁路运输货物索赔须知和索赔流程示意图。

(3)对保额不足的案件，应随时向货主宣传足额保价的好处，使托运人或收货人在货物发生事故造成损失时能得到足额赔偿。

6. 路风制度

货运安全人员应做到不接受货主吃请和收受礼品、不弄虚作假、不刁难货主、不以权谋私。理赔程序一次性讲清楚，索赔资料一次性办完，严禁事故处理上推、拖、赖，杜绝因事故处理不当或言语不当造成的路风不良反映。

7. 业务教育培训制度

货运安全室每周必须有一次业务学习，采取提问解答的方式；研讨本周的安全动态，传达上级有关货运安全文电。对在岗的安全人员和新上岗的安全员每半年、年度应有两次以上业务培训考试。货运安全人员必须持合格证上岗，班组长持双证上岗。

车站每年必须组织一次货运安全业务夺标竞赛活动，建立良好的安全生产风气，不断提高货运安全员的业务素质和货运事故处理水平。

8. 设备管理制度

各货运安全室要配备满足工作需要的计算机。货运事故处理的有关专用设备，不得挪作他用，更不准私用。

(1)货运安全室对配备的货运事故处理设备应制定使用、保管制度，做到谁使用谁负责，确保设备性能良好，不得影响正常工作。

(2)办公室桌椅、资料、案卷柜，摆放整齐、整洁。

(3)货主接待室干净、明亮、整洁。

(4)无主(无标记)货物仓库、资料库房整洁干净，不得堆放无关的其他杂物，做到专库专用。

9. 首问负责制度

来信来访的处理工作是一项政治性、政策性、法律性强的工作，货运安全员要从讲政治、讲大局、讲稳定的高度给予重视并做好此项工作。

无论接到货主来信还是来访都要认真登记，对反映的问题积极调查、核实，尽快做出答复。凡反映问题事实清楚，符合法律、法规、规章或其他有关规定的，要及时处理。

接待货主来访要贯彻“首问负责制”。其原则有下述两点：

(1)谁接待谁负责,做到主动热情,耐心解释。

(2)对货主提出的或要求解决的问题,不得推给其他单位,不能推给上级部门。涉及其他单位(铁路局、站段)及铁路以外的责任部门,或应由上级部门明确的问题(如规章解释等问题)时,应由接待者(单位)联系,沟通或逐级反映后及时答复。

对信访事项,按《中华人民共和国信访条例》的规定:

(1)请求事实清楚,符合法律、法规、规章或者其他有关规定的,予以支持;

(2)请求事由合理但缺乏法律依据的,应当对来访人做好解释工作;

(3)请求缺乏事实根据或者不符合法律、法规、规章或者其他有关规定的,不予支持。

对货主反映强烈的问题及容易造成社会影响和不良后果的敏感事件除积极处理外,应立即逐级上报。

二、工作标准

1. 人员和环境标准

货运安全人员,应具备中等以上文化程度,从事货运工作 3 年以上,有一定修养,遵章懂法,作风正派,文明礼貌,坚持原则,秉公办事,能讲普通话,语言流利,书写整洁,熟悉业务,计算机操作熟练。按规定着装,佩戴标志。

货运安全室办公环境应清新肃静,干净整洁,揭挂齐全(全国铁路货运营业站示意图、事故调查理赔流程图、索赔须知、货运事故统计图表、岗位责任制等)。台账备品定置管理,摆设得当。

2. 规章文电标准

货运安全室应配备完整货运规章标准本一套和《中华人民共和国铁路法》、《铁路运输安全保护条例》、《铁路货物运输合同实施细则》、《中华人民共和国安全生产法》、《中华人民共和国合同法》、《中华人民共和国民事诉讼法》等法律法规。货运安全员基本规章和汇编应按规定配齐。

保价及事故处理有关文电分类按序装订,建立规章文电目录,指定专人负责保管,做到及时修改,定期组织学习研讨,运用规章准确无误。

对部、局下发的各类规章文电必须及时组织传达学习,并纳入日常业务学习内容。

3. 记录管理标准

各种记录要建立请领、发放、使用、回收与保管登记制度,并指定专人负责录入计算机管理。

(1)带号码的货运记录、商务记录、普通记录,应建立请领台账,按班组或车间分组号管理,保持账、物相符。

(2)带号码的货运记录、商务记录、普通记录发放、领取应严格按号码顺序进行,并由经办人签字交接。

(3)带号码的货运记录、商务记录、普通记录使用时,应按时间、按顺号连续使用记录用纸,不得留有空白记录和出现空白记录作废现象。遇有个别记录必须作废时,应保证三联(商务记录为四联、普通记录为两联)齐全,作废率不得超过 2%。

(4)对使用过的记录,必须按顺号集中交货运安全室保管,每卷 100 号,不得抽留缺号,如有抽卷、并卷，应在登记簿“记事栏”注明去向。

4. 记录编制标准

使用计算机或手工编制各种记录应符合《铁路货运事故处理规则》规定要求，配备计算机系统的车站记录编制不得使用手工书写。带号码的货运记录、商务记录、普通记录须加盖单位公章或货运事故处理专用章及编制人员（带所属单位名称）的人名章。不带号码的货运记录仅作草记录或抄件在内部使用。

（1）货运记录的编制

①编制记录要严肃认真，字迹清晰，不得潦草或难以辨认，记录用语用词力求准确、简练、明了。各栏填写齐全，不得简化，不得任意涂改，遇有涂改不得超过一处，涂改处须加盖带有所属单位名称的编制人员名章。

②货运事故的草记录必须是货运员编制。货运安全员要亲自到现场核实事故现状，如发现“事故报告记录”（草记录）的内容不准确、不详细或与事故货件情况不符时，要指导货运员修改，会同值班员现场核实，草记录由值班员签字后，再依章编制正式带号码货运记录（商务记录）。草记录要与货运记录存查页装订在一起，连同票据封套及封印由货运安全室保存。

③带号码的货运记录每组一式三页，第一页为编制站存查页，第二页为调查页，第三页为货主页；货运记录和普通记录号码均由铁路局编印掌握。带号码的货运记录编制人即编制正式记录的货运安全员。遇有须公安人员或车辆人员参加检查作业的，必须在记录相应栏内签字，不得遗漏。

④按规定需要拍发“货运事故速报”的货运事故，应在 24 h 内向有关站、段、铁路局拍发“货运事故速报”，并抄报铁道部运输局、主管铁路局和有关站、段、铁路局。

（2）带号码的普通记录的编制

①用于站车交接的由车站货检人员编制（无货检的车站由接车货运员编制，无守列车由车站拍发电报）。由车辆检查人员填发的，须加盖带有所属单位名称的专用章或公章，并由参加人员签名。

②非站车交接出具的带号码的普通记录必须由货运安全室值班员掌握，确认必须出具的可指定安全员编制，经货运安全室值班员审核签字后，方可加盖印章出具使用，并按时间、号码顺序登记备案。

（3）站车交接电报的处理

实行区段负责制的区段，无守列车按《铁路货物运输管理规则》规定交接。站车交接电报按规定编号登记、注明去向、妥善保管。与事故有关的电报，交货运安全室并案处理。

5. 事故查复标准

各种记录、查询文电，均应建立登记（并卷）制度，依照规定时间及时查清楚后答复，不得积压案卷，做到以事实为依据，以规章为准绳，严禁推、拖、赖，查复书用语做到文明、规范。

（1）送查记录必须按规定填写货运事故查复书，不得将记录单独寄出。需要鉴定的，还应附“事故货物鉴定书”。

（2）对收到的记录、文电查询或查复书要核实、登记、并卷，要按查询内容向货运员或班组送达“事故查询答复书”，调查核实后，在规定时间内答复。必要时应取得书面材料，如投保类别、金额，托运人自装、包装协议等等。严禁不做调查核实和了解就盲目、草率答复。

(3)往来查复书应并卷归案。对往来案卷中的查复书不得抽留,如需留存应另作抄件(复制件)。在货运事故往来查复书中,不得以固定内容或戳记代答复,不得在他站查复书上签批意见作为答复。

6. 事故理赔标准

车站、车务段或铁路局接到的赔偿案件,应按顺序登入"货运事故受理赔偿登记簿"内。受理赔偿的车站应严格审核赔偿要求人的权利、有效期限以及规定的证明文件,及时查清责任,按规定的处理权限赔偿或上报审核赔偿。要求做到"三快"(快速调查、快速受理、快速赔偿)和"三赔"(赔出速度、赔出质量、赔出信誉)。

(1)首先审核赔偿要求人是否与运单记载的托运人、收货人相符,印章是否一致。如有不符或特殊情况应有委托书等证明材料。

(2)审核赔偿资料是否齐全。应具备货运记录、货物运单、物品清单、价格证明、货物损失清单、事故货物鉴定书、赔偿要求书等有关资料。

(3)要求赔偿提供的货运记录、货物运单必须是原件。价格证明是抄件或复印件时,应另加盖赔偿要求人单位的财务专用章。

(4)审核"赔偿要求书"货物损失的计算方法是否正确,以及详细通信地址、电话号码、邮政编码,银行名称、地址、账户账号全称。核实保价金额、提赔时间。审核无误后在"赔偿要求书收据"上加盖车站公章(或事故处理专用章)及经办人名章,交给赔偿要求人。

(5)个人或个体经营户应提出本人居民身份证(户口簿),经车站审查正确后将身份证姓名、号码、地址附赔偿要求书上备案。

(6)"货运事故赔款通知书"各栏填写必须正确,同意赔偿金额必须大写,责任单位明确,应有主送、抄送单位,"赔款通知书"须经主管领导在"赔偿审批报告"上签字并加盖单位印章。银行汇款时,正本应主送本单位财务;直属站段办理小额赔付,货主要求领取现款时,正本应主送赔偿要求人。其他抄送单位一律为副本。

(7)铁路拒赔的案件,由站、段说明理由与依据,以正式文件答复赔偿要求人,同时将全部赔偿材料(赔偿要求书除外)退还赔偿要求人,并抄知有关单位。拒赔函中应注明"如对本通知处理有异议,需自接到本通知之日起,两个月内向司法机关提起诉讼,如过期即认为弃权"的内容。

7. 无法交付货物及无标记事故货物管理标准

发生无法交付货物及无标记事故货物时,应千方百计认真查找,尽量做到物归原主。

(1)站、段应选择保管条件较好的车站,作为无法交付货物和无标记事故货物集中保管处理站,由主管站长、货运主任、安全室负责人以及驻站公安组成无法交付和无标记事故货物处理小组。安全员处理变卖货物时,应会同"处理小组"成员共同处理并签认。

(2)各车站应建立定期清理库区制度。发现无标记事故货物的当日应编制货运记录,登记立卷。

内、外勤货运员对逾期无法交付货物应编制草记录,由值班员核实签字后,随票据送交货运安全室,安全室按规定的调查程序处理。

(3)确定为无法交付货物或无标记事故货物时应移至专库保管,不准以货车、集装箱或作业库区代库堆存。

(4)无法交付货物和无标记事故货物保管应账、物分人管理,账、物相符。货物堆码整齐,标记顺号鲜明,防止丢失损坏。

(5)无法交付货物和无标记事故货物应按期上报,根据当地有关部门批准(当地有关部门不办理审批的,上报主管铁路局)处理,要做到公平交易,按质论价,签订变卖协议(变卖协议签订,应根据当地有关部门批复或铁路局批复,与两无货物接收人签订,明确变卖货物品名、数量及价格等事项。由买卖双方参与价格评估人员、两无货物小组成员、两无货物接收人员签字、盖章),收款后再交割货物。严禁私自处理或挪作他用,不准擅自顶交,更不准贪赃枉法。

鲜活、易腐和不易保管的货物应随时根据铁路局指示,可先行处理,并补报审批手续。

(6)处理手续及处理款额应及时上报、上缴,不得延误。无法交付货物变卖处理款应扣除有关费用后,按《铁路运输收入会计规则》列账,余款 180 天内无人领取的上缴国库。无标记事故货物处理款上缴铁路局保价财务,列保价事故货物变价收入。

8. 施封锁管理标准

车站应建立施封锁的领取、发放、使用和保管销毁制度。领取、发放、使用时按封印号码进行登记签收,责任落实到个人。对到达的施封锁管理、销毁,按《铁路货运事故处理规则》规定办理。

(1)施封锁的请领与发放

①施封锁由货运安全室统一领取、发放,并按顺序录入计算机登记起止号码和数量。

②发放时应按班次或作业区发放,由请领人在登记簿上签字或加盖人名章。请领使用人姓名录入计算机备案。

③请领封印时,应将上次所领封印使用去向登记簿及无法使用的封印一并交安全室验收保管。发生丢失(或无使用去向)时,应记录在案,严格追查处理。

(2)施封锁的回收与销毁

①发站、中途站、到达站对拆下编有货运记录(商务或普通记录)的货车及集装箱的施封锁均应装入施封锁封套,由安全室按规定期限完整保管。

②对未编制记录的施封锁也应随时收集交安全室妥善保管,定期销毁,不得随意乱扔。发现站、场内丢弃施封锁时,将追究有关班组责任者及班组负责人责任。

③销毁施封锁时,应由货运主任、公安人员、安全室负责人共同销毁并记录备案。

9. 文明服务标准

货运安全人员要树立“人民铁路为人民”的服务宗旨,落实首问负责制,接待货主要热心、耐心、虚心、诚心,做到文明服务、礼貌待客。

(1)认真做好售后服务工作,接待货主要热情主动,办理案件及赔偿要认真负责,积极调查事故,向货主耐心解释和宣传赔偿原则。严禁推脱不管或言语过激行为。不准让货主自行外出查车查货。

(2)对待货主来信,要认真登记立卷,调查核实,实事求是地及时答复,做到件件有回音,案案有结果。

(3)在事故处理中,遇个别货主对事故处理有不满意见时,要主动及时走访,缓解矛盾,消除不良影响。

(4)遇有外站段货运安全人员来站调查事故时,要做到礼貌待客、协助调查、提供资料、融洽关系。

10. 案卷台账标准

货运安全室各种登记账簿、案卷应装订码放整齐、整洁,做到书本化、档案化。按时间、顺序、顺号、卷别分类,专柜存放,标记鲜明,达到调卷及时,归卷方便。

配有计算机的车站使用计算机管理。使用计算机管理的单位按月打印台账,装订成册,按年度归档管理,逐步达到按年度刻录光盘管理。

需要进行归档的台账包括:

(1)自站编制货运记录(商务记录、普通记录、无守列车电报)登记簿;

(2)他站编制货运记录(商务记录、普通记录、无守列车电报)登记簿;

(3)货运事故速报登记簿;

(4)货运事故赔偿登记簿;

(5)货运事故(含责任赔款)登记簿;

(6)人民来信来访登记簿;

(7)收发文电登记簿;

(8)无法交付货物和无标记事故货物登记簿;

(9)施封锁请领发放、使用、回收保管、销毁登记簿;

(10)货运事故外查登记簿;

(11)安全分析会议记录簿

11. 货运事故统计分析标准

货运事故统计必须真实准确。各车站、车务段、铁路局对于责任事故(不论是否发生赔款)及未构成事故的责任赔款,均须逐件统计。

(1)货运责任事故按结案日期统计上报。

(2)上级裁定的事故,按接到裁定批复的当月统计。

(3)列路局其他责任事故,由铁路局统计上报。

(4)事故赔款统计以一批作为一件。

(5)由于同一原因、同一车站(区间)、同一列车、同一时间发生多批事故按一件统计,事故等级按损失款额总和确定。

(6)一件事故有几个责任单位共同承担时,事故件数由主要责任单位统计。无主要责任单位的,按造成事故的顺序,由第一个责任单位统计。

(7)货运责任造成的行车事故或非货运责任的险性以下行车事故而造成 10 万元以上的货物损失时,应统计货运责任事故件数。

(8)非货运责任行车重大、大事故造成货物损失时,不再统计货运责任事故件数,只统计赔款。

(9)因托、收货人责任或押运人过错使铁路运输工具、设备或第三者的货物造成损失时,分别由发站、到站统计事故件数,责任部门列“其他路外”。

(10)铁路局根据“赔通”(包括补偿)检查督促管内各站、段及时统计上报。各站、段于每月 26 日前将责任事故件数和赔款汇总报铁路局,铁路局汇总于 30 日报铁道部。对其中的重大、大事故和补偿款额超过 5 000 元的按“货运事故报告表”的要求逐项填写后,随“货运事故统计报告”逐级上报。

(11)货运安全室每月将发生的责任事故、查询记录分别按发生的时间、地点、人员、岗位及事故种类进行统计分析,提出针对性措施,书面材料提交车间或车站(车务段)。

12. 设备配置管理标准

货运安全室办公用房充足,分配合理,布局得当。设有专用货主接待室、安全室资料库、“两无货物”专用库。办公桌椅、资料案卷柜规范整洁,定置管理。

(1)配置设备应建立设备管理制度,落实专人负责。

(2)货运安全室应配备事故处理使用的路电、市电(路电有市话权的除外)和用于事故处理的计算机、打印机、照相机、传真机、复印机等。

(3)配备计算机的货运安全室,要提高计算机的使用效率,记录编制、事故查复、赔偿通知、货运事故统计报告、“两无”货物处理等计算机操作使用率应达到100%,其他由货运安全室出具的文字材料使用计算机打印率也应达到100%。

(4)配有事故处理计算机系统车站的有关报表、记录、电报、查复书、总结分析报告等,应无手工书写情况。

(5)安全室资料库,整洁明亮、摆放整齐、标识鲜明,便于查找资料。

(6)设备故障,按规定时间上报处理和修复使用。

第三节 货运安全员应具备的条件

一、货运安全员应具备的条件

货运安全员应具备中等以上文化程度,从事货运工作3年以上,具有计算机操作能力。

二、货运安全员应具备的职业能力

货运安全员应具有较高的业务素质,熟知货运各项作业,遵章守法,作风正派,坚持原则,秉公办事;有一定修养,语言文明流利,能讲普通话;能够高质量地处理发生的事故,具备应对突发事件的能力;善于发现问题、解决问题、分析安全现状,采取措施,加强安全管理,促进安全生产。

三、货运安全员应具备的知识范围

1. 法律法规

市场经济是法制经济,市场主体的一切活动都要依法而行。要实现国民经济的持续、快速、健康、可持续发展和社会稳定,也必须遵守法律法规。铁路运输企业是市场主体,要实现经济主体的权、责、利,也必须遵守法律法规。货运安全员是货物运输安全活动的直接参与者,与货主发生各种各样的法律关系,因此应熟悉与此相关的法律知识,增强法治观念,才能依法履行岗位职责。货运安全员应掌握的法律法规如下:

(1)《中华人民共和国铁路法》;

(2)《中华人民共和国合同法》;

(3)《中华人民共和国安全生产法》;

(4)《中华人民共和国国境卫生检疫法》;

(5)《中华人民共和国动物防疫法》;

(6)《中华人民共和国海关法》;

(7)《中华人民共和国保险法》;

(8)《中华人民共和国物权法》;

(9)《中华人民共和国仲裁法》;

(10)《中华人民共和国民事诉讼法》;

(11)《中华人民共和国劳动法》;

(12)《中华人民共和国环境保护法》;

(13)《中华人民共和国进出境动植物检疫法》;

(14)《中华人民共和国消防法》;

(15)《中华人民共和国担保法》;

(16)《铁路运输安全保护条例》;

(17)《危险化学品安全管理条例》;

(18)《植物检疫条例》。

2. 规章

货运安全员应掌握的相关规章如下:

(1)《铁路技术管理规程》;

(2)《铁路货物运输规程》;

(3)《铁路货物运输管理规则》;

(4)《铁路货物运价规则》;

(5)《铁路货运事故处理规则》;

(6)《铁路货物装载加固规则》;

(7)《铁路超限超重货物运输规则》;

(8)《铁路鲜活货物运输规则》;

(9)《铁路危险货物运输管理规则》;

(10)《铁路集装箱运输规则》;

(11)《铁路集装箱运输管理规则》;

(12)《铁路专用线专用铁路管理办法》;

(13)《国际铁路货物联运办法》;

(14)《铁路军事运输管理办法》;

(15)《货车篷布管理规则》;

(16)《铁路货运检查管理规则》;

(17)《铁路货运事故处理作业》;

(18)《铁路货物保价运输办法》;

(19)《铁路货物保价运输管理办法》。

复习思考题

1. 货运安全员的工作职责有哪些？
2. 事故调查处理的四项基本原则是什么？
3. 首问负责制的具体要求是什么？
4. “三快”、“三赔”的具体内容是什么？
5. 货运安全员应掌握哪些规章？
6. 货运安全室应建立哪些台账？

第十四章　货运事故

货运事故处理是铁路货物运输工作的组成部分，政策性强，涉及面广。切实做好这项工作，对于维护托运人、收货人和承运人的合法权益，加强基础建设，改善管理，提高货运质量，促进保价运输的发展，都具有重要的意义。

第一节　货运事故定义、分类和等级

一、货运事故定义

货物在铁路运输过程中(含交付完毕后点回保管)发生灭失、短少、变质、污染、损坏以及严重的办理差错，在铁路内部均属于货运事故。

正确理解"货运事故"的定义，重点是要把握"铁路运输过程中"的含义。《中华人民共和国铁路法》第十七条规定："铁路运输企业应当对承运的货物、包裹、行李自接受承运时起到交付时止发生的灭失、短少、变质、污染或者损坏，承担赔偿责任。"因此，"铁路运输过程中"的含义是指铁路对所承运的货物自承运时起到交付时止的全过程(含铁路自承运前保管和交付完毕后点回保管)，在这个过程中发生的事故属于货运事故，都要按照货运事故处理有关程序去调查处理。

二、货运事故分类

货运事故分为七类：

(1)火灾；

(2)被盗(有被盗痕迹)；

(3)丢失(全批未到或部分短少，没有被盗痕迹的)；

(4)损坏(破损、变形、磨伤、摔损、部件破损、湿损、漏失)；

(5)变质(腐烂、植物枯死、活动物非中毒死亡)；

(6)污染(污损、染毒、活动物中毒死亡)；

(7)其他(整车、整零车、集装箱车的票货分离和误运送、误交付、误编、伪编记录以及其他造成影响而不属于以上各类的事故)。

正确判明事故种类，重点需要掌握容易混淆的几种事故种类的定义。一是"火灾"，"火灾"是指铁路运输过程中，由于运输物资或运载货物的车辆、集装箱发生失去控制的燃烧，造成货场、仓库、货车、设施、运输物资损失和人员伤亡等后果的灾害。二是"被盗"和"丢失"，二者的区别在于是否有被盗痕迹，对于包装封条开裂、捆匝脱落、内品短少或被调换，除能证明被盗的以外，按丢失事故处理。货物全批灭失、件数短少、包破内少的按丢失事故处理。货车破封不能一概视为被盗,是否被盗还是要看有无被盗痕迹。三是"票货分离","票货分离"是指全批货物(车)与运输票据(包括运单货票、特殊用具(车辆)回送清单和回送事故货物的货运记录)分离又查明货物(车)下落的。四是易腐货物发生冻损,按变质事故处理。

三、货运事故等级

货运事故分为三等。

1. 重大事故(构成下列情况之一,以下同)

(1)由于货物染毒或危险货物发生事故,造成人员死亡3人或死亡重伤合计5人以上的。

(2)货物损失及其他直接损失款额30万元以上的。

2. 大事故

(1)由于货物染毒或危险货物发生事故,造成人员死亡不足3人或重伤2人以上的。

(2)损失款额10万元以上未满30万元的。

3. 一般事故

(1)未构成重大、大事故的人员重伤事故。

(2)损失款额在2 000元以上未满10万元的。

对于事故等级中的人员死亡或重伤需要强调的是,只有因货物染毒或危险货物发生事故造成人员死亡或重伤才按货运事故统计,并按规定确定事故等级,其他原因造成的人员死亡或重伤不按货运事故统计。

第二节 保价货物事故的过失与非过失责任界限

非过失责任的事故系指按《中华人民共和国铁路法》的规定,属于承运人应负责赔偿的范围,但并非承运人的过失所造成的保价货物事故。

保价运输货物发生的事故,凡属于下列情形之一者,均为非过失责任的事故:

(1)货物在运输过程中被哄抢;

(2)在车站范围之外发生的货物被盗、丢失、损坏事故。

(3)非承运人过失引起的货物或列车火灾、爆炸、染毒事故。

(4)非承运人过失造成的货物湿损事故。

(5)因自然灾害,易腐货物超过容许运输期限到达而造成的腐坏事故。

(6)托运人派人押运的货物,既不是押运人责任又非承运人过失发生的火灾、染毒,导致货物损失。

(7)到站由收货人组织卸车的货物在货车交接时,集装箱门到门运输的货物在卸车时,发现封印失效、丢失,造成货物丢失或损坏。

(8)托运人以自备篷布苫盖货物,在运输途中自备篷布丢失、损坏及造成货物损失时。

(9)其他非承运人过失造成的但属于承运人负责赔偿的货运事故。

虽属上述情况但查明系承运人的直接过失造成的保价货物事故,属过失责任的事故。

复习思考题

1. 货运事故的定义是什么？
2. 货运事故分为哪几个等级？
3. 哪些货运事故属于非过失责任事故？

第十五章 货运事故处理

第一节 货运事故处理作业程序

一、车站发现货运事故的处理程序

车站发现货运事故，除编制货运记录外，应对事故现场进行检查，找出原因，避免扩大损失。发现重大事故、大事故、火灾事故和罐车装运的压缩气体、液化气体泄漏，以及一级毒害品、放射性物品被盗丢失，应立即用电话逐级报告，并拍发"货运事故速报"；涉及车辆技术状态时，通知车辆部门；活动物死亡和食品染毒及时通知防疫、检疫部门；海关监管货物发生事故，及时通知海关监管部门；办理保险运输的货物，应通知当地保险公司。

二、铁路局货运事故的处理程序

事故发现局对货运重大、大事故应立即深入现场组织处理。召开分析会，作出会议纪要。涉及他局责任时，应自拍发事故速报之日起，15 日内邀请有关局参加处理。

有关局接到重大事故速报后，应组织调查，并按发现局通知的开会日期参加事故分析会，并签署会议纪要。

局间对事故责任划分意见一致时，由发现局将会议纪要连同有关材料送到达局。局间对事故责任划分意见分歧时，应在会议纪要内阐明各自意见，由发现局将会议纪要连同现场调查材料等以局文报铁道部裁定，并抄送有关局。

以上全部工作应自事故发现之日起 60 日内处理完毕。

事故涉及托运人、收货人责任和铁路局以外其他铁路部门责任时，由到站、段（铁路局）处理，有关站、段（铁路局）积极配合。

货运事故处理程序如图 15-1 所示。

第二节 事故现场勘查处理

发现货运事故，要认真勘查事故现场并如实记载勘查情况。要充分利用现代化的设备处理事故，特别是对于损失较大或难以判明责任的事故，对事故现场进行拍照，有条件地也可以进行摄像，以证明事故现场的真实情况。事故勘查工作是货运记录编制、事故定性、责任划分等工作的基础，不认真做好事故勘查工作，就无法做好事故的善后处理，所以必须认真对待勘查工作。

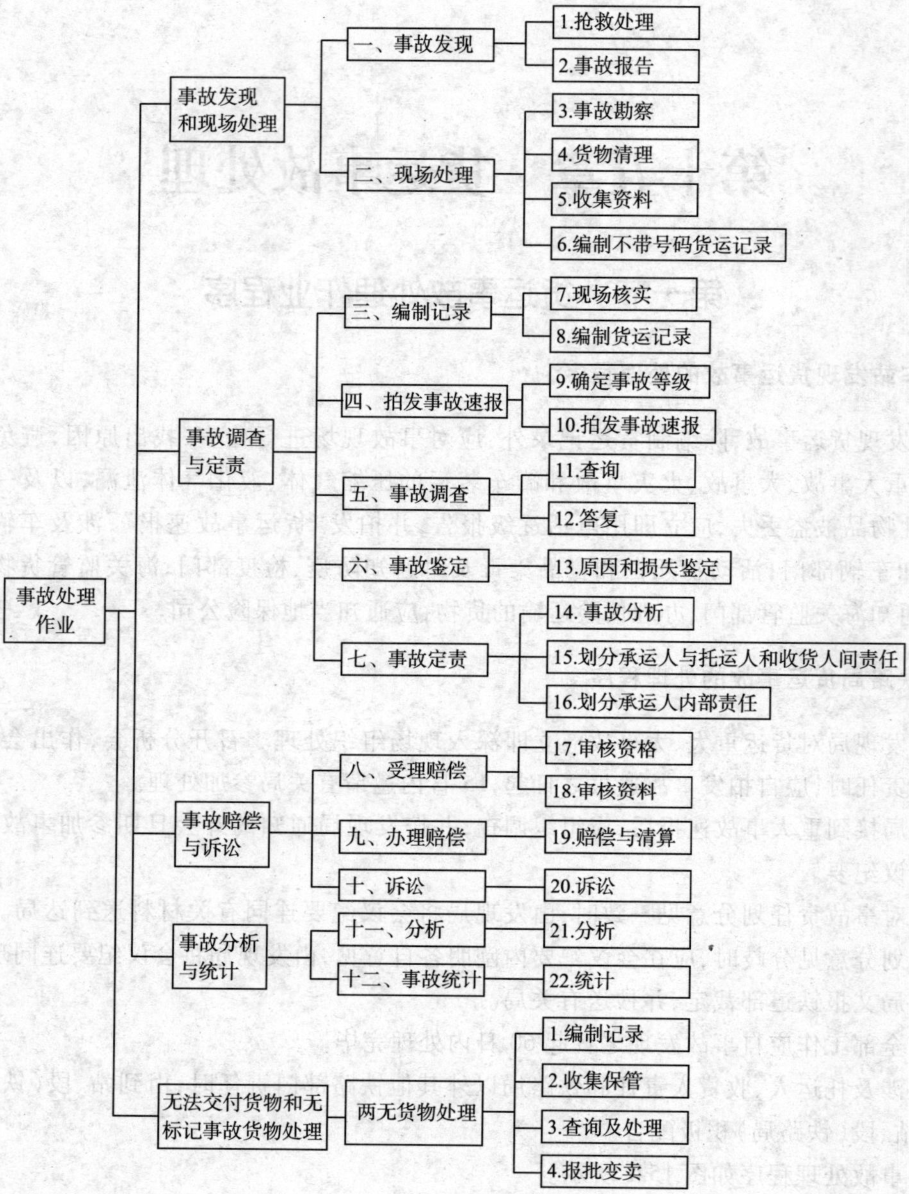

图 15-1　货运事故处理程序

一、火灾事故的勘查处理

1. 列车火灾

(1)查明事故货车的列车车次、到达时间、编挂位置及上一责任货检站检查情况。

(2)查看车内货物装载情况、起火部位、四周货物烧损情况。

(3)检查车辆状态(车地板、闸瓦、防火板等)。

(4)了解牵引机车类型、电力机车接触弓架状态、接触网导线最大弛度距钢轨顶面的高度和货物装载(苫盖物)高度。

(5)棚车:检查门窗关闭状态、施封加固及烟囱口关闭情况,并妥善保管封印。

(6)敞车:检查篷布苫盖、绳索捆绑状态,货物装载加固,包装、衬垫材料等情况。

(7)集装箱:检查箱体状态、箱门关闭、施封加固情况。

2. 货场火灾

(1)事故货物所处位置。

(2)着火点货位及周边现状。

(3)货物入库(区)时间和货物交接检查情况。

(4)仓库电线、灯具情况。

(5)装卸作业用的叉车、吊车等作业机具的防火情况。

(6)有无闲杂人员出入。

二、被盗事故的勘查处理

1. 发现货车内货物被盗时,查明列车车次、到达时间、编挂位置及上一责任货检站检查情况;查看车内货物装载现状。

(1)棚车、冷藏车、罐车:检查车体、门窗关闭状态、施封加固情况。

(2)敞车:检查篷布苫盖、绳索捆绑状态,货物装载情况,表层货物现状,篷布有破口时,检查破口位置、尺寸,新旧痕迹和破口处货物的状态。

(3)集装箱:检查箱体、箱门关闭、施封加固及集装箱在车内的装载位置和箱距,箱内货物装载现状及容积,箱体及其配件技术状态,破损部位的尺寸、新旧痕迹和箱门密封情况。

2. 发现货场内货物被盗时,查明货物入库(区)时间、作业班组、作业货运员及在库区的交接情况。

三、丢失事故的勘查处理

1. 检查货车施封、门窗关闭加固、车辆状态、货物装载状态、篷布苫盖、集装箱在车内装载和箱体状况。

2. 货车(箱)内能否容纳短少货件。

3. 包装破损内品短少时,检查破损货件装载位置,包装损坏状态,短少货物的具体品名、数量(无法判明短少数量时,应记明现有数量或现状),涉及重量时检斤,并记明现有重量。

4. 查明卸车入库(区)时间,卸车班组、卸车货运员、库区货运员的交接情况。

5. 包装破损内品短少时,查明事故货件在库区堆码情况及周围货物出库情况。

6. 有无闲杂人员出入。

四、损坏事故的勘查处理

1. 货物现状,货物在货车(箱)内装载位置、损坏情况,接触或相邻货物有无窜动或冲撞痕迹。

2. 包装损坏状态、破损部位,内货固定及衬垫情况。

3. 篷布质量和苫盖、捆绑加固状态。

4. 加固材料及方法。

5. 包装储运图标志、起重工具。

6. 发生湿损检查货车(箱)定检情况及是否透光。

7. 涉及车辆技术状态时,会同车辆部门检查。

8. 货物损坏程度、破损位置、接触何物、码放地点及周边货物现状、有无碰撞痕迹。

9. 查明卸入库(区)时间、库(区)货运员的交接检查情况。

10. 无法判明货物损坏程度和原因的应邀请有关部门及人员鉴定。

五、变质事故的勘查处理

检查运输票据记载事项及承运、装车、挂运和到达、卸车时间,有无△K标记,变质货物位置及损失数量和程度;计算运到期限,确定是否逾期,确认托运人记事栏有无记载运输期限和有关事项。

1. 机械冷藏车

(1)检测车内外温度、货物温度、车门胶条密封现状、施封情况。

(2)检查车内货物装载是否符合规定,机械冷藏车作业单记载情况是否符合要求。

(3)检查变质货物在车内码放位置。

(4)了解仓储地点与装车地点的距离和装车情况及机械冷藏车机组检查、运输、操作控温等作业情况。

2. 棚、敞车

(1)根据货物性质,检查装载方法、包装及内部衬垫是否符合要求。

(2)检查是否符合棚、敞车装运易腐货物条件。

(3)确认是否按规定采取防寒、加温、保温、通风、隔热措施。

3. 活动物死亡

(1)检验死亡原因;核查有无动物检疫证明。聘请兽医或专业人员鉴定。

(2)核实运输条件、沿途上水情况、容器质量及装载密度。

(3)核实发站承运、装车、挂车、到达时间及车辆隔离情况。

4. 植物枯死

(1)核实运输条件;核查有无植物检疫证明。

(2)发站承运、装车、挂运、到达时间。

(3)检查装载方法、包装,清点植物枯死数量,了解承运时的质量。

六、污染事故的处理

1. 检查事故货件装载位置、包装情况、周围货件装载情况。

2. 查明被污染货物和污染源的名称、包装、装载情况和污染数量、程度。

3. 检查车内外是否贴有“洗刷除污标签”及车内清扫、衬垫情况。

4. 查明货物性质及车辆来源。

5. 查明事故货物卸车、入库时间及库区货运员交接情况、事故货件堆放位置、原堆放何物和货物性质及相邻货物情况。

6. 查明事故货件在库区的码放位置、包装及漏失情况。

7. 粮食、食品染毒或人员中毒时，保留原车，邀请卫生防疫部门鉴定。

七、其他事故的处理

1. 票货（车）分离

（1）查明货物（车）或票据来源及去向。

（2）与前方站联系寄送票据或凭记录将货物（车）继运到站。

2. 误运送

（1）查明货物（车）的正确到站。

（2）通知货物（车）的所在车站，向正确到站回送。

3. 误办理

（1）查明正确到站、收货人。

（2）核实货物运单并与托运人取得联系，取得有效证明文件。

（3）通知货物（车）的所在车站，告知正确到站或收货人。

4. 误交付

（1）查明货物卸车时间，票据传递、交接情况。

（2）核实货票存查联记载的托运人、收货人情况。

（3）核实交付手续是否符合规定及领货人提供的证明文件、身份证或领货凭证的真伪情况。

（4）追查货物下落。

（5）有诈骗嫌疑的及时向公安部门报案。

5. 误编、伪编记录

查明原因，实事求是向有关站说明情况。

第三节　事故货物的清理

货物清理工作是货运事故处理工作主要组成部分之一，是认定事故损失的关键，是记录编制工作的基础依据之一。所以，事故发生后要根据事故性质做好善后清理并做出清理清单。

货物清理作业内容包括：

（1）依据票据、物品清单或箱标记记载，清点事故货件，做出物品损失清单或现有物品清单。

（2）事故货件与完整货件分别码放。

（3）事故货物涉及重量的，将发生事故的货件和完整的货件分别检斤，中途站只对事故货件中的成件货物进行检斤。

（4）妥善处理事故现场的残货。

第四节 事故现场资料的收集

涉及事故有关资料的收集，对事故处理和案件的诉讼至关重要，它关系到责任的划分和责任认定。所以，事故发生后事故处理人员要根据事故性质，收集相关资料并妥善保管。

收集资料的内容包括：

(1)收集货物运单、货票、封套、装载清单、列车编组顺序表及随票同行的各种原始记录、单据、封印等；

(2)收集事故货车到达时间，货运检查、送入卸车地点、时间，货车作业时间、班组、人员等资料；

(3)涉及车辆技术状态时，收集车辆部门的检查记录；

(4)涉及检疫、防疫、公安、海关等部门时，收集相应的证明材料；

(5)涉及包装问题时要取得包装鉴定书；涉及价格问题时，要取得价格证明文件。

第五节 事故报告书编制

货运记录是对事故现状的原始记载，用以划分责任。所以货运安全人员要根据货运员编制的不带号码的货运记录和中途站编制的货运记录，实事求是地编制货运记录。

一、编制不带号码货运记录

货运员根据事故勘查内容，按《铁路货运事故处理规则》要求逐项填写不带号码的货运记录，由货场主任或货运值班员进行审核签字后，连同与事故有关的材料、施封锁等在发现当日送交货运安全室。

公安及其他人员会同检查的，应在编制的不带号码的货运记录或普通记录上签字或加盖人名章。

二、编制货运记录

1. 现场核实

(1)安全员根据货运员编制的不带号码的货运记录，与事故现场情况进行检查核对。

(2)涉及车辆、集装箱、篷布问题时，要核对保留的事故车、集装箱、篷布等。

(3)对收集的有关资料进行核实。

2. 编制货运记录

(1)根据不带号码的货运记录，编制货运记录并将公安或其他人员签名誊写在货运记录相应栏内。

(2)遇附有发站或中途站编制的记录，情况相符时，不再编制记录；情况不符时，重新编制记录。

(3)编制货运记录和普通记录须加盖单位公章或货运事故处理专用章，编制人员还须加盖带有所属单位名称的人名章，其他参加检查货物(车)的有关人员也应签字或盖章，同时注明其所属单位名称。记录有涂改时,在涂改处须加盖编制人员带有所属单位名称的名章。

(4)按顺序填写自站货运事故(记录、调查、赔偿)登记簿。

三、编制并拍发事故速报

拍发"货运事故速报"是为了引起事故有关单位足够的重视,及时对事故进行调查处理,采取有效的措施,保证事故得到妥善地处理,减少损失。

1. 确定事故等级

(1)根据货物损失程度、投保金额估算损失款额。

(2)根据托运人、收货人提供的货物价值测算货物的损失款额。

(3)核定人员伤亡程度。

若车站难以确定货物的实际损失,应及时与托运人、收货人联系。车站发现事故的当时难以确认是否构成大事故时,可以在速报中记明"估计损失在 10 万元以上"。

2. 拍发事故速报

(1)发现重大事故、大事故、火灾事故和罐车装运的压缩气体、液化气体泄漏以及一级毒害品、放射性物品被盗丢失,应向有关站、段、铁路局拍发"货运事故速报",并抄报铁道部、主管铁路局。

(2)在拍发货运事故速报前用电话立即逐级报告。情节和后果严重的,铁路局及时向铁道部报告。

"情节和后果严重的"是指剧毒品、液化气体泄漏等引起大面积燃烧、爆炸、人员中毒伤亡和严重污染环境的事故,以及铁路局认为其他特殊情况后果严重的事故。火灾事故和罐车装运的压缩气体、液化气体泄漏以及一级毒害品、放射性物品被盗丢失时,货运事故速报抄报有关公安部门。

3. 货运事故速报的内容及格式

(1)事故等级、种类;

(2)发现事故的时间、地点;

(3)货物发站、到站、品名、承运日期;

(4)车种、车型、车号、货票号码、办理种别、保价或保险金额(金额前注明"保价"或"保险"字样);

(5)事故概要;

(6)对有关单位的要求。

拍发货运事故速报要按照《铁路货运事故处理规则》规定的格式,在电文首部冠以"货运事故速报"字样,逐项(1～6 项加括弧作为代号)填写,简明扼要,要求明确,事故概况陈述清楚,事故种类认定准确,同时要注明"保价"或"保险"字样及保价、保险金额。"货运事故速报"中"对有关单位的要求",应该是拍发电报单位对平级或对下级有关单位的要求,发站或到站接到电报后,涉及需要托运人或收货人会同处理的,要立即通知托运人或收货人配合处理。

【例 15-1】

主送：××站
抄送：

货运事故速报

(1)大事故、被盗。

(2)×月×日×点×分、××站。

(3)××站发××站电视机。

(4)车种 P_{62}、车号 344690、票号 32145、整车、保价金额 2 800 000 元。

(5)到检货车状态施封良好。一侧发站施封一枚×××号，另一侧为你站补封 12345 号一枚。与你编制补封普记 99——33 号相符。卸见车门口处货物零乱，5 件纸箱包装被割开，已成空箱，箱标 1 台，清点短少电视机 5 台，已编××号货运记录。初步估价损失250 000元。

(6)请速查补封情况并提出处理意见复我。××发站请速核查实装件数告有关。

×××货安 99——24 号

××站

第六节 货运记录编制处理的重点要求

一、货运记录的编制

发生以下情况时，当日需按批编制货运记录：

(1)发生《铁路货运事故处理规则》和《铁路货物运输管理规则》及其引申规则办法中所规定需要编制的情况时；

(2)集装箱封印失效、丢失，封印站名、号码与票据记载不一致或未按规定使用施封锁，集装箱箱体损坏发生货物损失时；

(3)货车装载清单上有记载，或记载被划掉未加盖带有单位名称的人名章，而实际无票据无货物时；

(4)货物运单、货票上记载的内容发生涂改，未按规定加盖戳记时；

(5)集装货件外部状态损坏，货件散落时；

(6)托运人组织装车、承运人组织卸车或换装发生货物损失时；

(7)托运人自备篷布发生丢失时；

(8)一批货物中的部分货件补送或事故货物回送时；

(9)发生无票据、无标记事故货物和公安机关查获铁路运输中被盗、被诈骗的货物以及公安机关缴回的赃款移交车站时，沿途拾得的铁路运输货物交给车站处理时。

【例 15-2】 A 站发 B 站机器设备一车 10 件，车号：C4116789，票号 2354，木箱包装，未苫盖篷布，2010 年 7 月 5 日 12 时调入货位卸车，卸车货运员卸检发现其中一包装箱顶盖被割破 1 000 mm×1 000 mm，内货有明显被盗痕迹。到站由于货物被盗通知收货人，至 7 日 6 时会同公安人员开始卸车，11 时卸完。卸见其中一件包装破损 1 000 mm×1 050 mm，内装主机一台，备件箱一箱，较清单记载少备件箱 1 箱，价值 5 000 元。经鉴定，主机上的部件被盗走 2 个，价值 10 万元，鉴定费 5 000 元（鉴定费用由收货人垫付）。到站 7 月 6 日编制记录在规定的时限内送查，并按章拍发事故速报。保价运输 100 万元，每件价值 20 万元，重 2 t。

上述事故中 B 站于 7 月 5 日发现事故，未在当日编制记录，而是在 6 日才编制记录，已不是事故当时现状，影响对事故原因及责任分析，属迟编记录。因此，货运事故编制时机非常重要，一定要在发现当日按批编制。

二、货运记录编制的重点要求

1. 火灾

货车种类、编挂位置、起火部位和被烧货物装载位置，车辆防火板及技术状态，可能造成起火的各种迹象。

货物在货场内存放时发生火灾，应记明周围情况，货位原来堆放何种货物和火源等。并要记明火灾发生和扑灭的时间。

【例 15-3】　因车辆防火板小于标准引起火灾事故的案例

货运记录的"事故详细情况"：

××次车×点×分进入我站时，运转值班员×××发现机后第 4 位冒烟，立即报告车站领导和驻站公安人员，车停后迅即组织抢救。于×点×分将火扑灭。

经会同公安人员、列检人员检查，发现该车第 3 位轮上方防火板前端木底板烧焦一块（230 mm×200 mm），底板烧透 100 mm×80 mm，成洞。防火板尺寸 640 mm×290 mm×2 mm，小于规定 850 mm×400 mm×2 mm 的标准。该车最近检修时间、单位为×年×月××段。详见第×××号普通记录。

车内所装烤烟被烧损，经整理检斤烧损××公斤，烧损货件装于烧焦车木底板上方。因施救湿损××包。

2. 被盗丢失

被盗货件装载位置，包装损坏状态，短少货物的具体品名、数量（无法判明短少数量时，应记明现有数量或现状），涉及重量时应检斤，并记明现有重量。

棚车装载的是否装满，开启车门能否明显发现。车窗处被盗丢失，应记明货件装于车窗位置（亦可画图表示）以及该车窗锁闭状态。货车两侧或一侧上部施封时，应记明下部门扣是否损坏、封印的站名和号码。

敞车装载的，要记明表层货物现状和篷布覆盖状态。篷布有破口时，应记明破口位置、长度和破口处货物的现状。

集装箱装载的是否已装满，有无空隙（及其尺寸），现有数量或短少数量，箱号、箱体和箱门状态。

【例 15-4】　车窗锁铁失灵造成被盗事故案例

货运记录的"事故详细情况"：

××站发××站针织品。卸前货检门窗关闭及施封良好。

卸货时见上货针织品其中一件一侧纸箱包装被撕破 250 mm×100 mm，会同公安共同开箱清点见内装白汗衫 9 包，每包 10 件，较箱标记载内装 10 包短少一包（10 件）。箱内空隙处尚能容纳一包。

事故货件装于车内前进方向左侧前部第一位下层车窗处，检查该车窗锁铁失灵，从外部可以开启关闭。

【例 15-5】 货物丢失事故案例

货运记录的“事故详细情况”：

卸前货检良好，车门门窗关闭，施封两枚有效。卸车清点，实卸大米 1 185 件，较票记1 200 件，不足 15 件，车卸空，容未满。

3. 损坏

破损货件的损坏程度、包装状态、衬垫情况、破口大小、新痕旧痕、破损部位、堆码方式，破口处接触何物。

机械设备包装破损，底托带、支架立柱、横梁等有折断或变形，以及围衬材料破损、脱落、丢失，须对该处货物裸露部位表面进行检查，记明现状，不得笼统记载“因技术限制内品是否损坏不详”。

湿损货物在货车或集装箱内的装载位置，湿损数量及程度。

棚车、集装箱装运的，应记明车体或箱体不良部位和尺寸，是否透光，定检修单位和时间。

敞车装运苫盖篷布的，须记明篷布质量和苫盖情况，是否企业自备篷布，货物装载状况。

【例 15-6】 因篷布苫盖不严、质量不好造成湿损事故的案例

货运记录的“事故详细情况”：

该车苫盖路布两块。卸前检查见篷布顶部搭缝处苫盖不严，有 50 mm×50 mm 缝隙一处。又距缝隙 1 m 处，篷布有一处长 800 mm 的破口，会同公安检查卸车。卸时发现在篷布搭缝和破口处下方，内货草板纸湿损 12 件，部分草板纸的外层湿软脱落。

已将湿损件单独码放，具体损失待会同收货人后确定。

4. 变质

运单上货物的容许运输期限，货物包装堆码方式。变质货物位置及损失数量和程度。机械冷藏车乘务员出具的普通记录证明和车站提交的冷藏车作业单记录。

【例 15-7】 超过容许运送期限造成变质事故的案例

货运记录的“事故详细情况”：

卸前检查该车苫盖篷布 2 块，两侧车门吊起，用荆条笆围挡（通风运输），车地板上有水流出。

卸时发现装于两端和底层的红薯 392 件麻袋均有湿痕，经开包检查，已腐烂、流水。该货运单上“发货人记载事项”栏内注明容许运到期限为 10 天。经计算实际运送时间为 12 天，超过容许运送期限 2 天到达。

5. 污染

车内污染物（源）名称、位置、面积、包装情况，污染物（源）与被污染货件距离，被污染货件的数量和程度。

污染源和被污染货件须分别编制货运记录。

6. 票货分离

票据来源、票据记载内容或货物(车)来源以及标志内容。对无标志的,应记明包装特征或具体货物品名、件数和重量。

7. 集装货件

外部状态发生被盗、丢失、损坏可比照(二)、(三)项内容填记,还应记明集装用具状态,堆码方式。货件散落时,应检查清点并记明现有数量,若无法清点数量的可检斤,并记明全批复查重量。车站无叉车作业时,对集装盘货物可拆盘卸车,但要对每盘件数清点,若交付时发生短少,将货运记录交给收货人,调查页寄出。散盘的集装货件交付正常,记录不交收货人,也不调查。

第七节　普通记录编制处理的重点要求

一、普通记录的编制

遇有下列情况之一,须在当日按批(车)编制普通记录:

(1)发生《铁路货物运输管理规则》规定需要编制的情况时;

(2)事故涉及车辆技术状态时;

(3)货车发生换装整理时;

(4)托运人组织装车,收货人组织卸车,货车施封良好,篷布苫盖和敞车、平车、砂石车货物装载外观无异状,收货人提出货物有损失,要求车站证明交接现状时;

(5)集装箱运输的货物,箱体完整、施封良好,货物发生损坏时(到站认为承运人有责任的,应编制货运记录);

(6)依据其他有关规定,需要证明时。

二、普通记录编制的重点要求

1. 货车封印失效、丢失、封印站名或号码无法辨认时,应记明失效、丢失和无法辨认的具体情况。

2. 封印的站名或号码与票据、封套或补封记录记载不符时,应记明封印实际的站名或号码。

3. 货物运单与货票记载不符,而货物运单记载情况与货物相符时,应记明货物与货物运单记载相符但货票××内容与货物运单记载不符。

4. 施封的货车未在票据或封套上记明施封号码时,应记明“现车施封,运输票据(或封套)上未记明施封号码”字样。

5. 车辆技术状态不良时,应记明车种、车型、车号和车辆不良的具体情况,段、厂修单位名称及年月。

6. 发现货车两侧或一侧上部施封时,应记明下部门扣是否损坏。

7. 无运转车长值乘的列车,站车交接中发现的问题按规定拍发电报。其内容除包括普通记录反映的情况外,还应说明:

(1)列车的车次及到达时间,货车的车种、车号,发现问题的简要处理情况;

(2)棚车车体及集装箱专用车、平车装运的集装箱箱体发生损坏时,应记明损坏位置和箱号。

第八节 货运事故调查与定责

事故调查应符合铁道部"快速调查"的要求,必须严格按照事故调查的程序进行。在事故处理过程中,有些作业内容也许会有一些交叉,也许会同步进行,要根据实际情况处理事故。对事故发生的原因和责任的认定,必须坚持调查研究,查清事实,根据国家法律和行政法规的有关规定进行处理。划分事故责任应以事实为依据,规章为准绳。在查明事实和原因的基础上,首先应按国家有关法律法规和《铁路货运事故处理规则》及其引申规则、办法的规定划清承运人与托运人、收货人之间的责任。其次,铁路内部各单位间的责任划分,按照《铁路货运事故处理规则》相关规定办理。

一、事故调查

(一)查询

1. 发站编制的货运记录,由发站负责处理,如确实无法联系托运人时,可说明理由并将货运记录的货主页随同运输票据送到站处理。

2. 中途站编制的货运记录,由中途站负责按下列规定调查处理:

(1)自站责任的记录调查页留站存查,货主页随同运输票据或货物送到站处理。

(2)他站责任的记录应自编制记录之日起 3 日内将调查页连同有关材料送责任站调查,货主页随同运输票据或货物送到站处理。一批货物中部分货件发生事故时,须拴挂"事故货物标签"(参见《铁路货运事故处理规则》相关内容)继运到站。损坏的货件继运到站前应整修包装。

3. 到站编制的货运记录(包括附有发站和中途站编制的货运记录)由到站负责按下列规定调查处理:

(1)自站责任的记录,调查页留站存查;他站责任的记录,调查页送责任站调查,货主页交收货人。

(2)遇附有发站或中途站编制的记录,卸车时应按照记录记载的情况,认真核对现货:

①情况相符时,不再编制记录,货主页交收货人,另作抄件留存。

②情况不符时,应重新编制记录,调查页送责任站调查,原记录货主页留存。重新编制记录的货主页交收货人。

(3)到站确认货物损坏不足 500 元时,调查页暂不送查,待赔偿后连同"货运事故赔款通知书"(参见《铁路货运事故处理规则》相关内容)一并送查责任站。

(4)货运记录送查后,收货人领取货物时表示无意见,应及时通知有关站结案。

(5)货运记录送查后,件数不足的货物补送齐全,在向收货人补交时收回记录货主页,并及时通知有关站结案。

4. 一件事故涉及两个以上责任单位时,应作货运记录抄件送有关单位。

5. 货运记录送查时，按下列规定附送有关资料和实物：

(1)使用施封环施封的货车、集装箱发生货物被盗丢失，须附封印。

(2)重新编制的记录，须附他站原记录抄件。

(3)有站车交接记录的，须附站车交接记录抄件。

(4)个人物品发生被盗、丢失事故，货票未附物品清单时，须附经过车站检查的现有货件数量和包装特征的清单。

(5)整零车装载的货物发生事故，需要以运输票据封套、装载清单分析责任时，须附抄件或原件。

(6)其他有关资料(可按规定后附)，如车辆技术状态检查记录、"事故货物鉴定书"以及事故货件的现场照片等。

一辆货车内多批货物发生事故时，上述资料可附于其中损失最严重的货运记录内，其余记录应在附件栏内注明"封印及某某附件已附于第××号货运记录内送查某某站"。

(二)答复

1. 车站接到调查记录(包括自站编制的记录)、货运事故速报和查询文电后，核实送查记录及附件是否正确、齐全，加盖收文戳记，编号登记在"货运事故(记录、调查、赔偿)登记簿"(参见《铁路货运事故处理规则》相关内容)内，并按以下规定办理：

(1)初次接到调查记录，如果核对所附材料不符合规定影响事故调查时，应一次提出，自接到记录之日起 3 日内将原卷寄回送查站处理。

(2)调查记录如果有误到情况，自接到之日起 3 日内将原卷转寄应寄送的车站，并抄知误寄站。

(3)属于自站责任的，一般事故自接到记录之日起(自站发生的自发生之日起，以下同)由车站在 10 日内以"货运事故报告表"(参见《铁路货运事故处理规则》相关内容)报主管铁路局；重大、大事故自接到记录之日起由车站在 15 日内以正式文件连同全部调查材料报主管铁路局。以上事故同时以"货运事故查复书"答复送查站，通知到站和到局。

对已明确为自站责任，但还需要向有关单位索取补充材料，了解货物损失、下落或到达交付情况时，以"货运事故查复书"或拍发电报查询，不得将记录寄出。

(4)属于他站责任的，以"货运事故查复书"说明理由和根据，自收到货运记录之日起 7 日内将全部调查材料送责任站，并抄知到站和有关单位。重大、大事故要抄报主管铁路局。

(5)因情况复杂，责任站不能在规定期限内调查答复(包括要求暂缓赔偿的)，需要延期时，应提前提出理由，通知到站、铁路局。但此项延期自收到记录之日起，最多不得超过 30 日。

(6)一般事故责任有争议，经一次往返查复不能取得一致意见时，由提出争议的一方立即将调查材料寄给到站，由到站定责处理。

2. 填写查询答复书，向作业人员、班组调查货物承运、装车、挂运等情况，依据调查的情况，进行答复。

二、事故鉴定

按照《铁路货物运输规程》规定，货物发生损坏或部分灭失以及运输货物发生变质、污染事故时，应根据事故性质，鉴定事故发生原因、包装质量和损失程度。不能判明发生原因和损失程度时，承运人应在交付前，主动联系收货人进行检查或聘请鉴定人进行鉴定。

货物损失和原因的鉴定一般采取两种形式进行，一是对货物损失进行确认；二是对货物包装质量和货物性质进行鉴定。因鉴定所支出的费用（包括整理、化验等附加费用），应在鉴定书中记明。

“事故货物鉴定书”是认定造成货物损失程度和责任的依据，见格式 15-1。

格式 15-1

______铁路局

______站　　　　**事故货物鉴定书**　　　　第______号

<table>
<tr><td colspan="5">一、编制于20　　年　　月　　日系补充　　站编第　　号货运记录　　站发　　站运单　　号品名　　发生　　情况的鉴定书</td></tr>
<tr><td rowspan="5">二、鉴定分析结论</td><td colspan="2">(1)货物的性质和事故发生前品种、质量、原来价值。</td><td colspan="2"></td></tr>
<tr><td colspan="2">(2)货物的损坏程度和款额。</td><td colspan="2"></td></tr>
<tr><td colspan="2">(3)损坏灭失（包括重量短少）货物能否修理或者配换及所需费用，残留价值。</td><td colspan="2"></td></tr>
<tr><td colspan="2">(4)事故货物是否适用于原来的用途或作他用，对其价值有无影响。</td><td colspan="2"></td></tr>
<tr><td>(5)货物损坏的原因</td><td>甲、货物的损坏和包装的关系；
乙、货物的损坏和货物性质的关系；
丙、其他原因。</td><td colspan="2"></td></tr>
<tr><td colspan="5">三、鉴定费用</td></tr>
<tr><td rowspan="2">四、参加鉴定人员职务及签章</td><td>鉴定单位</td><td>铁　路</td><td>托运人或收货人</td><td>其　他</td></tr>
<tr><td></td><td></td><td></td><td></td></tr>
</table>

本鉴定书共三份：正本送责任站，副本一份交收货人，一份留鉴定站存查。

规格：16 开竖印

“事故货物鉴定书”须由鉴定人填写并加盖鉴定单位公章和鉴定人的签字、盖章。事故货物检查或鉴定一般应在现场就地进行。但途中站对能继运并能保证安全的应继运到站进行鉴定。到站在现场难以检查或鉴定时，经承运人与收货人或托运人协商同意后，可移送到适当的地点进行。鉴定期限从编制记录之日起，不应超过 30 日，特殊情况需要延期时，应以“货运事故查复书”或电报说明原因通知有关单位。“事故货物鉴定书”应按每一份货运记录分别编制。“事故货物鉴定书”以“货运事故查复书”补送责任站。

由于货物染毒或危险货物发生事故，造成人员伤亡时，应通知劳动保护等有关部门。

三、事故定责

1. 划分承运人与托运人或收货人间责任

划分承运人与托运人或收货人间责任，要依据《中华人民共和国合同法》、《中华人民共和国铁路法》、《铁路货物运输规程》等有关规定。

2. 划分承运人内部责任

铁路内部各单位之间货运事故责任划分，应以《铁路货运事故处理规则》确定、处理。一般事故由到站定责，大事故、重大事故由到达铁路局定责。

复习思考题

1. 货运事故速报应包括哪些内容？
2. 被盗事故的勘查需要查明哪些内容？
3. 事故货物的清理工作有哪几点？
4. 损坏货运事故编制处理分别有哪些重点要求？
5. 货运记录送查时，按规定附送哪些有关资料和实物？

第十六章　货运事故责任划分

货运事故责任划分应遵循以事实为依据，以法律、规章为准绳的原则。事故原因清楚、判定责任应以事实为准。

在查明情况和原因的基础上，首先应按照国家有关法律、法规和《铁路货物运输规程》及其引申规则、办法的规定划清承运人与托运人、收货人之间的责任。属于铁路责任时，铁路内部各单位的责任划分，按《铁路货运事故处理规则》规定办理。

第一节　承运人与托运人、收货人之间的责任划分

一、承运人（铁路运输企业）责任范围

1. 承运人应按照合同约定的期限或《铁路货物运输规程》规定的期限，将货物运送到目的站；逾期运到的，在规定的时间内承运人应当支付违约金。

2. 承运人有权对托运人在运单中填报的货物品名、重量、数量进行检查。

3. 承运人对承运的货物自接受承运时起至将货物交付收货人或依照规定移交给其他机关企业时止，对货物发生的灭失、短少、变质、污染或损坏承担赔偿责任。

但由于下列原因造成的货物损失除外：

(1)不可抗力；

(2)货物本身性质引起的破裂、生锈、减量、变质或自燃等；

(3)货物的合理损耗；

(4)货物包装的缺陷，承运时无法从外部发现或未按国家规定在货物上标明包装储运图示标志；

(5)托运人自装的货物，加固材料不符合承运规定条件或违反装载规定，交接时无法发现的；

(6)押运人未采取保证货物安全的措施；

(7)托运人或收货人的其他责任。

二、托运人、收货人的责任范围

由于托运人、收货人的责任或押运人的过错使铁路运输工具、设备或第三者的货物造成损失时，托运人或收货人应负赔偿责任。

第二节　承运人内部各单位间的责任划分

铁路内部责任划分按《铁路货运事故处理规则》及有关规定办理。

一、火　灾

1. 因未按规定安装防火板或安装不符合规定，闸瓦火花烧坏车底板而造成的，由最近定检施修该车的车辆段(厂)负责。

列车未按规定隔离造成的，由列车编组站负责；但途中摘挂后隔离不符造成的，由途中摘挂站或值乘车长所属段负责。

2. 必须使用棚车而以敞车装运，由发站负责(防火板原因造成火灾的除外)；应使用棚车而以敞车装运，查不清起火原因时，由发站(有铁路局代用命令的由发送铁路局)和发生站共同负责，事故列发生站(区间发生的列发生铁路局)。

非易燃货物以易燃材料包装、衬垫，敞车装运未苫盖篷布，或以其他物品苫盖造成的，除另有规定外，由装车站负责。

3. 棚车车体完整、门窗关闭、施封良好，查不清原因时，由前一装卸站负责；货车发生补封查不清原因时，由补封单位负责，如属委托补封的或上一责任货运检查站责任补封的，由委托单位或上一责任货运检查站负责；装车站未施封，查不清原因时，由装车站和发生站(区间发生的为发生铁路局)共同负责，事故列发生站(铁路局)。

4. 有公安机关证明系扒车人员引起的火灾，由该扒乘人员最初扒乘该次列车的扒乘站(铁路局)负责。既有扒乘原因又有使用车辆不当情况时，扒乘站负主要责任，使用车辆不当负次要责任。

5. 遇局间分界站接入列车时发现火灾，在进站30 min之内用调度电话通知交出局调度所，并取得到达车长或该列车机车乘务组证明，由接入局负责调查处理，但查不清原因的，由交出局负责。

6. 铁路局间公安部门对起火原因意见不一致时，货物损失未满10万元事故，由处理局定责；货物损失在10万元以上的事故，由发生局报部裁定。

7. 除上述各款外，如属铁路责任，但又查不明铁路内各部门间原因时，由发生铁路局负责。

二、被盗丢失事故

1. 棚车、冷藏车装运的货物。

(1)门窗关闭施封良好：原装货物由原装车站负责。

(2)封印失效、丢失、断开，不破坏封印即能开启车门，下部门扣完整未按规定在车门下部门扣处施封，使用两个以上施封锁串联施封以及车窗开启或车体损坏，均按站车交接规定划责。

(3)货车发生补封，由补封单位负责；连续补封，共同负责；如属委托补封的或以上一检查站责任补封的由委托单位或上一检查站负责。如拍发的电报未按规定抄知发、到站，事故列责任单位，其货物损失由责任单位与补封单位共同负责；连续破封的分别划分责任。

(4)货车下部施封，封印的站名或号码与运输票据或封套记载不一致时：

①有运转车长值乘的列车，按站车交接规定划责；

②无运转车长值乘的列车，封印的站名与运输票据或封套记载不一致时：

a. 有改编作业的，按站车交接规定划责；

b. 无改编作业的，到站按规定拍发电报的由上一检查站负责，未拍发电报的由到站负责。

③无运转车长值乘的列车，封印的站名与运输票据或封套记载相符，而号码不一致时，不论列车有无改编作业，到站按规定拍发电报的，由装车站负责；未拍发电报的由到站负责。

(5)由于使用不完整的车辆(包括有公安机关证明因车窗、烟囱口不完整造成的)以及不施封，如属铁路责任，由装车站负责。

(6)普通记录填写内容不具体，与现车实际情况不符，接收后由接方负责。

(7)因门扣损坏，货车一侧上部施封，另一侧下部施封时：

①下部封印无异状，按上部施封的规定划责；

②下部封印有异状，由责任单位与上部施封的责任单位各承担50%。

(8)因下部门扣损坏无法按规定施封而在车门上部门扣处施封：

①封印丢失、断开，不破坏封印即能开启车门，在同一车门上使用两个以上施封锁串联施封，或车体损坏，以及车窗开启时，均按站车交接规定划责。

②整车：

a. 有装车站记录证明(上部施封，下同)的，由装车站负责。

b. 没有装车记录证明但有中途交接记录证明的，按站车交接规定划责，但卸车站检查上部封印为装车站的，由装车站负责。

c. 没有记录证明的，由卸车站负责。

(9)未使用方形直杆锁施封：

①整车：有记录证明的，由装车站负责；没有记录证明的，由卸车站负责。

②未使用方形直杆锁施封或施封在货车上部时，按(8)项的规定划责。

在运输途中发现无封或施封无效又无法使用直杆型施封锁补封的货车，而使用环形施封锁补封时，按站车交接规定划责。

(10)使用不破坏封印即能取下(亦即能开启车门)的方形直杆锁施封，按站车交接规定划责。但是，发现方对该直杆施封锁自发现之日起应保留180日。

(11)出口朝鲜运输的货物发生事故，比照使用直杆锁施封货车的有关规定划责。

以上(1)至(4)项及(7)至(10)项记录编制站拆下的封印，在规定保管期限内，责任站调查发现该封印丢失或与记录不符，事故改由记录编制站负责。

2. 敞车装运的货物。

(1)车体完整、装载状态或篷布苫盖良好，如属铁路责任，由装车站负责。对按捆承运的钢材、有色金属，卸车时发现捆绑松散，而未对事故货件清点(或未检斤)编记录注明的，由卸车站负责。

装在大包装箱内的工具箱、附件或备件箱被盗、丢失，除原包装进口货物外，如属铁路责任，由发站负责。

(2)篷布顶部被割或破口发生被盗、丢失，破案前由发、到站共同负责，但因铁路货车篷布丢失造成货物损失，按站车交接规定划责。

使用篷布以外的苫盖物苫盖货车，由发站负责。

(3)托运人自备篷布途中丢失，由发站、到站共同负责，货物损失由发站负责。

(4)中途站换装时发现篷布顶部被割或破口,货物发生被盗、丢失,由发站负责;换装后篷布顶部被割或破口,货物发生被盗、丢失,由换装站与到站共同负责(货物发生被盗、丢失,如果公安机关破案,则按破案结论定责)。

3. 集装箱装运的货物和集装货件。

(1)卸车发现集装箱封印失效、丢失,站名无法辨认以及封印站名、号码不符或箱体破损,由装车站负责。施封有效,站名相符、号码不符,无论中转站是否编有记录,均由发站负责。

(2)使用平车和集装箱专用平车装运的集装箱发现箱体损坏,编制普通记录证明现状继运。货物发生被盗丢失,有交方普通记录证明的,由交方负责;没有交方普通记录证明的,由接方负责;连续证明的,共同负责。

(3)集装箱顶部被破坏,货物发生被盗、丢失事故,由发送、到达和沿途各局均摊赔偿,事故列发站。

(4)集装货件卸车发现整体灭失以及散落,其中小件丢失,由装车站负责;但因包装和捆绑不良造成的,由发现站和装车站共同负责,事故列装车站;违反集装化办理条件和限制的,由发站负责。

4. 到站发现罐车破封,货物发生被盗、丢失事故,查不明原因的,由发送、到达和沿途各局均摊赔款,事故列发站。

5. 包装破散(或包装不良)发生内品丢失,由装车站负责;事故列装车站。

6. 有公安机关证明,系扒乘人员造成货物被盗丢失,由该扒乘人员最初扒乘该次列车的扒乘站(铁路局)负责。

三、损坏事故

1. 因货物无包装或包装有缺陷发生损坏,如属铁路责任的,由发站负责。

货物发生损坏,经到站鉴定不属于包装质量和货物性质原因时,由装车站负责。

2. 整车易碎货物(包括以缸、坛、陶瓷、玻璃为容器的货物)发生损坏,除能查明责任者外,由发站负责;有明显冲撞痕迹,查不清责任者时,货物损失由沿途各局共同负责,事故列到达局。

集装箱装运的易碎货物,如属铁路责任发生损坏,但是,又查不明铁路内各单位间原因时,由发站、中转站、到站共同负责,事故列到站。

3. 因棚车漏雨造成货物湿损,如属铁路责任,货运检查能够发现的,由装车站负责;不能发现的由该车最近定检施修厂、段负责;厂、段修过期的,由装车站负责。

敞车货物湿损由装车站负责。但因铁路货车篷布丢失造成货物湿损,按站车交接划责。

篷布顶部被割或有破口货物发生湿损,由发、到站共同负责。

4. 集装箱技术状态不良,外观检查不易发现(不包括透光检查)货物发生湿损,如属于铁路责任时,在定检包修期内由定检施修单位负责;超过包修期的由发站负责。因集装箱破损造成货物损坏的,由装车站负责。但是,因集装箱顶部被破坏造成的(棚车装运的1吨箱除外),由发送、到达和沿途各局均摊赔偿,事故列发站。

5. 货物装载加固违反规定,或使用不符合要求的捆绑加固材料和装置,造成货物损坏,如属于铁路责任的,由装车站负责。

分卸的整车货物倒塌造成货物损坏，由装车站和前一卸车站共同负责，事故列前一卸车站。

6. 罐车货物漏失，确因定检质量不良阀类漏泄时，由定检施修段(厂)负责；因罐体焊缝不良(含加温套)漏失时，由施修工厂负责。

因调车冲撞造成罐车货物漏失时，由调车作业站负责。查不清调车冲撞站的，由事故发生站(铁路局)负责。

四、污染事故

1. 使用清扫不干净的货车造成货物污染时，如属铁路责任的，由装车站负责。

2. 应洗刷除污的车辆卸后未回送洗刷除污时，由卸车站负责；回送洗刷除污的车辆被排走而漏洗刷除污时，由误排站负责；洗刷除污不彻底，由洗刷除污站负责。

3. 装过分卸整车，前方站卸后需要该车终到站回送洗刷除污的，而前方卸车站或列车货运员未在货车装载清单上记明原装危险货物名称，造成漏洗刷除污时，由前方卸车站或列车货运员所属段负责。

4. 未倒净的空容器内品洒漏，造成其他货物污染或其他事故，如属铁路责任的，由发站负责。

5. 对污染源和被污染货件处理不当，造成扩大损失时，由处理站负扩大损失责任。

6. 货物染毒涉及车辆原装货物时，而未保留原车和货物，经鉴定能查明原因的，由责任站负责；查不清原因的，由未保留站负责。

五、变质事故

1. 货物质量、包装、装载方法不符合要求时，如属铁路责任由发站负责。

2. 货物运输逾期，由积压站(铁路局)负责；连续积压，共同负责，按积压天数比例分摊损失。

同时存在上述多种原因，除分别承担经济损失外，事故列主要责任站。

3. 机械冷藏车违反易腐货物控温规定，造成货物变质，由该机械冷藏车所属段负责。

六、其　　他

1. 伪编、误编、迟编、漏编以及迟送查货运记录，由编制站负责。

收到调查记录(包括查询文电)超过规定答复期限30日未答复的，由迟延答复站负责。

送查的被盗事故货运记录内漏填公安人员姓名，以后又纠正的，由漏填站与责任站共同负责，事故列责任站。

2. 有下列情形之一的普通记录即为伪编：

(1)第二页与第一页的内容不符；

(2)加盖的单位公章是假的或已作废的。

伪编的普通记录为无效记录。发现单位可拒绝接收并将其退回。该普通记录证明的货物(车)发生事故时，无论什么原因所造成，均由记录所属单位负责。

普通记录涂改，涂改处加盖的人名章无法辨认，应在站车交接当时提出，由交方编制普通记录后接收。否则，由接收方负责。

3. 因涂改运输票据造成的事故，由涂改站负责；无法辨认涂改站时，由接方负责。因票据封套上封印号码填记简化，影响事故分析时，由简化填记的车站与责任站共同负责，事故列责任站。

途中票据丢失后发生的事故，除查明原因外，事故列丢票站（段）。

卸车发现运单、货票上记载的件数、重量、货物价格发生涂改，未按规定加盖戳记，实卸货物与涂改后的记载相符，而与领货凭证不符时，除查明原因外，如属铁路责任由发站负责，但到站卸车未按章编制记录时，由到站负责。

4. 发站对个人搬家货物、行李，由于发站未检斤或检斤不准确（按规定可由托运人确定重量的除外），发生被盗丢失后重量相符或反而多出时，由发站和责任单位共同负责，事故列责任单位。

个人搬家货物和行李发生被盗丢失后，由于没有物品清单或物品清单填写简单笼统，造成到站难以确定损失时，发站和责任单位共同负责，事故列责任单位。

5. 对误到的货物未按规定编制记录和处理，发生损失由卸车站负责。

6. 铁路内部交接不认真，接收后发现的事故，除能查明责任者外，由接方负责。

7. 因事故处理不认真，未采取积极措施，换装、整理不当，以致货物扩大损失时，扩大损失部分由处理不当或换装、整理不当的车站负责。

8. 到站对运到逾期货物不按章编制记录（或拍发电报）查询，货物发生损失，到站与责任站（或货物积压站）共同负责，事故列责任站（或货物积压站）。如发站和中途站均未在规定期限内答复，货物发生损失，由发站、中途站和责任单位（或货物积压站）共同负责，事故列责任单位（或货物积压站）。

9. 发现重大、大事故后，处理局未能在规定期限内处理完毕，或未按《铁路货运事故处理规则》规定向铁道部提出仲裁报告，处理局应承担相应的事故责任。发生一般事故后，到站（局）未在规定期限内办赔，事故由到站（局）负责，但中途站负责处理和赔偿的除外。

10. 因行车事故造成的货运事故，由行车安全监察部门确定的责任单位负责。

11. 投保运输险的货物发生事故，因代办保险的车站未在运单、货票记事栏内加盖“已投保运输险”戳记，而超过保险索赔期限的，由责任单位和代办保险的车站共同负责，事故列责任单位。

12. 不足额保价的货物发生损失时，依照规定赔偿。如法院判决按照实际损失赔偿时，其差额部分由发站和责任单位共同负责，事故列责任单位。

13. 违反规定将施封锁附随货运记录送查，而发生封印丢失、失效争议的被盗丢失事故，由记录编制站负责。

14. 铁路局调整卸车站后，卸车发现的事故，如属铁路责任，由调整的铁路局负责。

违反规定办理货物（车）变更，货物发生事故，由变更受理站负责。

15. 误运到站，回送过程中发生货损货差，属于回送站责任时，由误运站和回送站共同负责，事故列回送站。

16. 领货凭证上未记明本批货物的货票号码，或未在货物运单和领货凭证联结处加盖骑封戳记，货物发生冒领或误交付时，由发站和到站共同负责，事故列到站。

17. 无运转车长值乘的列车,列车编组顺序表上对施封的货车未记明"F"字样,货车一侧无封,发生被盗丢失事故后,由责任单位与该列车的编组站共同负责,事故列责任单位;货车两侧无封,由该列车的编组站承担全部责任。

18. 托运人按一批托运的货物品名过多,或同一包装内有两种以上的货物,发生被盗丢失后,如果因为没有物品清单而难以确定货物损失时,由发站(无论发站是否是责任单位)和责任单位共同负责,事故列责任单位。

19. 货车已施封,但未在运输票据或封套上注明"施封"字样及施封号码,货物发生被盗、丢失时,查明原因的,由装车站和责任单位共同负责;查不明原因的,由装车站负责。

20. 货车滞留,滞留站未按规定拍发电报,货物发生变质或损失,由滞留站和责任单位共同负责,事故列责任单位。

21. 棚车顶部被破坏,货物发生被盗、丢失、湿损事故,破案前由发送、到达和沿途各局均摊赔款。

第三节　保价运输与保险运输的区别

保价运输与保险运输虽然都是为了规避托运人的经济风险而设定的措施,但两者的性质、目的、责任范围是完全不同的。

《中华人民共和国铁路法》第十七条规定:托运人根据自愿,可以办理货物保价运输,也可以办理货物保险运输。

1. 主体不同

铁路货物保价运输的主体是托运人和承运人(即铁路运输企业);铁路货物运输保险的主体是投保(托运)人和保险人(保险公司)。

2. 责任依据不同

保价运输的责任依据是《中华人民共和国铁路法》和铁路货物运输合同,而保险责任的依据是《中华人民共和国保险法》和保险合同。两者的主体、客体、内容都不同。铁路运输合同的主体是承运人与托运人;保险合同的主体是保险人与被保险人。铁路运输合同的客体是承运人的运输劳务行为;保险合同的客体是保险的财产,铁路运输合同的内容主要是承运人收取运费并负责将货物运至到站交付给托运人指定的收货人。保险合同的内容主要是保险人收取保险费并按约定承担保险责任的经济损失。

3. 责任范围不同

保险责任范围是指保险公司与托运人签订的保单中约定的责任范围,因承保的保险公司不同也有差异。保价运输的责任范围是货物在运输过程中发生损失,除不可抗力、货物的自然性质和合理损耗以及托运人、收货人的过错以外,承运人都要承担赔偿责任。

4. 目的不同

保价运输的目的是为了弥补限额赔偿的不足而设定的法律制度,体现权利义务对等的原则,赋予托运人与承运人就可能发生的损失如何赔偿进行协商的权利,从而在事先约定赔偿数额。因此,它是责任运输的一种特殊形式,是责任运输的延续,也是铁路承运人负责运输的体现。而保险运输的目的则是为了解决因自然灾害、意外事故等原因造成经济损失的社会救济而设立的法律制度，具有社会补偿功能，是通过社会补偿方式来减轻被保险人在遇到危险时的损失。因此，保价运输重在预防，保险运输重在经济损失的赔偿，两者目的是不同的。

第四节　承运人与托运人、收货人之间的违约形式

一、托运人的主要违约形式

1. 不按时支付运输费用。

2. 故意隐瞒货物实际情况，捏报货物品名，目的是为了少缴运费，甚至危险货物捏报品名按普通货物托运。

3. 包装质量不符合标准，外观检查不易发现。

4. 托运人自装的货物，装载加固不符合要求。

二、收货人的主要违约形式

1. 不按时领取货物。

2. 拒绝支付因托运人责任应补交的运输费用或运输途中产生的应由托运人承担的其他费用。

三、承运人的主要违约形式

1. 未按合同约定拨配适当车辆。

2. 超过运到期限未将货物运抵到站交付收货人。

3. 未将货物交付正当收货人。

复习思考题

1. 货运事故责任划分的原则是什么？

2. 有公安机关证明系扒车人员引起的火灾或被盗事故，如何定责？

3. 货车下部施封，封印的站名或号码与运输票据或封套记载不一致，发生了货运事故怎样定责？

4. 使用棚车和集装箱装运的易碎货物发生损坏时分别应如何定责？

5. 集装箱装运的易碎货物，如属铁路责任发生损坏，但是又不能查明铁路内各单位间原因时，应如何定责？

第十七章 货运事故赔偿

一、货运事故赔偿依据

货运事故赔偿最基本的法律依据是《中华人民共和国铁路法》。

1.《中华人民共和国铁路法》第十七条规定:铁路运输企业应当对承运的货物自接受承运时起到交付时止发生的灭失、短少、变质、污染或者损坏,承担赔偿责任。

2.《中华人民共和国铁路法》第十九条规定:托运人应当如实填报托运单,铁路运输企业有权对填报的货物品名、重量、数量进行检查。因检查对货物中的物品造成损坏由铁路运输企业赔偿。

3.《中华人民共和国铁路法》第二十三条规定:因托运人或者收货人的责任给铁路运输企业造成财产损失的,由托运人或者收货人承担赔偿责任。

上述规定明确了货运事故的赔偿范围。铁路运输企业(承运人)与托运人、收货人相互间提出赔偿要求和受理赔偿的行为均应按照上述法律的规定进行规范。

二、货运事故的索赔

(一)索赔期限

《铁路货物运输规程》中对赔偿时效作了规定:"承运人与托运人或收货人相互间要求赔偿或退补费用的有效期为180日,但要求承运人支付违约金的有效期间为60日。"这就是赔偿要求权的时效。超过时效,其赔偿要求权就得不到保障。

1. 托运人或收货人向承运人要求赔偿或退还运输费用的时效期限,由下列日期起算:

(1)货物灭失、损坏或铁路运输设备损坏,为承运人交给货运记录的次日;货物全部灭失未编有货运记录,为运到期限满期的第31日。

(2)多收或少收运输费用,为核收该项费用的次日。

(3)要求支付违约金,为交付货物的次日。

(4)其他赔偿及退补多收或少收费用,为发生事故或核收该项费用的次日。

2. 承运人对托运人或收货人提出的赔偿或补收费用的有效期限,由下列日期计算:

(1)铁路运输设备损坏,为承运人交给货运记录的次日。

(2)少收运输费用,为核收该项费用的次日。

(3)其他赔偿及少收费用,为发生事故或核收该项费用的次日。

根据《中华人民共和国民法通则》规定时效从当事人知道或应当知道权益被侵害之日起算的原则,上述时效以受理赔偿或退补要求的一方收到赔偿或退补费用要求之日起,时效中止。以提出赔偿或退补费用的一方收到受理赔偿或退补费用的另一方答复的次日起时效继续计算。

对属于承运人承担赔偿责任的货物损失，承运人要主动向托运人或收货人赔偿。办理赔偿的最长期限，自车站接受赔偿要求的次日起至填发“货运事故赔款通知书”时止，款额在5 000元以下的为10天；款额超过5 000元的为30天。

（二）索赔须知

收货人在车站提取货物时，如发现货物丢失、短少、变质、污染、损坏等，应向车站索取货运记录（普通记录）。取得货运记录（普通记录）之日起满30日，铁路查找仍无下落时，收货人应向到站或发站提出赔偿要求。

1. 办理保价运输的货物，足额保价的按照实际损失赔偿。保价不足额的，全批货物损失时最高不超过保额；部分货物损失时，按损失货物占全批货物的比例乘保价金额计算。

2. 未办理保价运输的货物，按照铁道部规定的赔偿限额进行赔偿。

3. 办理保险运输的货物，凭承运人出具的货运记录（普通记录）立即向当地保险公司报案，并办理赔偿有关手续。

4. 提出赔偿要求人应是货物运单记载的收货人或托运人，如委托运单记载以外的人代理要求赔偿，委托人应向车站提出委托书。托运、收货人应自承运人交给货运记录之日起180日内向车站提出赔偿要求，否则视为放弃赔偿要求。

办理索赔手续时，托运、收货人须提供下列证明文件：

（1）货物运单（原件）。

（2）货运记录（普通记录）（原件）。

（3）货物发票或价格证明（原件或加盖财务专用章的复印件）。

（4）货物损失清单（须经车站当日交付时清点验证和会同铁路确认的）或事故货物鉴定书，易损货物“商品损耗率”的计算方法和清单。

（5）个人行李物品或一批货物有两种以上货物品名的货物，还须提交盖有发站日期戳的物品清单。

（6）货物赔偿要求书（由车站提供）。

5. 赔偿要求书填记要求：

（1）提赔单位名称或托运、收货人姓名与货物运单记载的内容一致。

（2）货物损失的计算方法。

（3）托运、收货人领款的详细地址及邮编号码、电话号码、身份证号码、银行名称、地址、账户账号全称。

（4）填写内容准确，字迹清楚无涂改（如有涂改须在涂改处加盖索赔人印章）。

6. 货物发生损坏或部分灭失需要鉴定时，应会同车站在约定的期限内进行鉴定，作成鉴定记录并加盖参加单位公章和参加人员名章或签字。

（三）索赔流程

索赔流程如图17-1所示。

三、受理赔偿

1. 到站受理赔偿

托运人或收货人向承运人要求赔偿货物损失时，应按批向到站（货物发送前发生的向发

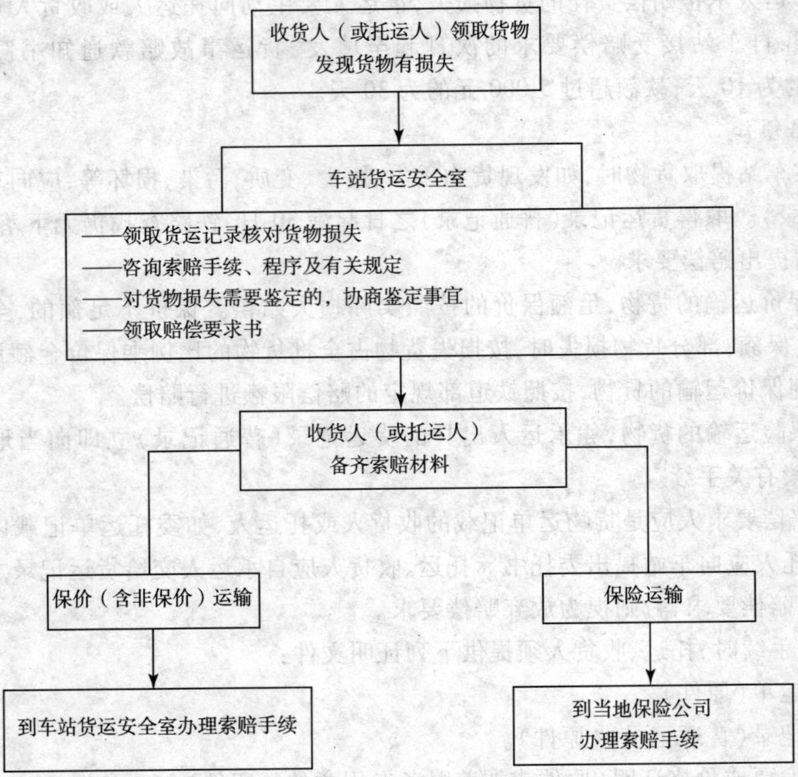

图 17-1　索赔流程示意图

站）提出赔偿要求书并附货物运单、货运记录和有关证明文件，按保价运输的个人物品，应同时提出盖有发站日期戳的物品清单；要求退还多收运输费用时，须提出货票丙联或运费杂费收据；收货人要求承运人支付运到逾期违约金时，应向到站提出货物运单。

承运人向托运人或收货人提出赔偿要求时，应提出货运记录、损失清单和必要的证明文件。

2. 发站受理赔偿

保价运输货物在铁路运输过程中发生货运事故，托运人或收货人向发站提出赔偿要求时，发站可以受理；发站受理时，应检查赔偿要求人的权利、有效期限、“赔偿要求书”内容以及规定的证明文件。同时，在赔偿要求书收据上加盖车站公章或货运事故处理专用章，交给赔偿要求人。发站自接受次日起 3 日内将赔偿材料寄送到站，并将赔偿材料的复印件（或抄件）留存。到站收到发站寄送的赔偿要求材料后，必须及时告知发站。经审核不符合赔偿要求规定时，应自收到该材料的次日起 15 日内，以书面形式说明原因通知发站联系赔偿要求人。发站应尽快联系结果以“货运事故查复书”（或电报）告知到站。属于承运人责任的，到站应贯彻“先赔付、后划分内部责任”的原则对外办理赔偿，同时将赔款通知书副本抄送发站。

货运事故调查、定责和赔偿等程序仍按现行规定办理。发站根据权限，可以办理承运人责任明确的事故赔偿，并通知到站和有关单位。铁路内部责任及赔偿按规定办理清算。对赔偿要求人提出的赔偿要求，发到站均不得拒绝或相互推诿。

四、赔偿权限

1. 车站赔偿的权限

赔款额5 000元以下(包括5 000元),由车站(非决算单位的车站由车务段)审核赔偿。

2. 铁路局赔偿的权限

赔款额超过5 000元的由铁路局审核赔偿。

五、货物保价运输的赔偿

1. 保价运输责任赔偿范围

承运人从承运货物时起,至将货物交付收货人时止,对保价运输的货物发生灭失、短少、变质、污染、损坏承担赔偿责任。

2. 非保价运输赔偿责任

但由于下列原因造成的,承运人不承担赔偿责任:

(1)不可抗力;

(2)货物本身的自然属性或合理损耗;

(3)托运人、收货人或押运人的过错。

六、保价运输事故的补偿

1. 集装箱运输的保价货物和托运、收货人自装卸及其派人押运的保价货物发生损失时,依照有关规定虽属托运、收货人责任,但托、收货人承受有困难时,可按赔偿处理权限的规定,由到站(铁路局)征得发站(铁路局)同意后(以书面答复为准)给予补偿。

2. 上述保价运输的货物发生损失需要编制记录时,到站须会同收货人及时核实货物的实际损失情况,然后再按有关规定编制普通记录。如收货人(或托运人)要求铁路补偿时,到站应会同其共同列出应补偿的货物损失清单并一式两份,一份交给收货人(或托运人),一份留车站存查,同时加盖车站的"货运事故处理专用章"和收货人(或托运人)的有关印章。

3. 收货人(或托运人)要求铁路补偿时,应按批向到站(在发站发生的事故向发站)提出赔偿要求书(以《铁路货物运输规程》格式十二代替),并附普通记录、货物运单、货物损失清单和有关证明文件。

4. 到站(铁路局)根据收货人(或托运人)的补偿要求,填制保价货物补偿通知书(以《铁路货运事故处理规则》格式代替),按照《铁路货物保价运输办法》第十条的规定办理补偿,其款额在"保价货物赔偿费"项下列支。车站(非决算的车站为车务段)于每月的5日前,将上月的补偿款额按批报送主管铁路局,铁路局将每月的补偿款额按批汇总后,每月向发送局清算一次。发送铁路局将每月的补偿款额填报"保价货物事故统计报告",并在该报告右下角的空白栏内注明:"本月保价货物事故补偿×批×元"其责任部门列其他"路外"栏内,事故件数不予统计。

七、赔偿价格及赔款支付和清算

1. 赔偿价格的标准

货物灭失时,按灭失货物价格赔偿;货物损坏时,按损坏货物所降低的价格赔偿。

货物赔偿价格的标准为：

(1)执行国家定价的货物，应按照各级物价管理部门规定的价格计算。

(2)执行国家指导价格或市场调节价格的货物，比照国家定价货物中相同规格或类似商品价格计算。

(3)个人托运的搬家货物、行李，按货物交付当日(全部灭失时，为运到期限满了的当日)当地国营企业或供销部门的零售价格计算。

保价运输的货物，赔偿金额最高不能超过该批货物的保价金额，只损失一部分时，按损失货物与全批货物的比例乘以保价金额赔偿。不保价运输的，按照限额赔偿办理。

货物的损失由于承运人的故意行为或重大过失造成的，不适用赔偿限额的规定，按照实际损失赔偿。

赔偿价格中如未包括货物运输费用、税款和包装费用时，应按全批货物或灭失部分的比例加算各项费用。

对损坏的货物或运输设备，也可用支付加工或修理费用的方式赔偿，但支持的加工或修理费用，不得超过货物或设备损坏降低价值所造成的损失。铁路运输设备发生损失的赔偿价格，按铁路有关规定办理。

2. 赔款的支付与清算

(1)事故处理单位应填发“货运事故赔偿通知书”(以下简称“赔通”)支付赔款。“赔通”分为正本、副本。正本为领、付款凭证(由银行转账或邮局汇付时，交本单位财务部门；领取现款时，交赔偿要求人)。副本为赔款通知，除填发单位留存一份外，送以下单位：本单位财务部门(作清算用)；赔偿要求人(凭正本领款时不再发给)；责任单位；责任单位的主管局、到站。站、段处理时还应送主管铁路局。

(2)货运事故的赔偿，除个人及无银行账号的个体经营者外，一律不得以现金支付。

(3)一批赔款或铁路局间分摊后的款额不足500元时，互不清算，由处理单位列销。500元以上的跨局事故赔偿，由站、段逐级上报主管铁路局。每份“赔通”附转账单一份，由主管局汇总每月向责任局清算一次，但主管局需于“赔通”填写完毕次日起的3个月内填发赔款转账单向责任局进行清算，否则责任局不予清算。责任局自接到处理局汇总的赔款转账单的次日起，10日内向处理局支付。责任单位不得退回“赔通”。

(4)在赔偿后又找到货件均由责任站自行处理，不得要求到站重新处理或改变原定赔偿。

被盗丢失事故结案后，公安机关破案证明属他站责任时，按下列规定处理：

①赔款额10 000元以下的，维持原来定责不变。

②赔款额超过10 000元的，原责任站将原调查材料、原“赔通”和公安机关破案证明一并报主管铁路局审核后，自原货运记录编制之日起180日内，向新的责任局填发“赔通”，转送上述材料。新的责任局应及时转账，落实责任。超过期限的，仍维持原来定责不变，新的责任局不予受理。

(5)承运人同托运人或收货人间所发生的赔偿或退补费用以及违约金的款额，每批货物不满5元(零担货物为每批不满1元)，互不赔偿、退补、支付或核收。但个人托运的搬家货物、行李的赔偿、退补、支付或核收费用，不受以上规定款额的限制。

复习思考题

1. 哪些情况承运人不承担赔偿责任?
2. 车站受理赔偿时,应要求托运人或收货人提供哪些材料?
3. 赔偿权限是如何规定的?
4.《铁路货物运输规程》对赔偿时效是如何规定的?
5. 对赔偿的有效期限有何规定?

第十八章　货运事故的民事诉讼

第一节　民事诉讼相关知识

民事诉讼，就是当事人到法院解决民事纠纷争议。民事诉讼的基本内容是人民法院和诉讼参与人所进行的诉讼活动以及在诉讼过程中产生的法律关系。诉讼活动表现为人民法院、当事人以及其他诉讼参与人的各种诉讼行为，它会引起诉讼法律后果，并推动民事诉讼的发展；诉讼法律关系表现为人民法院与各诉讼参与人之间在民事诉讼中所形成的权利义务关系。

一、诉讼参与人

1. 当事人

诉讼当事人，是指因民事权利义务关系发生争议，以自己的名义进行诉讼，并受人民法院裁判约束的利害关系人。诉讼当事人包括原告、被告、共同诉讼人、诉讼代表人和第三人。在庭审中，还包括上诉人和被上诉人。

原告，是指为保护自己的民事权益，以自己的名义向人民法院提起诉讼，从而引起民事诉讼程序的人。被告人是指被他人提起诉讼，从而引起民事诉讼程序的人。被告是指被他人提起诉讼，而由法院通知应诉的人。公民、法人和其他组织可以作为民事诉讼的当事人。法人由其法定代表人进行诉讼。其他组织由其主要负责人进行诉讼。

共同诉讼人，是指当事人一方或者双方为两人以上。其诉讼标的是共同的，或是同一种类、人民法院认为可以合并审理并经当事人同意的。

诉讼代表人，是指当事人一方人数众多的共同诉讼，可以由当事人推选代表进行诉讼。诉讼代表人的诉讼行为对其所代表的当事人发生效力，但代表人变更、放弃诉讼请求或者承认对方当事人的诉讼请求，进行和解，必须经被代表的当事人同意。

第三人，是指对他人争议的诉讼标的有独立请求权，或者虽然没有独立的请求权，但案件处理的结果与其有法律上的利害关系，因而参加到诉讼中来，依法维护自己合法权益的人。

2. 诉讼代理人

诉讼代理人，是指根据法律规定和当事人的授权，以被代理人的名义通过诉讼活动维护被代理人利益的人。根据代理权产生的根据，可以将代理分为法定代理和委托代理。

二、民事诉讼的管辖

管辖，是指确定上下级法院之间和同级人民法院之间受理第一审案件的分工和权限。管辖分为级别管辖、地域管辖、移送管辖和指定管辖。

级别管辖是确定上下级法院之间受理案件的范围。级别管辖的确定，主要是以案件的性质、影响和大小为标准。对经济纠纷案件,还要考虑到诉讼单位的隶属关系、诉讼标的的金额大小以及案件的简繁程度等因素。

地域管辖是指同级人民法院受理第一审民事案件的分工和权限。

移送管辖是指受诉讼的人民法院发现不属于自己管辖的案件,可以移送给有管辖权的人民法院审理。

指定管辖是指上级人民法院对某些具体的案件,指定由其下属的某个法院审理。

铁路货运合同纠纷属于铁路运输法院的专属管辖。

三、民事诉讼的程序

(一)第一审程序

1. 起诉和受理

(1)起诉必须符合以下条件:

①原告是与本案有直接利害关系的个人、企业事业单位、机关、团体。

②有明确的被告、具体的诉讼请求和事实根据。

③属于人民法院管辖范围和受诉人民法院管辖。

(2)起诉状应当记明以下事项:

①当事人的姓名、性别、年龄、民族、籍贯、职业、工作单位和住址,企业事业单位、机关、团体的名称、所在地和法定代表人的姓名、职务。

②诉讼请求和所根据的事实与理由。

③证据和证据来源,证人姓名和住址。

人民法院接到起诉状或者口头起诉,经审查,符合本法院规定受理条件的,应当在 7 日内立案;不符合本法院规定受理条件的,应当在 7 日内通知原告不予受理,并说明理由。

2. 调解

人民法院受理的民事案件,能够调解的,应当在查明事实、分清是非的基础上进行调解,促使当事人互相谅解,达成协议。

调解达成协议,必须双方自愿,不得强迫。

调解达成协议,应当制作调解书,由审判人员、书记员署名,并加盖人民法院印章。调解书送达后,即具有法律效力。

对不需要制作调解书的协议,应当记入笔录,由双方当事人、审判人员、书记员签名或者盖章后,即具有法律效力。

调解未达成协议或者调解书送达前,一方反悔的,人民法院应当进行审判,不应久调不决。

3. 开庭审理

人民法院审理民事案件,应当在开庭 3 日前通知当事人和其他诉讼参与人。公开审理的,应当公告当事人姓名、案由和开庭的时间、地点。

开庭审理前,书记员应当查明当事人和其他诉讼参与人是否到庭,宣布法庭纪律。

开庭审理,由审判长或者独任审判员核对当事人,宣布案由,宣布审判人员、书记员名单,告知当事人的诉讼权利和义务,询问当事人是否申请回避。

法庭调查按下列顺序进行:

(1)询问当事人和当事人陈述。

(2)告知证人的权利义务,询问证人,审计未到庭的证人证言。

(3)询问鉴定人,宣读鉴定结论。

(4)出示书证、物证和视听资料。

(5)宣读勘验笔录。

法庭辩论按下列顺序进行:

(1)原告及其诉讼代理人发言。

(2)被告及其诉讼代理人答辩。

(3)双方互相辩论。

法庭辩论终结,由审判长按原告、被告的先后顺序征询双方最后意见。可以再行调解,调解未达成协议的,依法作出判决。

人民法院宣告判决,一律公开进行。当庭审判的,应当在10日内发送判决书;定期审判的,宣判后即发给判决书。

宣告判决时,必须告知当事人上诉权利、上诉期限和上诉法院。

4. 判决和裁定

判决书应当写明:

(1)案由、诉讼请求、争议的事实和理由。

(2)判决认定的事实、理由和适用的法律。

(3)判决结果和诉讼费用的负担。

(4)上诉期限和上诉法院。

判决书由审判人员、书记员署名,加盖人民法院印章。

裁定适用于下列范围:

(1)驳回起诉。

(2)关于诉讼保全和先行给付。

(3)准予或者不准撤诉。

(4)中止或者终结诉讼。

(5)补正判决书中的失误。

(6)其他需要裁定解决的事项。

对第(1)项裁定,可以上诉。

裁定书由审判人员、书记员署名,加盖人民法院印章。口头裁定的,记入笔录。

最高人民法院的判决、裁定,以及依法不准上诉或者超过上诉期没有上诉的判决、裁定,是发生法律效力的判决、裁定。

5. 简易程序

简易程序是指基层人民法院和它派出的法庭审理简单的民事案件所适用的程序。它是第一审程序中的一种独立的简便易行的诉讼程序。

(二)第二审程序

当事人不服地方各级人民法院第一审判决、裁定的,有权向上一级人民法院提起上诉。

对判决提起上诉的期限为15日,对裁定提起上诉的期限为10日。

上诉状的内容应当包括当事人的姓名，企业事业单位、机关、团体的名称及其法定代表人的姓名；原审人民法院名称、案件的编号和案由；上诉的请求和理由。

上诉状应当通过原审人民法院提出，并且按照对方当事人的人数提出副本。

第二审人民法院对上诉案件，经过审理，按照下列情形，分别处理：

(1)原判决认定事实清楚，适用法律正确的，判决驳回上诉，维持原判。

(2)原判决认定事实清楚，但是适用法律错误的，依法改判。

(3)原判决认定事实不清，证据不足，或者由于违反法定程序可能影响案件正确判决的，裁定撤销原判，发回原审人民法院重审，也可以查清事实后改判。

当事人对重审案件的判决、裁定，可以上诉。

第二审人民法院对不服第一审人民法院裁定的上诉案件的处理，一律使用裁定。

第二节　铁路货运人员处理货运纠纷的基本要求

一、收集证据

依法收集证据，是正确处理铁路货运事故纠纷的基础和前提。铁路货运人员要提高对收集证据重要性的认识。在处理事故时，应当依照铁路法律、法规和规章的要求，客观、真实地记载事故现场状况，按照规定的格式制作货运事故有关文件资料，保证收集的证据是合法、有效的，以便公正、合理地解决纠纷、争议。

二、核定诉讼标的损失

诉讼标的损失核定一般有以下三种方式：一是铁路运输合同双方当事人协商确定；二是有关部门鉴定；三是评估。如果数额不大，可以由双方协商确定具体的损失；如果数额较大，或者双方不能达成一致意见的，可以请鉴定部门或者评估部门鉴定或评估。

三、起诉与应诉的准备

铁路货运人员代表企业处理货运纠纷，应当做好起诉与应诉工作。因托运人、收货人的过错造成铁路运输企业经济损失的，铁路货运人员要做好起诉的准备工作；如果是托运人或者收货人起诉铁路运输企业的，则铁路货运人员要做好应诉的工作。不管是起诉还是应诉，都是铁路运输企业在依法行使诉讼权利，铁路货运人员要根据企业法定代表人的授权，认真做好诉讼工作，依法维护自己的合法权益。

第三节　关于协助执行执法机关扣留铁路运输货物的规定

铁路车站接到有关执法部门因各种原因要求协助执行扣留铁路运输货物的通知时，为协助执法机关做好工作，同时维护铁路正常运输秩序，有关规定如下：

(1)按照国家法律、法规有物品扣押权的执法机关要求车站协助执行扣押铁路运输货物的，应当制作裁定书并附协助执行通知书。在货物发送前由发站、发送后由到站受理。除继续运输将危及铁路运输安全或对社会造成重大危害等特殊情况（如武器、弹药）等，报请铁路局批准的外，中途站不办理扣押货物事宜。

(2)发站或到站接到协助执行扣押通知后，应立即将要求扣押的货物妥善保管。发站应立即通知托运人，到站应立即通知收货人并电告发站转告托运人限期到车站处理，按规定办理货物交付或取消托运手续，同时由执法机关直接向托运人或收货人办理扣押货物手续。托运人或收货人逾期不来车站处理或通知不到的，执法机关将扣押货物转移的，凭县级以上执法机关出具的正式法律文书，办理货物移交，并通知发站或到站及托运人和收货人。对同一批货物有几家执法机关同时要求扣押的，应由其上级主管部门协调，按协调部门指示办理。铁路运输货物按法律、法规的规定移交执法机关后，运输合同终止履行。货物扣押期间的保管费用及因扣押产生的其他相关费用按有关规定核收。

(3)该铁路运输企业与托运人之间签订的铁路运输合同中涉及被扣押货物部分合同终止履行的，铁路运输企业不承担责任。因扣押货物造成的损失，由有关责任人承担。

因申请人申报扣押错误所造成的损失，由申请人承担赔偿责任。

(4)中途站接到执法机关要求协助扣押通知的，应告知其在到站办理，并电告到站，以便到站提前作好准备，协助处理。

复习思考题

1. 当事人、诉讼代理人的定义是什么？
2. 级别管辖的依据是什么？
3. 确定货物损失有哪三种方式？
4. 简述民事诉讼程序。
5. 中途站接到货物扣押通知时，应如何处理？

第十九章　货运事故统计与资料保管

第一节　货运事故分析与统计

货运事故统计分析工作，是货运安全室各项工作当中一项重要的工作，分析质量的高低直接影响安全运输。规定此项的目的，就是要加强统计分析工作，提高统计分析水平。货运安全人员要学会运用一切有关统计数据，对事故发生原因进行多方位、多层次、多角度的分析，从中发现问题的关键点，发现管理上需要加强和应该改进的环节，进而提出防范措施。

一、事故分析

货运安全室应将每月发生的货运事故、查询记录、破封、补封等情况，分别按发生的时间、地点、人员、岗位以及事故种类进行综合统计分析，找出事故发生的规律和普遍性问题，提出针对性的措施，以专题报告提交货运车间和车站。

车间或车站根据货运安全室提交的专题报告，召开货运安全分析会。将货运安全室报告的情况向全体货装干部职工传达，使每个干部职工都清楚安全生产的薄弱环节，以便在作业中引起重视和警觉，做到预防为主，减少事故的发生。

站、段每月向铁路局统计填报“货运事故统计报告”（参见《铁路货运事故处理规则》相关内容）。按半年、全年度对货运安全情况进行总结分析，逐级上报。

根据铁道部规定，站、段、铁路局均要建立货运事故分析报告制度。目的是能及时了解、掌握、分析货运事故发生情况和事故处理工作进度，掌握工作中普遍存在的问题和一些问题的特殊性，以利于改进工作，提高工作质量。

“货运事故分析报告”包括 5 项内容：

(1)重大、大事故速报及调查处理情况；

(2)重大、大事故赔偿情况；

(3)人民来信来访情况；

(4)火灾、爆炸及罐车装运的液化气体泄漏等社会影响较大事故；

(5)责任事故分析情况。

“货运事故分析报告”实行零报告制度。

不同事故等级由不同级别单位负责召开事故分析会。一般事故由责任站负责召开；大事故、重大事故由责任铁路局负责召开。事故分析会应由主管领导主持，并应在事故责任明确之日起 30 日内组织召开。

事故分析应切实做到“四不放过”：事故原因不查清不放过、事故责任者得不到处理不放过、整改措施不落实不放过、教训不吸取不放过。

二、事故统计

事故统计分别由站、段、铁路局、铁道部自下而上、以月为单位，将本单位发生的事故件数按运输种类、事故等级、责任部门以及赔偿件数、赔偿款额进行汇总的一项工作。

对于责任事故（不论是否发生赔款）及未构成事故的责任赔款，均须逐件统计。货运事故按结案日期统计上报。上级裁定的事故，按接到裁定批复的当月统计。一般事故由车站，大事故、重大事故由铁路局逐项填写“货运事故报告表”，随同货运事故统计报告和货运事故分析报告同时逐级上报。

事故统计以一批作为一件。但由于自然灾害、火灾、行车原因，在同一车站（区间）、同一列车内、同一时间发生的多批事故应按一件统计，其事故等级按损失款额总和确定。一件事故由几个责任单位共同承担时，事故件数由主要责任单位统计；无主要责任单位的，除另有规定者外，按造成事故的车站顺序，由第一责任单位统计。

由于货运责任造成的行车事故或非货运责任的险性以下行车事故而造成10万元以上的货物损失时，应统计货运事故件数。非货运责任行车重大、大事故造成货物损失的，不再统计货运事故件数。

因托运人、收货人责任或押运人过错使铁路运输工具、设备或第三者的货物造成损失时，分别由发站、到站统计事故件数，责任部门列“其他路外”。

第二节　货运事故资料保管

货运事故调查材料应保持完整。调查过程中各单位均不得抽留往来查复材料及附件。

重大事故、大事故、一般事故的调查材料，由责任局、责任站（段）保管。

托运人、收货人责任的调查材料，分别由发站、到站保管。

赔偿材料由办理赔偿的单位保管。

车站对施封锁（环）应建立使用去向登记制度。无论是否编制记录的施封，卸车站均自卸车之日起保管180日后方可销毁。销毁时由货运主任、公安人员、货运安全室负责人共同销毁并记录备查。

各记录、调查材料、赔偿材料的保管期限，自结案的次年1月1日起，均为3年。

复习思考题

1. 货运事故分析报告包括哪五项内容？
2. 施封锁的保管和销毁有何规定？
3. 对记录、调查资料、赔偿材料的保管期限是如何规定的？

第二十章　无法交付货物和无标记货物

一、无法交付货物

无法交付货物是指承运人无法向正当收货人进行交付的货物。下列货物属于无法交付货物：

(1)从承运人发出催领通知的次日起(不能实行催领通知时,从卸车完了的次日起),经过查找,满30日(搬家货物满60日)仍无人领取的货物；

(2)收货人拒领(应出具书面证明),到站自拒领之日起,3日内通知托运人和发站征求处理意见,托运人自接到通知之日起,30日内未提出处理意见答复到站的货物。

发现符合上述条件的无法交付货物,货运员应在发现或发生的当日,进行登记,按批编制不带号码的货运记录,报告货运安全室。记录编制应重点记载货物到达、卸车时间和催领方式、时间及次数。安全室根据编制的不带号码的货运记录,审核无误后按批编制货运记录。

二、无标记货物

无标记货物是指货物没有标记(货签),无法判明发、到站及托运人、收货人而无法回送、交付的货物,下列货物属于无标记货物：

(1)清仓(库、区)检查发现的无标记事故货物；

(2)在铁路沿线拣拾以及公安部门交给车站的无标记事故货物；

(3)赔偿后又找回收货人拒领的货物；

(4)车站内散落的零件、货底以及其他无票、无标记的货物。

发现符合上述条件的无标记货物时,货运员应在发生或发现的当日,进行登记,按批编制不带号码的货运记录,报告货运安全室。记录编制应重点记载发现的情况,件数,品名、包装及特征,内品数量、规格、尺寸、颜色、生产厂家及每件重量等。安全室根据编制的不带号码的货运记录,审核无误后按批编制货运记录。

如公安等部门直接将无标记货物移交货运安全室的,可由货运安全室直接编制货运记录,但记录内必须有移交部门(人员)的盖章或签字。

发现无票重车(重当空排),发现站应将重车扣下妥善保管,并于发现当日编制记录,并向上一列车编组站拍发电报,尽快确定误排站和正当到站,向正当到站回送。

三、两无货物的收集保管

为减少损失,规范管理,车站对两无货物(无法交付货物、无标记货物)应妥善保管。

1. 车站应设有两无货物保管仓库,实行两无货物专库保管。

2. 铁路局应指定几个保管条件好的车站，作为两无货物集中保管处理站。

3. 车站应建立定期清区清库制度。确定为两无货物的，应将货物移至两无货物专用仓库保管，不允许以货车、集装箱或作业库区代库。两无货物必须拴挂事故货物标签，编号管理，分批码放，堆码整齐。

4. 车站要建立两无货物台账，根据记录及时登记。变卖后及时注销，并注明时间和杂费收据号码。

两无货物应实行台账和实物分别专人管理，定期核对账物，做到账物相符。

四、两无货物的查询及处理

物归原主是处理两无货物的基本原则，因此对两无货物要千方百计寻找线索，尽力做到物归原主。

自货运记录编制之日起3日内送查发站，并填制"无法交付货物通知书"，主送托运人，抄送收货人。托、收货人和发站超过30日（搬家货物为60日）仍不答复的，即可上报变卖处理。

五、两无货物的报批及变卖

1. 报批

两无货物的上报处理，须经车站两无货物处理领导小组审核研究后，提出书面处理意见，附上开列的货物清单，加盖车站公章后上报。无法交付货物按规定上报当地有关部门审批，当地有关部门不办理审批的，上报主管铁路局审批；无标记货物按规定上报主管铁路局审批。主管铁路局必须以书面形式批复，批复要明确具体的处理方案和意见。车站按当地有关部门和主管铁路局批复的意见，由两无货物处理领导小组成员会同有关人员进行处理。

2. 变卖

车站接到书面批复意见后，按规定将货物移交处理单位处理或变卖。两无货物的变卖，可按国务院办公厅《关于公物处理实行公开拍卖的通知》（国办发[1992]48号）的规定公开拍卖，也可采取变卖的方式。拍卖或变卖应按质论价、价格合理。

两无货物处理后，车站应填写"无标记（无法交付）货物处理书"一式两份，一份报铁路局备案，一份留站存查。

车站对两无货物处理所得款，按规定扣除有关搬运、储存、清扫以及劳务、奖励等费用后上缴铁路局，铁路局按规定对上缴额进行处理，无法交付货物处理款上缴国库，无标记事故货物处理款额用于冲减货运事故赔款。

无法交付货物处理完毕后，货主要求归还货物或价款的，一律不予受理。

必须强调的是，两无货物所有权不属于处理单位，也不属于托运人、收货人，在性质上属于国家所有，因此车站不能擅自动用和处理，不能用两无货物抵补自站发生货损、货差的货物，也不能有意压价、降价处理给内部人员，更不能少报瞒报、另立账目，私分处理。违者要追究有关人员责任，给予严肃处理，触犯刑律的，依法处理。

复习思考题

1. 哪些货物属于于无法交付货物？
2. 处理两无货物的基本原则是什么？
3. 两无货物变卖款应如何处理？
4. 无标记货物如何处理？

第二十一章　货运事故处理系统

第一节　功能概要介绍

一、启　　动

在桌面上找到“事故处理系统 V1.0”图标，双击这个图标开始启动系统，或在程序组里点击进入，如图 21-1 所示。

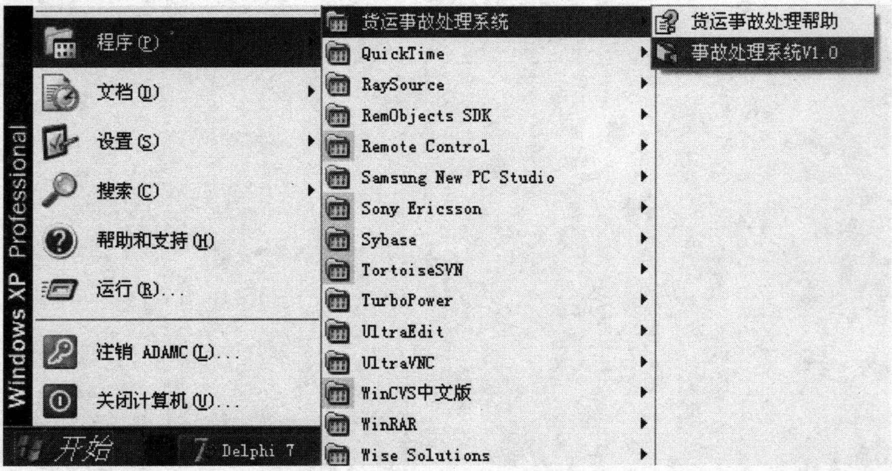

图 21-1　在程序组里点击进入事故处理系统

二、登　　录

使用者输入代码及密码进行登录操作，系统按照代码查询到相应的用户名，验证代码和密码的正确性，并按照该用户使用权限展示功能菜单，进入系统应用。

系统登录界面如图 21-2 所示。

1. 车站级系统

货运事故处理系统登录后主界面如图 21-3 所示。

2. 数据交换状态查询

显示待接收业务数据情况如图 21-4 所示，点击蓝色字体区域，弹出“未接收文件情况”。单击列表内蓝色字体，打开对应文件报表界面，如图 21-5 所示。

3. 传输状态查询

文件传输状态查询如图 21-6 所示。根据输入的条件分别显示文件传输进程、未传输数据及待接收数据。

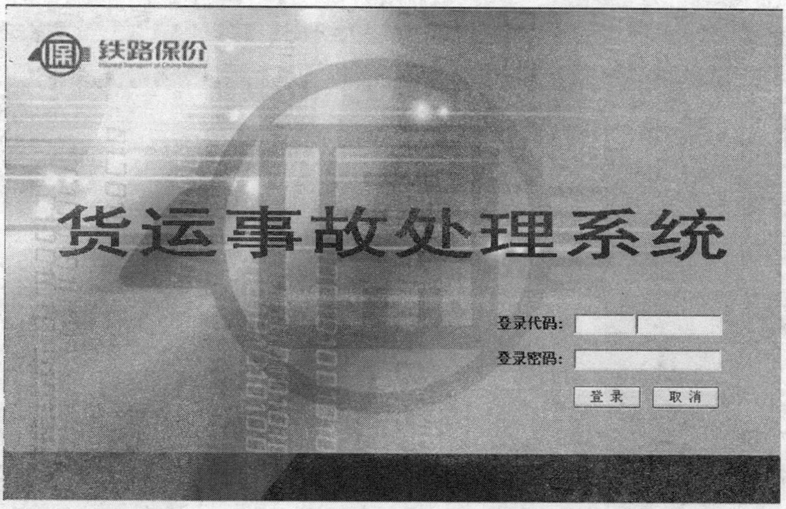

图 21-2　货运事故处理系统登录界面

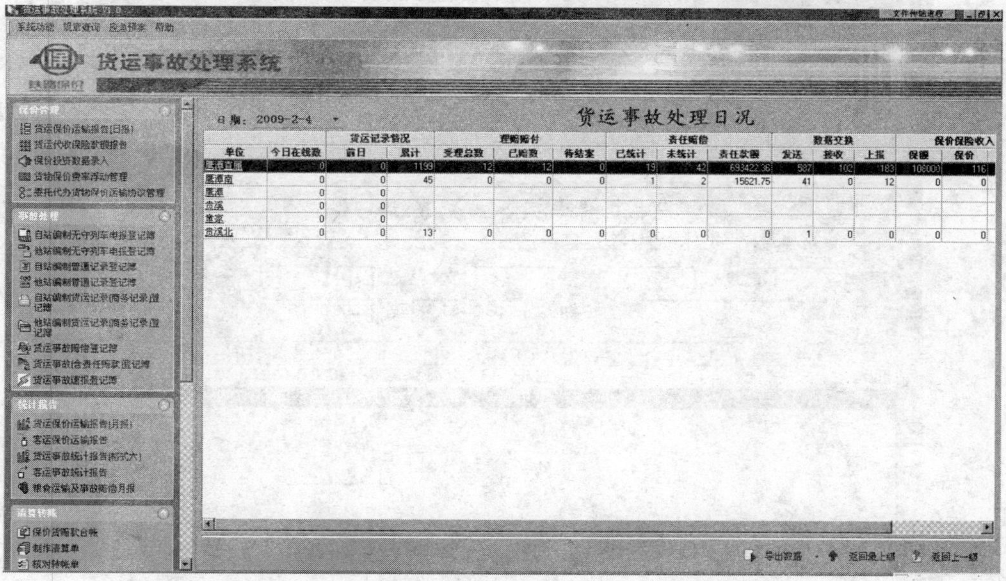

图 21-3　货运事故处理系统登录后主界面

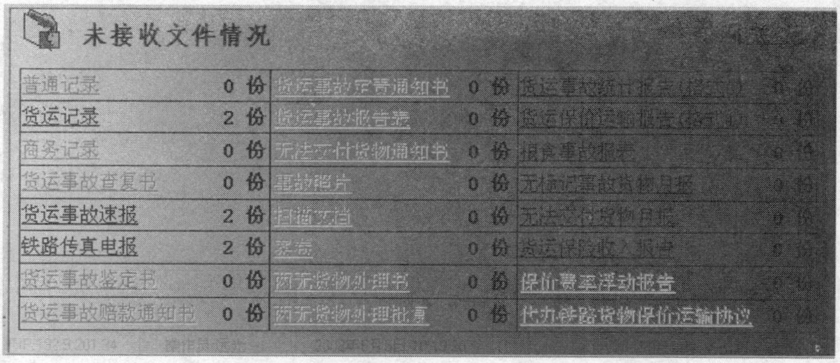

图 21-4　待接收业务数据情况

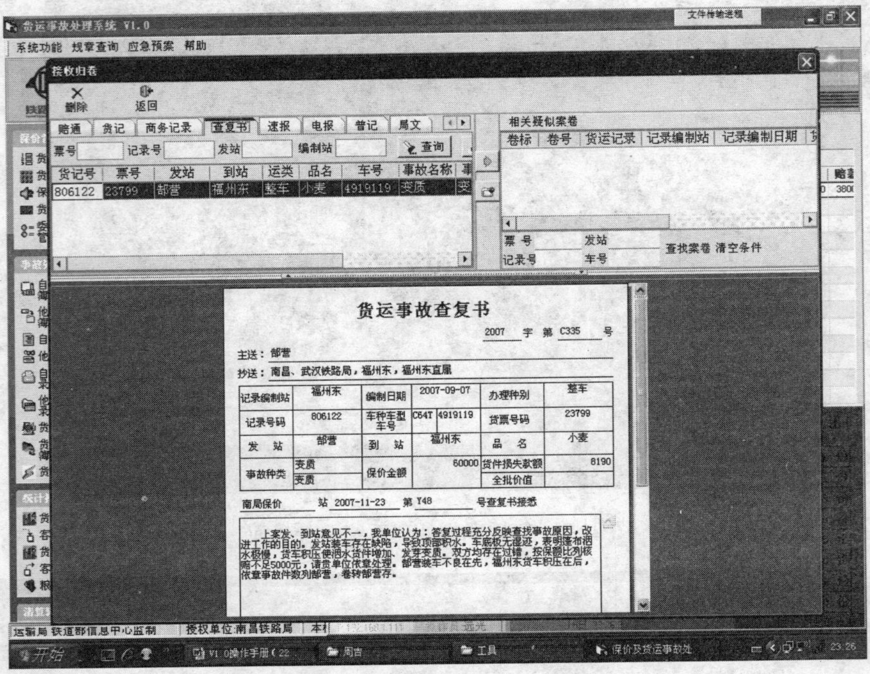

图 21-5　接收文件报表界面

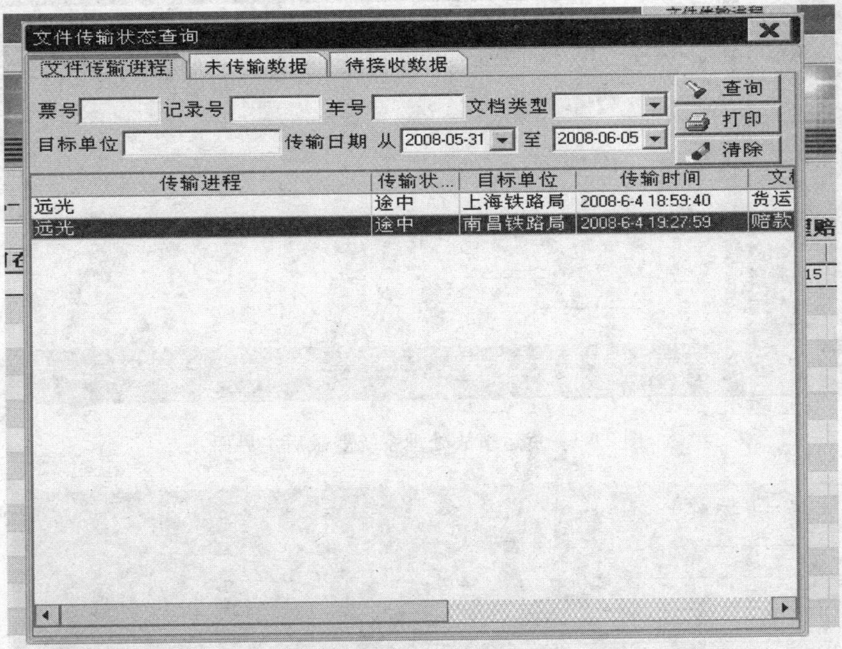

图 21-6　文件传输状态查询

4. 状态栏信息

状态栏信息如图 21-7 所示，分别显示授权单位、本机 IP 地址、操作员、时间和文件到达信息。

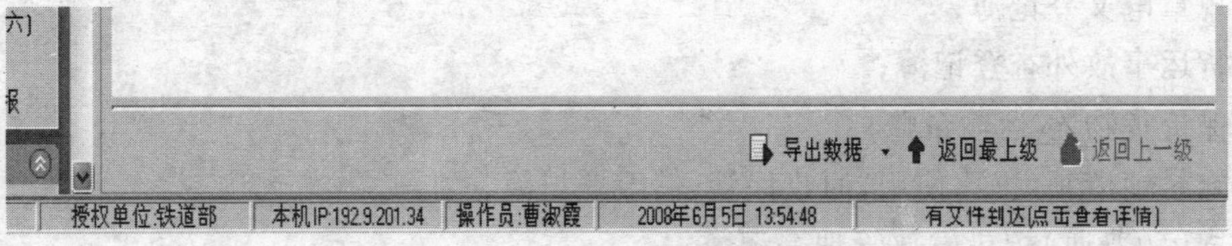

图 21-7　系统状态栏信息

三、功能概要

事故处理系统由一级菜单、货运事故处理日况和浮动窗口组成。

1. 保价管理

(1)货运保价运输报告(日报);

(2)货运代收保险款额报告;

(3)保价投资数据录入;

(4)货运保价货物费率浮动管理;

(5)委托代办货物保价运输协议管理。

2. 事故处理

(1)自站编制无守列车电报登记簿;

(2)他站编制无守列车电报登记簿;

(3)自站编制普通记录登记簿;

(4)他站编制普通记录登记簿;

(5)自站编制货运记录(商务记录)登记簿;

(6)他站编制货运记录(商务记录)登记簿;

(7)货运事故赔偿登记簿;

(8)货运事故(含责任赔偿)登记簿;

(9)货运事故速报登记簿。

3. 统计报告

(1)货运保价运输报告(日报);

(2)客运保价运输报告;

(3)货运事故统计报告(格式六);

(4)客运事故统计报告;

(5)粮食运输及赔偿月报。

4. 清算转账

(1)保价货赔款台账;

(2)制作清算单;

(3)核对转账单。

5. 台账管理

(1)人民来信来访登记簿;

(2)典型案例登记簿;

(3)规章电文登记簿；
(4)货运事故外查登记簿；
(5)保价货物△B运输台账；
(6)施封锁请领发放、使用、回收保管、销毁登记簿；
(7)货运(普通)记录发放管理登记簿；
(8)收发文电登记簿；
(9)补制货物运单；
(10)货运信息查询。
6. 两无货物
(1)无标记事故货物登记簿；
(2)无法交付货物登记簿；
(3)两无货物报批；
(4)货运无标记货物月报；
(5)货运无法交付货物月报。
7. 规章查询
(1)规章内容；
(2)规章检索。
8. 应急预案
(1)应急处置报告图表；
(2)剧毒品应急处理预案；
(3)爆炸品应急处理预案；
(4)危险品应急处理预案；
(5)火灾事故应急处理预案；
(6)鲜活易腐货物应急处理预案。
9. 系统维护
(1)操作日志；
(2)更改密码；
(3)字典维护；
(4)打印格式维护；
(5)数据备份；
(6)系统初始化；
(7)系统升级；
(8)退出系统。

四、日 况 表

铁路局及车站级日况数据见表 21-1。

表 21-1　铁路局及车站级日况数据表

数据项	数据项说明
单位	分别显示本单位、本单位直接下属单位及合计总数
今日设备\在线数	当前设备在线数及其合计数
今日设备\开机数	今日设备开机数及其合计数
编制货运记录情况\前日	在当前日期前一天编制货运记录数量
编制货运记录情况\本年累计总数	本年度自编货运记录的数量
编制货运记录情况\本年累计其中保价	本年度自编货运记录的数量(投保类型为保价)
受理赔付情况\受理数	本年度与本单位相关的受理的总数
受理赔付情况\已赔数	本年度与本单位相关的已赔数
受理赔付情况\赔款额	本年度与本单位相关的受理赔付并且已经赔付款额
受理赔付情况\待赔数	本年度与本单位相关的受理赔付并且还没有赔付事故件数
自然消案	编制货运记录 180 天内没有提赔的案卷数
调查中	未结案的案卷数
查询货运记录\总数	本单位收到的货运记录总数
查询货运记录\自局	本单位收到的管内其他站编制的货运记录数
查询货运记录\他局	本单位收到的他局其他站编制的货运记录数
责任赔款\已统计	计本年度本单位是责任单位的已经统计的事故件数
责任赔款\未统计	本年度本单位是责任单位的还没有统计的事故件数
责任赔款\责任赔款	本年度本单位是责任单位的已经统计的事故款额
保价\前日	前一工作日本单位保价金额
保价\当月累计	当月本单位保价累计金额
保价\本年累计	本年本单位保价累计金额
保险\前日	前一工作日本单位保价费收入
保险\当月累计	当月本单位保价费收入
保险\本年累计	本年本单位保险累计收入

第二节　保价管理

本节将介绍“货运保价运输报告(日报)”界面的功能与操作方法。

一、功　　能

1. 提供对“保价货物运输报告”(简称格式四)打印、查询、修改功能;提供格式四数据报告的功能;对所有管理机构提供由下属单位格式四合并生成本单位格式四的功能;对数据源点提供补录,并提供有效性控制。

2. 提供按日录入格式四的功能。

二、进入界面

在“保价管理”主模块下点击选择“货运保价运输报告(日报)”子模块进入货运保价运输报告(日报)界面,如图 21-8 所示。

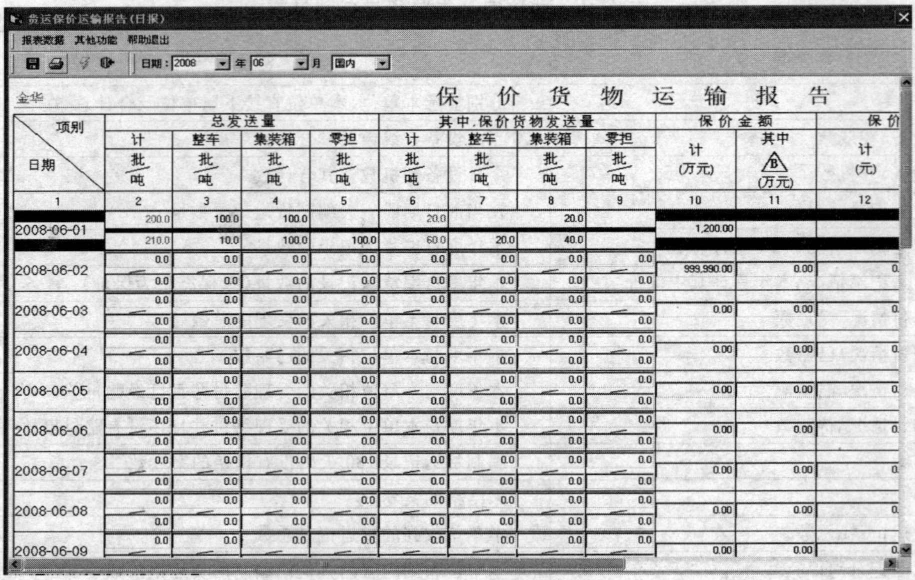

图 21-8 货运保价运输报告(日报)界面

三、菜单功能

1.“报表数据”菜单功能

保存报表:保存货运保价运输报告(日报)数据;

打印预览:预览需要打印的货运保价运输报告(日报);

打印报表:打印货运保价运输报告(日报);

2.“其他功能”菜单功能

计算器:可提供调用操作系统的计算器功能。

3.“帮助退出”菜单功能

退出:退出“货运保价运输报告(日报)”子模块,返回主界面。

四、操 作

1. 录入

数据的录入步骤如下:

(1)选择对应的月份,如图 21-9 所示。

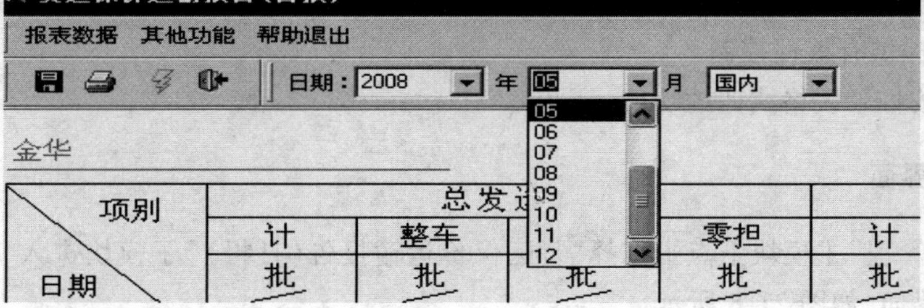

图 21-9 数据录入

(2)在对应的日期栏内录入相应数据。

(3)确认数据后保存,如出现图 21-10 所示对话框则表示数据保存成功。

2. 修改

修改数据与录入操作类似,在相应的数据栏中对原有数据进行修改、保存。

3. 查询

选择需要查询的月份,系统自动显示数据。

4. 打印

选择月份,点击按钮打印,系统调用操作系统安装的打印机执行打印功能。

图 21-10　数据保存成功

第三节　事 故 处 理

一、界面组织

进行自(他)站编制货运记录(商务记录)登记簿、自(他)站编制普通记录登记簿、货运事故赔偿登记簿事故处理操作,界面布局如图 21-11 所示。

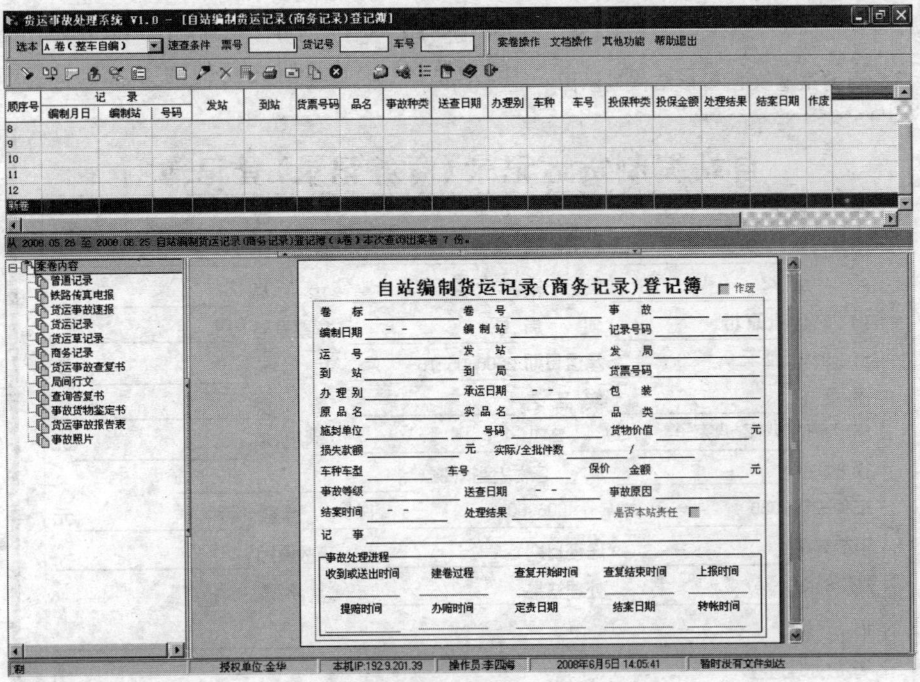

图 21-11　自站编制货运记录(商务记录)登记簿界面

1. 案卷功能区

界面菜单区、案卷功能区,如图 21-12 所示

案卷功能区包括顺序号、记录内容,发、到站等信息。

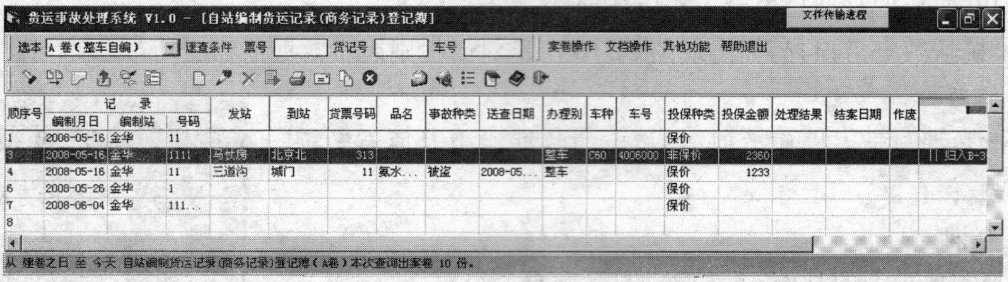

图 21-12　系统的菜单区与案卷功能区

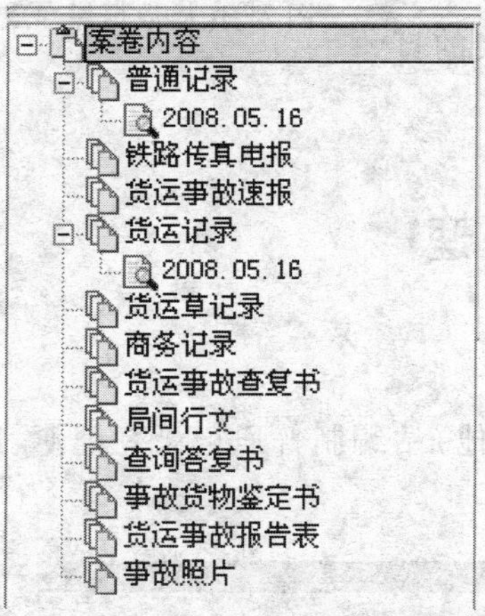

图 21-13　当前案卷文档树形结构显示图

案卷内容的显示由案卷标题行、案卷列表和当前案卷统计信息显示行三部分组成，显示了当前登记簿的案卷基本情况。

2. 业务文档显示区

如图 21-13 所示，系统左下部分是一个树形列表，是当前案卷的文档树形结构显示，非常直观地显示了当前案卷中包含哪些文档、有多少份文档、建立文档的日期、草稿文档/正式文档标示。

3. 文档内容显示区

如图 21-14 所示，系统右下部分是所选中文档的预览区域，显示该文档的内容。

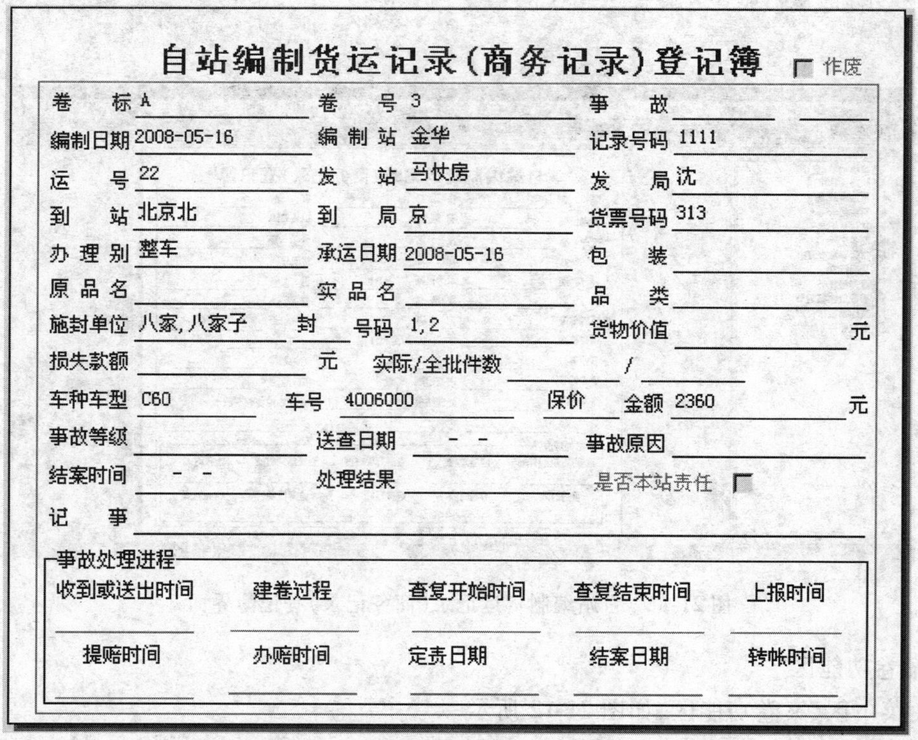

图 21-14　所选中文档的内容显示

但在最初进入时，右下部分显示该案卷的登记簿信息。它是上面所述当前案卷的详细表示。随着操作者选择具体的文档，该部分将显示所选择的文档的详细内容（如果该案例没有此类文档的具体信息，将显示一份空白文档）。

二、功能设计

1. 分层管理

事故处理的操作进行分层管理，从高到低它们依次是“登记簿”、“案卷”和“文档”，它们为依次包含的隶属关系。即一个登记簿包含多个案卷，而一个案卷包含了多份不同的文档。

2. 数据联动显示

改变高层次的内容，较低层次的内容会随着自动刷新。例如，改变登记簿，将刷新案卷列表区、树型文档结构显示区、文档内容显示区。同理，改变当前案卷，将刷新树型文档结构显示区、文档内容显示区，但不会刷新案卷列表区。因此，这三个部分的信息代表三个层次，它们在显示时是联动的。

3. 案卷筛选过滤

如果不特别指定条件，就筛选出“当前登记簿中本事故月度的所有案卷”，其余的被过滤掉；如果通过“速查条件”或者“案卷查询”给定条件，则会筛选出满足给定条件的案卷。详见案卷查询操作。

4. 案卷统计

每次查询出案卷后，会显示查询的案卷的总数，点击这个显示条还可以进一步显示对查询出的这些案卷的简单统计信息（案卷数、总赔款、责任赔款）。

5. 调整显示区大小

三个显示区域的大小设计成可调整的。可以通过用鼠标拖动其间的分割线改变它们的大小来满足要求。

6. 案卷列表排序

案卷列表区列出的案卷默认情况下是根据案卷号从小到大来排列。双击任何一个标题名称可按标题的顺序进行案卷排列。

7. 操作菜单选择

（1）登记簿的操作菜单：登记簿的操作只是简单地选择倒三角，系统以下拉框的方式来给出其操作菜单。

（2）案卷的操作菜单：方法一，在主界面的最上一行点击“案卷操作”；方法二，在案卷列表区的任何地方点击鼠标右键。

（3）文档的操作菜单：方法一，在主界面的最上一行点击“文档操作”；方法二，在树型显示区的任何地方点击鼠标右键。

（4）案卷操作和文档操作也可以通过点击如图 21-15 所示的快捷按钮进行操作。系统会自动感知光标移动的位置，显示该按钮所表示操作的注释。

注意事项：第一，要准确选择当前的文档和当前的案卷；第二，如果对图形按钮不熟悉，可以在按钮上慢慢拖动鼠标，系统会显示按钮的脚注信息。

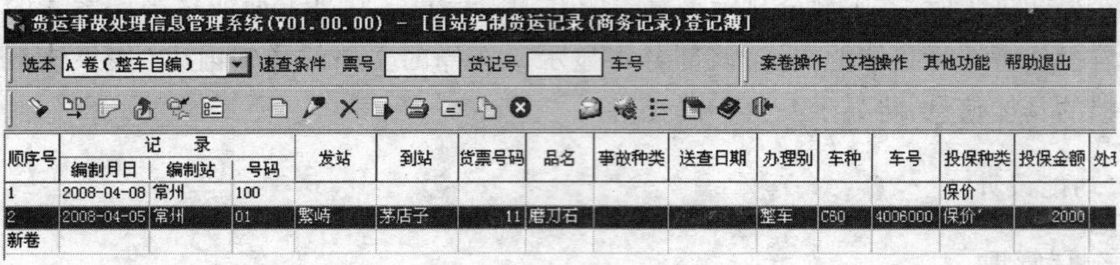

图 21-15　快捷按钮

三、登记簿一般操作

1. 登记簿类型

事故处理功能中共涉及 9 种类型登记簿,分别为:

(1)自站编制无守列车电报登记簿;

(2)他站编制无守列车电报登记簿;

(3)自站编制普通记录登记簿;

(4)他站编制普通记录登记簿;

(5)自站编制货运记录(商务记录)登记簿;

(6)他站编制货运记录(商务记录)登记簿;

(7)货运事故赔偿登记簿;

(8)货运事故(含责任赔偿)登记簿;

(9)货运事故速报登记簿。

在“事故处理”下单击需要进入的登记簿类型名称进入界面。

2. 登记簿选择

点击图 21-16 中左上角的选本框的倒三角标,系统显示所有的登记簿,选择所需要操作的具体登记簿。

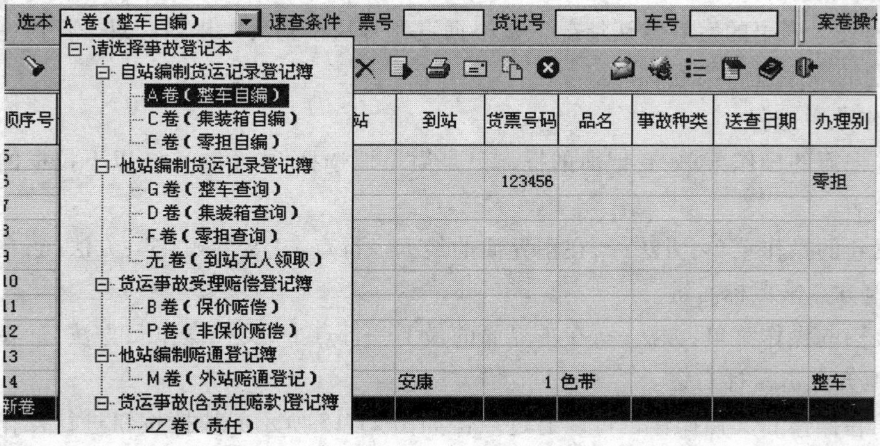

图 21-16　登记簿的选择

注意事项:系统列出的登记簿是本操作员具有操作权限的登记簿。如果想要的登记簿没有被列出来，不一定是登记簿不存在，有可能该登记簿不在操作权限范围内。特别是新增加登记簿时，需要进入系统维护功能进行角色维护。

3. 登记簿打印

选择“案卷操作”菜单下的“打印案卷”或在案卷显示区域内在要打印的案卷处单击右键，在弹出的快捷菜单中选择打印案卷，如图 21-17 所示。

图 21-17　登记簿的打印

注意事项：如果不想打印全部的案卷，可以先通过查询查出需要的案卷，然后再点击案卷操作菜单下的“打印案卷”就可以打印出所需要的案卷列表。

四、案卷一般操作

1. 建立案卷

(1) 通过录入文档来建立新案卷。

(2) 通过接收文档、案卷来建立新案卷。

(3) 通过提、移卷建立案卷。

2. 查询案卷

当选定案卷本后，可以通过滚动条查找、速查、条件查找这三种方法在该本内查找所需的案卷。

(1) 速查：输入票号、货运记录号、车号中任意一项信息，查询出相应的案卷。具体界面如图 21-18 所示。

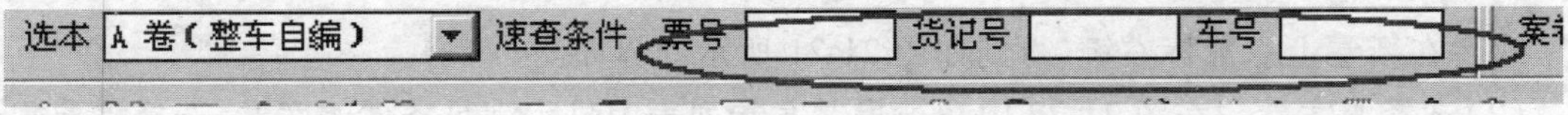

图 21-18　速查条件输入栏

在如图 21-18 所示的速查条件输入栏中输入票号、货运记录号、车号中的任意一项，按 Enter键，系统会列出所有符合该条件的案卷。没有符合该条件的案卷，系统则会弹出提示框提示没有符合该条件的案卷。

(2) 条件查找：点击“查询案卷”，弹出如图 21-19 所示的查询条件对话框。

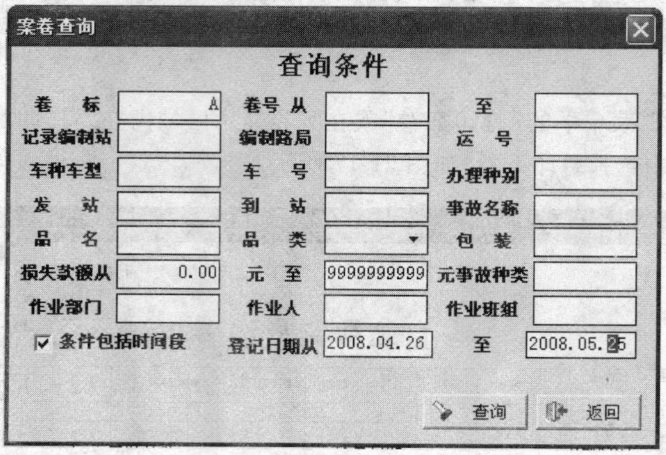

图 21-19　案卷查询对话框

说明：

①如果没有查询条件录入，则表示查出所有的案卷；

②如果录入两个以上的条件，则录入的条件是“并且”的关系。

③“条件包括时间段”前面的“√”是一个选择框，表示是否在上面条件的基础上，是否还对登记日期加以限制。系统的缺省设置是加上这个设置，即有“√”。如果去掉“√”，表示任何时间登记的案卷都在被查询之列，都有可能被列出。

3. 提卷

(1)选择目的登记簿新卷。点击菜单的“提并案卷”按钮，如图 21-20 中红色标记。

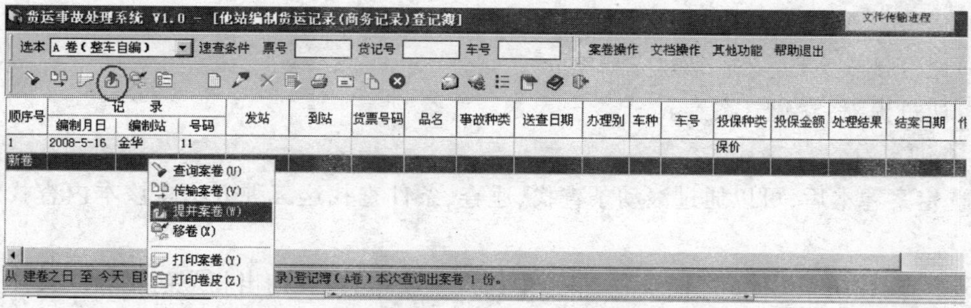

图 21-20　选择“提并案卷”按钮

或者在新卷上点鼠标右键，得到如图 21-21 所示的界面。

(2)选择源案卷。在图 21-22 中在被提并案卷列表中显示满足条件的案卷，选择需要提卷的案卷。

(3)案卷提交。点击“提卷并建新卷”按钮。界面变为如图 21-23 内容。系提示提交成功。

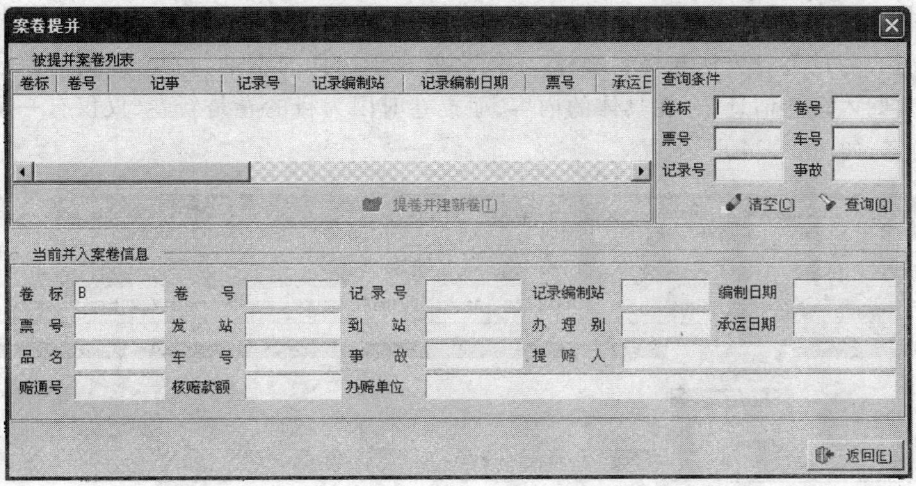

图 21-21　被提并案卷列表

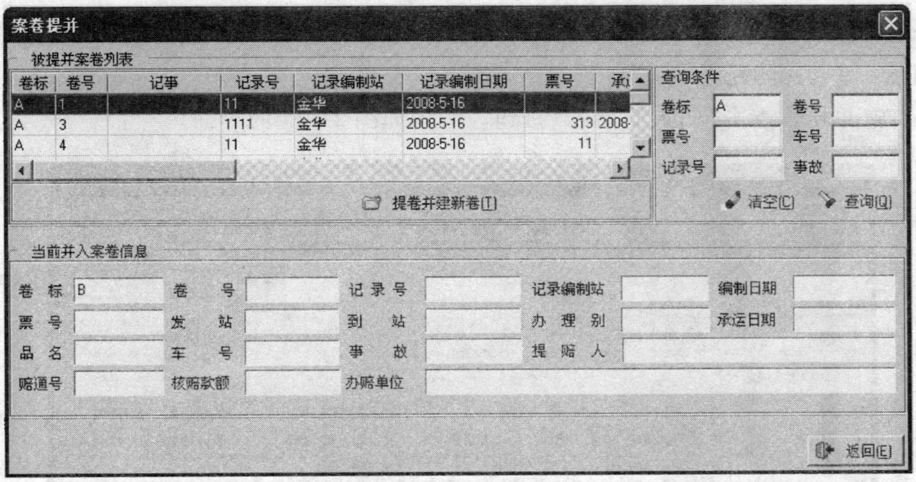

图 21-22　选择源案卷

图 21-23　案卷的提交

4. 并卷

(1)选择目的卷。方法与提卷一样,不同之处在于选择的不是新卷。界面的差异是中间部分“当前归入案卷信息”存在具体的内容,而提卷时因为目的卷是新卷,仅仅有一个卷标而无具体内容,如图 21-24 所示。

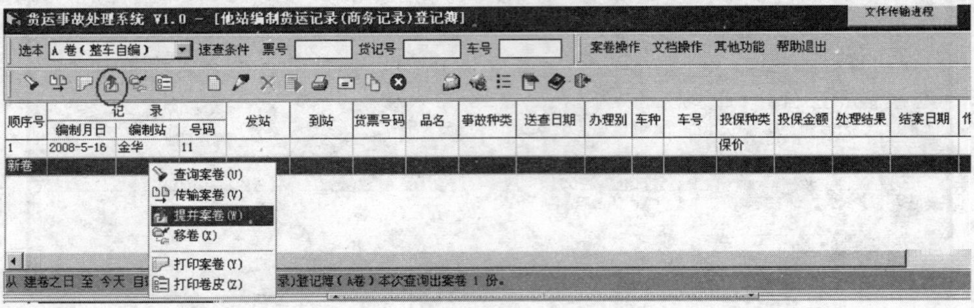

图 21-24　选择提并案卷

(2)选择源案卷。方法和提卷时完全一样。差异在于按钮的名称为“归入当前卷”,而不是提卷时的“提卷并建新卷”。

(3)实施并卷。点击“归入当前卷”按钮。看到如图 21-25 的界面。

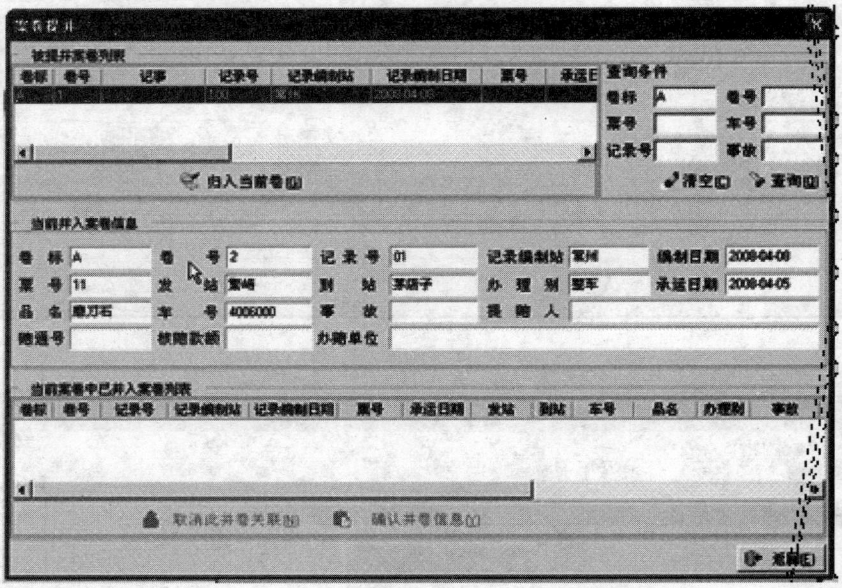

图 21-25　实施并卷

(4)确认并卷信息。点击“确认并卷信息”按钮确认本次保存,否则点击“返回”结束本次并卷。

(5)不同种类的案卷可以进行的提并操作见表 21-2。

表 21-2 不同种类的案卷可进行的提并操作

序号	源案卷	目的案卷	是否允许	可操作类型
1	调查卷	调查卷	√	并卷
2	调查卷	赔偿卷	√	并卷、提卷
3	赔偿卷	赔偿卷	√	并卷
4	赔偿卷	调查卷	×	非法操作

注意事项：

提卷和并卷都不删除被提并的案卷，只会在其记事栏中显示“被提并到×××”。

调查卷指自站编制货运记录(商务记录)和他站编制货运记录(商务记录)；

赔偿卷指登记于《货运事故赔偿登记簿》和《货运事故(含责任赔款)登记簿》的案卷。

5. 移卷

当接收案卷有错的时候，如应该接到 M 卷的信息被接收到 B 卷，这时要到 B 卷找到这条记录，直接点击相应按钮或在该条记录上点击右键选择“移卷”，如图 21-26 所示。

注意事项：移卷操作只能在同类案卷不同登记簿(即不同卷标)中进行，另外移卷操作没有回退功能！

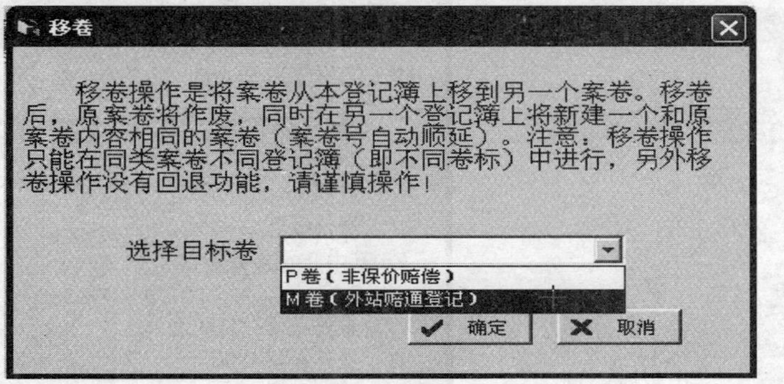

图 21-26 选择移卷

6. 打印卷皮

选择“案卷操作”菜单下的“打印卷皮”，或在案卷显示区域内在要打印的案卷处单击右键，在弹出的快捷菜单中选择打印卷皮，如图 21-27 所示。

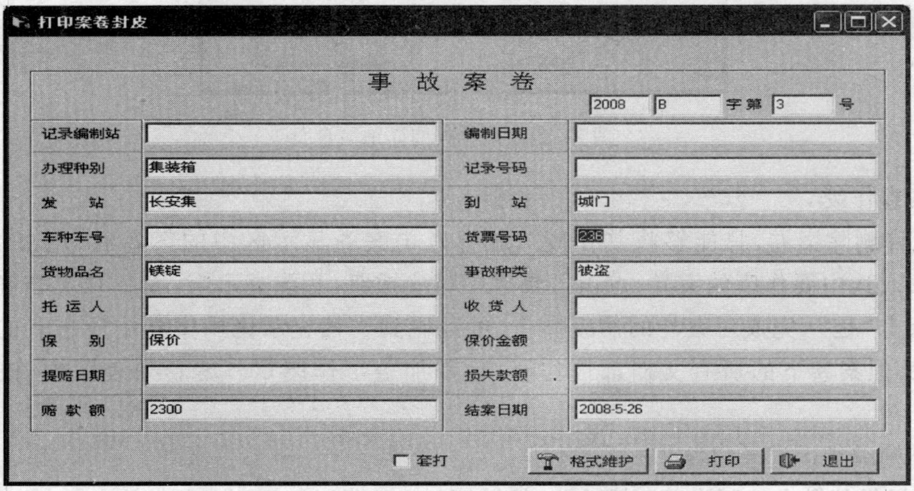

图 21-27 打印案卷封皮

7. 案卷统计

每次查询完成后，在案卷显示区下方会有一行文字显示查询结果，如图 21-28 所示，鼠标经过该区域时，会有提示“点击查询更多统计信息”，点击一下后将弹出如图 21-29 所示的查询结果。这样，就能够通过查询的方法统计出一些给定条件案卷的数据。

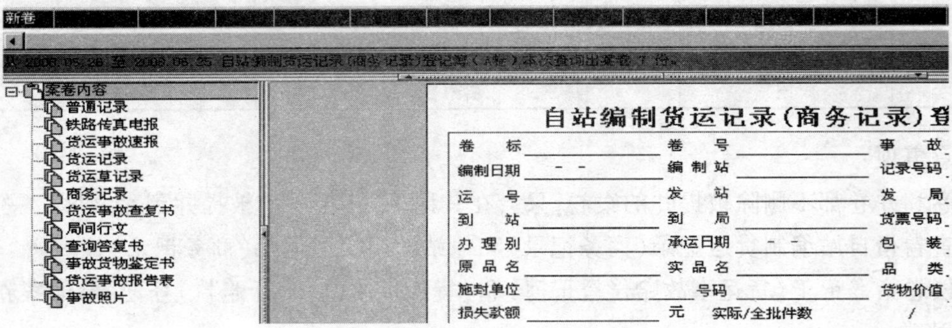

图 21-28　案卷查询结果

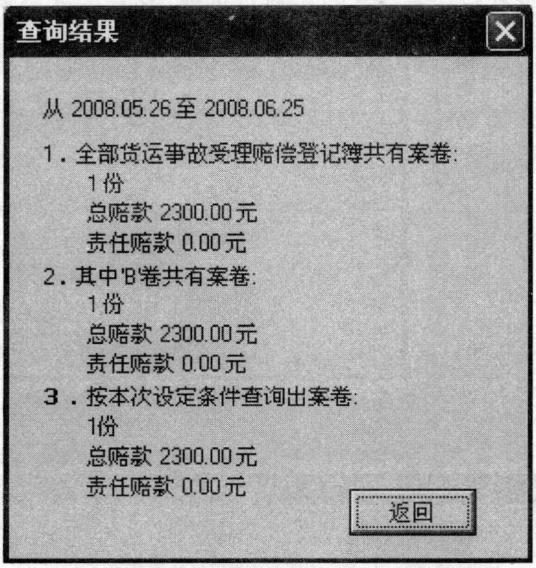

图 21-29　案卷查询详细信息

8. 案卷作废

不允许删除案卷，只能够将其作废。鼠标点击案卷显示区中的案卷后，点击“作废案卷”按钮，或选中要作废的案卷，点击工具栏中相应按钮，系统提示“注意！该文档确信要作废吗？”点击“是”，完成对案卷的作废操作，可以看到文档显示区中案卷中所带有的文档并未被删除，但案卷下的所有文档都被作废，且都加盖了作废章。案卷列表区中，该案卷还存在。

9. 外勤编货运记录归卷

系统提供外勤点编制货运记录功能，外勤编制完的货运记录可以归卷。

外勤点编制货运记录，如图 21-30 所示，这是外勤编制货运记录的界面。

在安全室事故案卷处理界面中“其他功能”的下拉菜单中选择“外勤编货运记录归卷”，如图 21-31 所示，弹出“外勤编货运记录归卷”窗口，如图 21-32 所示。

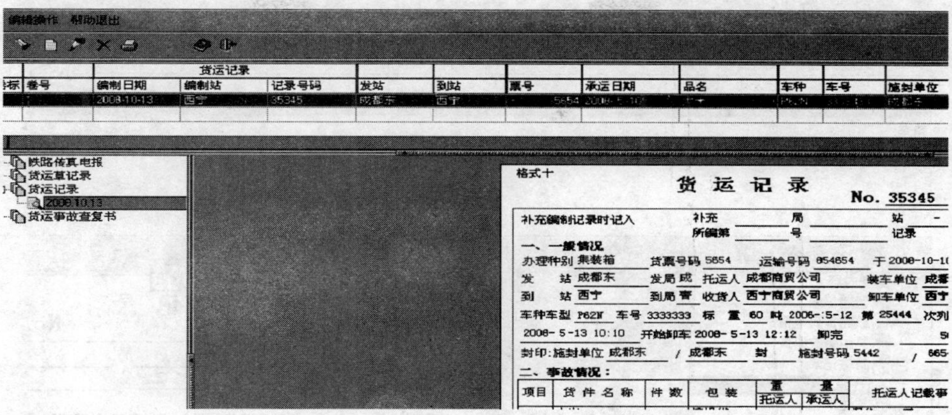

图 21-30 外勤编制货运记录界面

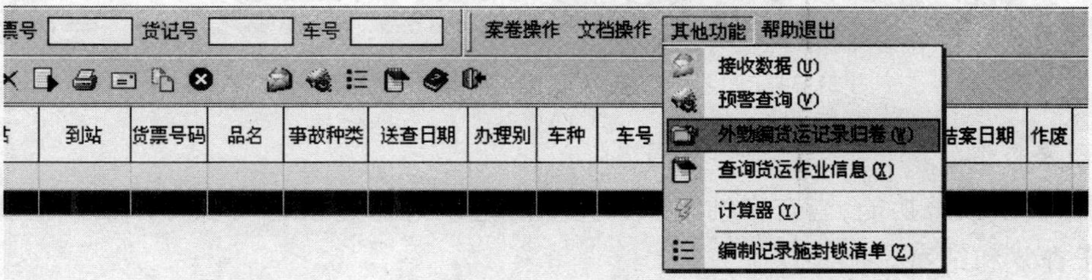

图 21-31 选择外勤编货运记录归卷

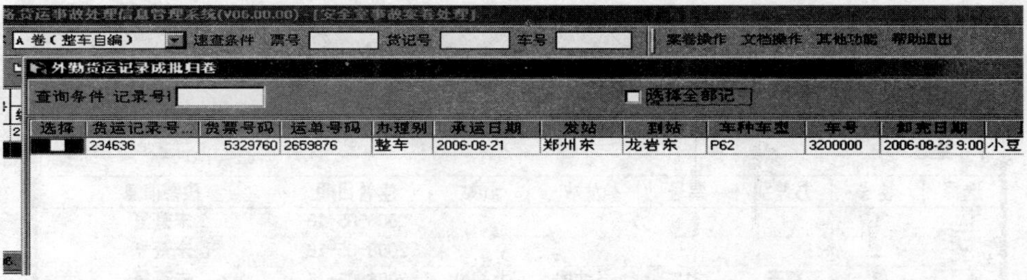

图 21-32 外勤货运记录归卷界面

外勤货运记录归卷可以单张货运记录归卷，也可以成批归卷。用鼠标在待归卷的外勤编制的货运记录上选择，方框内打上勾（需要全部选择时，在“选择全部记录”的方框中打勾），然后点击归卷，系统提示“成功归入”，如图 21-33 所示。

回到主界面观察，所归案卷显示在案卷显示区域中，货运记录一并归入卷中，如图 21-34 所示。

图 21-33 系统提示归卷成功

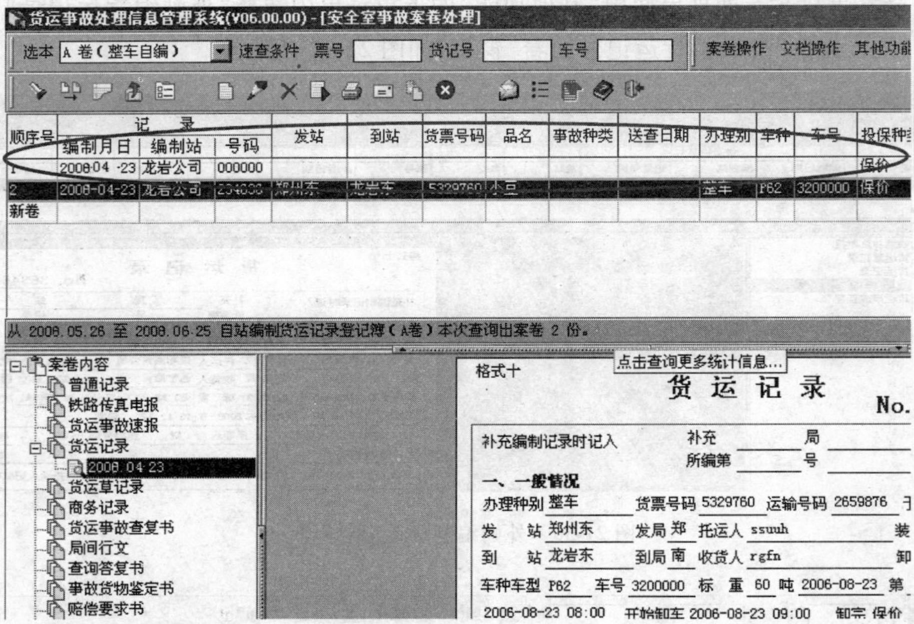

图 21-34　归卷成功后所归案卷显示在案卷显示区内

10. 预警查询

系统提供了预警功能，当有未结案和未查复的记录时通过预警功能可以快速地找到这些记录，便于查复和结案。

直接点击相应按钮或在“其他功能”的菜单项中选择“预警查询”进入预警查询界面。选择一条记录，单击确定后，就可以转到该条记录的案卷列表进行结案或查复，如图 21-35 所示。

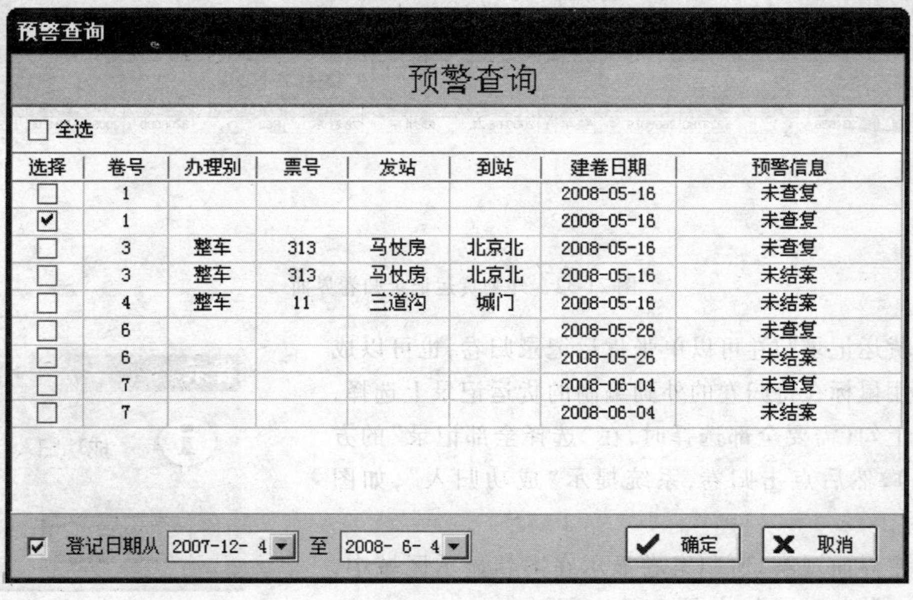

图 21-35　预警查询

11. 编制记录施封锁清单

从“其他操作”菜单中选择“编制记录施封锁清单”子模块进入，如图 21-36 所示。只要在本站编制货运记录时，将施封单位和施封锁号码详细正确地输入，日后编制施封锁清单就可以系统生成。进入编制施封锁清单的操作界面后，只要选择卸车日期的时间段就可以查询施封锁的全部数据，直接点击“打印”按钮可以打印施封锁清单。

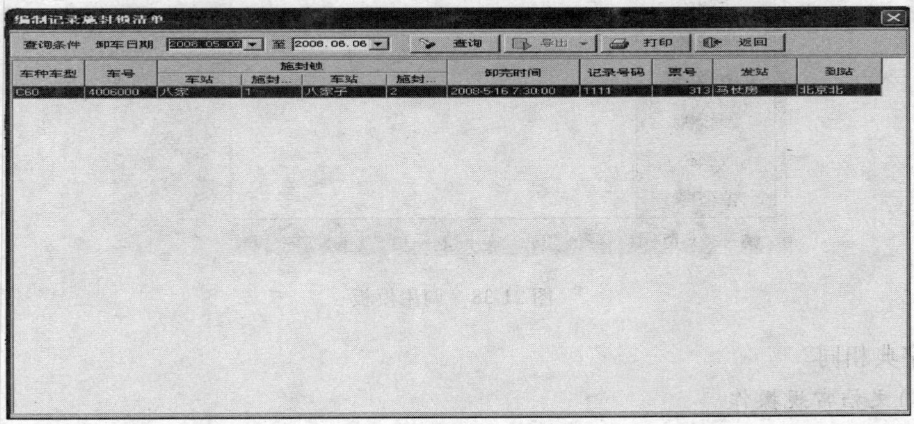

图 21-36 编制记录施封锁清单

五、文档一般操作

(一)字典调用操作

1. 调用站名字典

其中发站、到站、装车单位、卸车单位、托运人、收货人、施封单位可以调用站名字典，录入时输入相应的拼音简码，回车后在弹出的列表中双击正确的站名(或回车)即可，如图 21-37 所示。

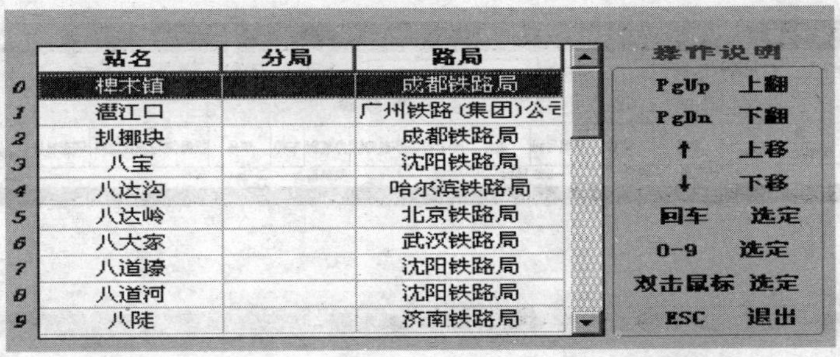

图 21-37 站名的查询

在录入发到站名时，应使用输入拼音头字母查询方式，而不是直接输入汉字。系统会自动检测用户所输入的站名是否存在于系统的站名字典中，如果没有则不会成功保存。

2. 调用模板

文档制作过程中，当光标进入某些数据项时，在界面的右下角会出现调用模板的界面。先通过拼音码调出模板，再通过事故种类和车种过滤模板。然后点击需要的模板即可，如图 21-38所示。点击后事故模板的内容就会出现在编制的记录上。

注意事项：调用品名字典、调用包装字典、调用收发货人字典、调用车种车型字典方法和调

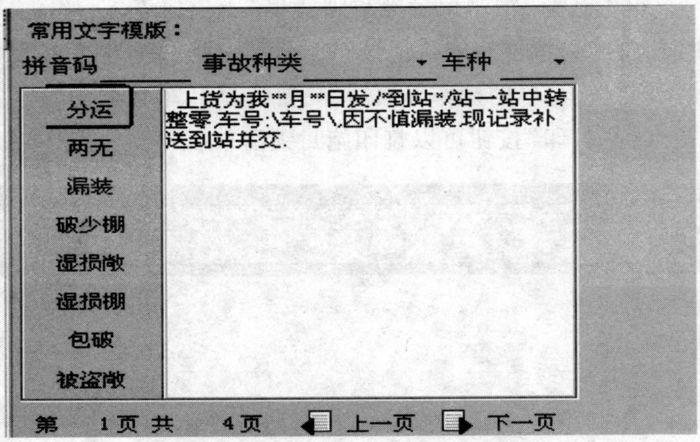

图 21-38　调用模板

用站名字典相同

(二)文档常规操作

以货运记录、货运事故查复书、铁路传真电报、赔款通知书和事故照片的操作为例介绍。

1. 增加文档

(1)在已有案卷上增加文档,具体操作如下:

①选择案卷(与前面介绍案卷操作时的操作一样);

②在左边的树形列表中选择要增加的文档类型;

③点击鼠标右键,选择“增加文档”,出现如图 21-39 所示界面;

④出现相应文档的增加界面,此时系统会根据约定的内容将案卷中已经存在的某些信息自动抄录到即将录入的文档中,以减轻录入工作量。录入完毕后,点击“存盘”按钮进行保存。

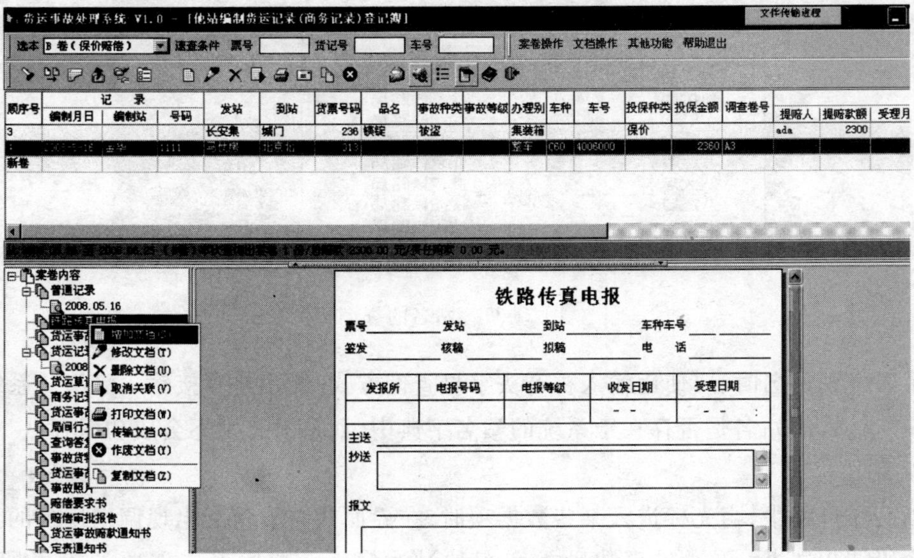

图 21-39　在已有案卷上增加文档

(2)在新卷上增加文档，具体操作如下：

①选择新卷(与前面介绍案卷操作时的操作一样)；

②在左边的树形列表中选择要增加的文档类型；

③点击鼠标右键，选择"增加文档"，出现如图 21-40 所示界面；

④出现相应文档的增加界面，依次录入数据；

⑤录入完毕，存盘。

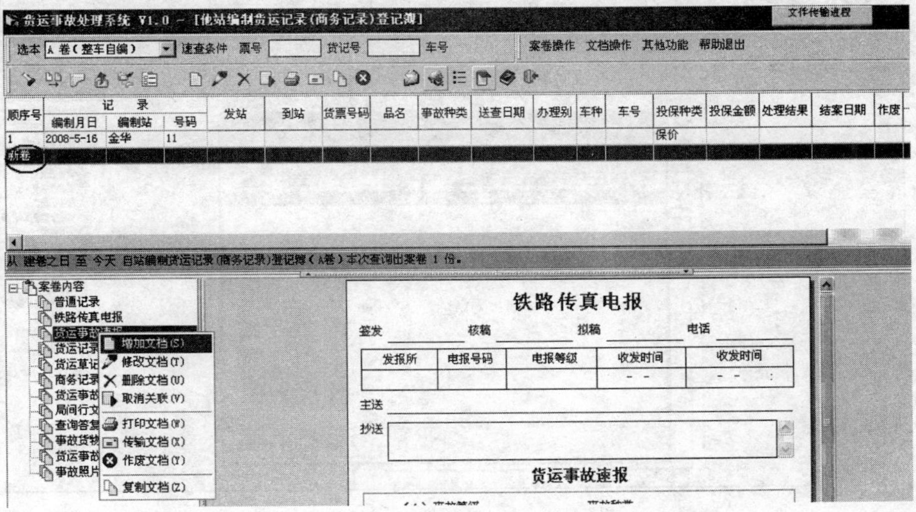

图 21-40　在新卷上增加文档

(3)连续增加文档。录入完一份文档后，点击存盘。点击如图 21-41 所示的按钮或在"编辑操作"菜单中选择"继续增加"就可以在另一个案卷中增加查复书。

图 21-41　连续增加文档

2. 文档存盘

编制完记录后，文档存盘有两种方式：

(1)草稿存盘。单击存盘后，这样存盘的文档可以被修改。

(2)有效存盘。单击有效存盘后，文档加盖电子章，不可以被修改，同时自动上传至所属铁路局及铁道部，供铁路局主管部门统计查询。

3. 文档作废

对于已经录入完毕的货运记录、赔通等文档有效存盘并加盖电子章的，不能删除、修改，只允许作废。

程序作废某份文档时，是在文档的操作菜单中统一提供一个"文档作废"的菜单项，通过选择它来完成。作废的文档加盖作废章。

4. 立案查询

输入票号、发站、记录号码、车号中任意一项或多项信息,点击“查询”即可查询出相应的案卷,如图 21-42 所示。

如选择“确定返回”,则新建文档会建立在选择的案卷上。

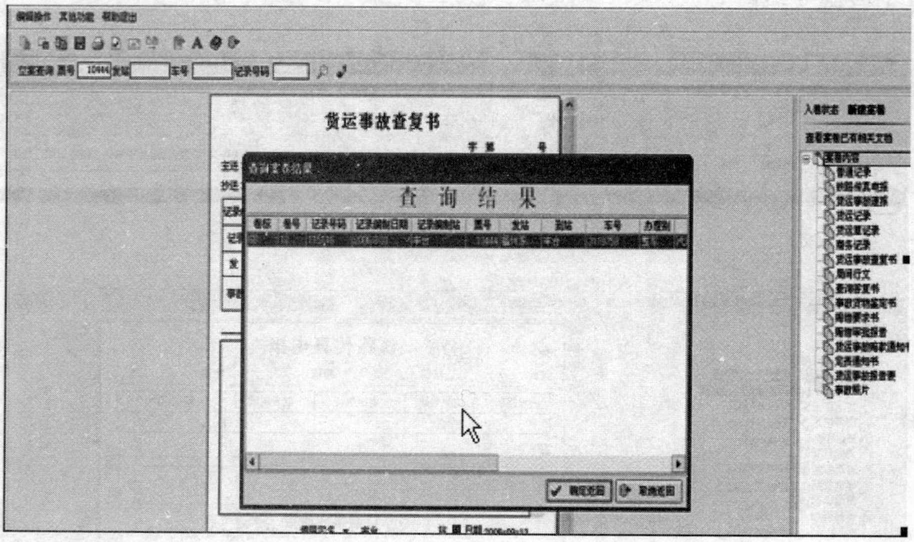

图 21-42　立案查询

5. 站车交接电报、普通记录提取归卷

文档录入时,当录入完车号时,如果在无守列车电报登记簿、普通记录登记簿中已登记有相同车号的铁路传真电报或普通记录信息,在界面上会出现相应数据,选择此数据(在是否归卷中划“√”),在保存此文档时,将自动将铁路传真电报或普通记录归入此案卷中。

注意事项:此操作只在建新案卷时才能使用。

6. 取消关联

(1)选择取消关联的案卷和文档;

(2)点击右键得到文档操作菜单,再点击“取消关联”;

(3)确定新案卷,在案卷查询条件中输入条件找到该文档应该归属的案卷;例如输入票号 22123。系统显示出有两个票号为 22123 的案卷,选择其一。

(4)点击“归入当前卷”按钮,系统弹出“请注意,确实要取消文档与当前案卷的关联并归入×××?”,点击“是”即可完成归卷,如图 21-43 所示。

图 21-43　系统提示是否确定取消关联

注意事项:取消关联前,必须知道文档归属的新案卷,否则不可以取消现在的关联。

7. 复制文档(单域复制与全文复制)

编制好一份文档后,单击右键选择复制文档,在一份新的文档中粘贴即可,如图 21-44 所示。

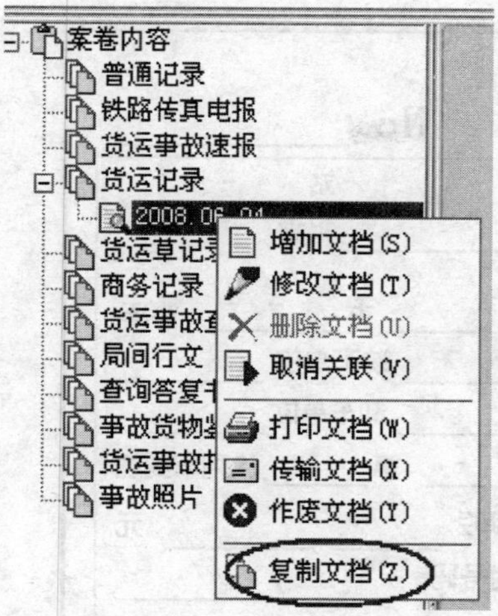

图 21-44　选择复制文档

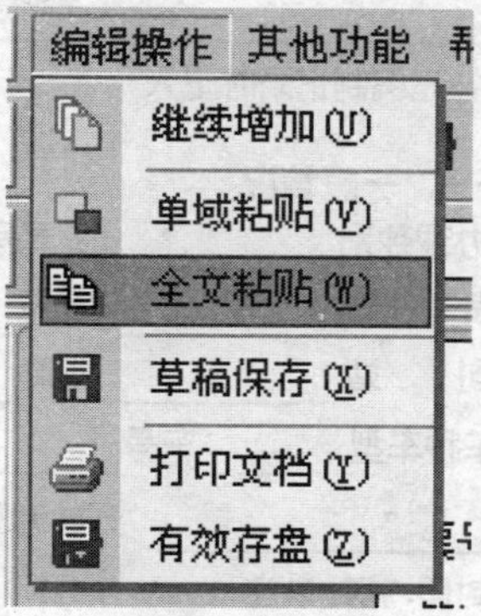

图 21-45　选择全文粘贴或单域粘贴

注意事项:复制和粘贴的文档必须是同一类型的文档。

8. 粘贴文档

在“编辑操作”中选择“全文粘贴”或“单域粘贴”,或点击工具栏中的快捷菜单中按钮▣(全文粘贴)或▣(单域粘贴),如图 21-45 所示。

注意事项:全域粘贴是将保存在“系统剪贴板”上的一份完整文档全部粘贴过来,单域粘贴是对光标所在的域进行粘贴。

9. 传输文档

传输文档的方法和传输案卷的方法大体相同,参见本章中的数据交换操作。

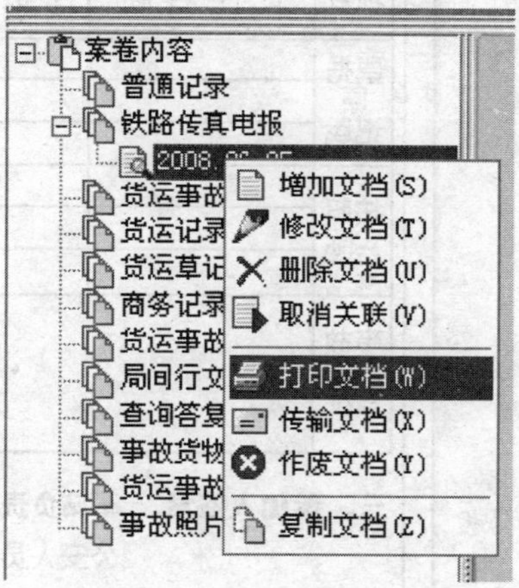

图 21-46　选择打印文档

图 21-47　选择增加货运记录文档

10. 打印文档

选择要打印的文档,单击右键选择“打印文档”,如图 21-46 所示。

(三)文档操作详解

1. 货运记录

(1)直接编制货运记录,具体操作如下:

①进入登记簿:在“事故处理”主模块中选择“自站编制货运记录(商务记录)登记簿”进入自站编制货运记录(商务记录)登记簿界面。

②文档菜单选择:单击右键在弹出的文档操作菜单下选择“增加文档”,如图 21-47 所示。

③进入货运记录:单击“增加文档”进入“货运记录”界面,如图 21-48 所示。

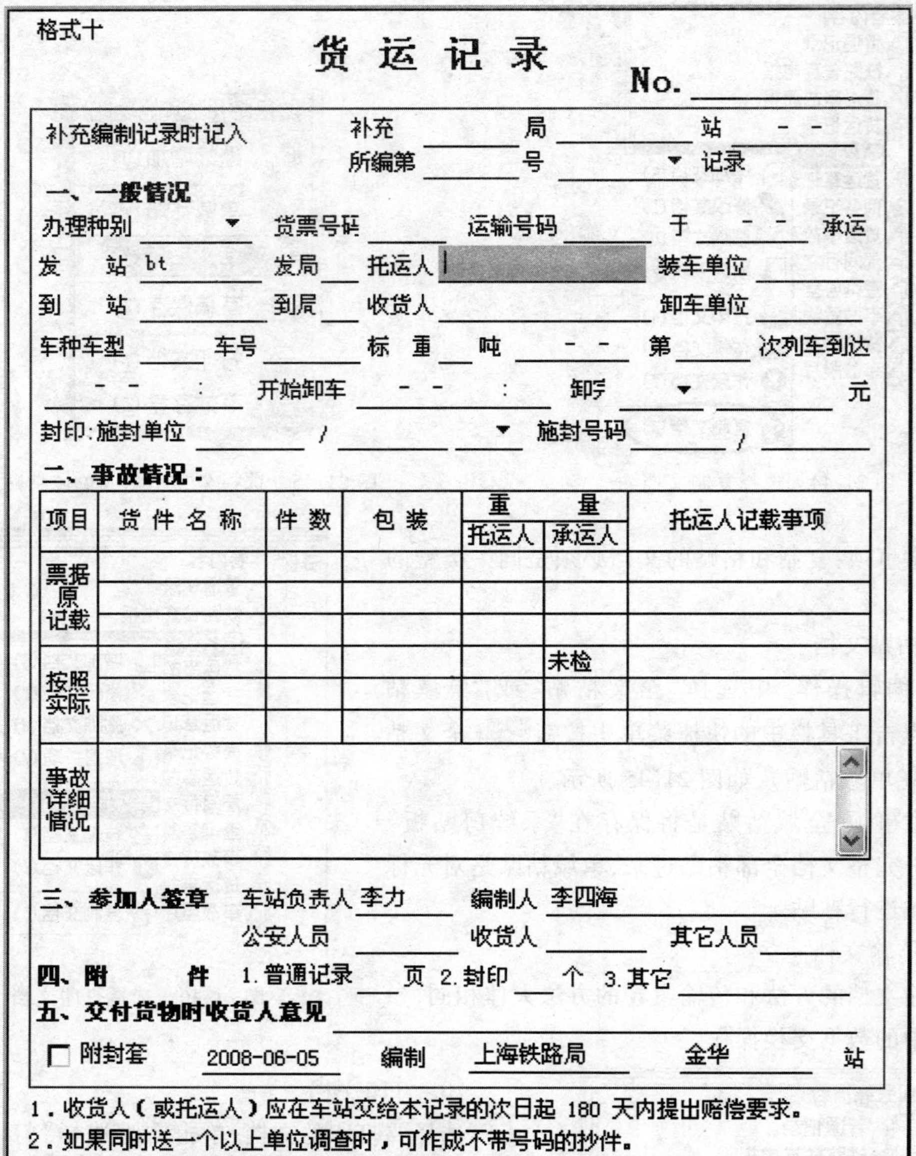

格式十

货运记录

No. ______

补充编制记录时记入　补充＿＿局＿＿站＿－＿－＿
所编第＿＿号＿＿记录

一、一般情况

办理种别＿＿　货票号码＿＿　运输号码＿＿　于＿－＿－＿承运

发　站 bt＿＿　发局＿＿　托运人＿＿　装车单位＿＿

到　站＿＿　到局＿＿　收货人＿＿　卸车单位＿＿

车种车型＿＿　车号＿＿　标　重＿＿吨＿－＿－＿第＿＿次列车到达

＿－＿－＿：＿　开始卸车＿－＿－＿：＿　卸于＿＿　＿＿元

封印:施封单位＿＿／＿＿　施封号码＿＿／＿＿

二、事故情况：

项目	货件名称	件数	包装	重量 托运人	重量 承运人	托运人记载事项
票据原记载						
按照实际					未检	
事故详细情况						

三、参加人签章　车站负责人 李力　编制人 李四海
公安人员＿＿　收货人＿＿　其它人员＿＿

四、附　　件　1.普通记录＿＿页 2.封印＿＿个 3.其它＿＿

五、交付货物时收货人意见

□附封套　2008-06-05　编制　上海铁路局　金华　站

1．收货人（或托运人）应在车站交给本记录的次日起 180 天内提出赔偿要求。
2．如果同时送一个以上单位调查时，可作成不带号码的抄件。

图 21-48　货运记录界面

④编制文档:在图 21-48 所示界面中录入信息。

⑤修改文档:在文档菜单中选择“修改文档”,即可对未盖电子章的文档进行修改。

⑥保存:单击“有效存盘”,文档被保存。

⑦退出:单击“退出”按钮退出。

注意事项:货运记录的号码不能为空,系统提供人工录入和自动跳号(需在字典维护中设置)两种操作方式。

输入站名,系统自动显示所属铁路局,输入时间、记录号,在下拉列表中选择货运记录或普通记录;装车单位和卸车单位可输入站名的拼音简码调用站名字典,以下是系统提供的一些快速录入方法,可以使录入时更轻松快捷。

装车单位:1 代表发站;2 代表托运人;3 代表收货人;4 代表承运人。

卸车单位:1 代表到站;2 代表托运人;3 代表收货人;4 代表承运人。

事故情况列表框中录入货件名称和包装时可利用字典功能,用法同站名字典;录入“票据原记录”信息后,系统自动按此信息显示“按照实际”信息,改掉其中不符合实际的部分。

车站负责人、编制人、日期、局名、站名可以自动显示。

(2)提取草记录编制货运记录,具体操作如下:

①录入草记录的票号或者车号。

②选择草记录并确认,如图 21-49 所示。

(3)外勤编货运记录归卷,具体操作如下:

①选择归卷登记簿。

②依次点击“其他功能”/“外勤货运记录归卷”,进入如图 21-50 所示界面。

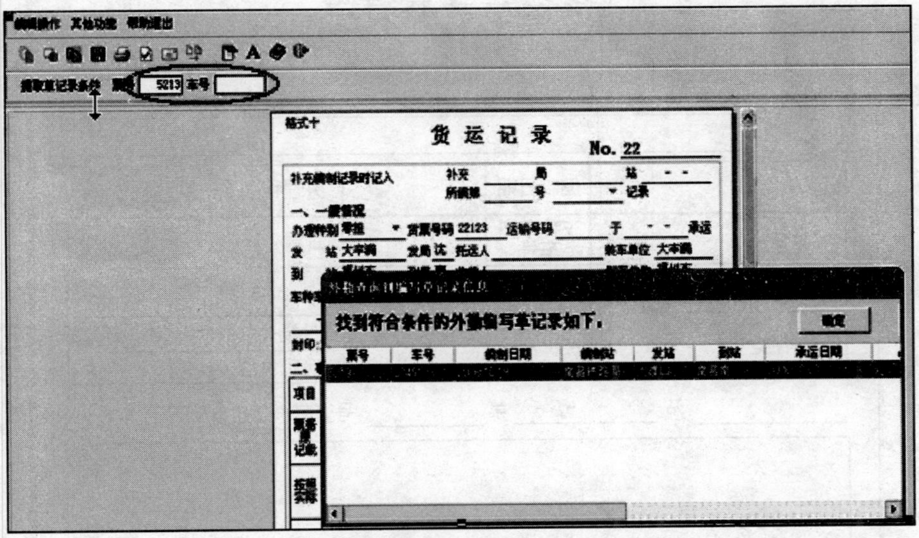

图 21-49 选择草记录并确认

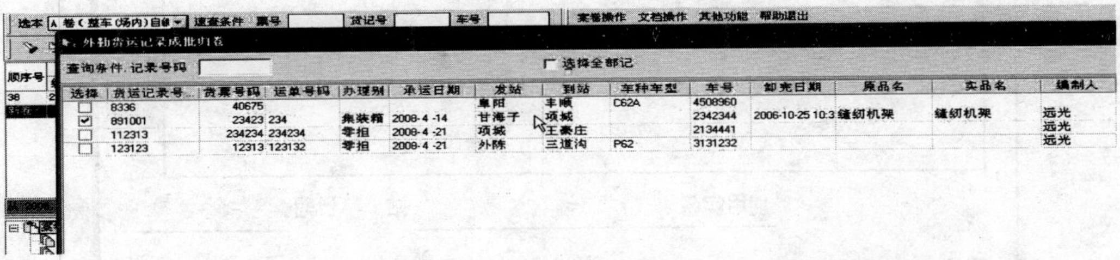

图 21-50 外勤货运记录归卷界面

③选择要归入此登记簿的货运记录,在此记录上打“√”。

④点击“归卷”按钮。

2. 货运事故查复书

(1)文档菜单选择:单击右键在弹出的文档操作菜单下选择“增加文档”,如图 21-51 所示。

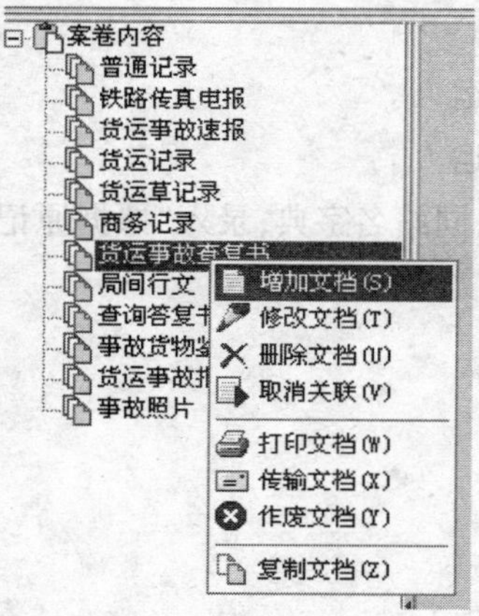

图21-51　选择增加货运事故查复书文档

(2)进入货运事故查复书:单击“增加文档”进入“货运事故查复书”界面,如图 21-52 所示。

(3)编制文档:在图 21-52 所示界面中录入信息。

(4)修改文档:在文档菜单中选择“修改文档”,即可对未盖电子章的文档进行修改。

(5)保存:单击“有效存盘”按钮,文档被保存。

(6)退出:单击“退出”按钮退出。

注意事项:事故种类必须填写,否则系统将提示“事故种类不能为空”。

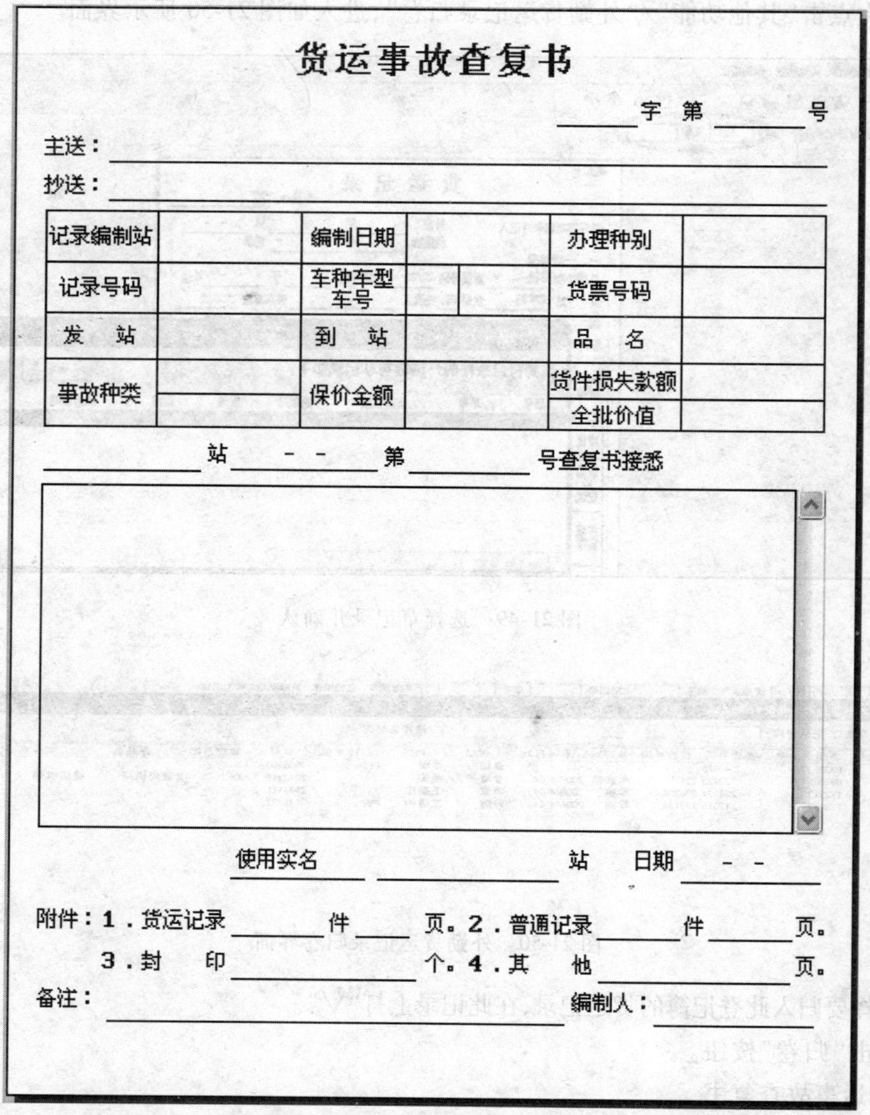

货运事故查复书

____字第____号

主送:

抄送:

记录编制站		编制日期		办理种别	
记录号码		车种车型车号		货票号码	
发　站		到　站		品　名	
事故种类		保价金额		货件损失款额	
				全批价值	

____站____- -____第____号查复书接悉

使用实名________站　日期____- -

附件:1．货运记录____件____页。2．普通记录____件____页。

3．封　印____个。4．其　他____页。

备注:____　编制人:____

图 21-52　货运事故查复书界面

3. 货运事故速报

(1)文档菜单选择：单击右键在弹出的文档操作菜单下选择“增加文档”，如图 21-53 所示。

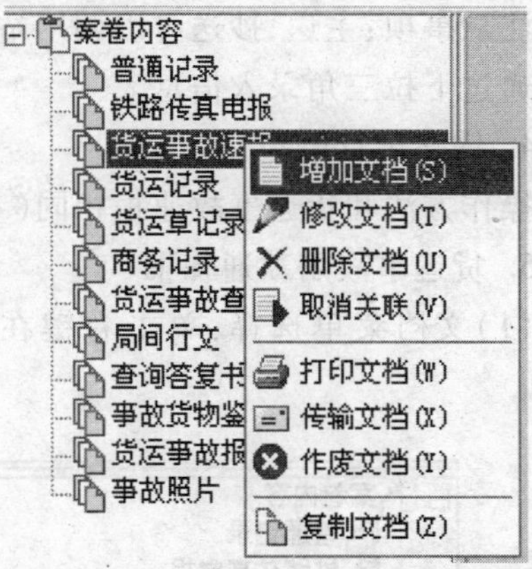

图 21-53　选择增加货运事故速报文档

(2)进入货运事故速报编辑窗口，如图 21-54 所示。

(3)编制文档：在图 21-54 中录入信息。

(4)修改文档：在文档菜单中选择“修改文档”，即可对未盖电子章的文档进行修改。

(5)保存：单击“有效存盘”按钮，文档被保存。

(6)退出：单击“退出”按钮退出。

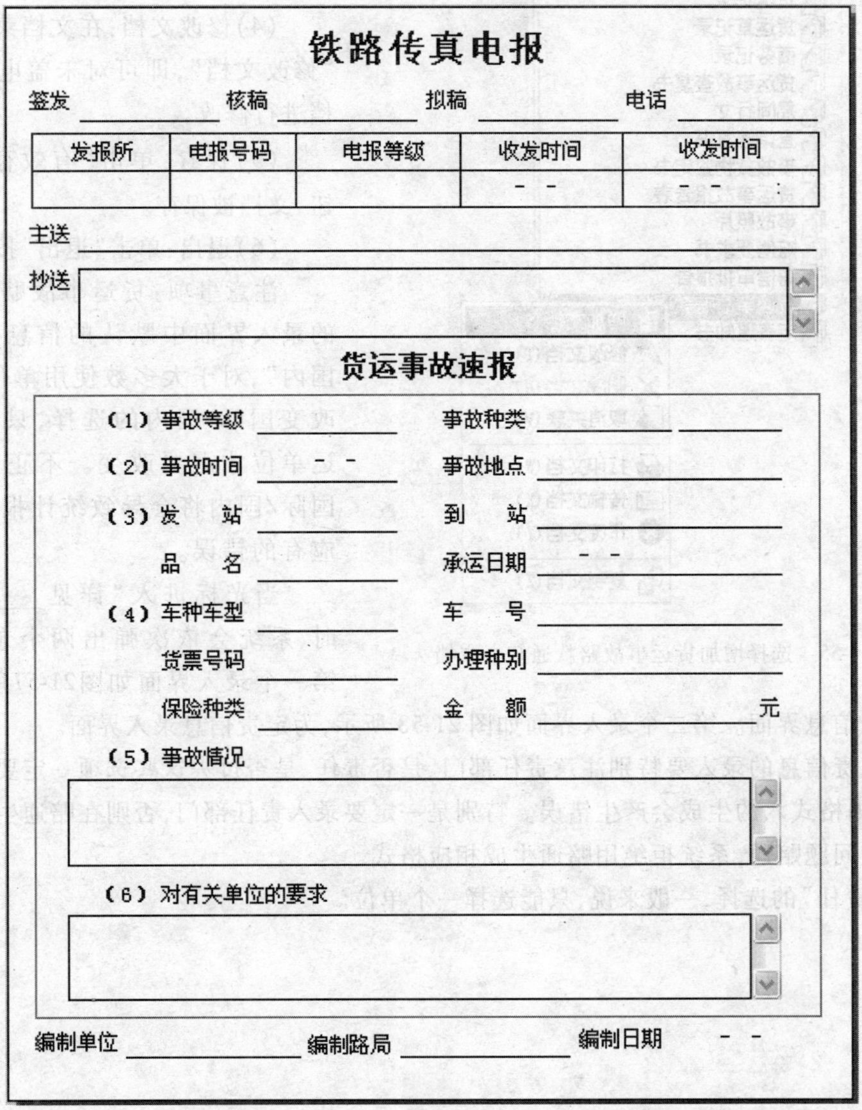

图 21-54　货运事故速报编辑窗口

注意事项：主送、抄送可以调用站名字典；事故登记、事故种类、事故地点、车种车型、保险种类通过下拉三角录入信息。

4. 铁路传真电报

操作方法和货运事故速报相同（参见货运事故速报）。

5. 货运事故赔款通知书

(1)文档菜单选择：单击右键在弹出的文档操作菜单下选择“增加文档”，如图 21-55 所示。

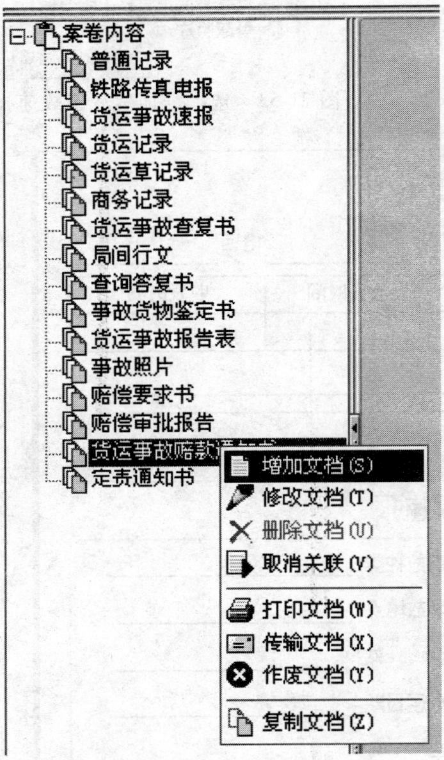

图 21-55　选择增加货运事故赔款通知书文档

(2)进入货运事故赔款通知书编辑界面，如图 21-56 所示。

(3)编制文档：在图 21-56 中录入信息。

(4)修改文档：在文档菜单中选择“修改文档”，即可对未盖电子章的文档进行修改。

(5)保存：单击“有效存盘”按钮，文档被保存。

(6)退出：单击“退出”按钮退出。

注意事项：货运事故赔款通知书的录入界面中默认的信息是“保价、国内”，对于大多数使用单位，不要去改变国际/国内的选择，只有国际联运单位才需要改变。不正确地选择国际/国内将会导致统计报表出现不应有的错误。

当光标进入“详见________站”时，系统会依次弹出两个录入界面。第一个录入界面如图21-57所示，为输入货运记录信息界面。第二个录入界面如图 21-58 所示，为定责信息录入界面。

关于定责信息的录入要特别注意责任部门、是否责任、是否过失这些选项一定要录入正确且完整，否则格式六的生成会产生错误。特别是一定要录入责任部门，否则在赔通生成格式六时会被作为问题赔通，系统拒绝用赔通生成相应格式。

“是否责任”的选择，一般来说，只能选择一个单位。

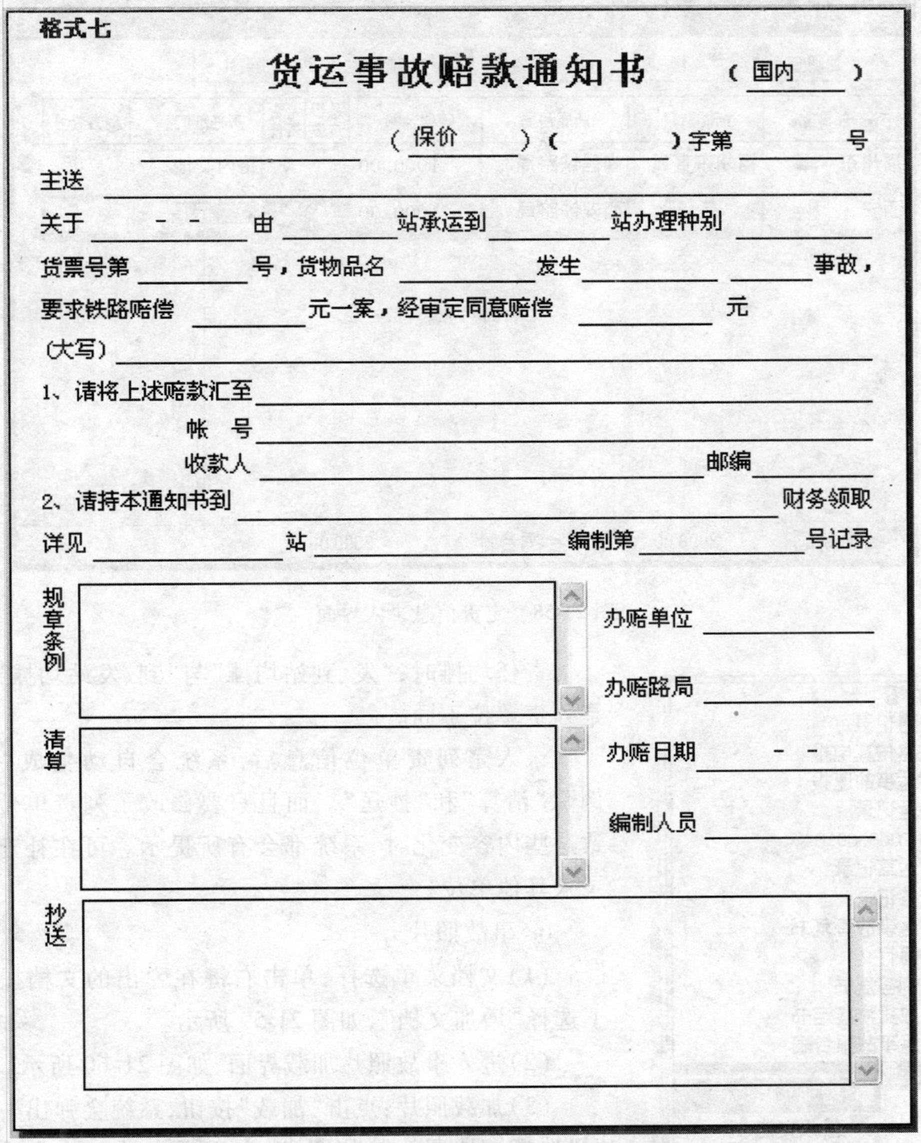
格式七

货运事故赔款通知书　（国内　）

（保价　）（　）字第　号

主送

关于　- -　由　站承运到　站办理种别

货票号第　号，货物品名　发生　事故，

要求铁路赔偿　元一案，经审定同意赔偿　元

（大写）

1、请将上述赔款汇至

帐　号

收款人　邮编

2、请持本通知书到　财务领取

详见　站　编制第　号记录

规章条例

清算

办赔单位

办赔路局

办赔日期　- -

编制人员

抄送

图 21-56　货运事故赔款通知书编辑窗口

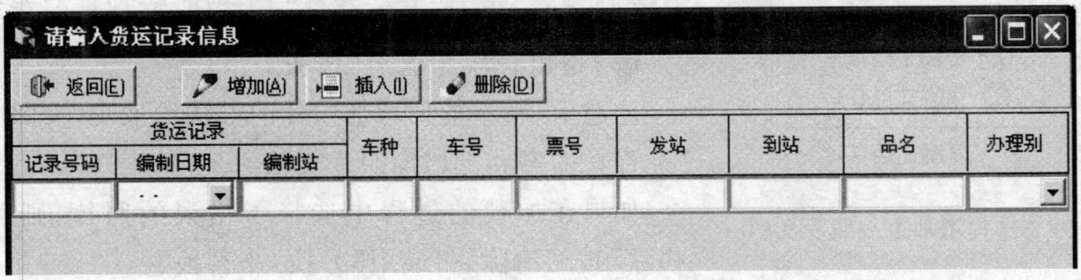

图 21-57　输入货运记录信息界面

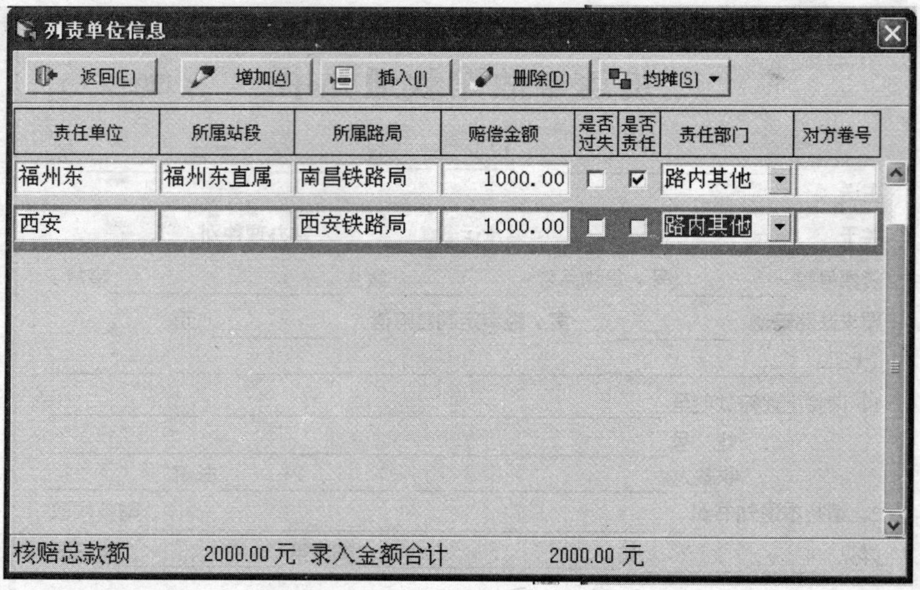

图 21-58 定责信息录入界面

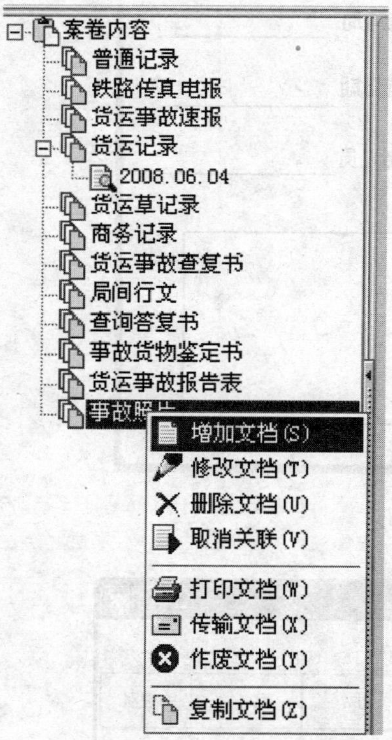

图 21-59 选择增加事故照片文档

责任均摊时，“发、到站均摊”与“到、发站均摊”的区别是列责单位不同。

录入完列责单位信息后，系统会自动生成“规章条例”、“清算”和“抄送”。而且只要修改了列责单位信息导致这些内容变化时，系统都会有所提示。可在补充抄送中录入其他单位。

6. 事故照片

(1)文档菜单选择：单击右键在弹出的文档操作菜单下选择“增加文档”，如图 21-59 所示。

(2)进入事故照片加载界面，如图 21-60 所示。

(3)加载照片：点击“加载”按钮，系统会弹出一个会话框“选择事故照片”，如图 21-61 所示。在这个会话框内可以完成照片文件的选择，选中照片，点击“打开”。

(4)保存：单击“有效存盘”按钮，文档被保存。

(5)退出：单击“退出”按钮退出。

注意事项：不能用增加照片的方法增加案卷，即必须在已经存在的案卷上增加照片文档。

如果在加载的过程中选择了错误的照片，则可以按“移除”按钮清除它，或用“替换”来替换它。

事故照片并不是保存在系统的数据库中，而是在 D:\hyaq\AccidentPhoto 的文件夹中。因此不允许将此文件夹删除或更改其中文件的名字，否则会丢失照片。

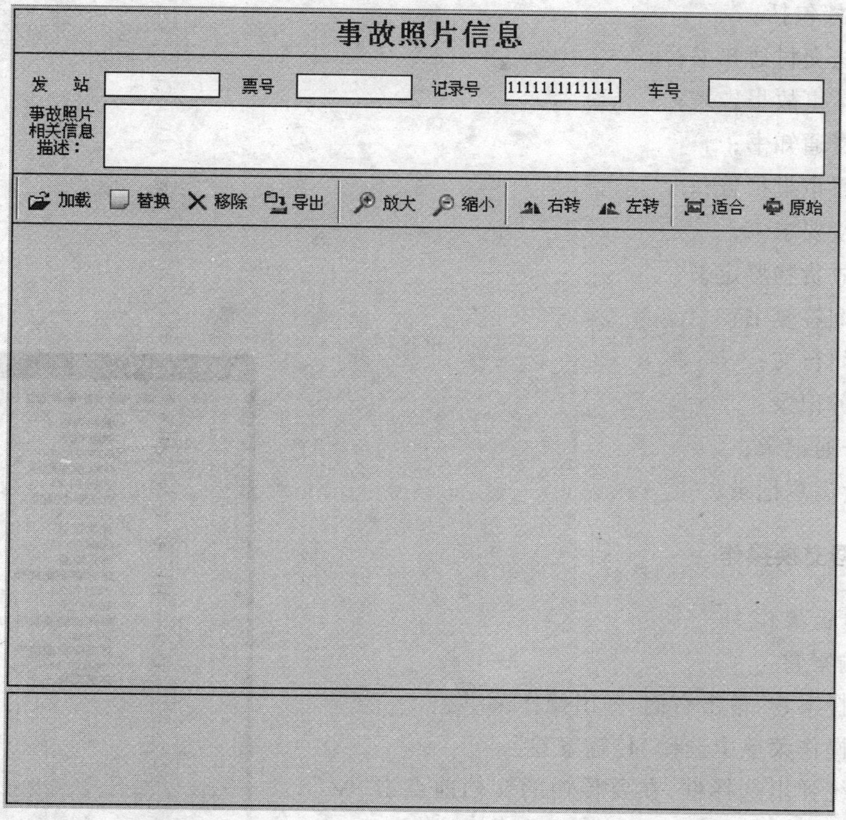

图 21-60　事故照片加载界面

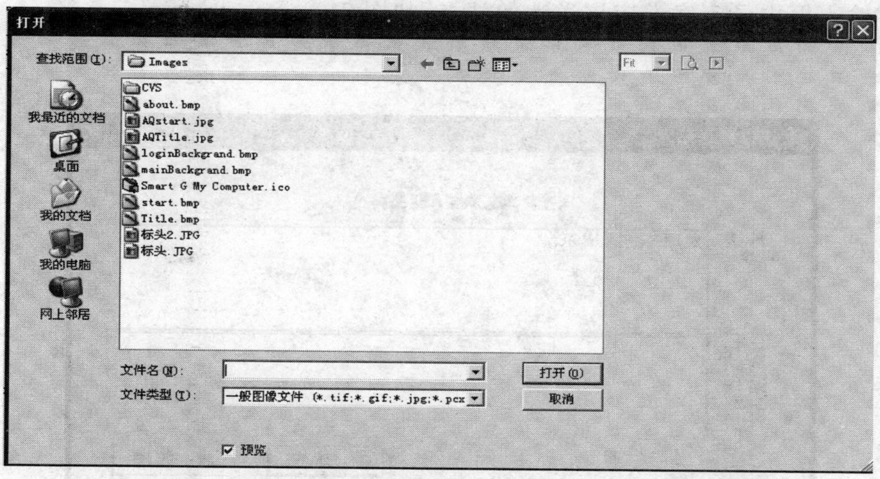

图 21-61　照片文件的选择

7. 其他文档

事故处理其他文档的录入方式相同或基本相似，在使用中可参考前面所讲的内容进行使用。系统设计时为了提高业务人员的效率，大量使用了各种字典和模版方式录入。字典和模版可以在系统功能菜单的字典维护功能下根据具体情况进行维护和修改。

其他文档包括：

(1)无法交付通知书；

(2)货运事故报告表；

(3)定责通知书；

(4)赔偿审批报告；

(5)赔偿要求书；

(6)事故货物鉴定书；

(7)查询答复书；

(8)局间行文；

(9)商务记录；

(10)普通记录；

(11)货运草记录。

六、数据交换操作

(一)传输操作

1. 传输案卷

(1)选择案卷，单击右键，弹出操作菜单。

(2)在操作菜单中选择“传输案卷”。

(3)系统弹出选择框，在要传输的文档前点击“√”，如图 21-62 所示。

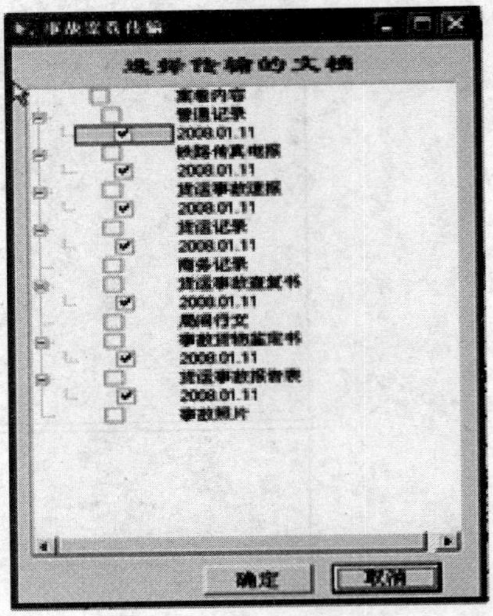

图 21-62　事故案卷传输

(4)点击“确定”，弹出“选择抄送站”。

(5)在输入框内录入案卷应该送达的站点，如图 21-63 所示。

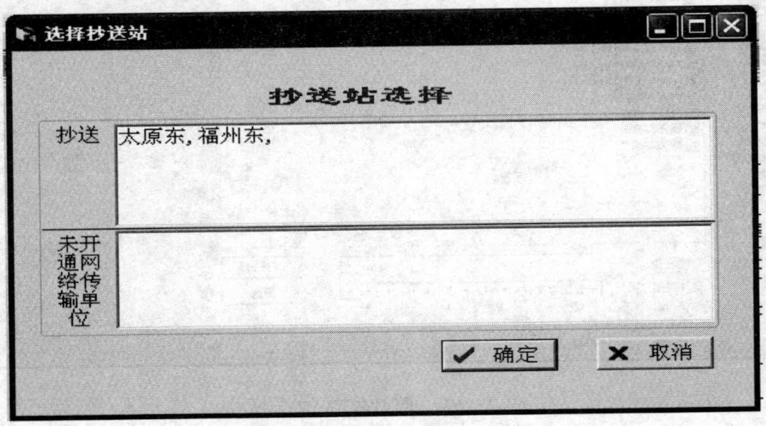

图 21-63　选择抄送站

(6)点“确定”按钮。程序提示“创建传输文件成功，请注意定时查看传输日志！”，如图 21-64所示，传输任务由信息交换软件完成。

注意事项：录入这些站点时必须通过输入拼音头字母查字典的方式来输入。

图 21-64　系统提示传输文件成功

2. 传输文档

(1)选择文档,单击右键,弹出操作菜单,在操作菜单中选择“传输文档”,如图 21-65 所示。

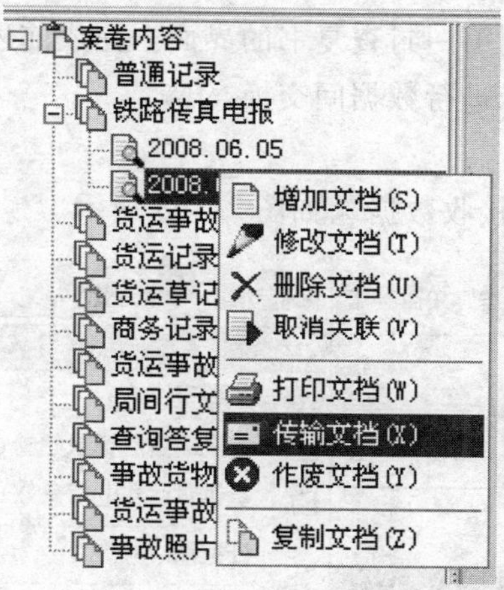

图 21-65　选择传输文档

(2)在输入框内录入案卷应该送达的站点,如图 21-66 所示。

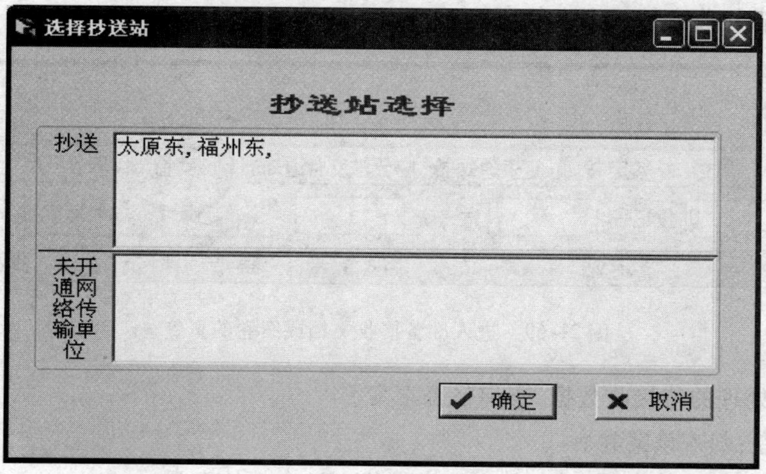

图 21-66　选择抄送站

(3)点“确定”按钮。程序提示“创建传输文件成功,请注意定时查看传输日志!”,如图 21-67所示,传输任务由信息交换软件完成。

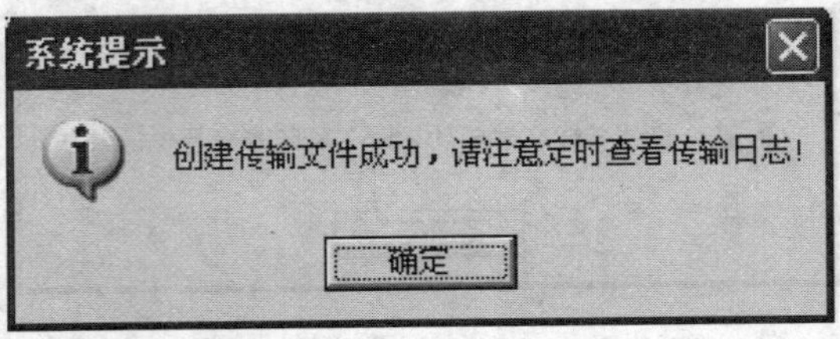

图 21-67　系统提示传输成功

注意事项：

①录入这些站点时必须通过输入拼音头字母查字典的方式来输入。

②自站编制货运记录与第一封查复书和数据交换联动。自站编制新的货运记录进行有效存盘后，系统自动弹出自站编制第一封查复书的界面。完成前述两种文档的编制后，系统自动提出进行数据交换的界面，提示进行数据间交换。

(二)接收操作

1. 选择"其他功能"中的"接收数据"，如图 21-68 所示。

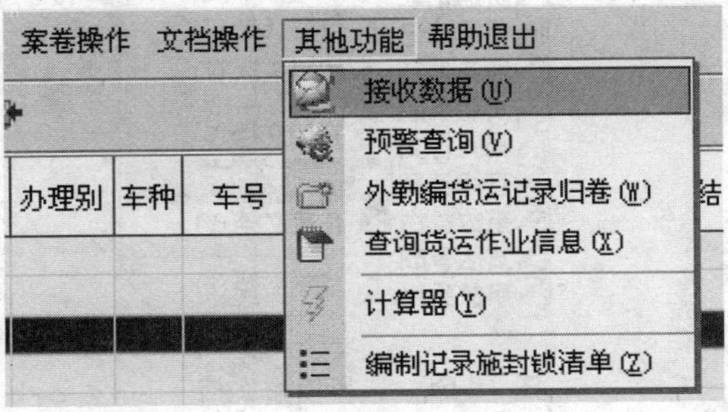

图 21-68　选择接收数据

2. 进入准备接收文档或案卷的页签，如图 21-69 所示。

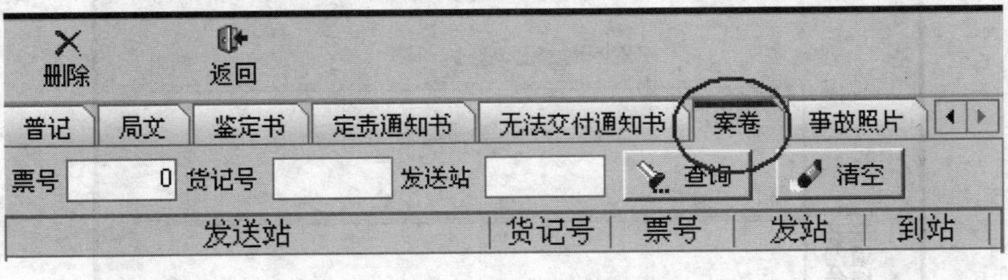

图 21-69　进入准备接收文档或案卷的页签

3. 选择要处理的待接收数据，查询是否立案。

有立案案卷：归入该案卷。

无立案案卷：归入某个登记簿，并以此案卷建立一个新的案卷；

如图 21-70 所示，图中表示接收到了鹰潭南站发送过来的一个案卷，该案卷包括了一份货运记录和一份货运事故查复书(左下部分的树型显示区)。此时可以点击这些文档查看文档的内容，以便帮助决定如何处置这个案卷。

在界面的右上部分显示表明，没有与该文档相似的"疑似案卷"，如果有这样的疑似案卷，系统会显示出来。

没有疑似案卷时，也可以通过输入票号、发站、记录号和卷号来指定一个案卷；在没有疑似案卷，也没有指定案卷时，上边两部分之间的箭头按钮是灰色的，因为还没找到目的案卷。

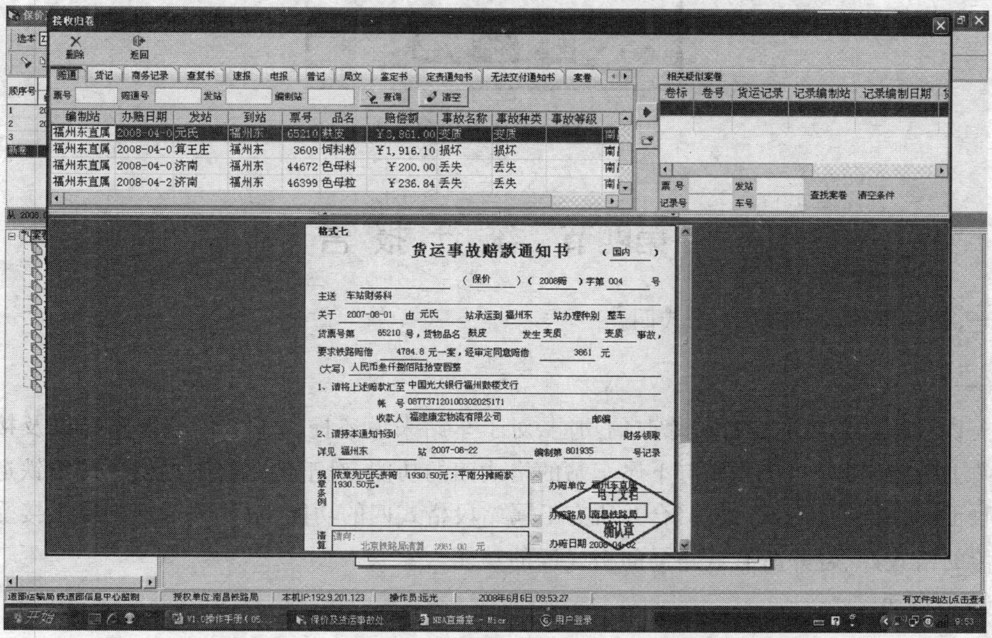

图 21-70　接收归卷操作窗口

点击图 21-71 中红色箭头所指按钮将弹出如图 21-71 所示右侧内容界面。

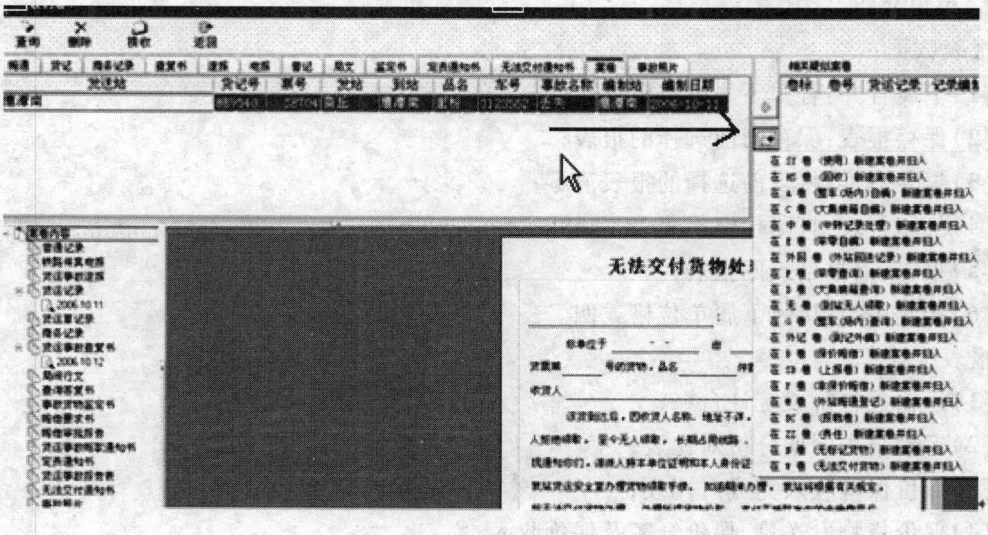

图 21-71　选择可以归入的案卷窗口

系统列出了可以归入的案卷，并把左边的案卷归入登记簿，选择其一（例如 A 卷），双击它。就成功地把该接收案卷归入了这个登记簿上，系统会提示归卷成功，如图 21-72 所示。

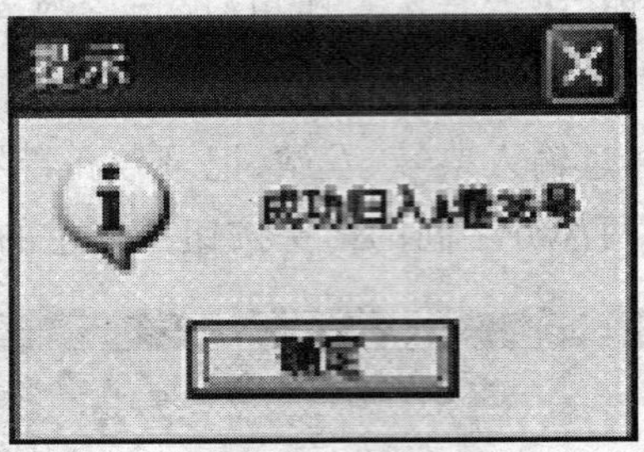

图 21-72　系统提示归卷成功

第四节　统 计 报 告

一、货运保价运输报告（格式四）

（一）功能

提供对格式四打印、查询、修改的功能，对于车站来说还提供了上传给铁路局以及接收下属车站上传的格式四、合并所有下属车站的格式四的功能；对于铁路局则提供上传给铁道部以及接收下属站段上传的格式四、合并所有下属站段格式四的功能；对于铁道部则提供接受铁路局上传的格式四、合并所有铁路局的格式四的功能。

（二）界面

1. 进入

在"保价管理"主模块，选择"货运保价运输报告（月报）"进入如图 21-73 所示操作界面。

2. 菜单介绍

报表数据：

（1）下属合并：合并下属单位数据；

（2）保存报表：保存当前选择的报表；

（3）报表清零：将当前选择的报表清零；

（4）打印报表：打印指定报表；

（5）报告：上报格式四报表；

（6）接收表报：接收下属单位格式四。

报表统计：

（1）运输报告阶段统计台账；

（2）运输报告同期分析对比表；

（3）保价保险收入完成对比表；

（4）保价货物发送量、保价金额及保价收入；

（5）保价任务完成情况表。

其他功能：计算器。

帮助退出：

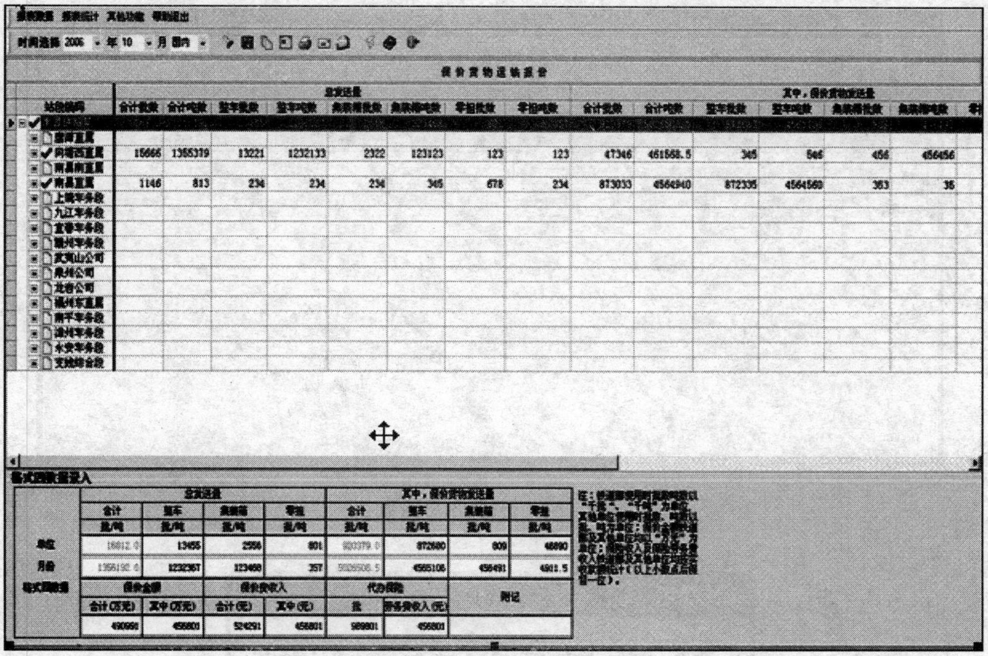

图 21-73　货运保价运输报告(月报)操作界面

(1)帮助:查看帮助;

(2)退出:退出系统。

(三)操作

1. 录入

选择所需录入格式四的时间、单位,在格式四录入区域内,依次录入相应的数据。

2. 保存

单击“报表数据”下“保存报表”或点击按钮保存当前数据,系统提示成功后完成保存操作。

3. 下属合并

单击“报表数据”下“下属合并”,将合并下属单位数据。

4. 报告

单击菜单“报表数据”,选择“上报报表”或点击快捷图标进入如图 21-74 所示界面,当前界面显示即将传输数据,确认无误后单击“传输”按钮,弹出传输成功提示框,传输操作完成,如图 21-75 所示。

注意事项:可以通过“文件传输进程”,查看传输状态。

5. 接收

单击菜单“报表数据”,选择“接收报表”或点击快捷图标进入如图 21-76 所示界面。选中列表中需要接收的文件,单击“入库”按钮则完成接收格式四,单击“删除”则删除该文件。

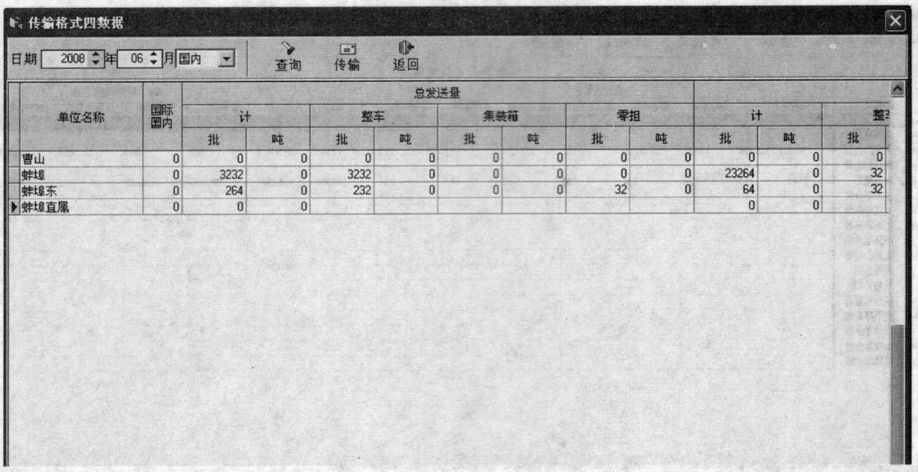

图 21-74　传输格式四数据

图 21-75　传输文件成功提示框

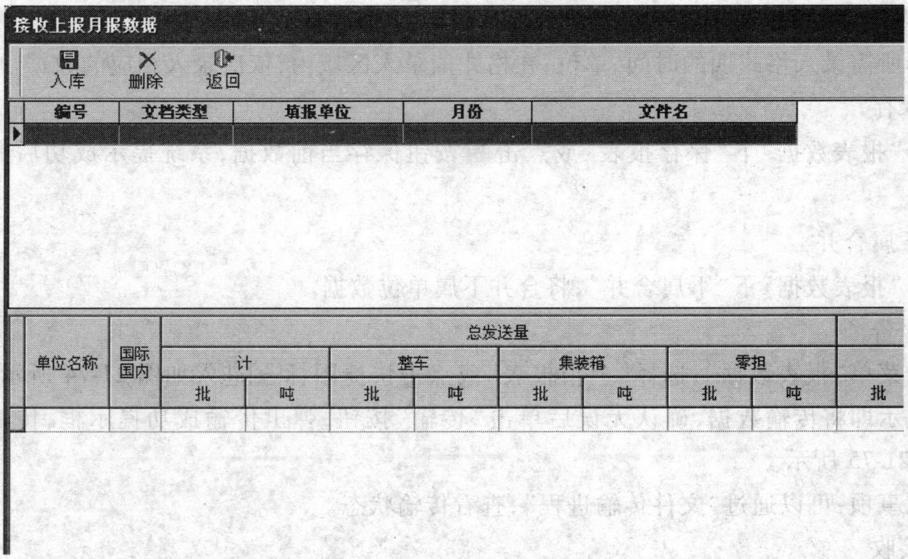

图 21-76　接收上报月报数据界面

6. 格式四统计分析

选择“报表统计”则进入如图 21-77 所示的界面。可以看到基于格式四的统计分析报表，一共有五种：

图 21-77 选择报表统计

(1)运输报告阶段统计台账;

(2)运输报告同期分析对比表;

(3)保价保险收入完成对比表;

(4)保价货物发送量、保价金额及保价收入;

(5)保价任务完成情况表。

这些报表的操作方法基本一致,下面以“运输报告阶段统计台账”为例进行介绍。

单击“报表统计”下“运输报告阶段统计台账”进入到如图 21-78 所示界面,软件提供了两种报表统计条件,如图 21-79、图 21-80 所示。对应两种统计排列结果如图 21-81、图 21-82所示。

单击“导出”将统计报表转为 Execl 表,单击“预览”、“打印”按钮,进行报表预览和打印操作。其他四种基于格式四的报表统计分析的操作方法与上述操作方法类似,这里不再一一介绍了。

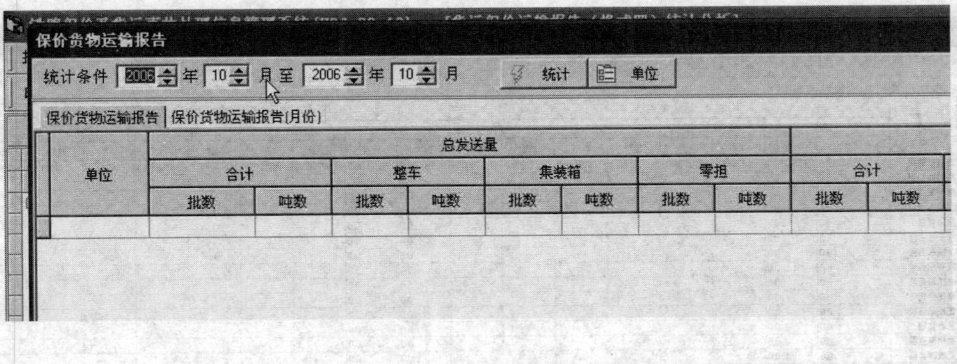

图 21-78 运输报告阶段统计台账界面

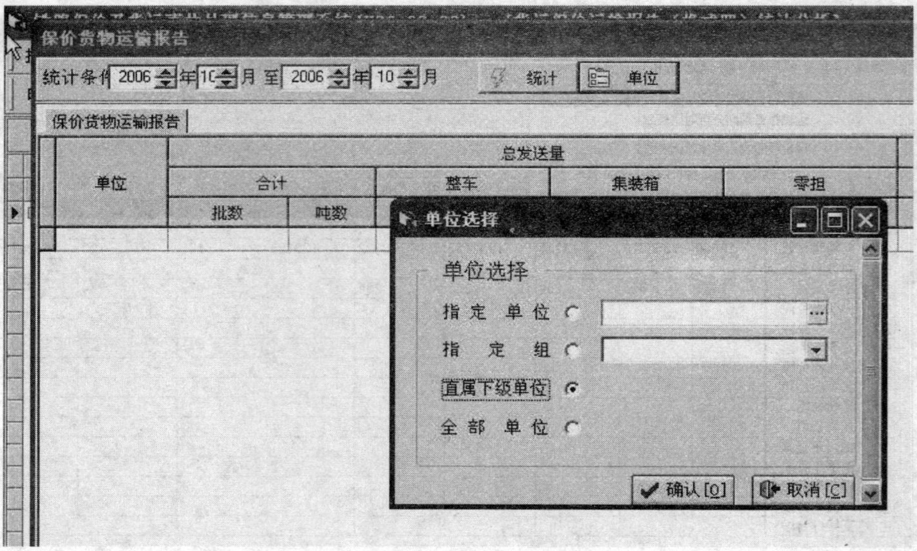

图 21-79　以单位为统计条件

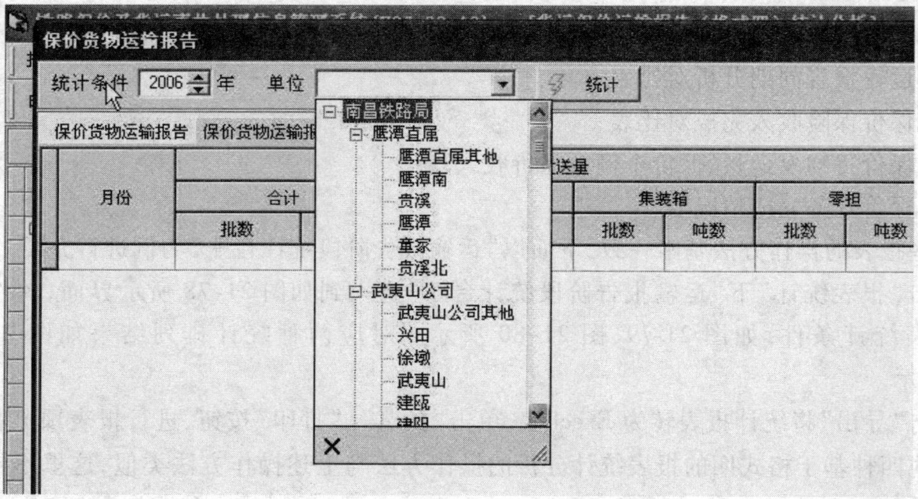

图 21-80　以年份和铁路局为统计条件

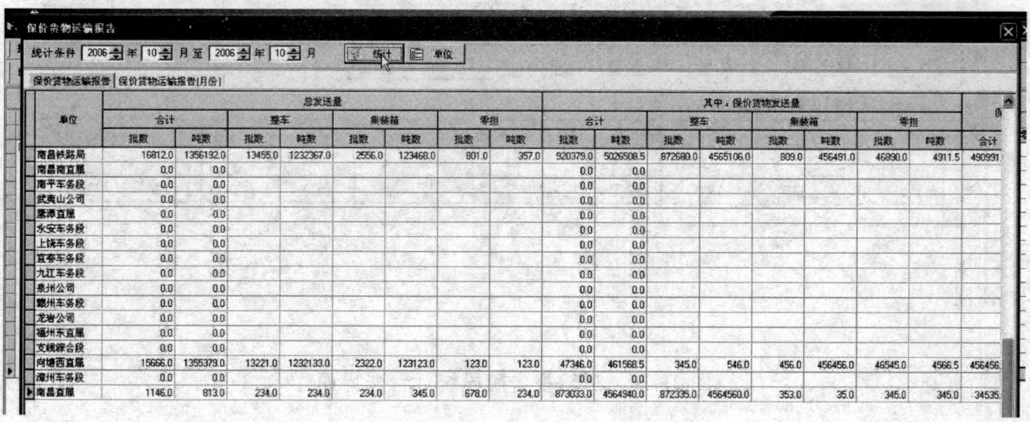

图 21-81　按单位排列的保价货物运输报告

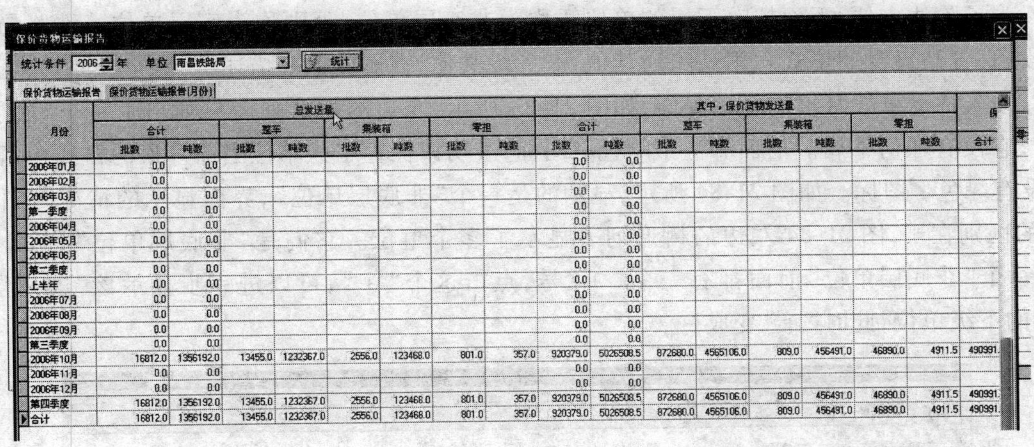

月份	总发送量								其中，保价货物发送量								保
	合计		整车		集装箱		零担		合计		整车		集装箱		零担		
	批数	吨数	批数	吨数	批数	吨数	批数	吨数	批数	吨数	批数	吨数	批数	吨数	批数	吨数	合计
2006年01月	0.0	0.0							0.0	0.0							
2006年02月	0.0	0.0							0.0	0.0							
2006年03月	0.0	0.0							0.0	0.0							
第一季度	0.0	0.0							0.0	0.0							
2006年04月	0.0	0.0							0.0	0.0							
2006年05月	0.0	0.0							0.0	0.0							
2006年06月	0.0	0.0							0.0	0.0							
第二季度	0.0	0.0							0.0	0.0							
上半年	0.0	0.0							0.0	0.0							
2006年07月	0.0	0.0							0.0	0.0							
2006年08月	0.0	0.0							0.0	0.0							
2006年09月	0.0	0.0							0.0	0.0							
第三季度	0.0	0.0							0.0	0.0							
2006年10月	16812.0	1356192.0	13455.0	1232367.0	2556.0	123468.0	801.0	357.0	920379.0	5026508.5	872680.0	4565106.0	809.0	456491.0	46890.0	4911.5	490991.
2006年11月	0.0	0.0							0.0	0.0							
2006年12月	0.0	0.0							0.0	0.0							
第四季度	16812.0	1356192.0	13455.0	1232367.0	2556.0	123468.0	801.0	357.0	920379.0	5026508.5	872680.0	4565106.0	809.0	456491.0	46890.0	4911.5	490991.
合计	16812.0	1356192.0	13455.0	1232367.0	2556.0	123468.0	801.0	357.0	920379.0	5026508.5	872680.0	4565106.0	809.0	456491.0	46890.0	4911.5	490991.

图 21-82　按年月顺序排列的铁路局保价货物运输报告

二、货运事故统计报告(格式六)

(一)功能

货运事故统计报告(格式六)形成方法:第一种是手工录入格式六数据;另外一种是通过货运事故赔款通知书自动生成。除了录入功能,还有修改、保存、查询、上传上级单位、接收下属单位上传的报表、合并所有下属单位报表的功能。

(二)界面

1. 进入

在“保价管理”主模块,选择“货运事故统计报告”进入如图 21-83 所示的操作界面。

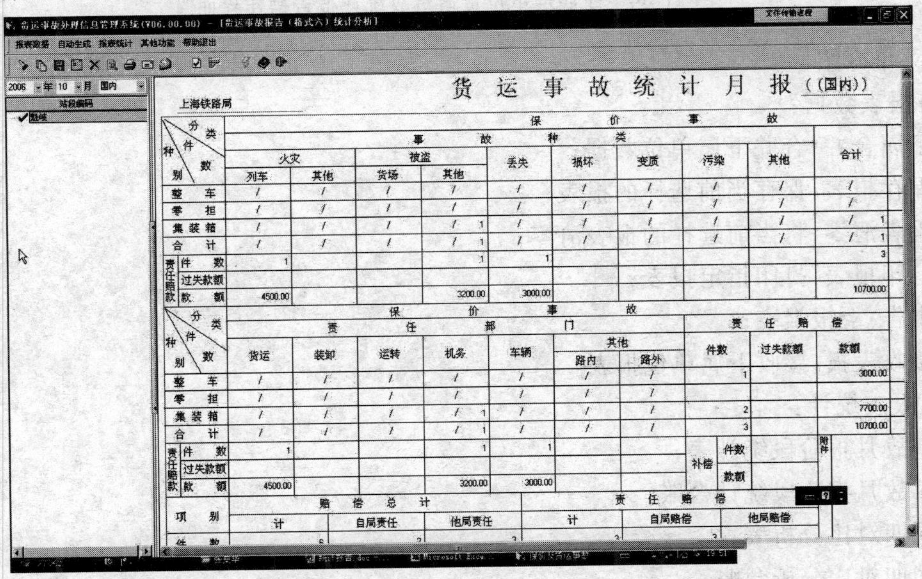

图 21-83　底层单位货运事故统计报告操作界面

为了陈述方便，下面把有下属的单位暂称为非底层单位，否则称为底层单位。铁路局、车务段、直管站自身的格式六用铁路局其他、车务段其他、直属其他来描述。

进入货运事故月报的显示界面，如图 21-83 所示，左边的树形列表只列出了一个"底层单位"，它没有任何下属。前面有一个绿色✔图标，表明以保存了该单位当前月份的格式六，否则将没有绿色✔图标。如图 21-84 所示，显示的是一个"非底层单位"，界面显示的情况与图 21-83 的区别在于，图 21-84 左边的树形列表显示了多个单位。它们是"非底层单位"格式六列表，每个"非底层单位"前面都有一个"+"号，点击这个"+"，可以进一步显示该"非底层单位"的下级单位，此时"+"变成 -。

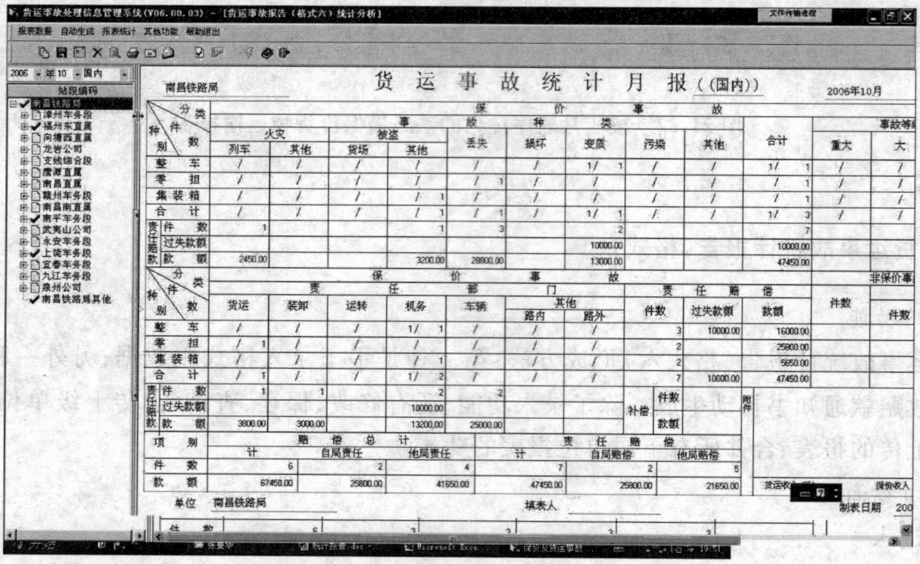

图 21-84　非底层单位货运事故统计报告操作界面

2. 菜单介绍

(1)报表数据：

①下属合并：合并下属单位数据；

②保存报表：保存当前选择的报表；

③报表清零：将当前选择的报表清零；

④打印报表：打印指定报表；

⑤报告：上报报表；

⑥接收表报：接收下属单位报表。

(2)报表统计：

①事故月报阶段统计表；

②事故月报阶段统计台账；

③同期对比分析表；

④同期对比分析台账；

⑤货运事故对比分析表；

⑥货运收入及事故赔款综合分析表；

⑦保价货运事故件数及赔款表；

⑧非保价货运事故件数及赔款表；

⑨货运事故统计对照表；

⑩货运事故件数赔款统计表；

⑪货运安全情况表；

⑫货物保价、保险收入、货运事故件数及款额对比表。

(3)其他功能。

(4)帮助退出。

(三)操作

1. 格式六操作

(1)自动生成：

①选择统计年、月份，单击菜单“自动生成”找到“自动生成格式六”或单击快捷键✔按钮。

②界面弹出赔通列表如图 21-85 所示，问题赔通以红色显示。

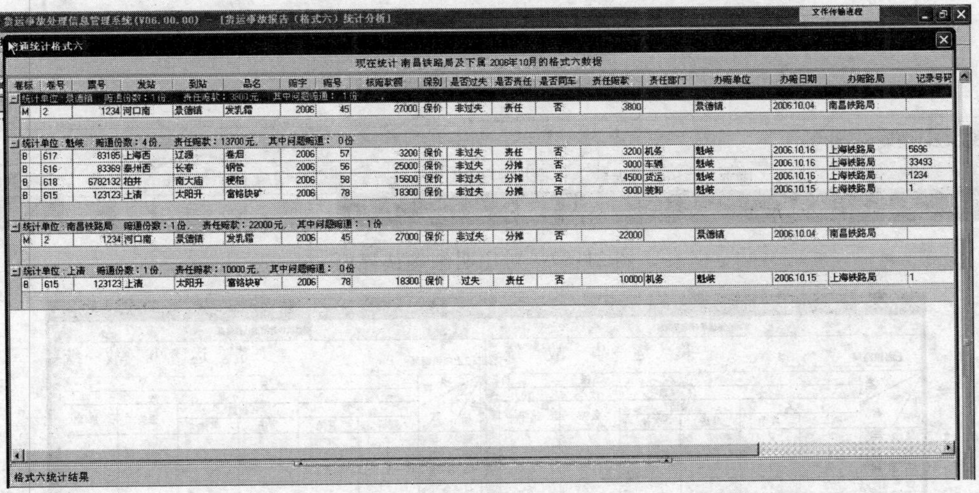

图 21-85　赔通统计格式六界面

注意事项：V1.0 版本在统计格式六的时候如果有赔通没有结案，可以直接在统计界面进行结案，不需要返回案卷进行结案。系统按单位分别计算并显示“统计单位”、“赔通份数”、“责任赔款”、“其中问题赔通”的情况，用红色字体显示问题赔通，每次自动生成时，系统会对所有的单位的格式六从底层“底层单位”到“非底层单位”依次生成出各自的格式六，选择是否用新生成的数据替换原有数据，如图 21-86 所示。

③统计：单击图 21-86 右下方的“统计”按钮。

④对比明细：单击图 21-87 所示“对比明细”按钮，比较本次数据和已存在数据，如图 21-88 所示。

⑤存盘：存盘的时候如已存在当前单位的格式六，系统会提示“数据库中已存在此单位数据，是否重新接收?”，点击“存盘”按钮，系统弹出“保存成功”的对话框弹出，在“已替换保存”

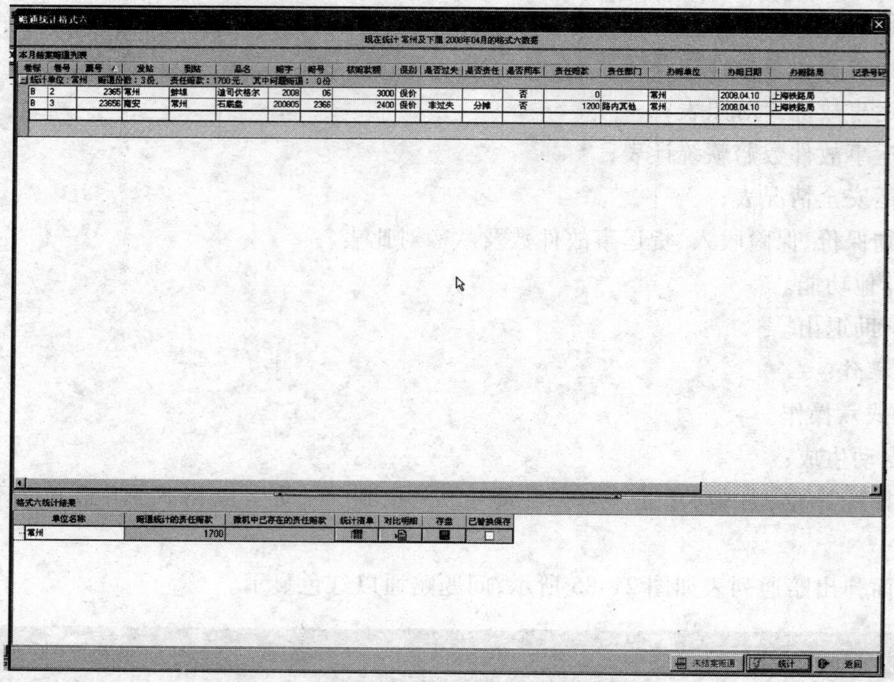

图 21-86　没有问题赔通的列表

图 21-87　对比明细确认界面

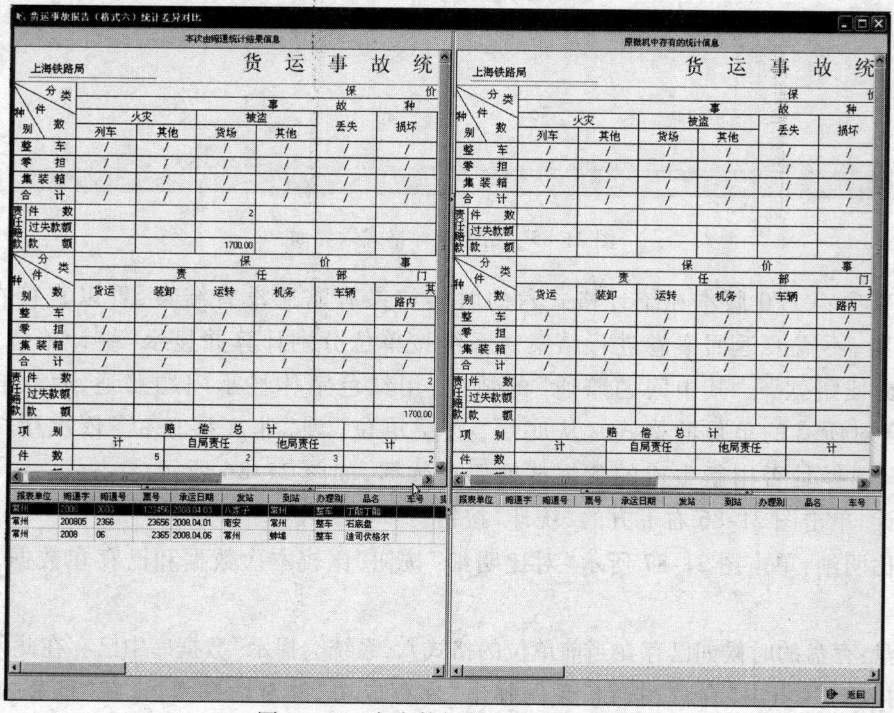

图 21-88　本次数据和已存数据对比

栏内打上√标注，如图 21-89 所示。

图 21-89 替换确认界面

⑥替换保存设置好以后，就可以点击存盘。至此，非底层单位及其所有下属的格式六全部由赔通自动计算生成完毕。生成好的格式六必须点击“存盘”按钮才能保存，否则退出去以后看不到生成的结果。

(2)下属合并。在格式六单位的树形列表区中选中“非底层单位”，就可以进行“下属合并”。将系统中已经存在的其下属的格式六来汇总合并。

(3)修改(录入)。修改操作和录入的操作方法是完全一样的。选择某个单位的格式六，便可以直接对格式六进行编辑修改。修改格式六也可以使用“报表清零”来将当前单位的格式六数据全部清零。只允许修改“底层单位”数据。

注意事项：①不建议修改使用赔通生成的或下级单位上报的格式六；②铁路局(直管站段)不能录入修改铁路局(直管站段)格式六，必须使用下属合并生成。

(4)保存报表。单击按钮，保存当前选中单位的格式六数据。

(5)删除报表。单击按钮，删除当前选中单位的格式六数据。

(6)打印报表。单击“报表数据”菜单下“打印报表”或点击快捷按钮，进入格式六的打印预览界面，如图 21-90 所示。再次单击打印机图形按钮，将直接打印出格式六。

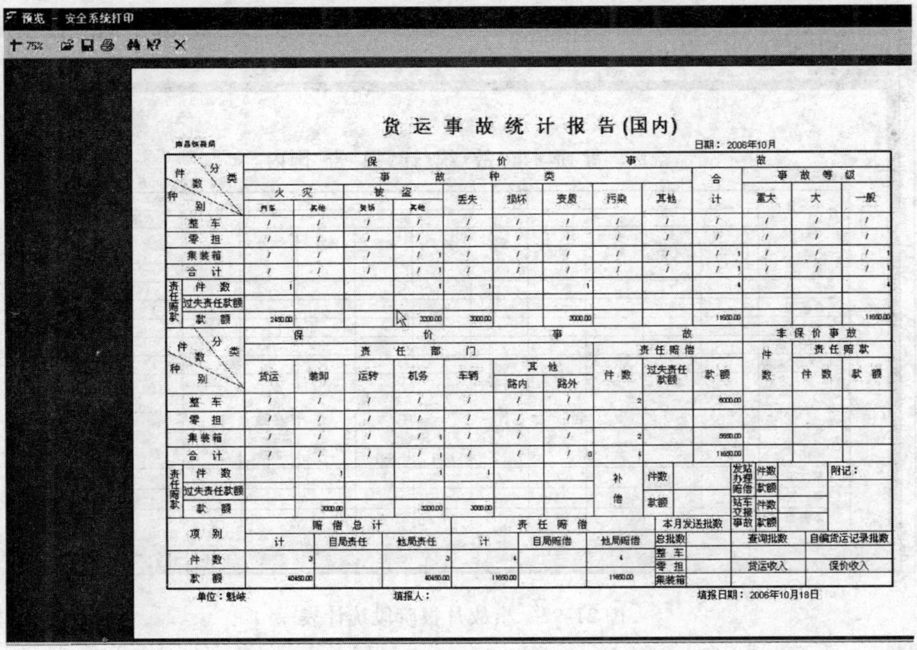

图 21-90 格式六打印预览界面

(7)报告。格式六的上报和接收方法，与货运保价运输报告（格式四）基本类似，详见货运保价运输报告（格式四）上报和接收。

(8)打印赔通清单。单击"自动生成"菜单下"打印赔通清单"，或点击快捷按钮，出现如图 21-91 所示界面，再次单击"打印"。

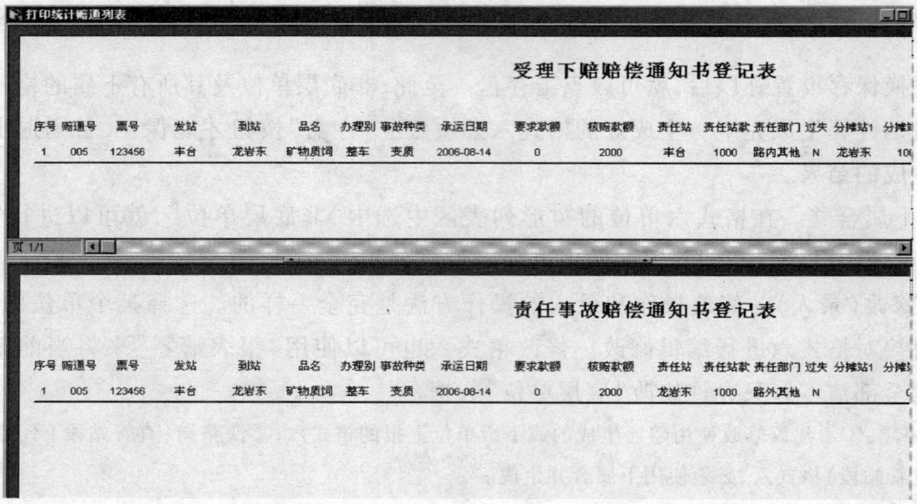

图 21-91　打印赔通清单操作界面

2. 格式六的报表统计分析表及台账

(1)事故月报阶段统计表：

①单击"报表统计"菜单下"事故月报阶段统计表"进入如图 21-92 所示界面。

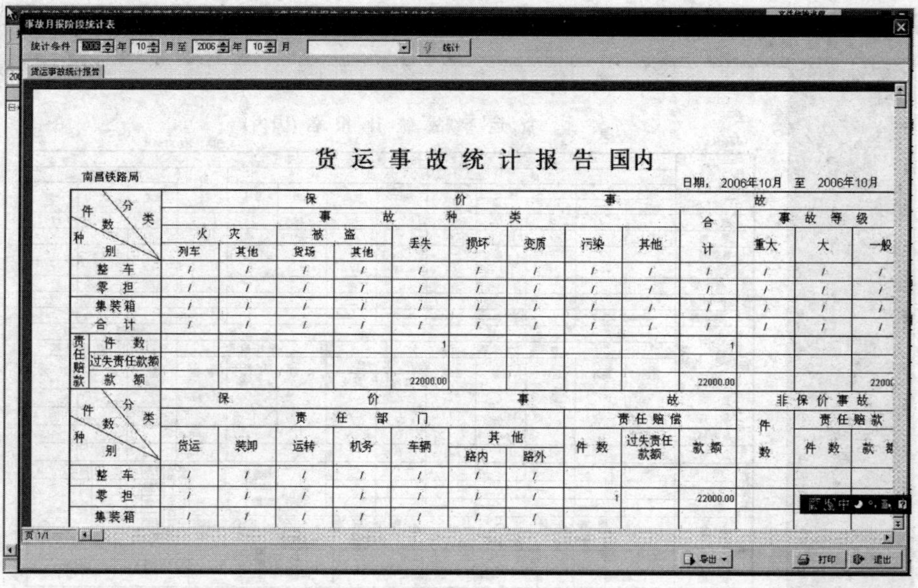

图 21-92　事故月报阶段统计表

②单击单位选择框的倒三角，弹出如图 21-93 所示的选择界面。选中所需单位后，双击鼠

标，单击"统计"按钮，统计结果如图21-94所示。可以对统计结果进行打印和导出。

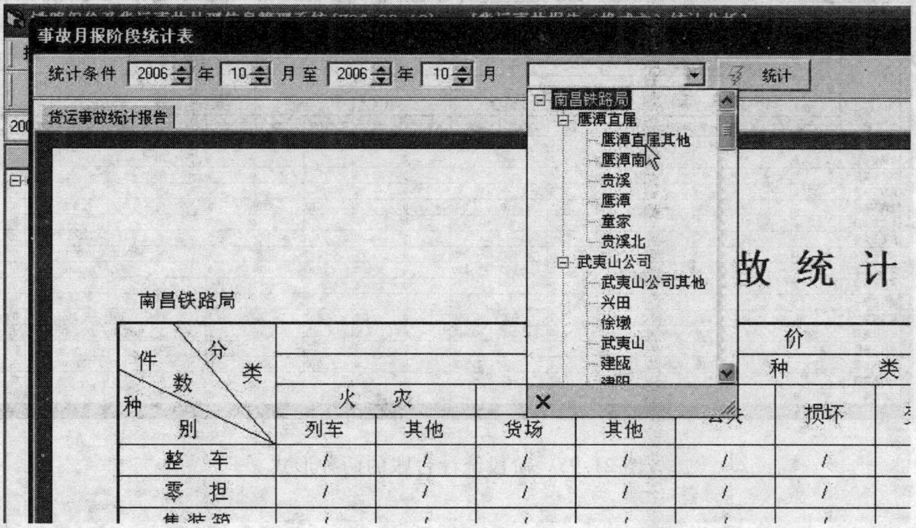

图21-93　选择所需单位

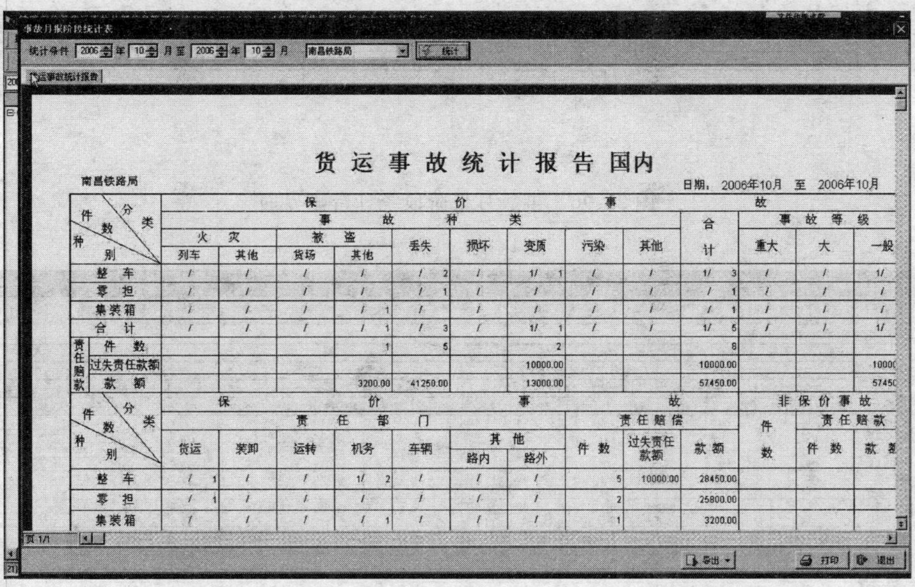

图21-94　统计结果的显示

(2)事故月报阶段统计台账。阶段统计台账界面分为"货运事故统计台账"、"货运事故统计台账(月份)"两种统计报表，如图21-95所示。

操作方法：

①单击"报表统计"下"事故月报阶段统计台账"，进入如图21-96所示界面。

②选择统计周期。

③选择统计单位：单位的选择分两种情况操作，操作方法与运输报告阶段统计表类似。

④统计：点击"统计"，统计结果如图21-97、图21-98所示。

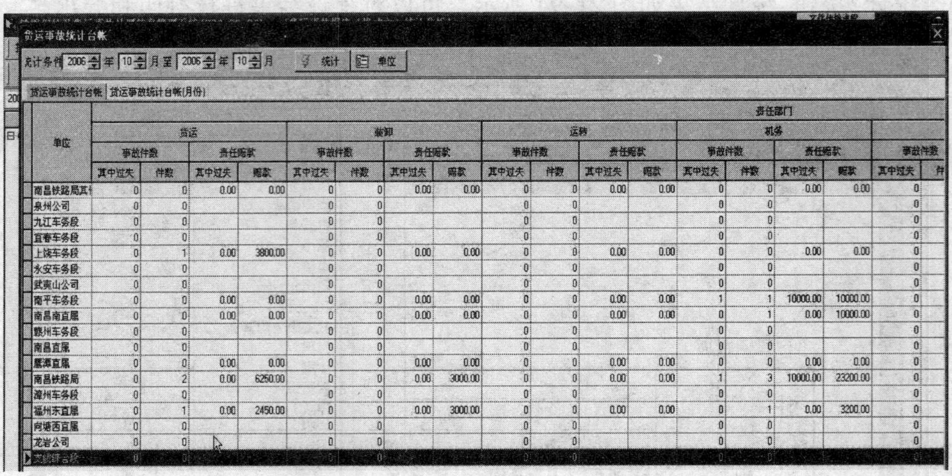

图 21-95　阶段统计台账的两种形式

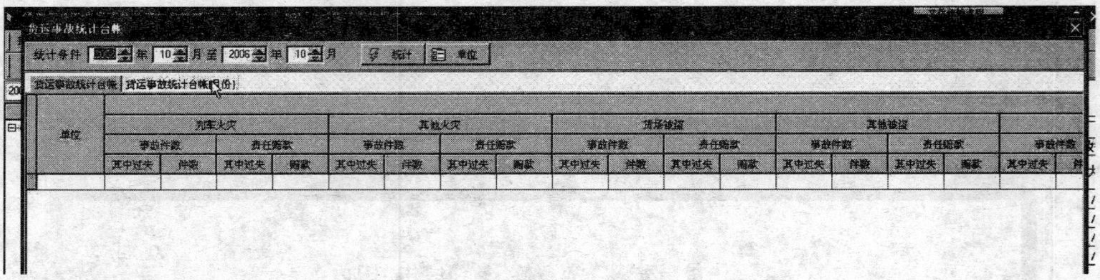

图 21-96　事故月报阶段统计台账界面

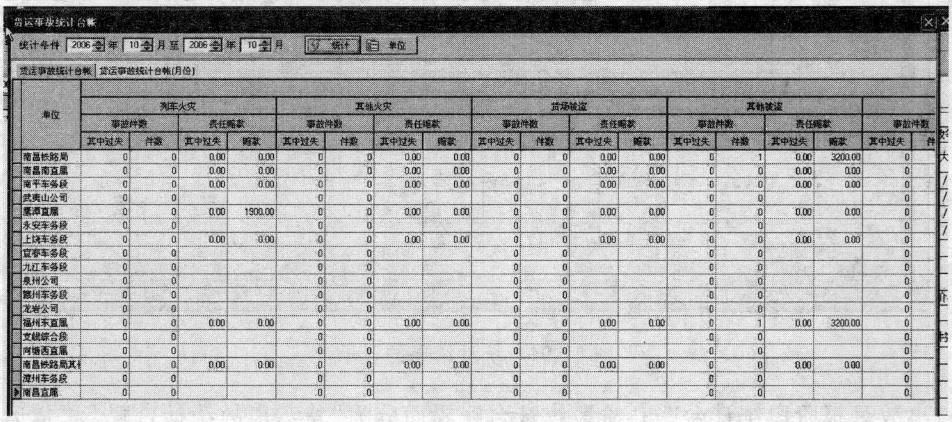

图 21-97　按单位排列的事故月报统计台账

⑤导出与打印:点击“导出”、“预览”、“打印”按钮,完成对统计报表的 Execl 转换、预览和打印等操作。

(3)同期对比分析表。同期对比分析表的操作与阶段统计表的操作类似,如图 21-99 所示,是同期对比分析表的界面。

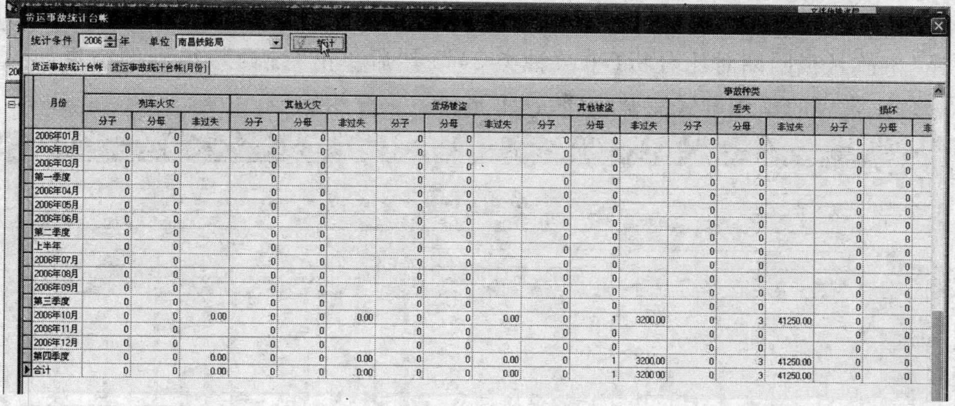

月份	列车火灾			其他火灾			货场被盗			其他被盗			丢失			损坏	
	分子	分母	非过失	分子	分母	非过失	分子	分母	非过失	分子	分母	非过失	分子	分母	非过失	分子	分母
2006年01月	0	0		0	0		0	0		0	0		0	0		0	0
2006年02月	0	0		0	0		0	0		0	0		0	0		0	0
2006年03月	0	0		0	0		0	0		0	0		0	0		0	0
第一季度	0	0		0	0		0	0		0	0		0	0		0	0
2006年04月	0	0		0	0		0	0		0	0		0	0		0	0
2006年05月	0	0		0	0		0	0		0	0		0	0		0	0
2006年06月	0	0		0	0		0	0		0	0		0	0		0	0
第二季度	0	0		0	0		0	0		0	0		0	0		0	0
上半年	0	0		0	0		0	0		0	0		0	0		0	0
2006年07月	0	0		0	0		0	0		0	0		0	0		0	0
2006年08月	0	0		0	0		0	0		0	0		0	0		0	0
2006年09月	0	0		0	0		0	0		0	0		0	0		0	0
第三季度	0	0		0	0		0	0		0	0		0	0		0	0
2006年10月	0	0	0.00	0	0	0.00	0	0	0.00	0	1	3200.00	0	3	41250.00	0	0
2006年11月	0	0		0	0		0	0		0	0		0	0		0	0
2006年12月	0	0		0	0		0	0		0	0		0	0		0	0
第四季度	0	0	0.00	0	0	0.00	0	0	0.00	0	1	3200.00	0	3	41250.00	0	0
合计	0	0	0.00	0	0	0.00	0	0	0.00	0	1	3200.00	0	3	41250.00	0	0

图 21-98　按月份排列的事故月报统计台账

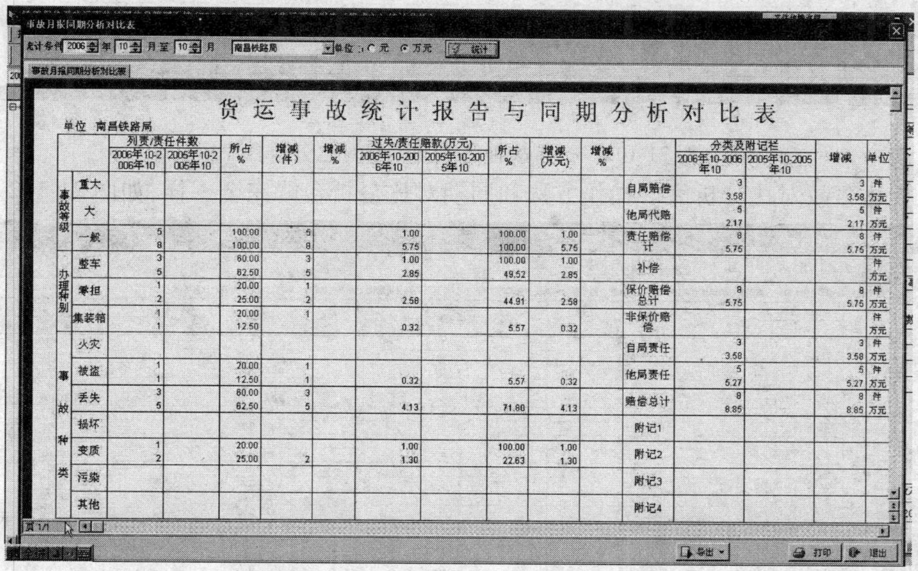

货运事故统计报告与同期分析对比表

单位　南昌铁路局

		列责/责任件数		所占%	增减(件)	增减%	过失/责任赔款(万元)		所占%	增减(万元)	增减%		分类及附记栏		增减	单位
		2006年10-2006年10	2005年10-2005年10				2006年10-2006年10	2005年10-2005年10					2006年10-2006年10	2005年10-2005年10		
事故等级	重大											自局赔偿	3 3.58		3 3.58	件 万元
	大											他局代赔	5 2.17		5 2.17	件 万元
	一般	5 8		100.00 100.00	5 8		1.00 5.75		100.00 100.00	1.00 5.75		责任赔偿计	8 5.75		8 5.75	件 万元
办理种别	整车	3 5		60.00 62.50	3 5		1.00 2.85		100.00 49.52	1.00 2.85		补偿				件 万元
	零担	1 2		20.00 25.00	1 2		2.58		44.91	2.58		保价赔偿总计	8 5.75		8 5.75	件 万元
	集装箱	1 1		20.00 12.50	1		0.32		5.57	0.32		非保价赔偿				件 万元
事故种类	火灾											自局责任	3 3.58		3 3.58	件 万元
	被盗	1 1		20.00 12.50	1 1		0.32		5.57	0.32		他局责任	5 5.27		5 5.27	件 万元
	丢失	3 5		60.00 62.50	3 5		4.13		71.80	4.13		赔偿总计	8 8.85		8 8.85	件 万元
	损坏											附记1				
	变质	1 2		20.00 25.00	2		1.00 1.30		100.00 22.63	1.00 1.30		附记2				
	污染											附记3				
	其他											附记4				

图 21-99　事故月报同期对比分析表

(4)同期对比分析台账。同期对比分析台账分为 5 种形式:对比分析台账、按事故种类 1、按事故种类 2、按责任部门 1、按责任部门 2。进入同期对比分析后的界面如图 21-100 所示。

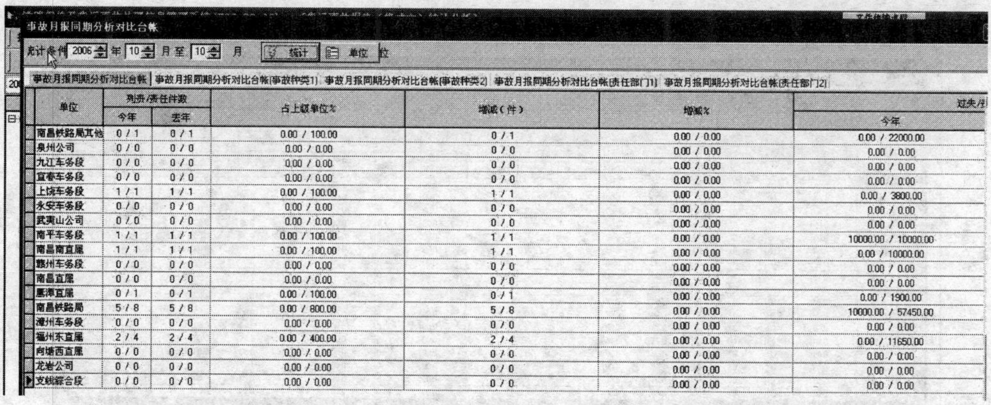

单位	列责/责任件数		占上级单位%	增减(件)	增减%	过失/责
	今年	去年				今年
南昌铁路局其他	0 / 1	0 / 1	0.00 / 100.00	0 / 1	0.00 / 0.00	0.00 / 22000.00
泉州公司	0 / 0	0 / 0	0.00 / 0.00	0 / 0	0.00 / 0.00	0.00 / 0.00
九江车务段	0 / 0	0 / 0	0.00 / 0.00	0 / 0	0.00 / 0.00	0.00 / 0.00
宜春车务段	0 / 0	0 / 0	0.00 / 0.00	0 / 0	0.00 / 0.00	0.00 / 0.00
上饶车务段	1 / 1	1 / 1	0.00 / 100.00	1 / 1	0.00 / 0.00	0.00 / 3800.00
永安车务段	0 / 0	0 / 0	0.00 / 0.00	0 / 0	0.00 / 0.00	0.00 / 0.00
武夷山公司	0 / 0	0 / 0	0.00 / 0.00	0 / 0	0.00 / 0.00	0.00 / 0.00
南平车务段	1 / 1	1 / 1	0.00 / 100.00	1 / 1	0.00 / 0.00	10000.00 / 10000.00
南昌南直属	1 / 1	1 / 1	0.00 / 100.00	1 / 1	0.00 / 0.00	0.00 / 10000.00
赣州车务段	0 / 0	0 / 0	0.00 / 0.00	0 / 0	0.00 / 0.00	0.00 / 0.00
南昌直属	0 / 0	0 / 0	0.00 / 0.00	0 / 0	0.00 / 0.00	0.00 / 0.00
鹰潭直属	0 / 1	0 / 1	0.00 / 100.00	0 / 1	0.00 / 0.00	0.00 / 1900.00
南昌铁路局	5 / 8	5 / 8	0.00 / 800.00	5 / 8	0.00 / 0.00	10000.00 / 57450.00
漳州车务段	0 / 0	0 / 0	0.00 / 0.00	0 / 0	0.00 / 0.00	0.00 / 0.00
福州东直属	2 / 4	2 / 4	0.00 / 400.00	2 / 4	0.00 / 0.00	0.00 / 11650.00
向塘西直属	0 / 0	0 / 0	0.00 / 0.00	0 / 0	0.00 / 0.00	0.00 / 0.00
龙岩公司	0 / 0	0 / 0	0.00 / 0.00	0 / 0	0.00 / 0.00	0.00 / 0.00
支线综合段	0 / 0	0 / 0	0.00 / 0.00	0 / 0	0.00 / 0.00	0.00 / 0.00

图 21-100　同期对比分析台账的 5 种形式

界面中分为五张表。分别选择它们,然后点击“统计”按钮,分别得到相应的统计结果。例如选择“事故月报同期对比分析(事故种类2)”,然后单击“统计”,得到的结果如图21-101所示。其余三张表的操作方式完全相同,这里不再一一介绍。

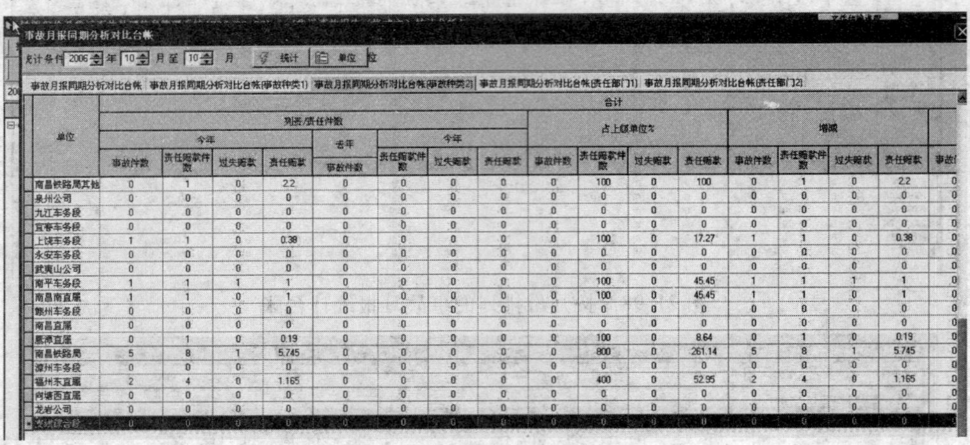

单位	合计 列责/责任件数 今年 事故件数	今年 责任赔款件数	今年 过失赔款	今年 责任赔款	去年 事故件数	今年 责任赔款件数	今年 过失赔款	今年 责任赔款	占上级单位% 事故件数	占上级单位% 责任赔款件数	占上级单位% 过失赔款	占上级单位% 责任赔款	增减 事故件数	增减 责任赔款件数	增减 过失赔款	增减 责任赔款	事故
南昌铁路局其他	0	1	0	2.2	0	0	0	0	0	100	0	100	0	1	0	2.2	0
泉州公司	0	0	0	0	0	0	0	0	0	0	0	0	0	0	0	0	0
九江车务段	0	0	0	0	0	0	0	0	0	0	0	0	0	0	0	0	0
宜春车务段	0	0	0	0	0	0	0	0	0	0	0	0	0	0	0	0	0
上饶车务段	1	1	0	0.38	0	0	0	0	0	100	0	17.27	1	1	0	0.38	0
永安车务段	0	0	0	0	0	0	0	0	0	0	0	0	0	0	0	0	0
武夷山公司	0	0	0	0	0	0	0	0	0	0	0	0	0	0	0	0	0
南平车务段	1	1	1	1	0	0	0	0	0	100	0	45.45	1	1	1	1	0
南昌南直属	1	1	0	1	0	0	0	0	0	100	0	45.45	1	1	0	1	0
赣州车务段	0	0	0	0	0	0	0	0	0	0	0	0	0	0	0	0	0
南昌直属	0	0	0	0	0	0	0	0	0	0	0	0	0	0	0	0	0
鹰潭直属	0	1	0	0.19	0	0	0	0	0	100	0	8.64	0	1	0	0.19	0
南昌铁路局	5	8	1	5.745	0	0	0	0	0	800	0	261.14	5	8	1	5.745	0
漳州车务段	0	0	0	0	0	0	0	0	0	0	0	0	0	0	0	0	0
福州东直属	2	4	0	1.165	0	0	0	0	0	400	0	52.95	2	4	0	1.165	0
向塘西直属	0	0	0	0	0	0	0	0	0	0	0	0	0	0	0	0	0
龙岩公司	0	0	0	0	0	0	0	0	0	0	0	0	0	0	0	0	0
支线综合段	0	0	0	0	0	0	0	0	0	0	0	0	0	0	0	0	0

图21-101　按事故种类2排列的对比分析台账

(5)货运事故对比分析表。操作方法和同期对比分析台账完全一样,如图21-102所示。

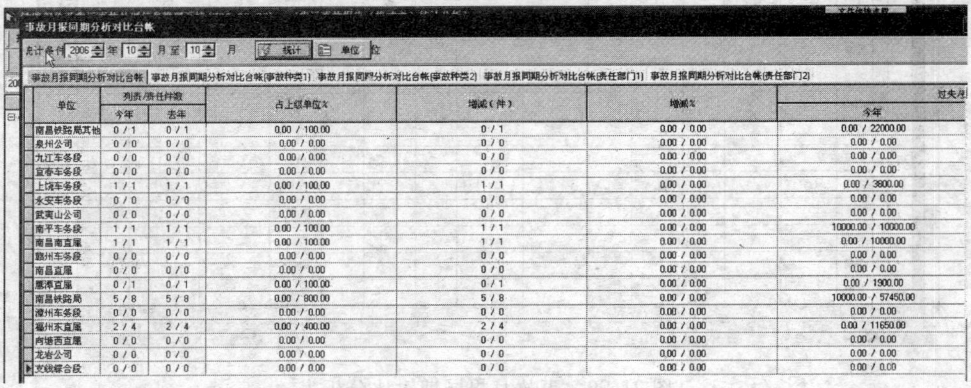

单位	列责/责任件数 今年	列责/责任件数 去年	占上级单位%	增减(件)	增减%	过失/… 今年
南昌铁路局其他	0 / 1	0 / 1	0.00 / 100.00	0 / 1	0.00 / 0.00	0.00 / 22000.00
泉州公司	0 / 0	0 / 0	0.00 / 0.00	0 / 0	0.00 / 0.00	0.00 / 0.00
九江车务段	0 / 0	0 / 0	0.00 / 0.00	0 / 0	0.00 / 0.00	0.00 / 0.00
宜春车务段	0 / 0	0 / 0	0.00 / 0.00	0 / 0	0.00 / 0.00	0.00 / 0.00
上饶车务段	1 / 1	1 / 1	0.00 / 100.00	1 / 1	0.00 / 0.00	0.00 / 3800.00
永安车务段	0 / 0	0 / 0	0.00 / 0.00	0 / 0	0.00 / 0.00	0.00 / 0.00
武夷山公司	0 / 0	0 / 0	0.00 / 0.00	0 / 0	0.00 / 0.00	0.00 / 0.00
南平车务段	1 / 1	1 / 1	0.00 / 100.00	1 / 1	0.00 / 0.00	10000.00 / 10000.00
南昌南直属	1 / 1	1 / 1	0.00 / 100.00	1 / 1	0.00 / 0.00	0.00 / 10000.00
赣州车务段	0 / 0	0 / 0	0.00 / 0.00	0 / 0	0.00 / 0.00	0.00 / 0.00
南昌直属	0 / 0	0 / 0	0.00 / 0.00	0 / 0	0.00 / 0.00	0.00 / 0.00
鹰潭直属	0 / 1	0 / 1	0.00 / 100.00	0 / 1	0.00 / 0.00	0.00 / 1900.00
南昌铁路局	5 / 8	5 / 8	0.00 / 800.00	5 / 8	0.00 / 0.00	10000.00 / 57450.00
漳州车务段	0 / 0	0 / 0	0.00 / 0.00	0 / 0	0.00 / 0.00	0.00 / 0.00
福州东直属	2 / 4	2 / 4	0.00 / 400.00	2 / 4	0.00 / 0.00	0.00 / 11650.00
向塘西直属	0 / 0	0 / 0	0.00 / 0.00	0 / 0	0.00 / 0.00	0.00 / 0.00
龙岩公司	0 / 0	0 / 0	0.00 / 0.00	0 / 0	0.00 / 0.00	0.00 / 0.00
支线综合段	0 / 0	0 / 0	0.00 / 0.00	0 / 0	0.00 / 0.00	0.00 / 0.00

图21-102　货运事故对比分析表

注意事项:以下报表介绍中,将不再叙述具体操作方法,操作方法与上面介绍的大致相同,在此只列出报表式样。通过这些报表式样可以了解报表的具体作用。

(6)货运收入及事故赔款综合分析表。货运收入及事故赔款综合分析表如图21-103所示。

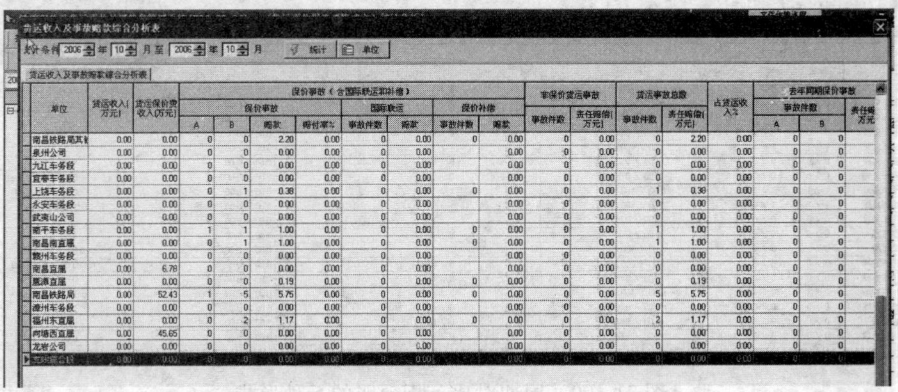

单位	货运收入(万元)	货运保价费收入(万元)	保价事故(含国际联运和补偿) 保价事故 A	保价事故 B	保价事故 赔款	保价事故 赔付率%	国际联运 事故件数	国际联运 赔款	保价补偿 事故件数	保价补偿 赔款	非保价货运事故 事故件数	非保价货运事故 责任赔偿(万元)	货运事故总数 事故件数	货运事故总数 责任赔偿(万元)	占货运收入%	去年同期保价事故 事故件数 A	去年同期保价事故 事故件数 B	去年同期保价事故 责任赔…万元
南昌铁路局其他	0.00	0.00	0	0	2.20	0.00	0	0.00	0	0.00	0	0.00	0	2.20	0.00	0	0	
泉州公司	0.00	0.00	0	0	0.00	0.00	0	0.00		0.00	0	0.00	0	0.00	0.00	0	0	
九江车务段	0.00	0.00	0	0	0.00	0.00	0	0.00		0.00	0	0.00	0	0.00	0.00	0	0	
宜春车务段	0.00	0.00	0	0	0.00	0.00	0	0.00		0.00	0	0.00	0	0.00	0.00	0	0	
上饶车务段	0.00	0.00	0	1	0.38	0.00	0	0.00	0	0.00	0	0.00	1	0.38	0.00	0	0	
永安车务段	0.00	0.00	0	0	0.00	0.00	0	0.00		0.00	0	0.00	0	0.00	0.00	0	0	
武夷山公司	0.00	0.00	0	0	0.00	0.00	0	0.00		0.00	0	0.00	0	0.00	0.00	0	0	
南平车务段	0.00	0.00	1	1	1.00	0.00	0	0.00	0	0.00	0	0.00	1	1.00	0.00	0	0	
南昌南直属	0.00	0.00	0	1	1.00	0.00	0	0.00	0	0.00	0	0.00	1	1.00	0.00	0	0	
赣州车务段	0.00	0.00	0	0	0.00	0.00	0	0.00		0.00	0	0.00	0	0.00	0.00	0	0	
南昌直属	0.00	6.78	0	0	0.00	0.00	0	0.00		0.00	0	0.00	0	0.00	0.00	0	0	
鹰潭直属	0.00	0.00	0	0	0.19	0.00	0	0.00	0	0.00	0	0.00	0	0.19	0.00	0	0	
南昌铁路局	0.00	52.43	1	5	5.75	0.00	0	0.00	0	0.00	0	0.00	5	5.75	0.00	0	0	
漳州车务段	0.00	0.00	0	0	0.00	0.00	0	0.00		0.00	0	0.00	0	0.00	0.00	0	0	
福州东直属	0.00	0.00	0	2	1.17	0.00	0	0.00	0	0.00	0	0.00	2	1.17	0.00	0	0	
向塘西直属	0.00	45.65	0	0	0.00	0.00	0	0.00		0.00	0	0.00	0	0.00	0.00	0	0	
龙岩公司	0.00	0.00	0	0	0.00	0.00	0	0.00		0.00	0	0.00	0	0.00	0.00	0	0	
支线综合段	0.00	0.00	0	0	0.00	0.00	0	0.00		0.00	0	0.00	0	0.00	0.00	0	0	

图21-103　货运收入及事故赔款综合分析表

(7)保价货运事故件数及赔款表。保价货运事故件数及赔款表如图 21-104 所示。

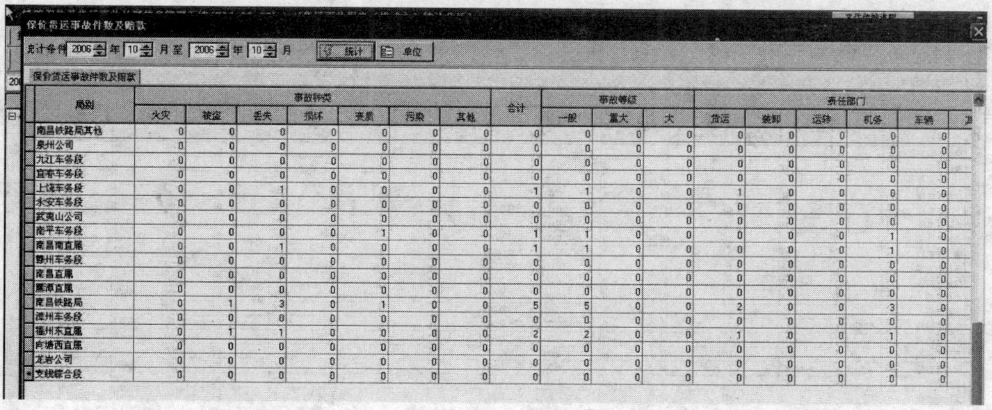

局别	事故种类							合计	事故等级			责任部门				
	火灾	被盗	丢失	损坏	变质	污染	其他		一般	重大	大	货运	装卸	运转	机务	车辆
南昌铁路局其他	0	0	0	0	0	0	0	0	0	0	0	0	0	0	0	0
泉州公司	0	0	0	0	0	0	0	0	0	0	0	0	0	0	0	0
九江车务段	0	0	0	0	0	0	0	0	0	0	0	0	0	0	0	0
宜春车务段	0	0	0	0	0	0	0	0	0	0	0	0	0	0	0	0
上饶车务段	0	0	1	0	0	0	0	1	1	0	0	1	0	0	0	0
永安车务段	0	0	0	0	0	0	0	0	0	0	0	0	0	0	0	0
武夷山公司	0	0	0	0	0	0	0	0	0	0	0	0	0	0	0	0
南平车务段	0	0	0	0	1	0	0	1	1	0	0	0	0	0	1	0
南昌南直属	0	0	1	0	0	0	0	1	1	0	0	0	0	0	1	0
赣州车务段	0	0	0	0	0	0	0	0	0	0	0	0	0	0	0	0
南昌直属	0	0	0	0	0	0	0	0	0	0	0	0	0	0	0	0
鹰潭直属	0	0	0	0	0	0	0	0	0	0	0	0	0	0	0	0
南昌铁路局	0	1	3	0	1	0	0	5	5	0	0	2	0	0	3	0
漳州车务段	0	0	0	0	0	0	0	0	0	0	0	0	0	0	0	0
福州东直属	0	1	1	0	0	0	0	2	2	0	0	1	0	0	1	0
向塘西直属	0	0	0	0	0	0	0	0	0	0	0	0	0	0	0	0
龙岩公司	0	0	0	0	0	0	0	0	0	0	0	0	0	0	0	0
支线综合段	0	0	0	0	0	0	0	0	0	0	0	0	0	0	0	0

图 21-104　保价货运事故件数及赔款表

(8)货运事故统计对照表。货运事故统计对照表如图 21-105 所示。

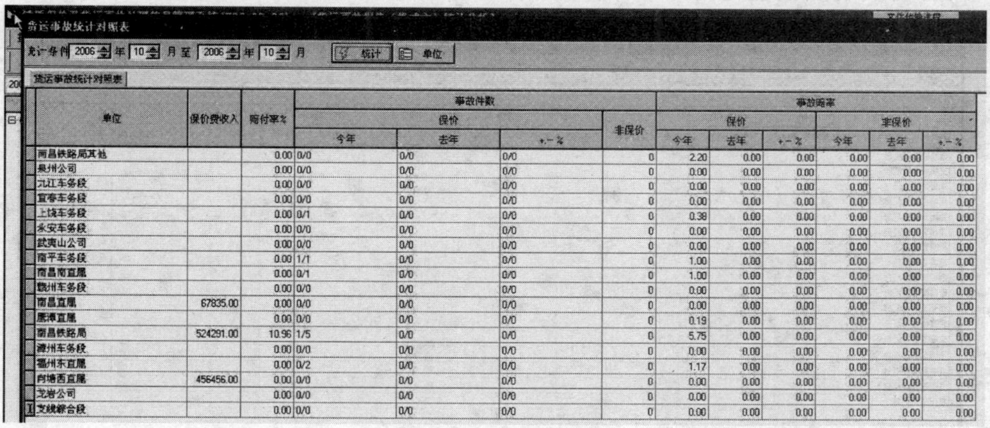

单位	保价费收入	赔付率%	事故件数				事故赔率					
			保价			非保价	保价			非保价		
			今年	去年	+.-%		今年	去年	+.-%	今年	去年	+.-%
南昌铁路局其他		0.00	0/0	0/0	0/0	0	2.20	0.00	0.00	0.00	0.00	0.00
泉州公司		0.00	0/0	0/0	0/0	0	0.00	0.00	0.00	0.00	0.00	0.00
九江车务段		0.00	0/0	0/0	0/0	0	0.00	0.00	0.00	0.00	0.00	0.00
宜春车务段		0.00	0/0	0/0	0/0	0	0.00	0.00	0.00	0.00	0.00	0.00
上饶车务段		0.00	0/1	0/0	0/0	0	0.38	0.00	0.00	0.00	0.00	0.00
永安车务段		0.00	0/0	0/0	0/0	0	0.00	0.00	0.00	0.00	0.00	0.00
武夷山公司		0.00	0/0	0/0	0/0	0	0.00	0.00	0.00	0.00	0.00	0.00
南平车务段		0.00	1/1	0/0	0/0	0	1.00	0.00	0.00	0.00	0.00	0.00
南昌南直属		0.00	0/1	0/0	0/0	0	1.00	0.00	0.00	0.00	0.00	0.00
赣州车务段		0.00	0/0	0/0	0/0	0	0.00	0.00	0.00	0.00	0.00	0.00
南昌直属	67835.00	0.00	0/0	0/0	0/0	0	0.00	0.00	0.00	0.00	0.00	0.00
鹰潭直属		0.00	0/0	0/0	0/0	0	0.19	0.00	0.00	0.00	0.00	0.00
南昌铁路局	524291.00	10.96	1/5	0/0	0/0	0	5.75	0.00	0.00	0.00	0.00	0.00
漳州车务段		0.00	0/0	0/0	0/0	0	0.00	0.00	0.00	0.00	0.00	0.00
福州东直属		0.00	0/2	0/0	0/0	0	1.17	0.00	0.00	0.00	0.00	0.00
向塘西直属	456456.00	0.00	0/0	0/0	0/0	0	0.00	0.00	0.00	0.00	0.00	0.00
龙岩公司		0.00	0/0	0/0	0/0	0	0.00	0.00	0.00	0.00	0.00	0.00
支线综合段		0.00	0/0	0/0	0/0	0	0.00	0.00	0.00	0.00	0.00	0.00

图 21-105　货运事故统计对照表

(9)货运事故件数赔款统计表。货运事故件数赔款统计表如图 21-106 所示。

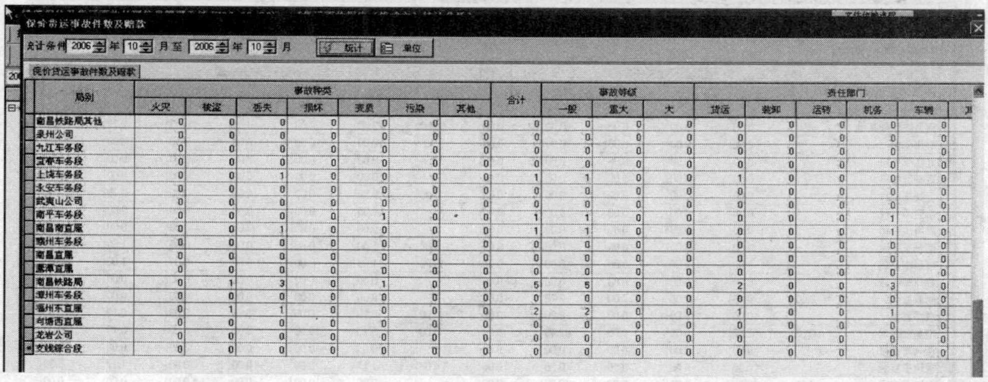

局别	事故种类							合计	事故等级			责任部门				
	火灾	被盗	丢失	损坏	变质	污染	其他		一般	重大	大	货运	装卸	运转	机务	车辆
南昌铁路局其他	0	0	0	0	0	0	0	0	0	0	0	0	0	0	0	0
泉州公司	0	0	0	0	0	0	0	0	0	0	0	0	0	0	0	0
九江车务段	0	0	0	0	0	0	0	0	0	0	0	0	0	0	0	0
宜春车务段	0	0	0	0	0	0	0	0	0	0	0	0	0	0	0	0
上饶车务段	0	0	1	0	0	0	0	1	1	0	0	1	0	0	0	0
永安车务段	0	0	0	0	0	0	0	0	0	0	0	0	0	0	0	0
武夷山公司	0	0	0	0	0	0	0	0	0	0	0	0	0	0	0	0
南平车务段	0	0	0	0	1	0	0	1	1	0	0	0	0	0	1	0
南昌南直属	0	0	1	0	0	0	0	1	1	0	0	0	0	0	1	0
赣州车务段	0	0	0	0	0	0	0	0	0	0	0	0	0	0	0	0
南昌直属	0	0	0	0	0	0	0	0	0	0	0	0	0	0	0	0
鹰潭直属	0	0	0	0	0	0	0	0	0	0	0	0	0	0	0	0
南昌铁路局	0	1	3	0	1	0	0	5	5	0	0	2	0	0	3	0
漳州车务段	0	0	0	0	0	0	0	0	0	0	0	0	0	0	0	0
福州东直属	0	1	1	0	0	0	0	2	2	0	0	1	0	0	1	0
向塘西直属	0	0	0	0	0	0	0	0	0	0	0	0	0	0	0	0
龙岩公司	0	0	0	0	0	0	0	0	0	0	0	0	0	0	0	0
支线综合段	0	0	0	0	0	0	0	0	0	0	0	0	0	0	0	0

图 21-106　货运事故件数赔款统计表

(10)货运安全情况表。货运安全情况表如图 21-107 所示。

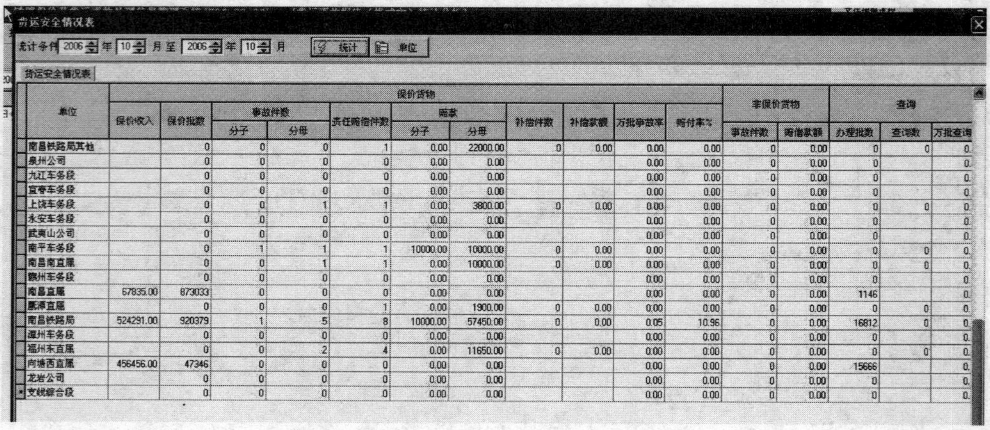
货运安全情况表
统计条件 2006 年 10 月至 2006 年 10 月 统计 单位
货运安全情况表

单位	保价货物											非保价货物		查询		
	保价收入	保价批数	事故件数		责任赔偿件数	赔款		补偿件数	补偿款额	万批事故率	赔付率%	事故件数	赔偿款额	办理批数	查询数	万批查询
			分子	分母		分子	分母									
南昌铁路局其他		0	0	0	1	0.00	22000.00	0	0.00	0.00	0.00	0	0.00	0	0	0.
泉州公司		0	0	0	0	0.00	0.00			0.00	0.00	0	0.00	0		0.
九江车务段		0	0	0	0	0.00	0.00			0.00	0.00	0	0.00	0		0.
宜春车务段		0	0	0	0	0.00	0.00			0.00	0.00	0	0.00	0		0.
上饶车务段		0	0	1	1	0.00	3800.00	0	0.00	0.00	0.00	0	0.00	0	0	0.
永安车务段		0	0	0	0	0.00	0.00			0.00	0.00	0	0.00	0		0.
武夷山公司		0	0	0	0	0.00	0.00			0.00	0.00	0	0.00	0		0.
南平车务段		0	1	1	1	10000.00	10000.00	0	0.00	0.00	0.00	0	0.00	0	0	0.
南昌南直属		0	0	1	1	0.00	10000.00	0	0.00	0.00	0.00	0	0.00	0	0	0.
赣州车务段		0	0	0	0	0.00	0.00			0.00	0.00	0	0.00	0		0.
南昌直属	67835.00	873033	0	0	0	0.00	0.00			0.00	0.00	0	0.00	1146		0.
鹰潭直属		0	0	0	1	0.00	1900.00	0	0.00	0.00	0.00	0	0.00	0	0	0.
南昌铁路局	524291.00	920379	1	5	8	10000.00	57450.00	0	0.00	0.05	10.96	0	0.00	16812	0	0.
漳州车务段		0	0	0	0	0.00	0.00			0.00	0.00	0	0.00	0		0.
福州东直属		0	0	2	4	0.00	11650.00	0	0.00	0.00	0.00	0	0.00	0	0	0.
向塘西直属	456456.00	47346	0	0	0	0.00	0.00			0.00	0.00	0	0.00	15666		0.
龙岩公司		0	0	0	0	0.00	0.00			0.00	0.00	0	0.00	0		0.
支线综合段		0	0	0	0	0.00	0.00			0.00	0.00	0	0.00	0		0.

图 21-107 货运安全情况表

(11)保价货物赔偿登记台账。保价货物赔偿登记台账如图 21-108 所示。

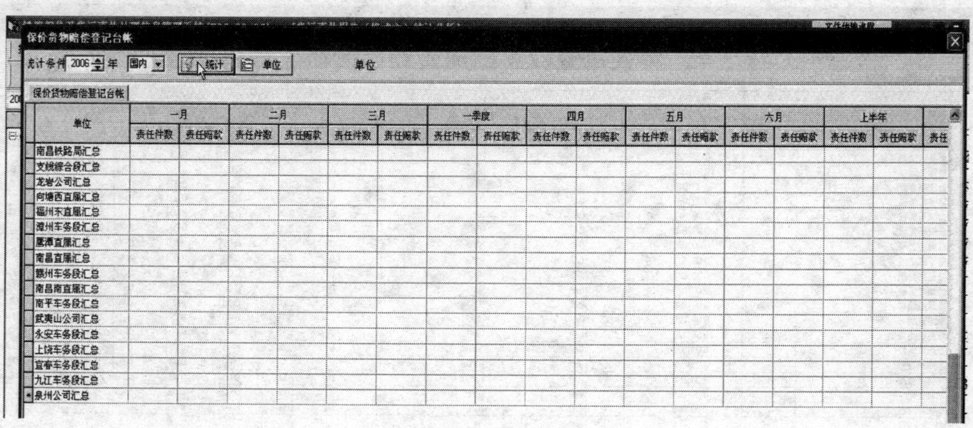
保价货物赔偿登记台帐
统计条件 2006 年 国内 统计 单位 单位
保价货物赔偿登记台帐

单位	一月		二月		三月		一季度		四月		五月		六月		上半年		责任
	责任件数	责任赔款	责任件数	责任赔款	责任件数	责任赔款	责任件数	责任赔款	责任件数	责任赔款	责任件数	责任赔款	责任件数	责任赔款	责任件数	责任赔款	
南昌铁路局汇总																	
支线综合段汇总																	
龙岩公司汇总																	
向塘西直属汇总																	
福州东直属汇总																	
漳州车务段汇总																	
鹰潭直属汇总																	
南昌直属汇总																	
赣州车务段汇总																	
南昌南直属汇总																	
南平车务段汇总																	
武夷山公司汇总																	
永安车务段汇总																	
上饶车务段汇总																	
宜春车务段汇总																	
九江车务段汇总																	
泉州公司汇总																	

图 21-108 保价货物赔偿登记台账

(12)保价任务完成情况表。保价任务完成情况表如图 21-109 所示。

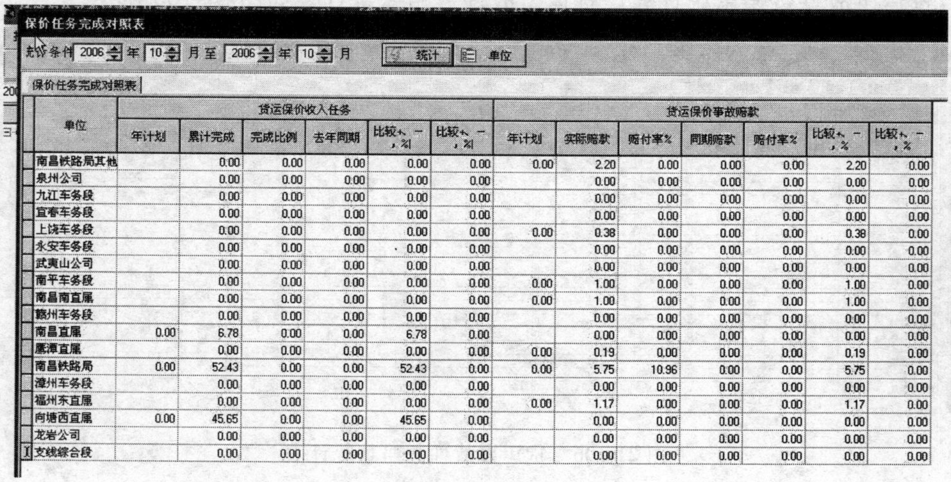
保价任务完成对照表
统计条件 2006 年 10 月至 2006 年 10 月 统计 单位
保价任务完成对照表

单位	货运保价收入任务						货运保价事故赔款						
	年计划	累计完成	完成比例	去年同期	比较+、-，%	比较+、-，%	年计划	实际赔款	赔付率%	同期赔款	赔付率%	比较+、-，%	比较+、-，%
南昌铁路局其他		0.00	0.00	0.00	0.00	0.00	0.00	2.20	0.00	0.00	0.00	2.20	0.00
泉州公司		0.00	0.00	0.00	0.00	0.00		0.00	0.00	0.00	0.00	0.00	0.00
九江车务段		0.00	0.00	0.00	0.00	0.00		0.00	0.00	0.00	0.00	0.00	0.00
宜春车务段		0.00	0.00	0.00	0.00	0.00		0.00	0.00	0.00	0.00	0.00	0.00
上饶车务段		0.00	0.00	0.00	0.00	0.00	0.00	0.38	0.00	0.00	0.00	0.38	0.00
永安车务段		0.00	0.00	0.00	0.00	0.00		0.00	0.00	0.00	0.00	0.00	0.00
武夷山公司		0.00	0.00	0.00	0.00	0.00		0.00	0.00	0.00	0.00	0.00	0.00
南平车务段		0.00	0.00	0.00	0.00	0.00	0.00	1.00	0.00	0.00	0.00	1.00	0.00
南昌南直属		0.00	0.00	0.00	0.00	0.00	0.00	1.00	0.00	0.00	0.00	1.00	0.00
赣州车务段		0.00	0.00	0.00	0.00	0.00		0.00	0.00	0.00	0.00	0.00	0.00
南昌直属	0.00	6.78	0.00	0.00	6.78	0.00		0.00	0.00	0.00	0.00	0.00	0.00
鹰潭直属		0.00	0.00	0.00	0.00	0.00	0.00	0.19	0.00	0.00	0.00	0.19	0.00
南昌铁路局	0.00	52.43	0.00	0.00	52.43	0.00	0.00	5.75	10.96	0.00	0.00	5.75	0.00
漳州车务段		0.00	0.00	0.00	0.00	0.00		0.00	0.00	0.00	0.00	0.00	0.00
福州东直属		0.00	0.00	0.00	0.00	0.00	0.00	1.17	0.00	0.00	0.00	1.17	0.00
向塘西直属	0.00	45.65	0.00	0.00	45.65	0.00		0.00	0.00	0.00	0.00	0.00	0.00
龙岩公司		0.00	0.00	0.00	0.00	0.00		0.00	0.00	0.00	0.00	0.00	0.00
支线综合段		0.00	0.00	0.00	0.00	0.00		0.00	0.00	0.00	0.00	0.00	0.00

图 21-109 保价任务完成情况表

(13)货物保价、保险收入、货运事故件数及款额对比表。货物保价、保险收入、货运事故件数及款额对比表如图 21-110 所示。

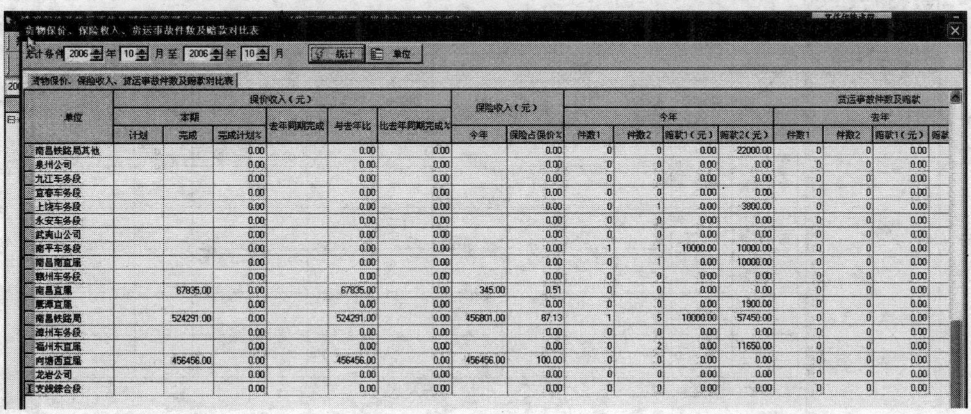
货物保价、保险收入、货运事故件数及赔款对比表

统计条件 2006 年 10 月 至 2006 年 10 月 统计 单位

货物保价、保险收入、货运事故件数及赔款对比表

单位	保价收入(元)						保险收入(元)		货运事故件数及赔款							
	本期			去年同期完成	与去年比	比去年同期完成%			今年				去年			
	计划	完成	完成计划%				今年	保险占保价%	件数1	件数2	赔款1(元)	赔款2(元)	件数1	件数2	赔款1(元)	赔款
南昌铁路局其他			0.00		0.00	0.00		0.00	0	0	0.00	22000.00	0	0	0.00	
泉州公司			0.00		0.00	0.00		0.00	0	0	0.00	0.00	0	0	0.00	
九江车务段			0.00		0.00	0.00		0.00	0	0	0.00	0.00	0	0	0.00	
宜春车务段			0.00		0.00	0.00		0.00	0	0	0.00	0.00	0	0	0.00	
上饶车务段			0.00		0.00	0.00		0.00	0	1	0.00	3800.00	0	0	0.00	
永安车务段			0.00		0.00	0.00		0.00	0	0	0.00	0.00	0	0	0.00	
武夷山公司			0.00		0.00	0.00		0.00	0	0	0.00	0.00	0	0	0.00	
南平车务段			0.00		0.00	0.00		0.00	1	1	10000.00	10000.00	0	0	0.00	
南昌南直属			0.00		0.00	0.00		0.00	0	1	0.00	10000.00	0	0	0.00	
赣州车务段			0.00		0.00	0.00		0.00	0	0	0.00	0.00	0	0	0.00	
南昌直属		67835.00	0.00		67835.00	0.00	345.00	0.51	0	0	0.00	0.00	0	0	0.00	
鹰潭直属			0.00		0.00	0.00		0.00	0	0	0.00	1900.00	0	0	0.00	
南昌铁路局		524291.00	0.00		524291.00	0.00	456801.00	87.13	1	5	10000.00	57450.00	0	0	0.00	
漳州车务段			0.00		0.00	0.00		0.00	0	0	0.00	0.00	0	0	0.00	
福州东直属			0.00		0.00	0.00		0.00	0	2	0.00	11650.00	0	0	0.00	
向塘西直属		456456.00	0.00		456456.00	0.00	456456.00	100.00	0	0	0.00	0.00	0	0	0.00	
龙岩公司			0.00		0.00	0.00		0.00	0	0	0.00	0.00	0	0	0.00	
支线综合段			0.00		0.00	0.00		0.00	0	0	0.00	0.00	0	0	0.00	

图 21-110　货物保价、保险收入、货运事故件数及款额对比表

三、粮食运输及事故赔偿月报

(一)功能

粮食运输及事故赔偿月报的形成有两种途径,第一种是手工录入报表数据;另外一种是通过货运事故赔款通知书自动生成。不过由货运事故赔款通知书自动生成粮食运输及事故赔偿月报要求先生成货运事故统计报告(格式六),然后再生成粮食运输及事故赔偿月报。此外,还提供修改、保存、查询、上传上级单位、接收下属单位上传的报表、合并下属单位报表的功能。

(二)界面

1. 进入

在"保价管理"主模块,选择"粮食运输及事故赔偿月报"菜单进入如图 21-111 所示操作的界面。

2. 菜单介绍

报表数据:

(1)下属合并:合并下属单位数据;

(2)保存报表:保存当前选择的报表;

(3)报表清零:将当前选择的报表清零;

(4)打印报表:打印指定报表;

(5)报告:上报报表;

(6)接收表报:接收下属单位报表。

赔通产生:由赔通自动生成粮食报表。

报表统计:

(1)粮食月报阶段统计表;

(2)粮食月报阶段统计台账。

其他功能:计算器。

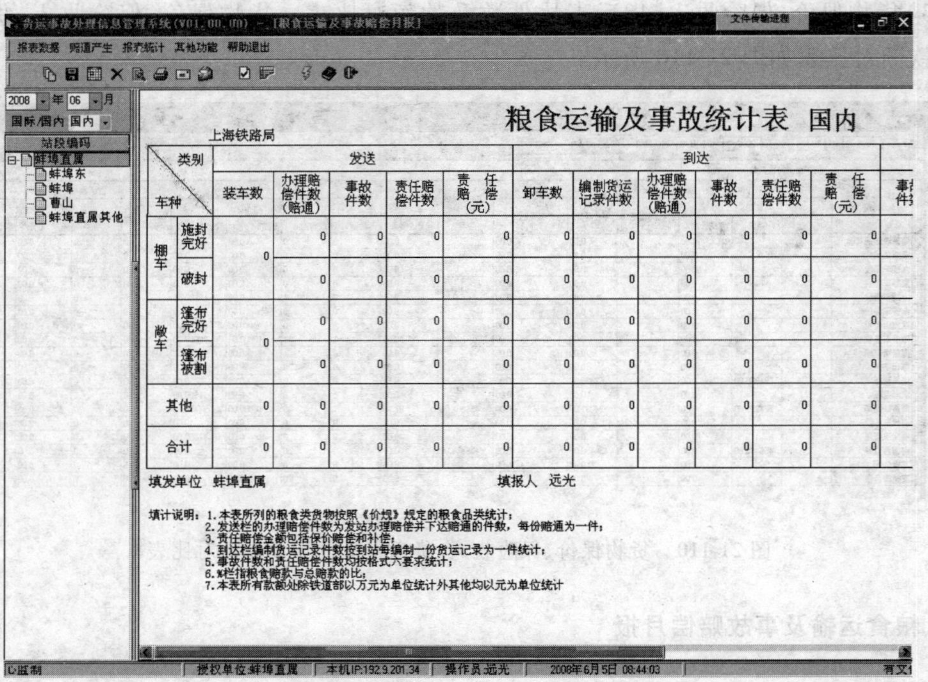

图 21-111　粮食运输及事故赔偿月报界面

帮助退出：

(1)帮助：查看帮助；

(2)退出：退出系统。

(三)操作

1. 录入

(1)选择需要录入粮食报表的单位，如图 21-112 所示。

(2)在数据显示区点击鼠标左键，可以在其中直接录入。录入的过程中合计数自动变化。录入完成后界面如图 21-113 所示。

注意事项：合计数是不能也不需要录入的。

(3)单击菜单“报表数据”下“保存报表”或单击快捷按钮，则保存当前录入的报表数据，如图 21-114 所示。

注意事项：如果没有保存就转到其他操作，例如变换单位，则录入的数据就会丢失。

(4)如需要继续录入其他单位的粮食统计报表，则重复(1)、(3)。

2. 下属合并

下属合并，与“货运保价运输报告(格式四)”中的方法相同，下属合并后界面如图 21-115 所示。

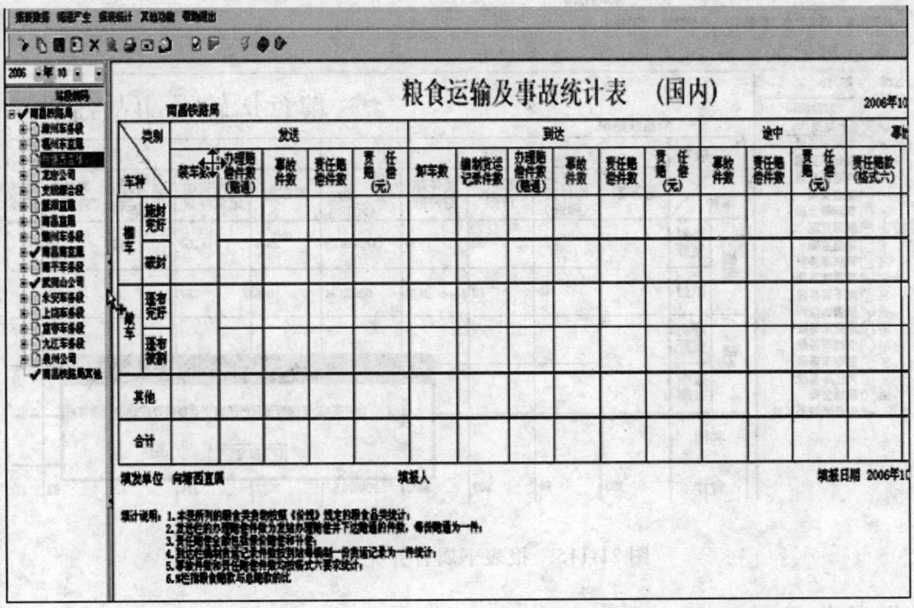

图 21-112 选择需要录入粮食报表的单位

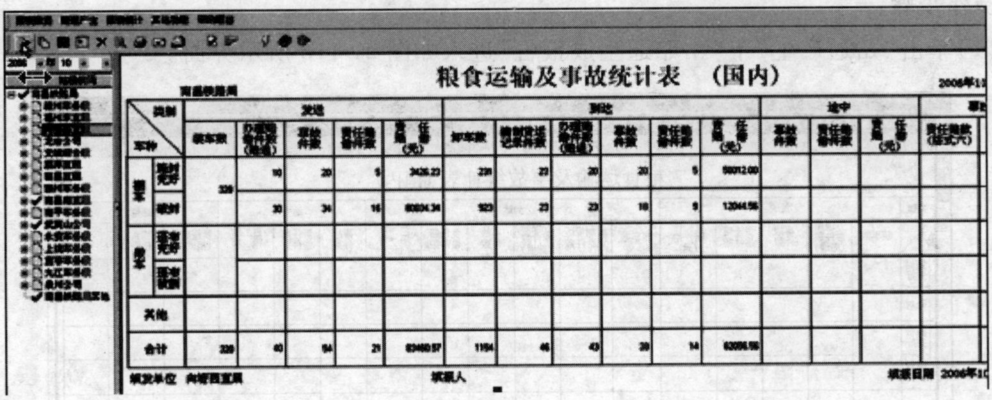

图 21-113 报表录入完成后的界面

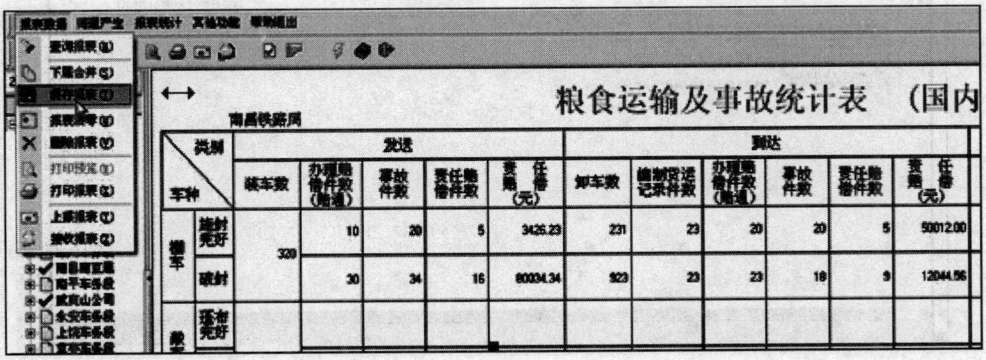

图 21-114 保存报表

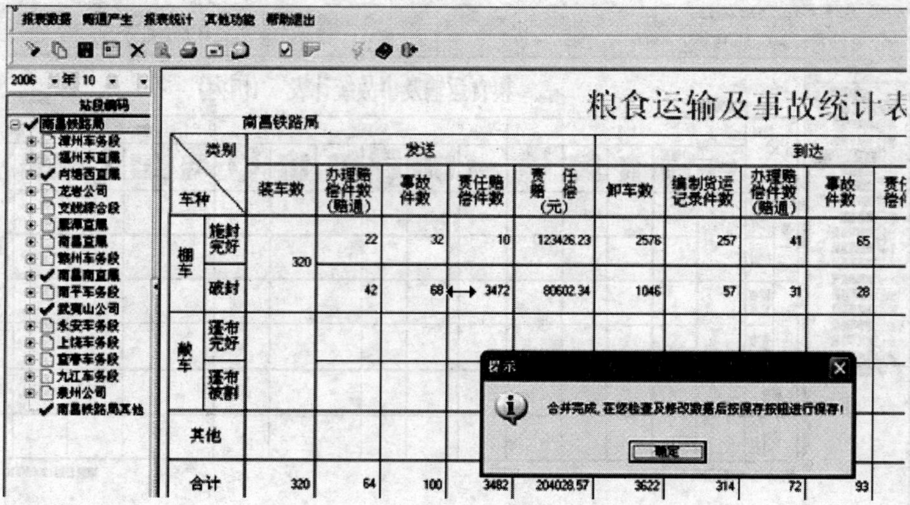

图 21-115　报表下属合并完成后界面

3. 由赔通生成

由赔通生成粮食统计报表，数据必须与格式六保持一致。

操作步骤：

(1)单击“赔通产生”下“由赔通生成报告”进入如图 21-116 所示界面。

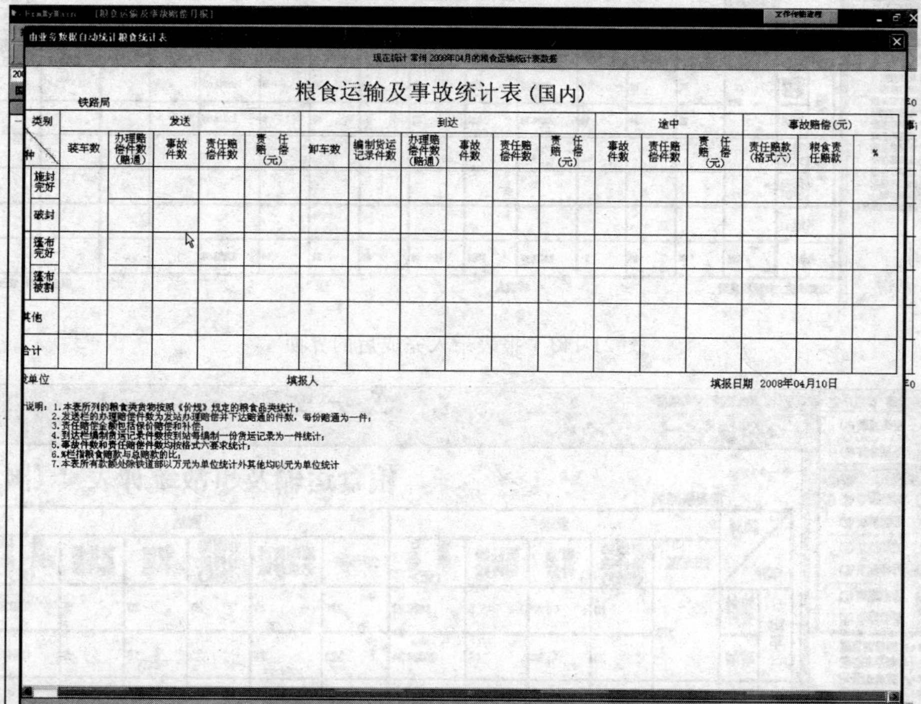

图 21-116　由赔通生成的粮食统计报表

(2)单击“存盘”按钮，保存统计出的粮食报表数据。

注意事项：所有本单位被列责的案卷，必须处于结案状态，即录入结案日期；货物种类的录入必须使得品类为“粮食”，否则将不会被统计。

4. 打印

点击“打印”按钮，弹出打印预览页面，如图 21-117 所示，确认无误后，点击按钮打印当前预览中的报表，打印完毕后，点击按钮退出。

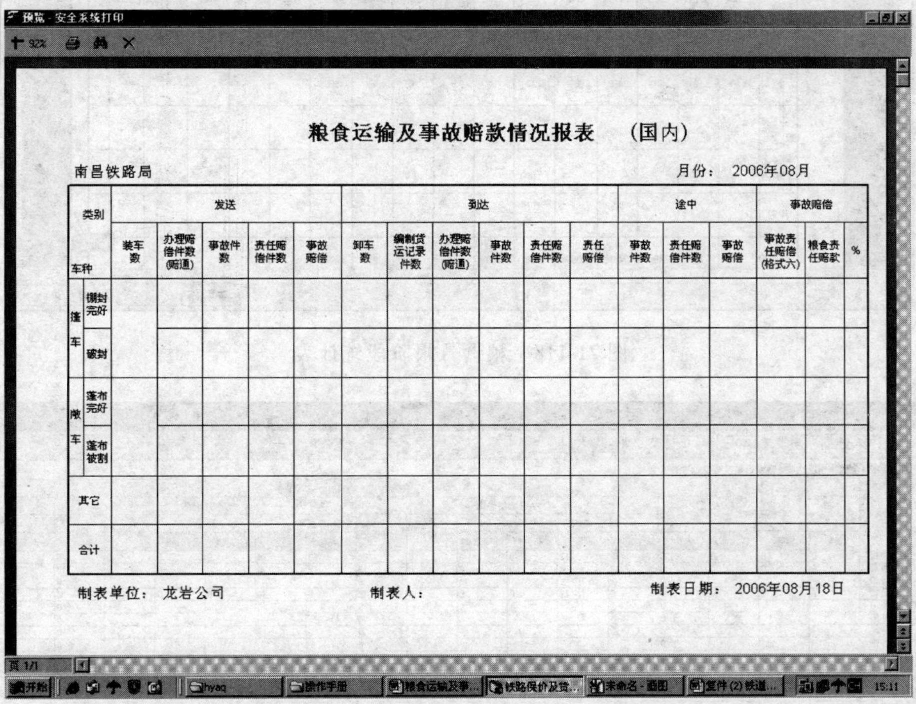

图 21-117　打印报表

5. 报告

粮食报表的上报与接收方法与格式四的操作类似，详细方法参见格式四的上报与接收，这里不再一一介绍。

6. 粮食月报阶段统计表

单击“报表统计”菜单“粮食月报阶段统计表”进入如图 21-118 所示界面。

7. 粮食月报阶段统计台账

单击“报表统计”菜单“粮食月报阶段统计台账”进入如图 21-119 所示界面。粮食报表台账的报表操作方法与格式六的方法相似。这里不再重复介绍。请参见上文格式六的报表统计分析。

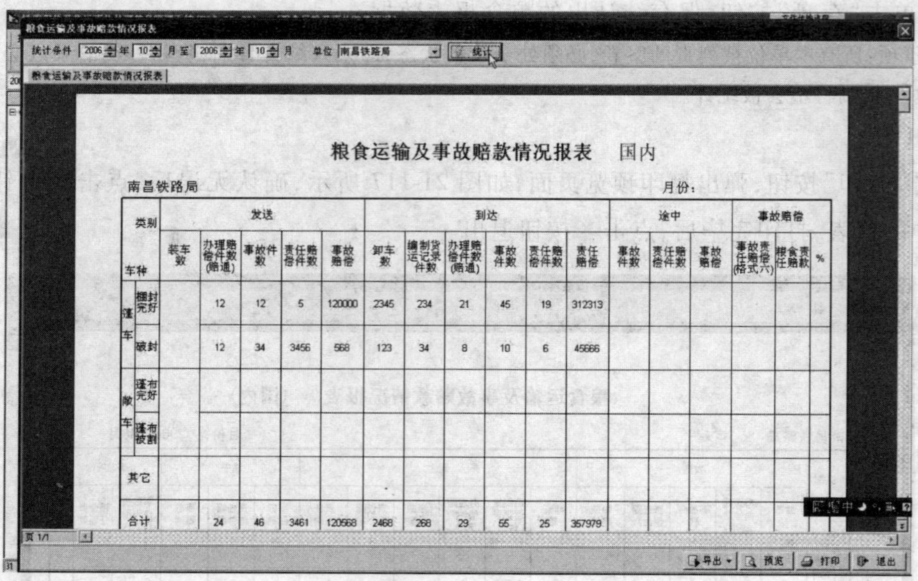

粮食运输及事故赔款情况报表

统计条件 2006 年 10 月至 2006 年 10 月 单位 南昌铁路局 统计

粮食运输及事故赔款情况报表

粮食运输及事故赔款情况报表 国内

南昌铁路局 月份：

类别/车种		发送					到达						途中			事故赔偿		
		装车数	办理赔偿件数(赔通)	事故件数	责任赔偿件数	事故赔偿	卸车数	编制货运记录件数	办理赔偿件数(赔通)	事故件数	责任赔偿件数	责任赔偿	事故件数	责任赔偿件数	事故赔偿	事故责任赔偿(格式六)	粮食责任赔款	%
篷车	棚封完好		12	12	5	120000	2345	234	21	45	19	312313						
	破封		12	34	3456	568	123	34	8	10	6	45666						
敞车	篷布完好																	
	篷布被割																	
其它																		
合计			24	46	3461	120568	2468	268	29	55	25	357979						

页 1/1

导出 预览 打印 退出

图 21-118　粮食月报阶段统计表

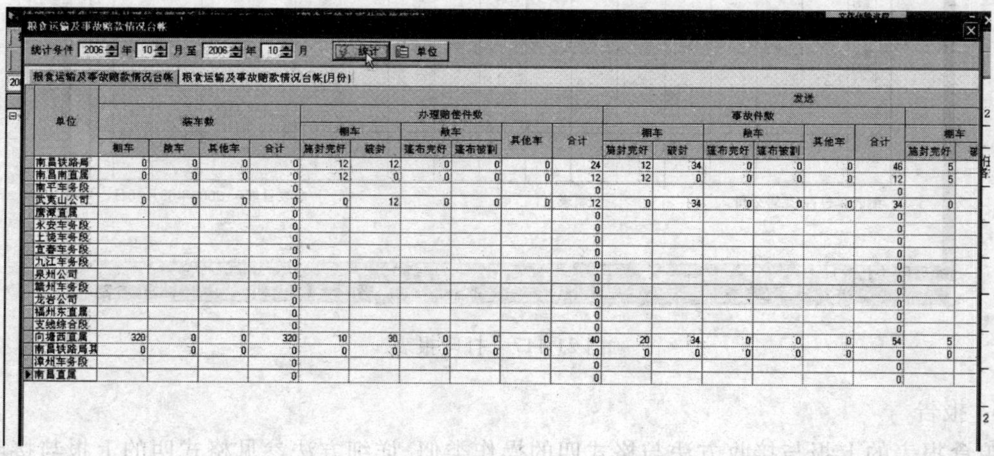

粮食运输及事故赔款情况台帐

统计条件 2006 年 10 月至 2006 年 10 月 统计 单位

粮食运输及事故赔款情况台帐 | 粮食运输及事故赔款情况台帐(月份)

单位	装车数				办理赔偿件数						事故件数						
	棚车	敞车	其他车	合计	棚车 施封完好	棚车 破封	敞车 篷布完好	敞车 篷布被割	其他车	合计	棚车 施封完好	棚车 破封	敞车 篷布完好	敞车 篷布被割	其他车	合计	棚车 施封完好
南昌铁路局	0	0	0	0	12	12	0	0	0	24	12	34	0	0	0	46	5
南昌南直属	0	0	0	0	12	0	0	0	0	12	12	0	0	0	0	12	5
南平车务段				0						0						0	
武夷山公司	0	0	0	0	0	12	0	0	0	12	0	34	0	0	0	34	0
鹰潭直属				0						0						0	
永安车务段				0						0						0	
上饶车务段				0						0						0	
宜春车务段				0						0						0	
九江车务段				0						0						0	
泉州公司				0						0						0	
赣州车务段				0						0						0	
龙岩公司				0						0						0	
福州东直属				0						0						0	
支线综合段				0						0						0	
向塘西直属	320	0	0	320	10	30	0	0	0	40	20	34	0	0	0	54	5
南昌铁路局其	0	0	0	0	0	0	0	0	0	0	0	0	0	0	0	0	0
漳州车务段				0						0						0	
南昌直属				0						0						0	

图 21-119　粮食月报阶段统计台账

第五节　台 账 管 理

一、人民来信来访登记簿

(一)功能

对人民来信的内容提供增加、修改、打印、删除及按条件查询的功能,并对人民来信形成登记簿。

(二)界面

1. 进入

在"台账管理"主模块下单击选择"人民来信来访登记簿"子模块进入人民来信来访登记簿界面,如图 21-120 所示。

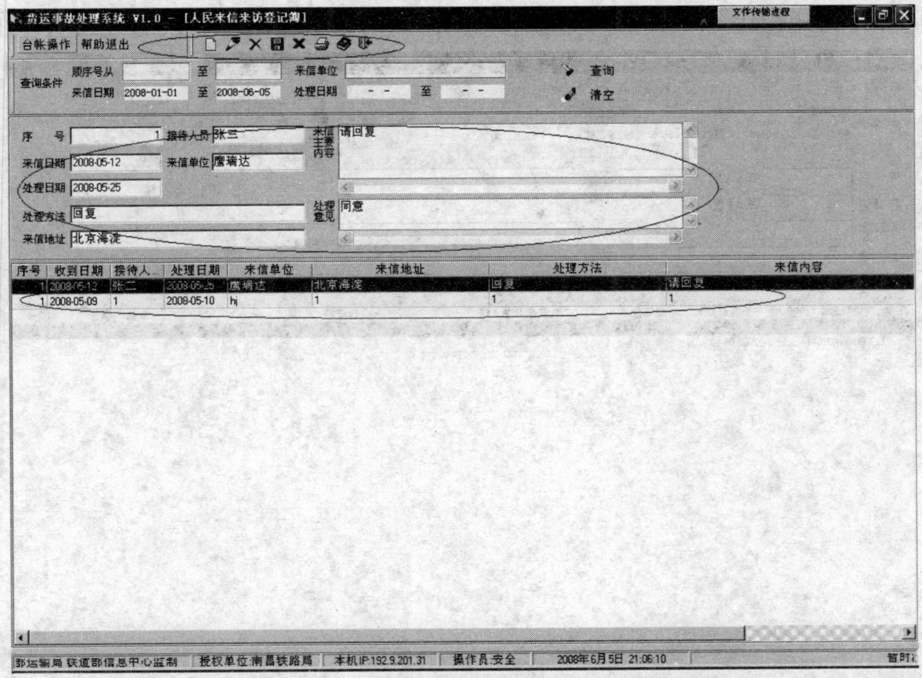

图 21-120 人民来信来访登记簿界面

主界面分为三部分:操作命令按钮区、档案列表区、文档显示区。

2. 菜单功能

台账操作:

(1)增加:增加人民来信来访登记;

(2)修改:修改人民来信来访登记;

(3)删除:删除人民来信来访登记;

(4)存盘:保存当前录入信息;

(5)打印:打印所选记录;

(6)取消:取消上一步操作。

帮助退出:

(1)帮助:打开帮助信息;

(2)退出:关闭人民来信来访登记簿界面。

(三)操作

1. 增加

(1)单击“台账操作”下“增加”或按钮,进入如图 21-121 所示界面。

(2)依次录入信息。

(3)单击“台账操作”下“存盘”或按钮保存文档,提示“保存成功!”并显示在台账中。

2. 修改

(1)选择需要修改的记录。

(2)单击“台账操作”下“修改”或按钮,修改相关内容,如图 21-122 所示。

(3)单击“台账操作”下“存盘”或按钮保存文档，提示“保存成功”后即完成操作。

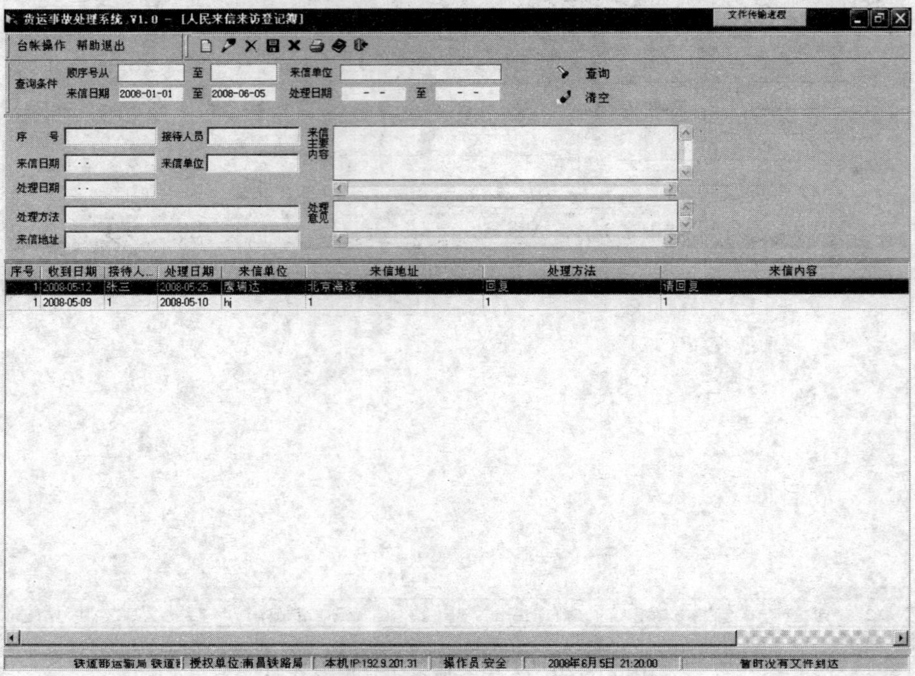

图 21-121　进入人民来信来访登记簿界面

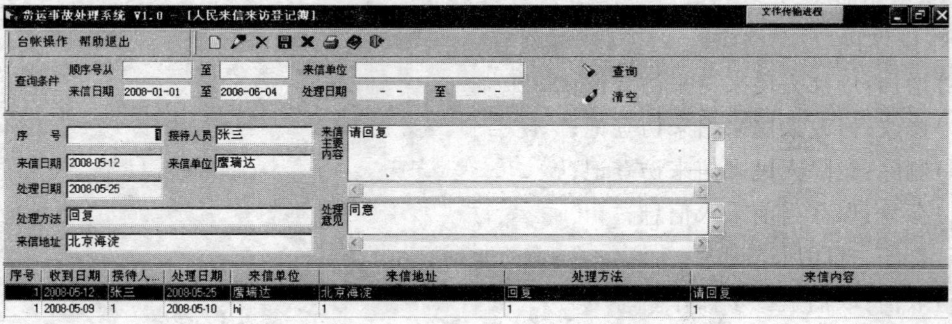

图 21-122　修改人民来信来访登记簿内容

3. 删除

(1)单击选中档案列表区中需要删除的记录。

(2)单击“台账操作”菜单下的“删除”或按钮，此时会出现提示“确认要删除此记录吗?”，选择“是”将所选择的记录彻底删除，选择“否”则返回人民来信处理的主页面，如图21-123所示。

4. 查询

(1)录入查询条件中的一项或多项，如图 21-124 所示。

(2)点击右边的查询按钮进行查找。

(3)点击清空按钮后，继续输入查询条件进行查询。

5. 打印

(1)单击选中要打印的记录，也可以通过查询约束条件查找相应记录。

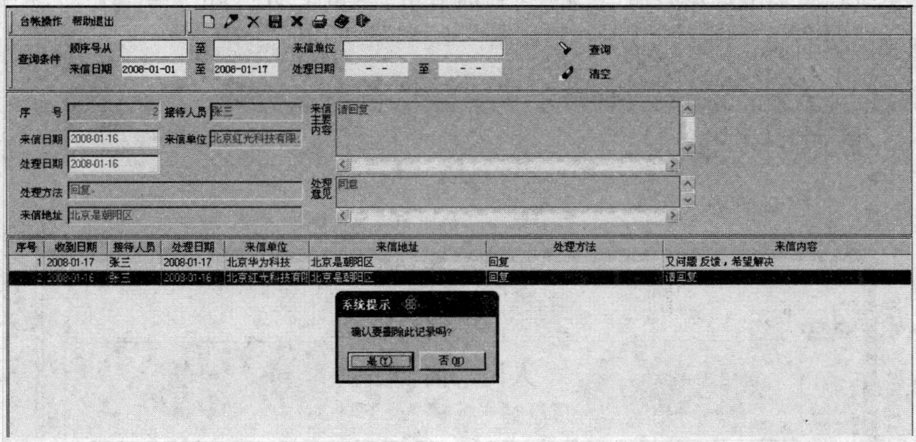

图 21-123　登记簿中内容的删除

图 21-124　录入查询条件

(2)单击“台账操作”中的“打印”或按钮，出现台账打印预览界面，如图 21-125 所示。

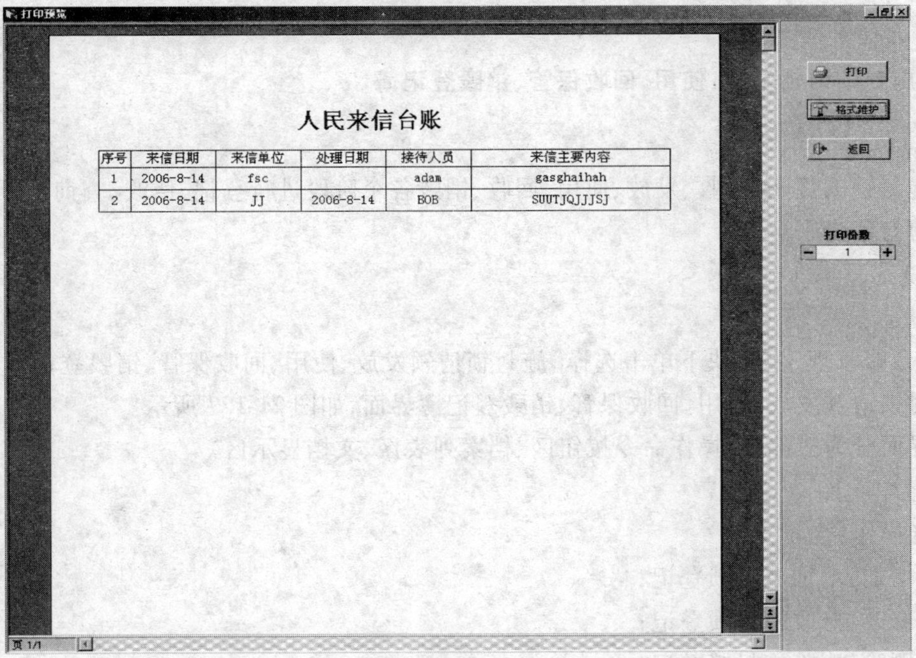

图 21-125　台账打印预览界面

(3)点击打印预览界面中的“打印”按钮，打印该条台账信息，点击“格式维护”进入如图 21-126所示界面。

6. 退出

在人民来信界面上操作完毕后，点击"帮助退出"菜单下的"退出"或按钮离开本界面，系统返回到主界面。

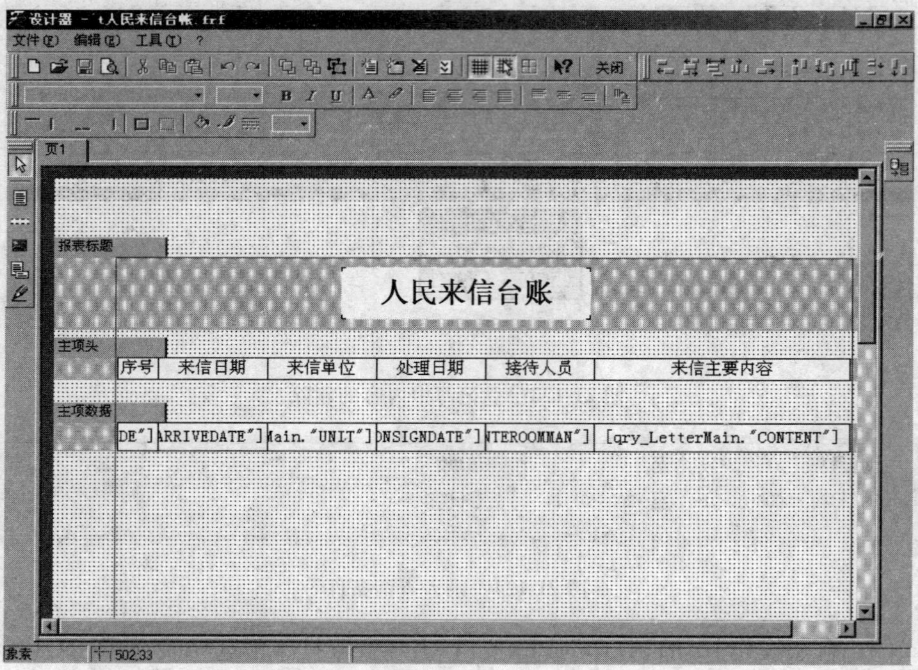

图 21-126　格式维护界面

二、施封锁请领发放、使用、回收保管、销毁登记簿

(一)功能

对施封锁的订购、验收、发放、使用、回收、销毁各个阶段进行登记、修改、查询，并形成施封锁登记簿打印出来。

(二)界面

1. 进入

在"台账管理"主模块下单击选择"施封锁请领发放、使用、回收保管、销毁登记簿"子模块进入施封锁请领发放、使用、回收保管、销毁登记簿界面，如图 21-127 所示。

主界面分为三部分：操作命令按钮区、档案列表区、文档显示区。

2. 菜单功能

台账操作：

(1)增加：增加施封锁登记；

(2)修改：修改施封锁登记；

(3)删除：删除施封锁登记；

(4)存盘：保存录入信息；

(5)打印：打印所选信息；

(6)取消：取消上一步操作。

帮助退出：

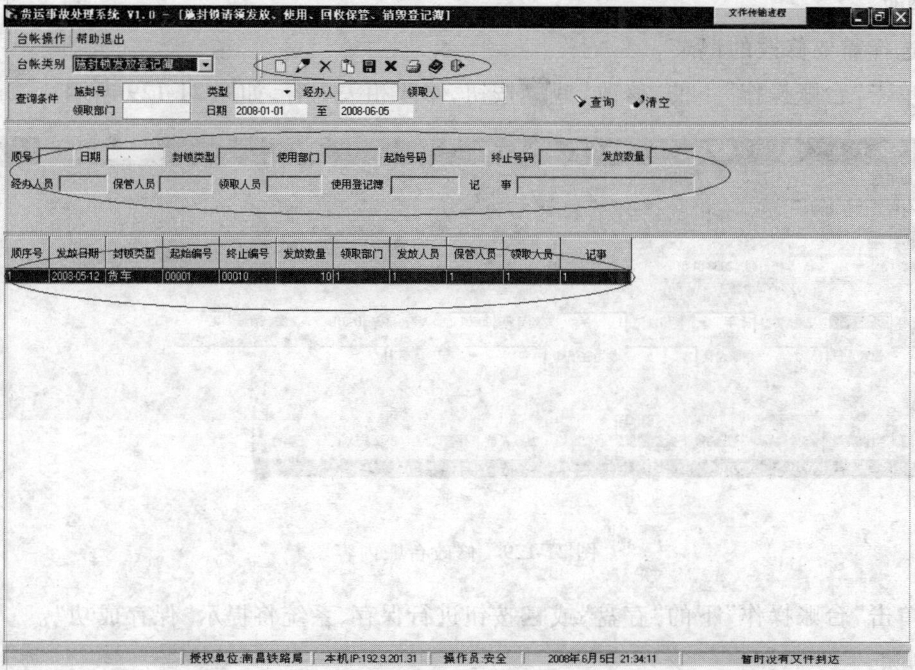

图 21-127　施封锁请领发放、使用、回收保管、销毁登记簿界面

(1)帮助:打开帮助信息;

(2)退出:关闭施封锁登记簿界面。

(三)操作

1. 增加

(1)单击“台账操作”下“增加”或▤按钮,进入如图 21-128 所示界面。

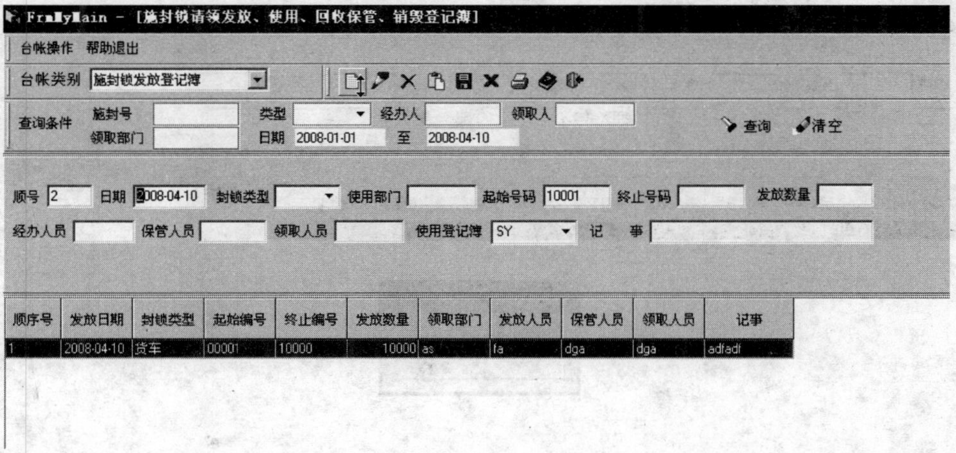

图 21-128　增加登记簿界面

(2)依次录入信息。

(3)单击“台账操作”下“存盘”或▤按钮保存文档,提示“保存成功!”并显示在台账中。

2. 修改

(1)选择需要修改的记录。

(2)单击“台账操作”下的“修改”或按钮,修改相关内容,如图 21-129 所示。

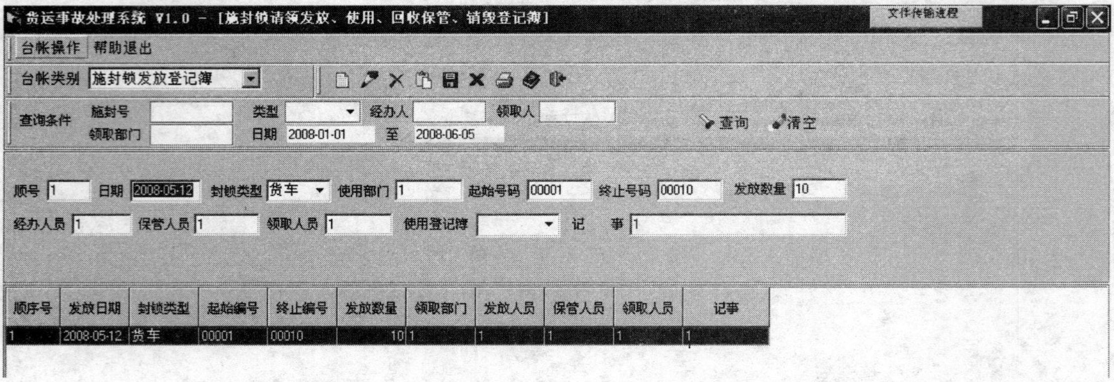

图 21-129　修改台账内容

(3)单击“台账操作”下的“存盘”或按钮进行保存,系统将提示“保存成功”。

3. 删除

(1)单击选中档案列表区中需要删除的记录。

(2)单击“台账操作”菜单下的“删除”或按钮,此时会出现提示“确认要删除此记录吗?”,选择“是”将所选择的记录彻底删除,选择“否”则返回人民来信处理的主页面,如图 21-130所示。

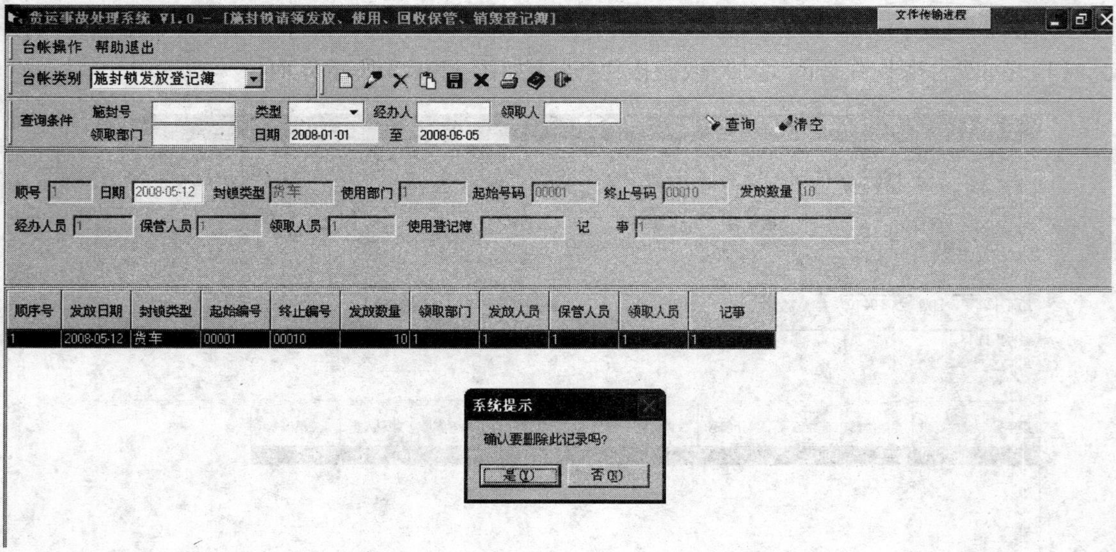

图 21-130　删除台账记录

4. 查询

(1)录入查询条件中的一项或多项,如图 21-131 所示。

(2)点击右边的“查询”按钮,进行查找。

(3)点击右边“清空”按钮后,继续输入查询条件进行查询。

图 21-131　录入查询条件

5. 打印

(1)单击选中要打印的记录,也可以通过查询约束条件查找相应记录。

(2)单击“台账操作”中的“打印”或按钮,出现台账打印预览界面,如图 21-132 所示。

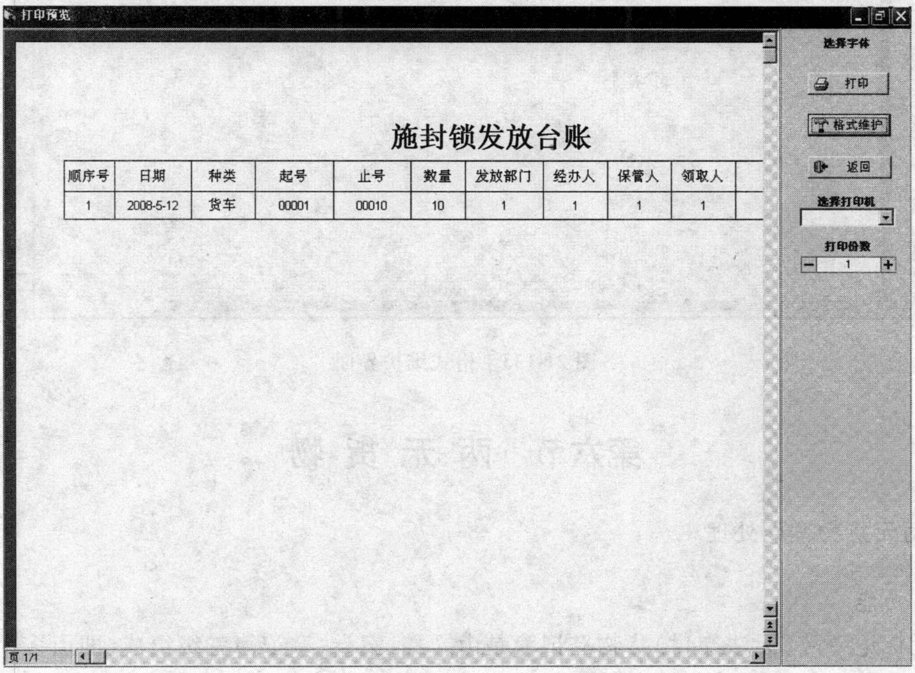

图 21-132　台账打印界面

(3)点击打印预览界面中的“打印”按钮,打印该条台账信息,点击“格式维护”进入如图 21-133所示界面。

6. 退出

在施封锁界面上操作完毕后,单击“帮助退出”菜单下的“退出”或按钮离开本界面,系统返回到主界面。

注意事项:施封锁的使用、回收保管与施封锁的请领发放的操作一致,就不再一一重复介绍了。

三、其他登记簿

除了人民来信来访登记簿和施封锁请领发放、使用、回收保管、销毁登记簿之外,台账管理中还提供了典型案例登记簿、规章电文登记簿、货运事故外查登记簿、保价货物Ⓑ运输台账、货运(普通)记录发放管理登记簿、收发文电登记簿、补制货物运单和货运信息查询。由于这些登记簿在界面、功能以及操作方法和人民来信来访登记簿基本相同,故本文不再一一介绍。

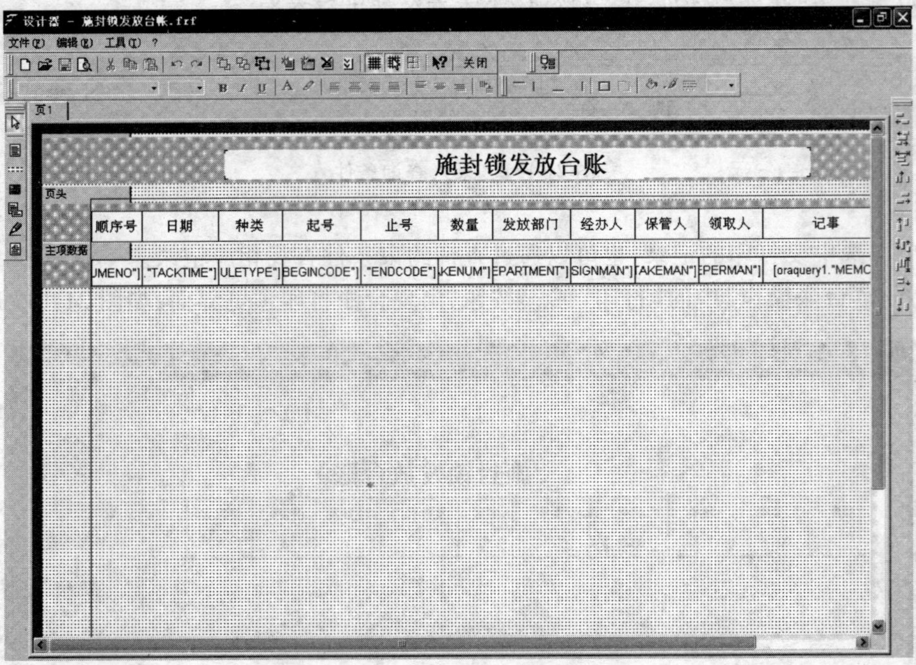

图 21-133　格式维护界面

第六节　两 无 货 物

一、两无货物案卷处理

(一)功能

1. 无标记事故(无法交付)货物登记簿是由文档、案卷、登记簿三级组成,即由多个相关文档组成一个案卷,由多个案卷组成登记簿。

2. 文档包括货运记录、货运事故查复书、无法交付通知书和事故照片,各文档大部分都有增加、删除、修改、打印、复制、取消关联、作废、传输等功能,但是货运记录不能删除和修改。

3. 事故照片不能单独建立案卷。案卷包括并卷、移卷、传输、查询、打印等功能,各个文档、案卷可以进行接收外单位传输过来的文件。

(二)界面

1. 进入

从“两无货物”中选择“无标记事故货物登记簿”进入如图 21-134 所示界面。

主界面分为三部分:操作命令按钮区、案卷列表区、文档显示区、文档列表区。

2. 菜单功能

(1)案卷操作:

①查询案卷:查询一定条件案卷;

②传输案卷:传输所选案件;

③提并案卷:提并所选案卷;

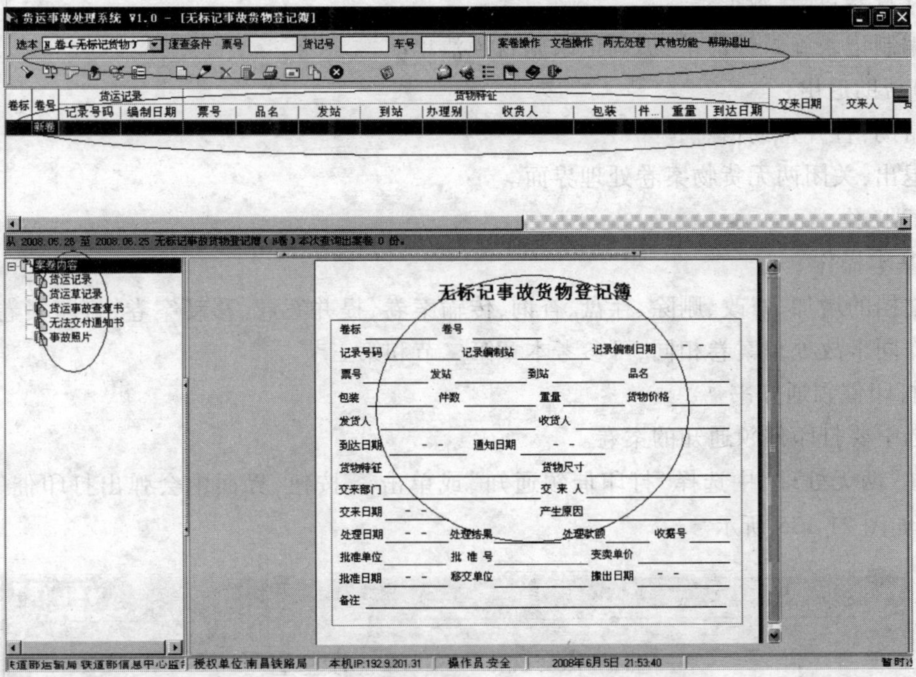

图 21-134　无标记事故货物登记簿操作界面

④移卷：移动所选案卷；

⑤打印案卷：打印案卷；

⑥打印卷皮：打印卷皮。

(2)文档操作：

①增加文档：增加所选文档；

②修改文档：修改所选文档；

③删除文档：删除所选文档；

④取消关联：取消所选文档与某一案卷关系；

⑤打印文档：打印所选文档；

⑥传输文档：传输所选文档；

⑦文档作废：作废所选文档；

⑧复制文档：复制所选文档。

(3)两无处理：

①打印催领通知：打印催领通知单；

②制作两无清单：制作两无清单。

(4)其他功能：

①接收数据：接收数据；

②预警查询：预警查询；

③外勤编货运记录归卷：提取外勤草记录并编辑归卷；

④查询货运作业信息：查看当前货运作业信息；

⑤计算器：计算数据；

⑥编制记录施封锁清单：编制记录施封锁清单。

(5)帮助退出：

①帮助：打开帮助信息；

②退出：关闭两无货物案卷处理界面。

(三)操作

1. 基本操作

对文档的增加、修改、删除、存盘、查询，传输案卷、提并案卷、移动案卷、打印案卷、作废案卷等操作同事故处理案卷相同，可参考本章第二节和第三节。

2. 打印催领通知书

①选中要打印催领通知的案卷。

②在“两无处理”中选择“打印催领通知”或单击按钮，界面中会弹出打印催领通知的对话框，如图 21-135 所示。

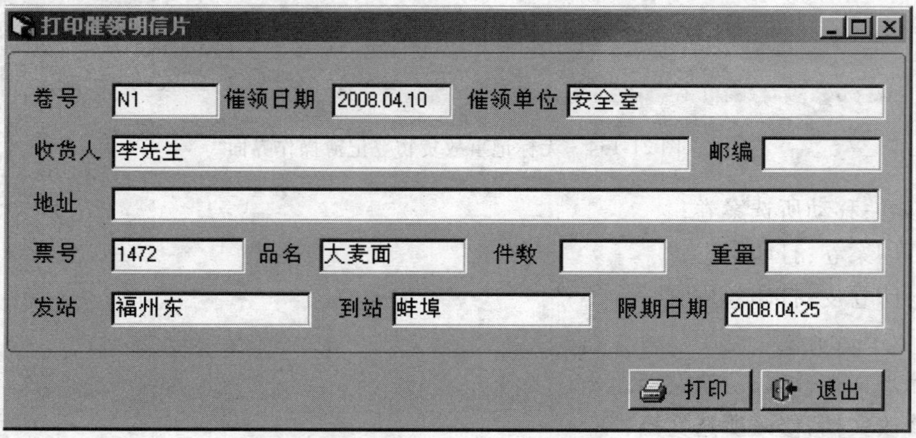

图 21-135　打印催领通知对话框

③点击打印，弹出对话框提示如图 21-136 所示。

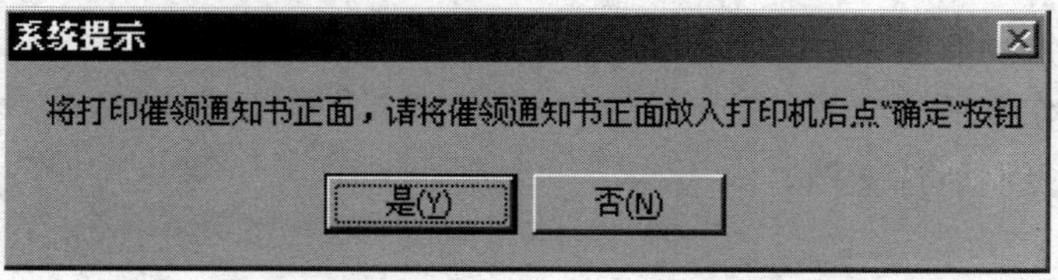

图 21-136　打印催领通知书正面提示框

④将通知书放入打印机，点击“确定”后，进入打印预览界面，如图 21-137 所示。

⑤点击打印，对明信片正面进行打印，打印完成后，回到上一界面，看到另一如图 21-138 所示对话框，之后按同样的方法打印完明信片的反面。

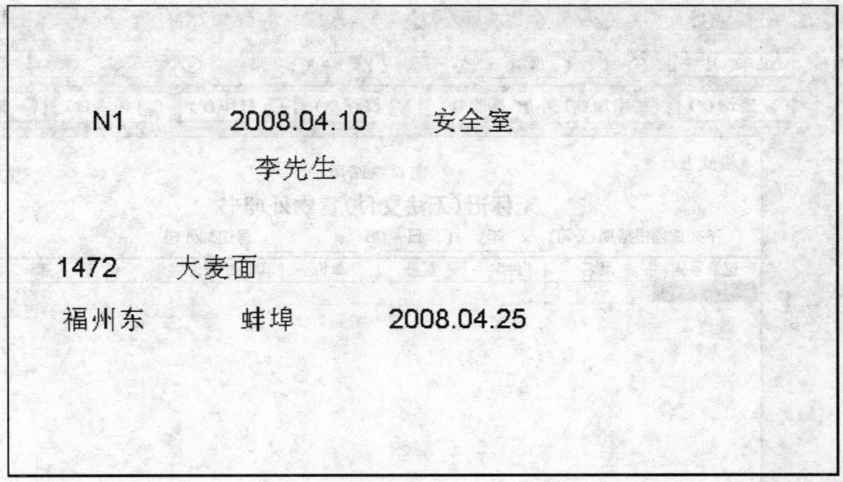

图 21-137　催领通知书打印预览界面

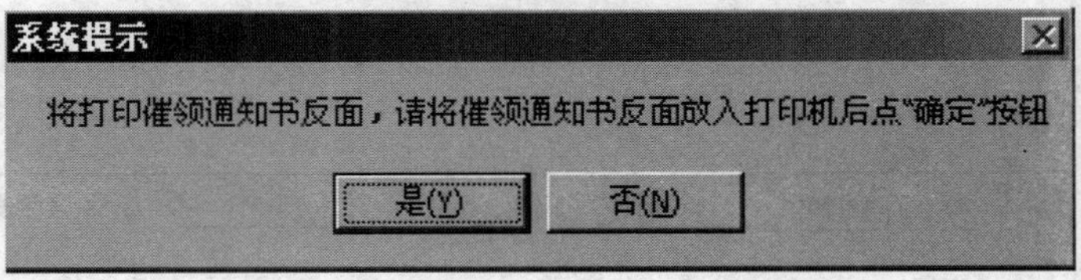

图 21-138　打印催领通知书反面提示框

3. 制作两无清单

①从“两无处理”下拉项中选择“制作两无清单”，弹出如图 21-139 所示界面。

②将时间设定为需要加入到清单的两无案卷的月份，并确定好案卷的性质（保价/保险，移交/变卖/审批，无标记/无法交付/赃物）。

③点击查询键，可以看到，“增加”按钮变亮为可选项，如图 21-140 所示，点击“增加”按钮，出现一个名为两无清单查询的页面，输入查询条件，点击检索后，符合条件的两无案卷会被调出，如图 21-141 所示。

④选定的案卷用蓝色光带表示，选择将其中的一份案卷加入清单，或将检索到的案卷全部加入清单。

⑤点击“保存”按钮将两无清单的数据存入数据库。

⑥点击打印按钮，在打印预览界面点击打印即可，如图 21-142 所示。

二、两无货物批复处理

（一）功能

建立两无货物的信息，报上级单位等待批复处理两无货物，系统提供增加、修改、删除的功能，但是经过批复处理的不能进行修改，只能查询。

（二）界面

1. 进入

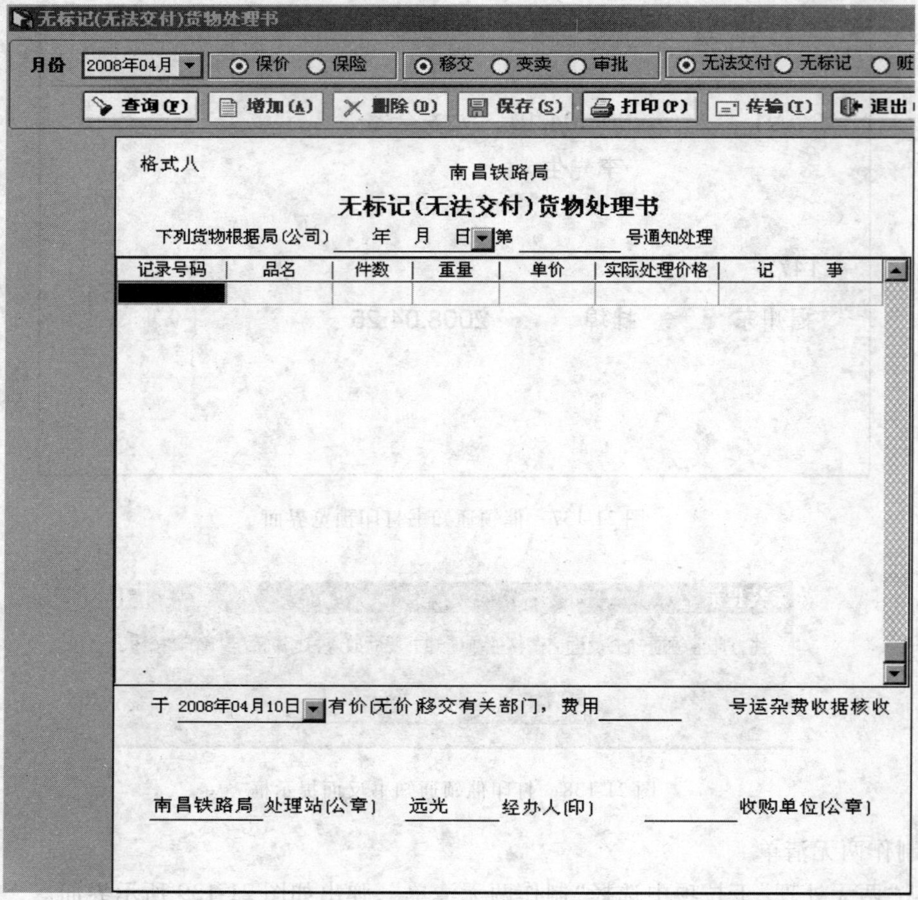

图 21-139 制作两无清单界面

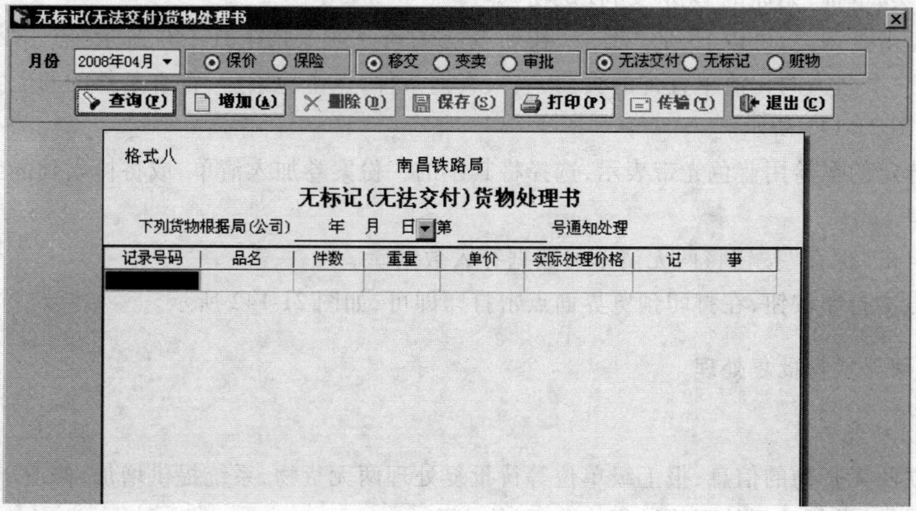

图 21-140 准备查询两无货物清单

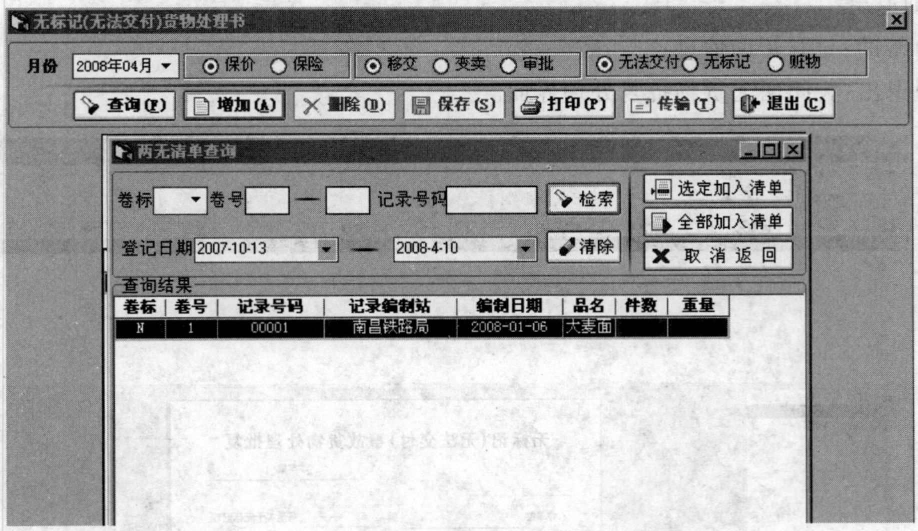

图 21-141　两无清单的查询

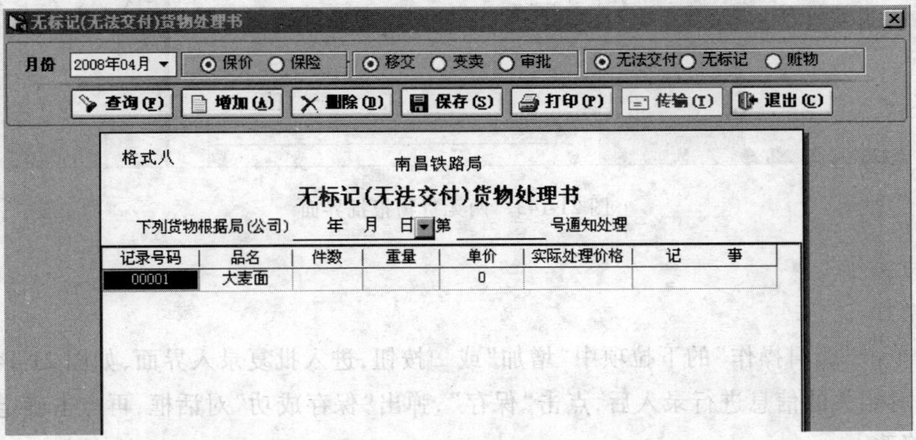

图 21-142　保存后准备打印两无货物清单

从“两无货物”下拉项中选择“两无货物报批”进入两无货物报批模块，如图 21-143 所示。两无货物报批模块主要分三大部分：批复显示区域、文档列表区域、批复预览区域。

2. 菜单功能

编辑操作：

(1) 增加：增加所选文档；

(2) 修改：修改所选文档；

(3) 删除：删除所选文档；

(4) 保存：保存当前信息；

(5) 打印：增加所选文档；

(6) 查询记录：查询记录；

(7) 打印登记簿：打印所选登记簿。

帮助退出：

(1)帮助：打开帮助信息；

(2)退出：关闭两无货物批复处理界面。

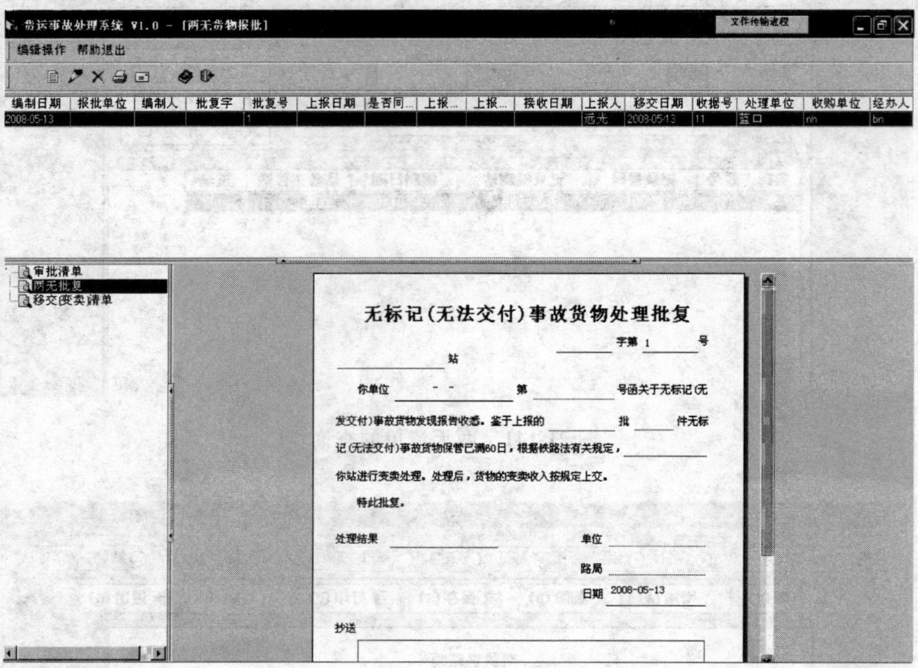

图 21-143　两无货物报批界面

(三)操作

1. 增加

(1)单击“编辑操作”的下拉项中“增加”或按钮，进入批复录入界面，如图 21-144 所示。

(2)对相关的信息进行录入后，点击“保存”，弹出“保存成功”对话框，再点击确定即可。

2. 修改

(1)选中要修改的文档。

(2)单击“编辑操作”的下拉项中“修改”或按钮，进入批复录入界面，对批复中需修改的信息进行修改并保存。

3. 删除

(1)选中要删除的文档。

(2)单击“编辑操作”的下拉项中“删除”或×按钮，在弹出的“确定要删除该条记录吗？”的系统提示中点击“是”即完成对该条批复的删除。

4. 打印

(1)选中要打印的批复。

(2)单击“编辑操作”下拉菜单中“打印”或按钮，进入打印预览界面，如图 21-145 所示。

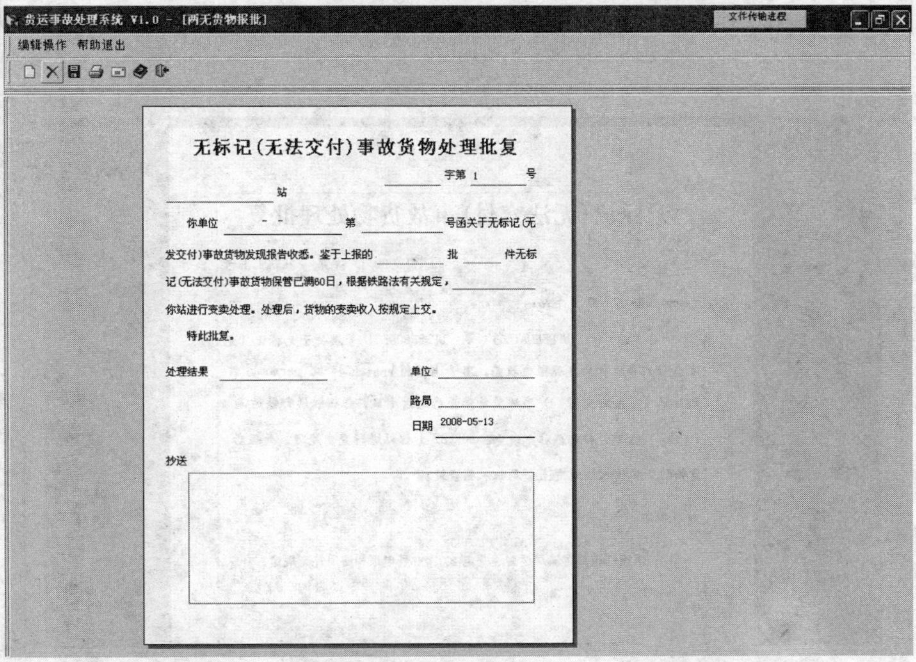

图 21-144　两无货物批复录入界面

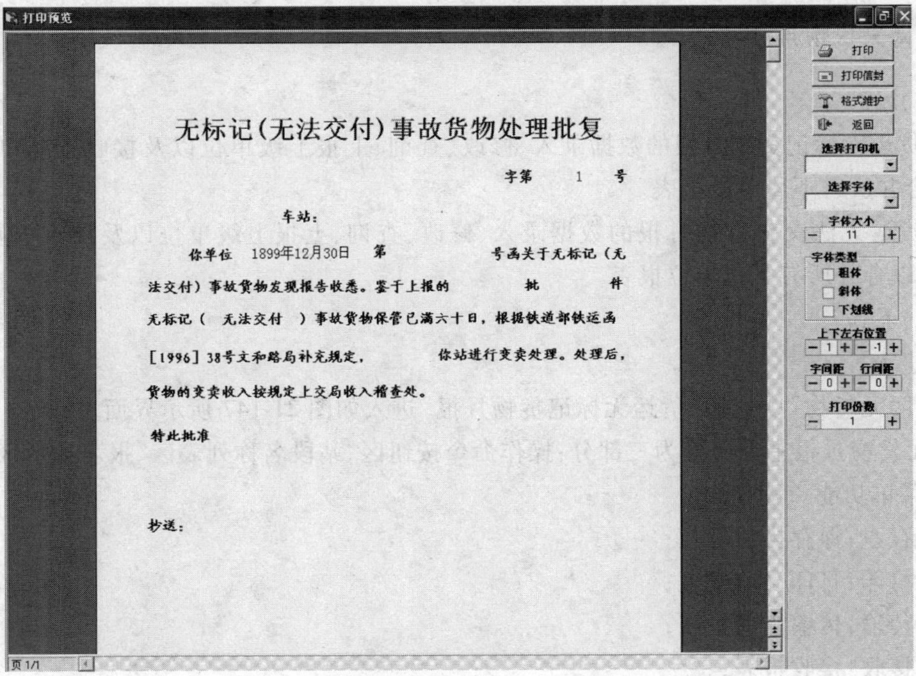

图 21-145　两无货物打印预览界面

(3)点击打印预览界面中的“打印”按钮，打印该批复信息，点击“格式维护”进入如图21-146所示界面。

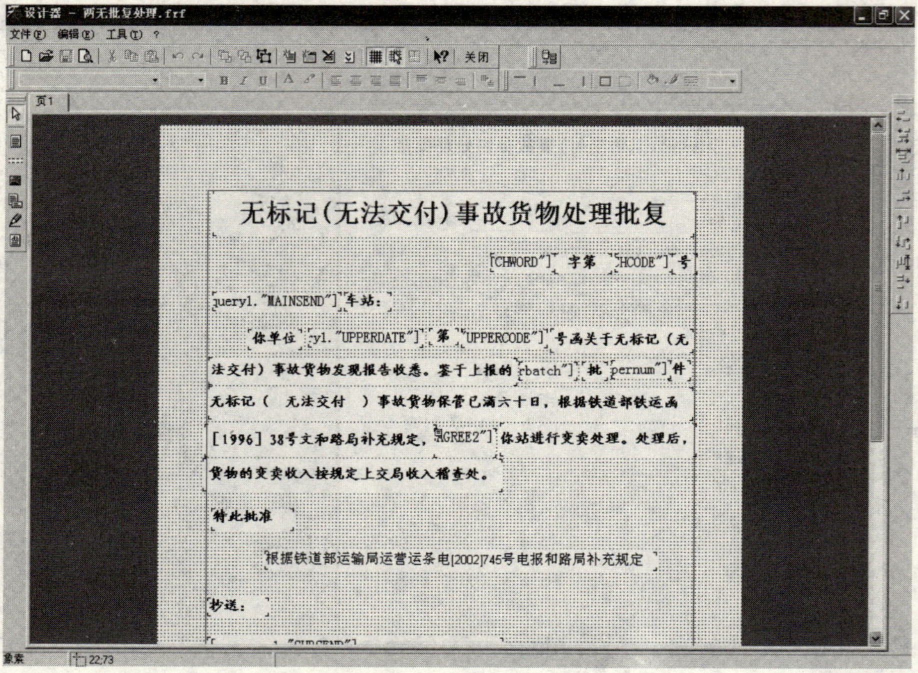

图 21-146 格式维护界面

三、两无货物月报

(一)功能

1. 货运无标记货物月报的数据录入、修改、查询、上报上级单位以及接收下属单位报表，并可以合并所有下属单位报表。

2. 货运无法交付货物月报的数据录入、修改、查询、上报上级单位以及接收下属单位报表,并可以合并所有下属单位报表。

(二)界面

1. 进入

从“两无货物”中选择“货运无标记货物月报”进入如图 21-147 所示界面。

两无货物月报主界面分为三部分:操作命令按钮区、站段名称列表区、报表显示区。

2. 菜单功能

(1)存盘:保存当前信息;

(2)打印:打印当前报表;

(3)传输:传输当前报表;

(4)接收:接收报表;

(5)退出:关闭两无货物月报界面。

(三)操作

1. 存盘

(1)在“时间”栏选择录入的日期,如图21-148所示。

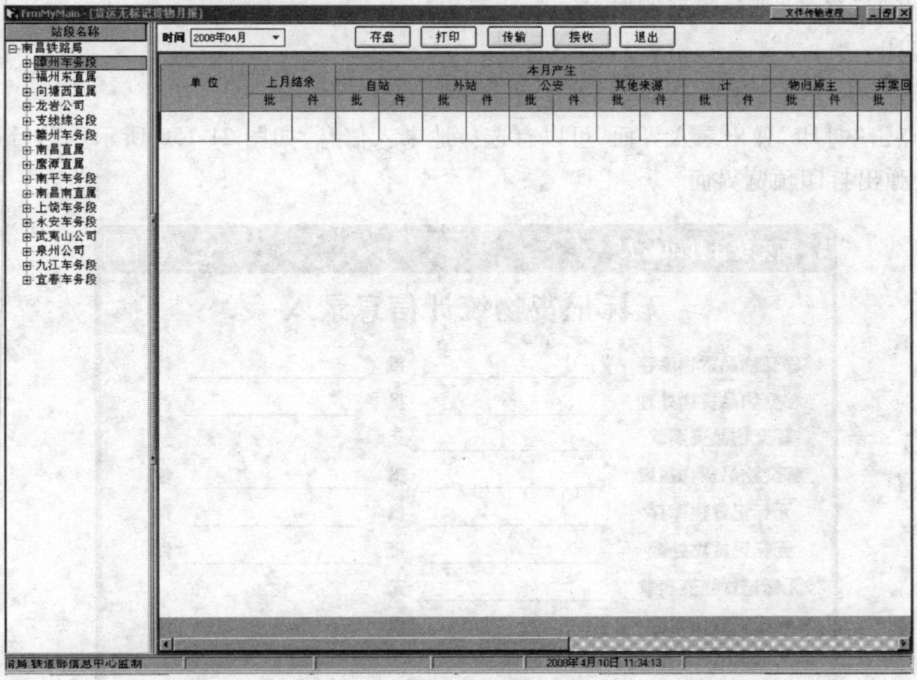

图 21-147　货运无标记货物月报界面

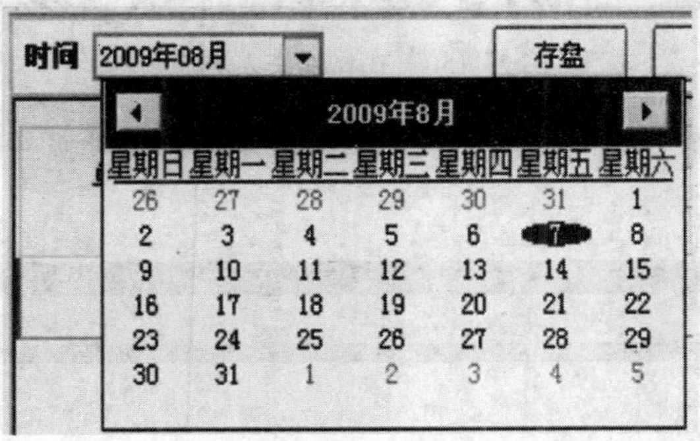

图 21-148　选择录入日期

(2)在“站段名称”下双击要录入的站段,通过录入或接收管辖的各站传输的数据后,数据会自动合计到直属站管站或车务段上,如图 21-149 所示。

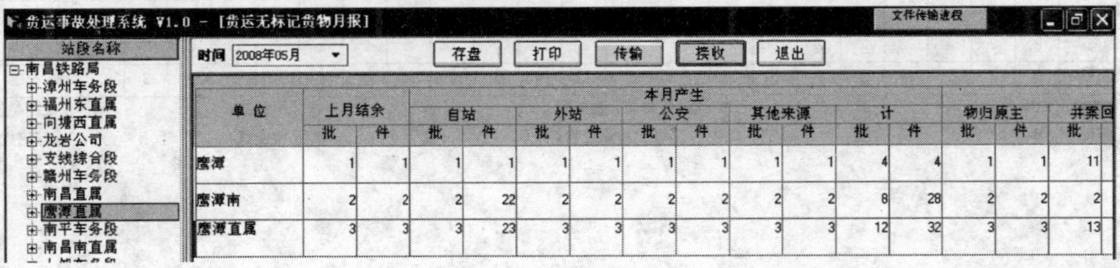

图 21-149　数据的录入与合计

(3)点击“存盘”进行数据的保存。

2. 打印

(1)选择要打印的数据。

(2)点击“打印”弹出录入界面,可以有选择地录入信息,如图 21-150 所示。然后点击“确定”,就会弹出打印预览界面。

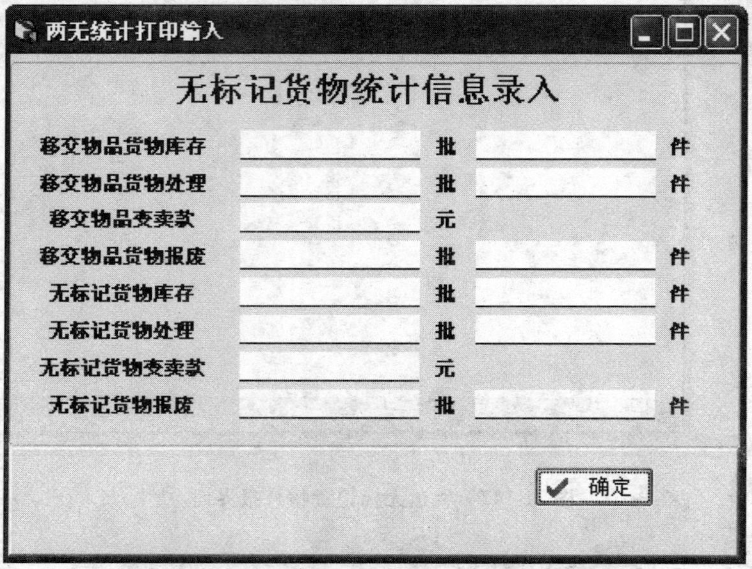

图 21-150　选择性录入界面

(3)打印格式可以调整,点击打印预览界面中的“打印”按钮就可以进行打印,如图21-151 所示。

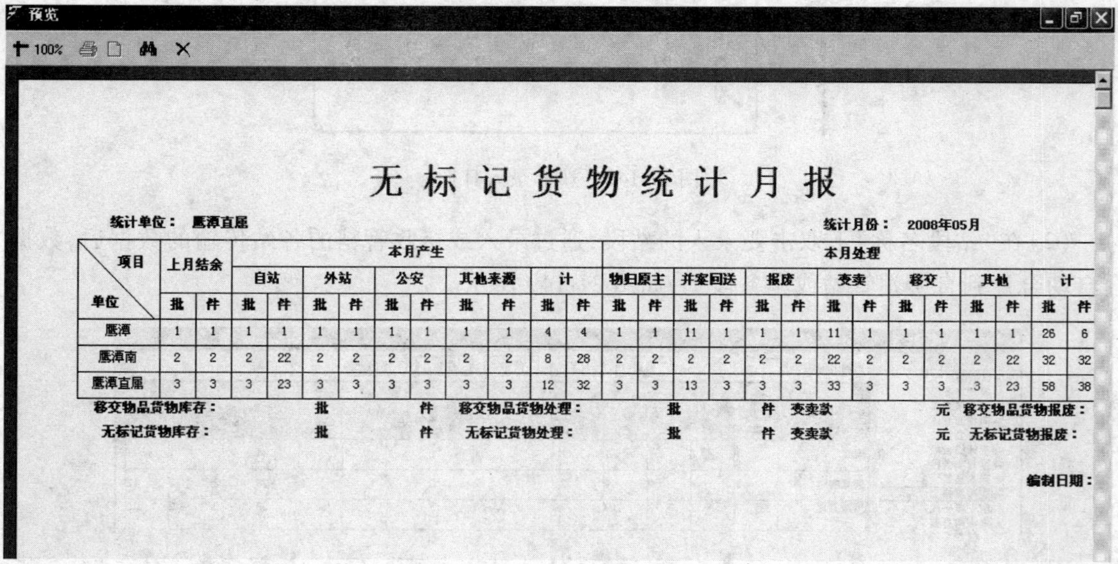

无标记货物统计月报

统计单位：鹰潭直属　　　　统计月份：2008年05月

项目／单位	上月结余		本月产生										本月处理													
			自站		外站		公安		其他来源		计		物归原主		并案回送		报废		变卖		移交		其他		计	
	批	件	批	件	批	件	批	件	批	件	批	件	批	件	批	件	批	件	批	件	批	件	批	件	批	件
鹰潭	1	1	1	1	1	1	1	1	1	1	4	4	1	1	11	1	1	1	11	1	1	1	1	1	26	6
鹰潭南	2	2	2	22	2	2	2	2	2	2	8	28	2	2	2	2	2	2	22	2	2	2	2	22	32	32
鹰潭直属	3	3	3	23	3	3	3	3	3	3	12	32	3	3	13	3	3	3	33	3	3	3	3	23	58	38

移交物品货物库存：　批　件　移交物品货物处理：　批　件　变卖款　元　移交物品货物报废：

无标记货物库存：　批　件　无标记货物处理：　批　件　变卖款　元　无标记货物报废：

编制日期：

图 21-151　打印预览界面

3. 传输

传输操作参见本章第三节。

4. 接收

接收操作参见本章第三节。

5. 退出

在两无月报界面上操作完毕后，点击“退出”按钮退出本界面，系统将返回到主界面。

职业技能

中 级 工

一、货物被盗事故勘查

（一）作业（操作）方法、步骤

被盗事故包括货场被盗和其他被盗。不论在什么地方发现货物被盗均要按照规定及时向公安部门报案，会同公安部门勘查事故现场，清点货物，做出记录，并请公安部门签字证明。

1. 发现货车货物被盗时，要确认列车车次、编挂位置、到达时间、卸车时间和完了的时间，并了解上一货检站是否有站车交接电报及列车在途中有无保留等情况。

2. 对棚车、冷藏车要重点检查车体、门窗关闭情况及施封加固等情况。罐车要重点检查罐体状态、上部进人孔盖拧固及施封状态。敞车苫盖篷布的要确认是路布还是自备布并检查篷布苫盖状态、绳索捆绑状态，篷布有破口时，要确认破口位置、尺寸，站车交接能否发现，检查破口处货物的现状，路布还要确认篷布号码；未苫盖篷布的要检查货物装载和表层货物现状。集装箱装运的货物重点检查箱体、箱门关闭、施封、加固及集装箱在车内装载位置，箱与箱、箱与车辆端侧板间的距离；箱体有破损时要确认破损部位、尺寸、新旧痕迹、破口处货物状态和箱内货物装载现状及所空容积等。

3. 货场内发现货物被盗时，要查明货物卸入货区、仓库的时间，了解作业班组、货运员当时卸车及货物在库（区）内堆码情况，相邻货物进出库区情况、事故货件的码放位置、库（区）货运员交接签认情况、货场内的治安状况，及有无闲杂人员出入和货场现状等。

（二）质量标准

暂停作业保护现场，立即报告驻站公安合同勘查，协助公安查找线索，尽早破案，会同公安检查鉴定，取得相关证明或记录；对勘查情况如实记载，必要时拍照存查；收集核实相关资料。

二、货 物 清 理

（一）作业（操作）方法、步骤

一是要将事故货件与完整货件分类码放；二是要根据票据、物品清单或装箱单、箱标记载数量对事故货件逐件清点；三是对涉及数量无法清点的要将事故件和完好件分别检斤，但中途站可只对事故件进行检斤，并分别记载在记录和事故货物标签中；四是对现场残留的无价值的残货、残渣进行妥善处理，避免污染环境；五是对事故货件进行包装整修或更换包装，防止损失扩大。

(二)质量要求

认真清理,防止扩大损失;对损坏货件整修包装,中途站对需要继运的事故货件还应拴挂"事故货物标签";避免事故货件污染环境。

三、收集资料

(一)作业(操作)方法、步骤

与事故有关的基础资料包括:货物运单、货票、封印、装载清单、物品清单、列车编组顺序表、站车交接电报、普通记录及随票同行的原始单据、记录、防疫证明、检疫证明、机械冷藏车作业单和乘务报表、海关有关证明文件、列车到达时间、调送单、作业时间及作业班组、人员和证明材料等有关资料。

涉及车辆问题时,要取得车辆部门的技术检查记录。

涉及检疫、防疫、海关、公安、气象等部门时,要向有关部门收集相应的证明材料。涉及包装、价格问题,要取得包装鉴定部门的事故鉴定书及工商、物价部门的价格证明文件。

(二)质量要求

原始资料妥善保管,无涂改、篡改;检查站车交接电报或普通记内容。

四、审查记录

(一)作业(操作)方法、步骤

货运安全人员接到货运员编制的不带号码的货运记录后,一是要核对所附的事故相关资料是否齐全正确;二是要核实记录各栏填写是否齐全;三是货运安全员到事故现场核对事故货物;四是要对涉及的车辆、集装箱、篷布问题进行核实;五是发现问题要及时纠正。安全员不得涂改货运员编制的不带号码的货运记录。

(二)质量要求

逐项检查各栏填写内容是否正确,语句是否通顺,发现问题要及时纠正;核对途中所附普通记录、货运记录及站车交接电报等内容与现车是否相符;对照记录核实所附资料实物是否正确齐全。

五、编制记录

(一)作业(操作)方法、步骤

货运安全员根据货运员编制的不带号码的货运记录和中途站编制的货运记录,实事求是地编制货运记录。用词准确、内容简练明了,字体工整清晰,项目填记齐全,不得在货运记录中作事故责任的结论,对参加的人员如实填记于相应栏内。货运记录上除加盖单位公章或货运事故处理专用章,还应加盖编制人员带有所属单位名称的人名章,同时要求参加检查货物(车)的有关人员签字或盖章。记录有涂改时,在涂改处应加盖编制人员的名章,但影响事故定责、定损的关键处不允许涂改。按顺序登记货运事故(记录、调查、赔偿)登记簿。

(二)质量要求

货运记录与编制的不带号码的货运记录内容一致,记录编制字迹清晰、用语用词准确、简练、明了、内容完整,实事求是,项目各栏填写齐全;参加检查人员姓名填写齐全,印章齐全,将已有资料收集归档,编号建卷,做到一案一卷;不应在记录中作事故责任的结论。

六、记录送查

(一)作业(操作)方法、步骤

1. 发站编制的货运记录,由发站负责处理。货物承运前发生货运事故,不编制货运记录。货物承运后发生货运事故,应编制货运记录。事故发生后能够联系托运人的,将货运记录的货主页交给托运人,并与托运人协商处理办法,托运人如果要求事故货件继运到站,对事故货件须拴挂事故货签,在运单托运人记载事项栏中记明,并将货运记录的货主页抄件随同运输票据送到站。如确实无法联系托运人时,损坏的货件继运到站前须整修包装,对事故货件须拴挂事故货签,并说明理由将货运记录的货主页随同运输票据送到站处理。易腐货物、活动物发生事故,必须在发现站处理,不可送到站。

2. 中途站编制的货运记录,由中途站负责按下列规定调查处理:

自站责任的记录调查页留站存查,货主页随同运输票据或货物送到站处理。

他站责任的记录应自编制记录之日起 3 日内将调查页连同有关材料送责任站调查,货主页随同运输票据或货物送到站处理。一批货物中部分货件发生事故时,须拴挂"事故货物标签"(参见《铁路货运事故处理规则》相关内容)继运到站。全批误到的可不拴挂事故货物标签。损坏的货件继运到站前应整修包装。中途站发现海关关封开启或损毁,应通知海关监管部门处理,并报铁路局。

3. 到站编制的货运记录(包括附有发站和中途站编制的货运记录)由到站负责按下列规定调查处理:

自站责任的记录,调查页留站存查;他站责任的记录,调查页送责任站调查,货主页交收货人。

遇附有发站或中途站编制的记录,卸车时应按照记录记载的情况,认真核对现货:情况相符时,不再编制记录,货主页交收货人,另作抄件留存。情况不符时,应重新编制记录,调查页送责任站调查,原记录货主页留存,重新编制记录的货主页交收货人。整车货物变更到站,新到站检查发现货车封印或货物装载状态有异状,货物发生毁坏缺失时,记录送变更站调查;附有变更站或中途站记录的应送责任单位调查。

到站交付货运记录的同时,将"铁路运输货物索赔须知"一并交给收货人。保险运输货物发生的事故,告知收货人到保险公司提出赔偿。

4. 货运记录送查后,收货人领取货物时表示无意见,应及时通知有关站结案。

5. 货运记录送查后,件数不足的货物补送齐全,在向收货人补交时收回记录货主页,并及时通知有关站结案。

6. 货运记录送查时,按下列规定附送有关资料和实物:

(1)使用施封环施封的货车、集装箱发生货物被盗丢失,须附封印。

（2）重新编制的记录，须附他站原记录抄件。

（3）有站车交接记录的，须附站车交接记录抄件。

（4）个人物品发生被盗、丢失事故，货票未附物品清单时，须附经过车站检查的现有货件数量和包装特征的清单。

（5）其他有关资料（可按规定后附），如车辆技术状态检查记录、机车火星网检查证明、“事故货物鉴定书”以及事故货件的现场照片等。

（6）一辆货车内多批货物发生事故时，上述资料可附于其中损失最严重的货运记录内，其余记录应在附件栏内注明“封印及××附件已附于第××号货运记录内送查××站”。

（7）货物的运到期限满期后经过15天或鲜活货物超过运到期限仍不能在到站交付货物的，到站除按规定编制货运记录外，还须负责货物的查询工作，从发站依次顺序查询。

（二）质量要求

送查的货运记录，以“货运事故查复书”在编制记录之日起3日内送责任站调查；附送资料齐全；事故处理站遇有关单位调查事故时，积极配合，不应以任何理由进行推塞和阻碍调查；事故处理站应备齐与事故有关的各种资料，以备接受有关单位的调查。

七、记录查询答复

（一）作业（操作）方法、步骤

车站接到调查记录（包括自站编制的记录）、货运事故速报和查询文电后，核实送查记录及附件是否正确、齐全，加盖收文戳记，编号登记在“货运事故（记录、调查、赔偿）登记簿”（参见《铁路货运事故处理规则》相关内容）内，并按以下规定办理：

（1）初次接到调查记录，如果核对所附材料不符合规定，影响事故调查时，应一次提出，自接到记录之日起3日内将原卷寄回送查站处理。

（2）调查记录如果有误到情况，自接到之日起3日内将原卷转寄应寄送的车站，并抄知误寄站。

（3）属于自站责任的，一般事故自接到记录之日起（自站发生的自发生之日起，以下同）由车站在10日内以“货运事故报告表”（参见《铁路货运事故处理规则》相关内容）报主管铁路局；重大、大事故自接到记录之日起由车站在15日内以正式文件连同全部调查材料报主管局。以上事故同时以“货运事故查复书”答复送查站，通知到站和到局。

（4）对已明确为自站责任，但还需要向有关单位索取补充材料，了解货物损失、下落或到达交付情况时，以“货运事故查复书”或拍发电报查询，不得将记录寄出。

（5）属于他站责任的，以“货运事故查复书”说明理由和根据，自收到货运记录之日起7日内将全部调查材料送责任站，并抄知到站和有关单位。重大、大事故要抄报主管铁路局。

（6）因情况复杂，责任站不能在规定期限内调查答复（包括要求暂缓赔偿的），需要延期时，应提前提出理由，通知到站、铁路局。但此项延期自收到记录之日起，最多不得超过30日。

（7）对逾期未到货物的查询，应自接到查询的次日起2日内将查询结果电告到站，并向下一作业站（编组、区段或保留站）继续查询。

（二）质量要求

对查询内容认真核实，登记在簿册内，对送查站查询内容认真核实，在规定的期限内答复，保持调查案卷的资料完整；不应以戳记代查代答，或在他站查复书中签注答复意见；以事实为依据，以规章为准绳，事故答复用语文明。

八、事故鉴定

（一）作业（操作）方法、步骤

按照《铁路货物运输规程》规定，货物发生损坏或部分灭失以及运输货物发生变质、污染事故时，应根据事故性质，鉴定事故发生原因、包装质量和损失程度。不能判明发生原因和损失程度时，承运人应在交付前，主动联系收货人进行检查或邀请鉴定人进行鉴定。

货物损失和原因的鉴定一般采取两种形式进行，一是对货物损失进行确认；二是对货物包装质量和货物性质进行鉴定。

一般情况下，承运人、托运人双方（或由收货人参加的三方）通过密切配合和检查鉴定，能够确定事故原因和损失程度的，可不再通过技术鉴定部门来评定。

"事故货物鉴定书"是认定造成货物损失程度和责任的依据，必须由鉴定人填写并加盖鉴定单位公章和鉴定人的签字、盖章。事故货物检查或鉴定一般应在现场就地进行。但途中站对能继运并能保证安全的应继运到站进行鉴定。到站在现场难以检查或鉴定时，经承运人与收货人或托运人协商同意后，可移送到适当的地点进行。鉴定期限从编制记录之日起，不应超过30日，特殊情况需要延期时，应以"货运事故查复书"或电报说明原因通知有关单位。"事故货物鉴定书"应按每一份货运记录分别编制。"事故货物鉴定书"以"货运事故查复书"补送责任站。

由于货物染毒或危险货物发生事故，造成人员伤亡时，应通知劳动保护等有关部门。

（二）质量要求

每份货运记录分别编制鉴定书；事故处理站应积极主动组织事故鉴定，在规定时间内将事故货物鉴定书送达有关单位；事故鉴定书应加盖有鉴定单位的公章、参加人员的名章。

九、事故定责

（一）作业（操作）方法、步骤

1. 划分承运人与托运人或收货人间责任

划分承运人与托运人或收货人间责任，要依据《中华人民共和国合同法》、《中华人民共和国铁路法》、《铁路货物运输规程》等有关规定。承运人对承运的货物自接受承运时起（办理承运前保管的车站从接收货物时起）至将货物交付收货人或依照规定移交给其他机关企业时止，对货物发生的灭失、短少、变质、污染或损坏承担赔偿责任。但承运人证明货物的毁损、灭失是由于不可抗力；货物本身性质引起的破裂、生锈、减量、变质等；货物的合理损耗；货物包装的缺陷，承运时无法从外部发现或未按国家规定在货物上标明包装储运图示标志；托运人自装的货物，加固材料不符合承运规定条件或违反装载规定，交接时无法发现的；押运人未采取保证货物安全的措施;托运人或收货人的其他责任等原因时,承运人不承担赔偿责任。

2. 划分承运人内部责任

铁路内部各单位之间货运事故责任划分,应以《铁路货运事故处理规则》第二十八条规定的原则和附件二的各项规定确定,并根据不同情况,参照有关规章妥善处理。一般事故由到站定责;大事故、重大事故由到达铁路局定责。

(二)质量要求

认真分析,找出原因,妥善处理;在查明事故情况和原因基础上,正确划分承运人与托运人、收货人之间的责任;定责公正、准确、合理;遵守定责程序,尊重定责意见。

十、事故赔偿

(一)作业(操作)方法、步骤

1. 审核资格

赔偿要求人一般应是货物运单上记载的托运人或收货人,如果是委托他人代理,应出示托运人或收货人的委托证明(委托证明应明确委托的权限范围及有效期限)。

提供赔偿要求的时间应在规定的有效期限内。承运人与托运人或收货人相互间要求赔偿或退补费用的有效期为180日,但要求承运人支持运到逾期违约金的有效期间为60日。托运人或收货人向承运人要求赔偿或退还运输费用的时效期限,有效期由下列日期起算:

(1)货物灭失、损坏或铁路运输设备损坏,为承运人交给货运记录的次日;货物全部灭失未编有货运记录,为运到期限满期的第31日。

(2)多收或少收运输费用,为核收该项费用的次日。

(3)要求支付违约金,为交付货物的次日。

(4)其他赔偿及退补多收或少收费用,为发生事故或核收该项费用的次日。

托运人或收货人提出赔偿要求而车站未予受理或拒绝受理的,有效期限应重新开始计算。

经审核属于承运人免责范围的,铁路可以拒绝赔偿。拒绝赔偿应将全部赔偿材料退还赔偿要求人(赔偿要求书除外),收回赔偿要求书收据。拒绝赔偿时一律由车站以书面形式说明理由和依据,答复赔偿要求人,并抄知有关单位。

2. 审核资料

对赔偿要求人提出的"赔偿要求书"的填写项目及内容逐项进行审核,确认填写的内容是否准确、清楚,所附资料是否齐全、完整。赔偿要求书中的"提出日期"应是赔偿要求人向车站递交赔偿要求书的日期,并由赔偿要求人自己填写,不得涂改。

(1)赔偿资料,应包括以下各部分:

①货物运单:应提供原件,如因承运人责任在运输途中丢失,可用发站制作的货票复印件(或抄件)及丢失票据单位出具的记录作为赔偿资料。

②货运记录货主页:应提供原件,不得以其他页(存查页、调查页)或复印件、抄件等代替。

③货票报销联:要求退赔运费时,应提供原件;要求赔偿货物损失时(不涉及退赔运费时)

可以用复印件代替,复印件上应加盖有财务专用章(或复印件提供人的印章);赔偿要求人不能提供原件或复印件时,可由赔偿受理站以本站货票存查联作复印件代替,加盖车站货运事故处理专用章和经办人的名章。

④证明货物价值的有关材料:包括发票、调拨单、购销合同等,除此之外还可以证明货物价格的材料有工商、市场管理部门出具的相同物品的市场价格证明。货物价格证明应是全批货物的价格证明,不能提出原件时,可由赔偿单位的财务部门用原发票作复印件,并在复印件上加盖财务专用章代替。个人托运的行李物品、搬家货物和个体经营产品等,确实无法提供发票时,可以由其他相关证明材料代替,由审核确认后,加盖货运事故处理专用章和经办人的人名章。

⑤物品清单(在发站没有填制的除外):"物品清单"上加盖发站承运日期戳的才属有效。

⑥领货凭证(货物全批灭失时应提供):货物全批灭失或运到期限满期后,经过30天仍不能在到站交付货物时,应提供领货凭证原件。审核时,应对领货凭证的内容与运单进行核对,并确定领货凭证和货物运单上的骑缝章是同一枚戳记,发现问题应联系发站查明情况。

⑦事故鉴定书(无需要鉴定的除外):除提供"事故货物鉴定书"外,还有"货物损失清单"、质检部门出具的检验报告等。

(2)审核无误后,向赔偿要求人出具加盖货运事故处理专用章及经办人名章的"赔偿要求书收据"。

经对赔偿资格和资料审核确认无误后,车站受理人员应逐项填写赔偿要求书收据,并加盖货运事故处理专用章及经办人名章,将赔偿要求书收据交给赔偿要求人。

(3)按受理日期依次登记"货运事故赔偿登记簿"。使用计算机的车站,将材料输入计算机程序,建立赔偿台账。对赔偿进行初步审核,一是查阅本站现存的事故调查材料,分析确定责任单位,将事故调查资料收集整理并入赔偿案卷中;二是依据货运记录及事故鉴定书,计算货物损失,按照种类及价格折算赔偿款额。

(4)根据赔偿处理权限上报审核赔偿的主管单位:

车站应自受理之日起3日内按照:赔款额5 000元以下的,由车站(非决算单位的车站由车务段)审核;赔款额超过5 000元的由铁路局审核赔偿。上报主管站段或铁路局审核赔偿。

车站上报赔偿案卷时,应在"货运事故查复书"中写明事故调查过程及事故调查卷现存站、事故货物的损失程度、保价或保险情况、事故赔偿计算以及事故定责的初步审核意见和依据。

上报赔偿卷的资料包括赔偿要求人提出的赔偿要求书及其附件、证明材料;车站现存的事故查询文电、货运记录(货运记录存查页除外);站车交接电报或普通记录等有关的事故调查材料。

站间对事故定责有争议的,连同事故调查卷一并上报,事故调查卷与赔偿卷应分别装订,避免调查卷与赔偿卷的资料搞混,影响事故调查的送查。

(二)质量要求

1. 审核资格

认真审核,严格把关,做好解释。

2. 审核材料

赔偿材料齐全、完整；赔偿要求书填记准确、清楚；“提赔单位名称或姓名”，“提赔单位(公章)、姓名(签章)”栏内容与运单记载一致；开户银行名称与账号填写完整，领款地点、通信地址详细。

十一、办理赔偿

(一)作业(操作)方法、步骤

托运人或收货人提出的赔偿要求，车站审核无误后，即可办理赔偿。属于铁路责任的事故，应遵循先对外赔付后划分内部责任的原则进行处理。

1. 货运事故赔偿审核单位审核确认后，应填发“赔通”，在“赔通”的右方注明“保价”或“非保价”字样。

2. 办理赔偿的最长期限，自车站接受赔偿要求的次日起至填发“货运事故赔款通知书”时止：款额在5 000元以下的为10天；款额超过5 000元未满5万元的为20天；5万元及以上的为30天。

3. 财务人员须凭“赔通”的正本支付赔款。原则上通过银行转账支付给赔偿要求人，除个人及无银行账号的个体经营者外，不应支付现金。

支付现金时，财务人员必须将“赔通”的正本收回，认真核对领款人的身份和资格；领款人应提交“赔通”正本，并出示本人身份证件，领款时必须在“付款凭证”上加盖领款人名章(或签字)，并记明身份证号码。

4. 货运事故赔款，一律由赔偿处理单位垫付赔偿要求人，再向责任单位清算或列支。一批赔款或铁路局间分摊后的款额不足500元时，互不清算，由处理单位列销。500元以上的跨局事故赔偿，由车站、车务段上报主管铁路局；每份“赔通”附转账单一份，由主管铁路局汇总向责任局清算；责任局自接到处理局汇总的赔款转账单的次日起，10日内向处理局支付；自局管内的赔款清算办法，按铁路局规定执行。

主管局需于“赔通”填写完毕次日起的3个月内填发赔款转账单向责任局进行清算，否则责任局不予清算。对责任局不按规定及时转账的，铁道部每季度进行一次强行划拨，并加扣5%的资金占用费给处理局。

(二)质量要求

明确为承运人责任的保价事故可对外先赔付，后划分铁路内部责任；正确计算赔偿金额；办理保价运输的货物，全批货物损失时，按实际损失赔偿，但赔偿金额最高不超过保价金额；部分损失时，赔偿金额按损失货物占全批货物比例乘以保价金额；未办理保价运输的货物，按照实际损失赔偿，但最高不超过国务院铁路主管部门规定的赔偿限额。

【案例1】 货物被盗事故处理流程

基本资料：2010年3月26日建三江承运到德州大米一车，车号C_{64K}4613666，苫盖篷布一块，篷布号码8000105，票记件数2 400件，包装标重25 kg，全批保价16万，实际价值24万。发货人：建三江粮油供销公司；收货人：德州××粮油贸易公司。

处理流程：

(1)勘查重点：该车4月1日到达德州站，到站卸前检查，车体良好，篷布捆绑无异状，9:00该车送到货5线2号仓库卸车，卸前检查发现运行前端顶部有1 000 mm×50 mm破口，破口处有明显凹坑（凹坑尺寸：750 mm×300 mm×90 mm）。卸车货运员立即要求装卸人员（装卸1班）停止作业，并通知驻站公安以及货运安全员。货运安全员会同驻站公安对敞车C_{64K}4613666篷布苫盖状态、绳索捆绑状态进行了检查，并确认破口位置（运行前端左侧）、尺寸（1 000 mm×50 mm），确认该车篷布顶部被割在站车交接时不能发现，并检查破口处货物的现状（货物堆码情况及湿损情况），确认篷布属于铁路篷布并记录篷布号码（8000105）。货运安全员及公安将检查情况（篷布破口位置、破口处货物现状）拍照存档。随后装卸班组人员的货运员的指挥下，会同货运安全员及公安采取凹坑填空法确定凹坑处能容纳40件大米。9:30货运员安排装卸开始卸车，指定卸车货位。

货运员、货运安全员在检查篷布破口及破口处货物现状时，发现货物包装有湿迹，立即要求装卸1班装卸人员在卸车过程中对有湿迹的货物单独堆码。逐件检查见内货均有不同程度变黄、发霉，湿件位于篷布破口处下各层。

(2)货物清理：该车于当日11:30卸车完毕，完好货物及有湿迹的货物单独堆码在仓库内。经清理，全车实卸大米2 365件，被盗35件，70件大米不同程度湿损、发黄、霉变。

(3)收集资料：收集该车货物运单及货票，列车编组顺序表，收集货运站车交接检查时间。40166次列车4月1日7:07到达；送入卸车时间为9:00；开始卸车时间为9:30；卸车完毕时间为11:30；卸车地点为货5线2号仓库；装卸作业班组为装卸1班；卸车货运员为小孙；参加公安为德州所小王。

(4)审查记录：货运安全员小李收到货运员小孙的未带号码的货运记录时，认真核对货运记录上办理种别、货票号码、运输号码、承运日期、发站、发局、到站、到局、托运人、收货人、装车单位、卸车单位、车种、车型、车号、标重、列车到达时间、开始卸车时间、卸车完了时间、篷布号码、货件名称、件数、包装，以及重量栏是否与运单、货票、编组顺序表及勘察记录信息一致。

事故详细情况栏记载内容为："到站卸前检查，车体良好，篷布捆绑无异状，运行前端顶部有1 000 mm×50 mm破口，会同公安卸车，卸见破口处有明显凹坑（凹坑尺寸750 mm×300 mm×90 mm），凹坑处能回填短少件，表层货物有湿迹，逐件检查内货均有不同程度变黄、发霉，卸空清点实卸大米2 365件，较票记短少35件，其中70件货物不同程度湿损，货物标记重量25 kg。具体损失待会同收货人共同鉴定。凹坑处可容纳短少件数，车内卸空无残。"并检查内容是否有漏项、信息是否正确。参加人员签章栏是否有车站负责人、编制人货运员、货运值班员、参加该车事故勘查公安人员的签字或盖章。编制日期必须是发现事故的当日（2010年4月1日）。如果不带号码的货运记录由货运员修改过，必须在修改处加盖货运员的名章。

(5)记录编制：货运安全员小李根据上述不带号码的货运记录，运用"保价及货运事故处理信息系统"编制货运记录。记录如图1所示。

按照顺序登记货运事故（记录、调查、赔偿）登记簿，自站编制的货运事故登记簿格式如图2所示。

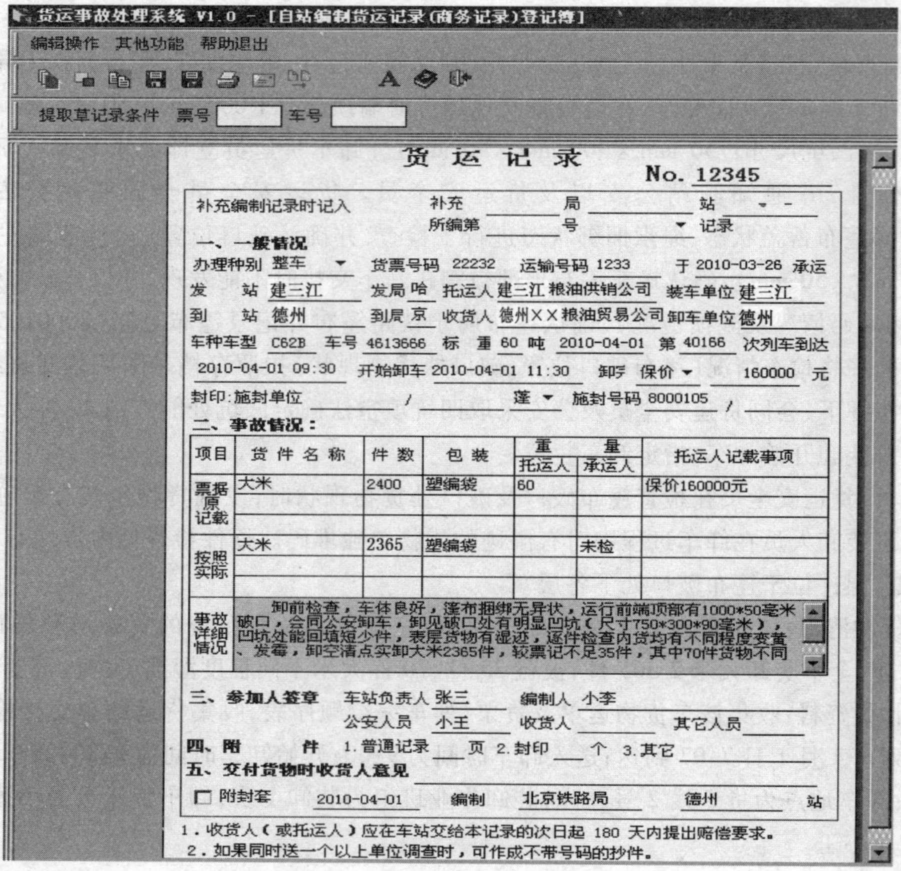

图 1 货运记录信息截图

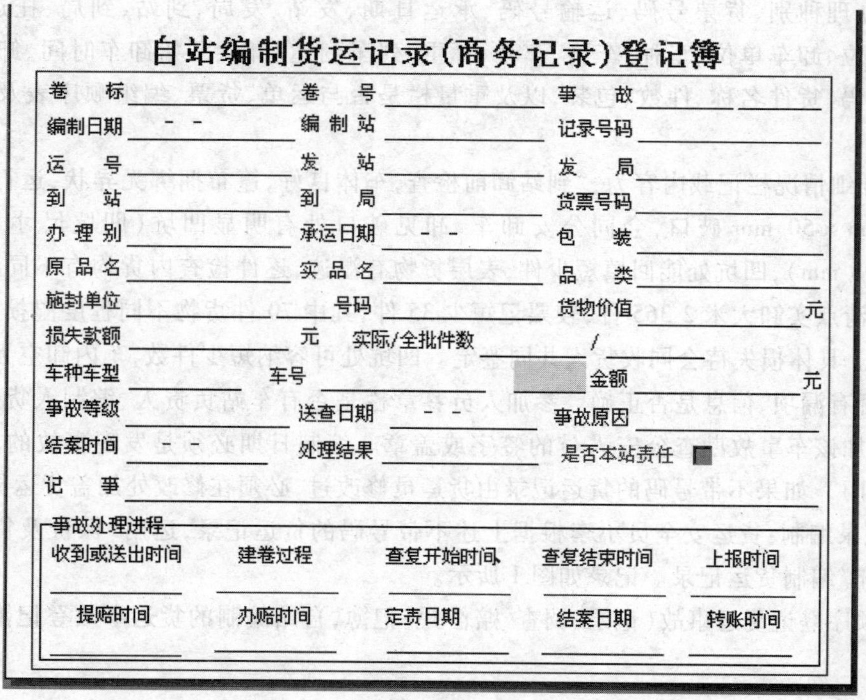

图 2 自站编制货运事故登记簿

(6)记录送查:安全货运员编制完毕货运记录(记录号码12345),填制"货运事故查复书",并将卸车前拍摄的篷布破口及破口处现状的图片于4月3日前依章送查发站建三江站。查复书主送建三江站,查复书注明"贵站承装,请查处"。

(7)记录查询答复:建三江站货运安全员收到德州站货运记录后,认真审核货运记录填记内容,查看图片与记录填写内容是否一致。加盖收文戳记,登记"货运事故(记录、调查、赔偿)登记簿"。调查承运情况,回复到站意见。查复书详细内容如图3所示。

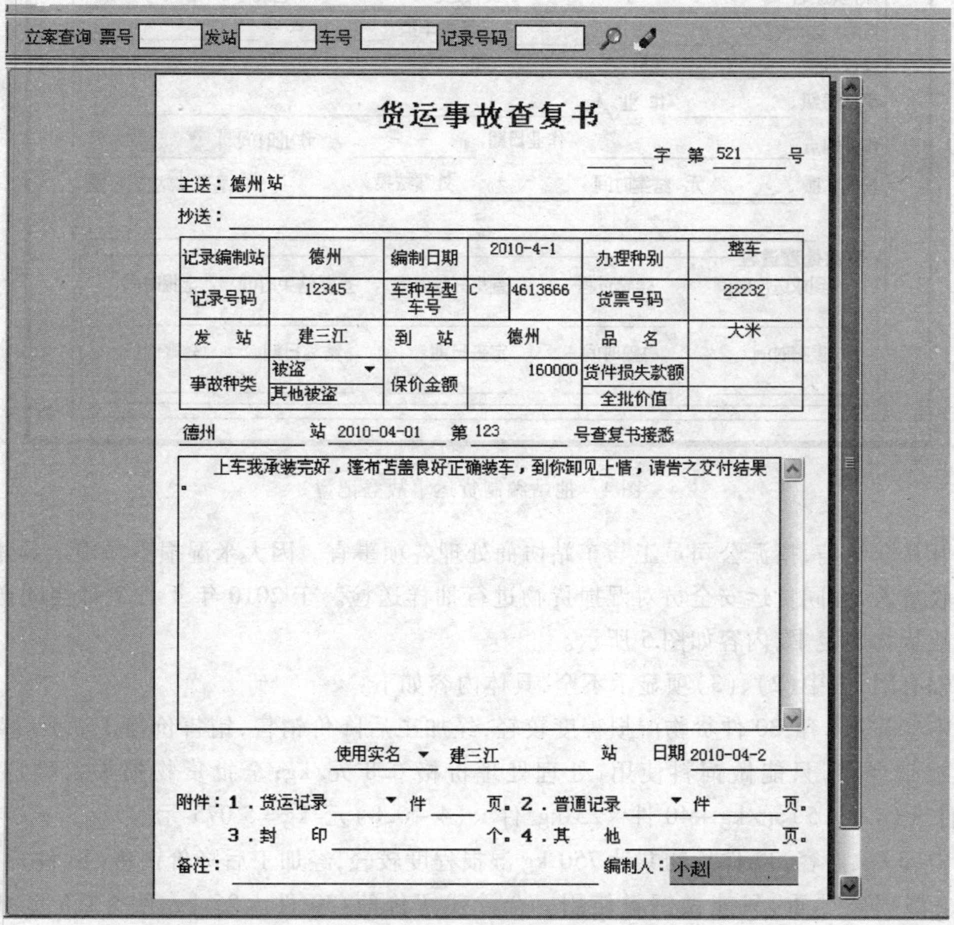
立案查询 票号 发站 车号 记录号码

货运事故查复书

字 第 521 号

主送:德州站

抄送:

记录编制站	德州	编制日期	2010-4-1	办理种别	整车
记录号码	12345	车种车型车号	C 4613666	货票号码	22232
发 站	建三江	到 站	德州	品 名	大米
事故种类	被盗 / 其他被盗	保价金额	160000	货件损失款额 / 全批价值	

德州 站 2010-04-01 第 123 号查复书接悉

上车我承装完好,篷布苫盖良好正确装车,到你卸见上情,请告之交付结果。

使用实名 建三江 站 日期 2010-04-2

附件:1.货运记录 件 页。2.普通记录 件 页。

3.封 印 个。4.其 他 页。

备注: 编制人:小赵

图3 货运事故查复书

他站编制的货运事故(记录、调查、赔偿)登记簿格式如图4所示。

到站德州站会同收货人进行事故鉴定后,收货人提出赔偿要求,德州站将事故货物鉴定书随货运事故查复书依章送查建三江站。查复书详细内容:上车贵站使用敞车装运大米湿损70件,经与收货人鉴定,其中30件货物湿损程度较轻,经加工后降价销售,40件货物湿损较严重,只能做饲料使用。合计残留价值为30件×25 kg/件×1.5 元/kg+40件×25 kg/件×0.8 元/kg=1 925元。现将事故货物鉴定书寄你。

建三江站接到德州站货运事故查复书后,回复到站:"请贵站依章,妥处。"

(8)事故鉴定:车站及时联系收货人"德州××粮油贸易公司"共同对事故货件进行鉴定。

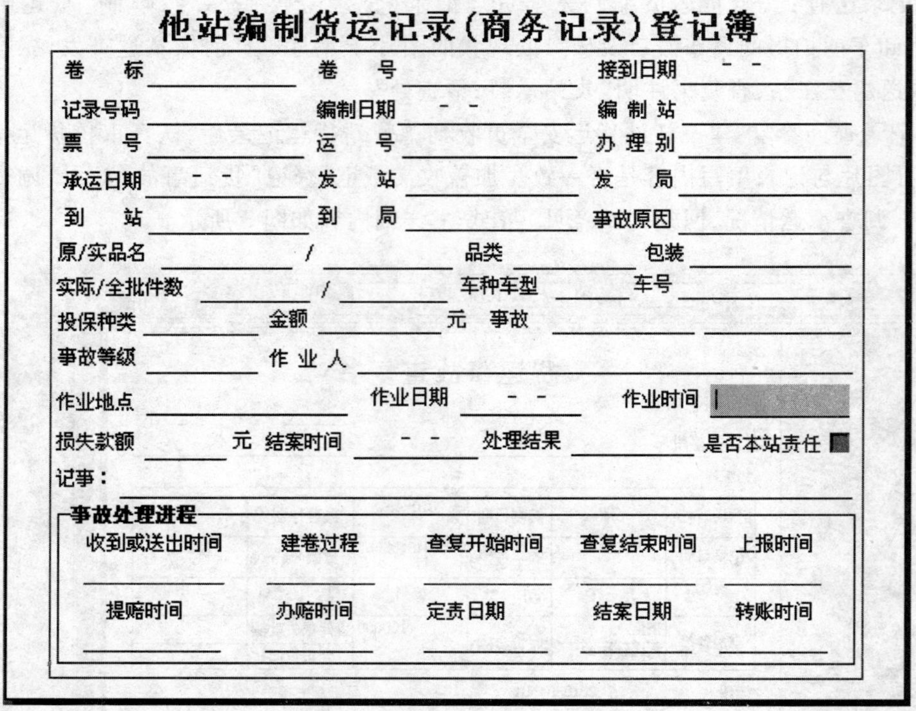

他站编制货运记录(商务记录)登记簿

卷　标 ______ 卷　号 ______ 接到日期 - -

记录号码 ______ 编制日期 - - 编制站 ______

票　号 ______ 运　号 ______ 办理别 ______

承运日期 - - 发　站 ______ 发　局 ______

到　站 ______ 到　局 ______ 事故原因 ______

原/实品名 ______ / ______ 品类 ______ 包装 ______

实际/全批件数 ______ / ______ 车种车型 ______ 车号 ______

投保种类 ______ 金额 ______ 元 事故 ______ ______

事故等级 ______ 作业人 ______

作业地点 ______ 作业日期 - - 作业时间 ______

损失款额 ______ 元 结案时间 - - 处理结果 ______ 是否本站责任

记事:

事故处理进程

收到或送出时间	建卷过程	查复开始时间	查复结束时间	上报时间
提赔时间	办赔时间	定责日期	结案日期	转账时间

图4　他站编制货运事故登记簿

该公司开具介绍信,指派公司员工与车站协商处理各项事宜。因大米湿损不易确定具体损失,特邀请收货人,会同货运安全员对湿损货物进行抽样送检。于2010年4月2日会同送检,并填写事故货物鉴定书,内容如图5所示。

篇幅有限,图中(2)、(3)项显示不全,具体内容如下:

图中(2)项内容:30件货物湿损程度较轻,经加工后降价销售,销售价格1.5元/kg;40件货物湿损较严重,只能做饲料使用,处理处理价格0.8元/kg;全批货物损失价格:30件×25 kg/件×(4-1.5)元/kg+40件×25 kg/件×(4-0.8)元/kg=5 075元。

图中(3)项内容:30件货物共计750 kg湿损程度较轻,经加工后降价销售,40件货物共计1 000 kg湿损较严重,只能做饲料使用。合计残留价值:30件×25 kg/件×1.5元/kg+40件×25 kg/件×0.8元/kg=1 925元。

(9)被盗、损坏事故定责:上述事故属于运输途中篷布顶部被划破造成货物被盗及湿损,不属于托运人与承运人责任划分的范畴,货物的损失应由承运人承担赔偿责任。

根据《货运事故处理规则》附件二中,“篷布顶部被割或破口发生被盗、丢失在案发前由发、到站共同负责。”以及“篷布顶部被割或破口货物发生湿损,由发、到站共同负责。”之规定划分铁路内部各单位间责任,该事故损失应由发站与到站共责,各自承担一半。

(10)事故赔偿:德州××粮油贸易公司经办人王某于4月2日在德州车站办理交付手续后,根据仓库现货情况核对货运记录填记内容,在货运记录站存页内“交付货物时收货人意见”栏内签注意见后,领走货运记录货主页,德州车站货运安全员交于王某“索赔须知”一份。

5月10日王某向铁路提交“赔偿要求书”,货运安全员认真审核王某的赔偿要求人资格。

格式三

事故货物鉴定书

德州 站　　2010 第 56 号

一、编制于 2010-04-01 系补充×× 站编第 12345 号货运记录

由 建三江 站发 德州 站运单 22232 号品名 大米

发生 货物被盗、湿损 情况的鉴定书

二、鉴定分析结论	(1)货物的性质和其损坏以前品种质量，原来价值	食用大米2400件，装车前质量良好，25公斤/件，共60吨，货物全批价值24万元（单价4元/公斤）
	(2) 货物的损坏程度和款额	30件货物湿损程度较轻，经加共后降价销售，销售价格1.5元/公斤；40件货物湿损较严重，只能作为饲料使用，处理
	(3) 损坏灭失（包括重量短少）货物能否修理或者配换及所需费用，残留价值	较严重，只能做饲料使用，合计残留价值：30件*25公斤*1.5元/公斤+40件*25公斤*0.8元/公斤=1925元。
	(4) 事故货物是否适用于原来的用途或作他用，对其价值有无影响	30件货物使用于原用途，经加工后降价销售，40件湿损严重只能按饲料处理。
	(5)损坏原因：○ 甲.损坏和包装的关系：○ 乙.损坏和货物性质的关系：⊙ 丙.其它原因 ○	运输途中篷布被割，雨湿。

三、鉴定费用

四、参加鉴定人员职务及签章	鉴定单位	铁路	发货人	收货人	其他
		货运值班员		德州××粮油贸易公司	

日期：2010-04-02　　编制人 小李

图5　事故货物鉴定书

德州××粮油贸易公司开具委托书，委派公司王某办理事故理赔事宜。该货运记录于4月2日领取，赔偿要求期限应在9月30日前提出赔偿申请，王某于5月10日提出赔偿未超过赔偿要求期限，车站应立即受理赔偿。

赔偿要求书内容如图6所示。

按照赔偿要求书（赔偿要求书原件上必须加盖提赔单位公章）内提供的资料，认真审核货运记录原件、货物运单、货票报销联、购货发票。

经对赔偿资格和资料审核确认无误后，货运安全员应逐项填写“赔偿要求书收据”，并加盖货运事故处理专用章及经办人名章，将赔偿要求书收据交给赔偿要求人（车站在收据内加盖车站公章或事故处理专用章以及单位的经办人名章）。

货运安全员小李按照受理日期登记“货运事故赔偿登记簿”，格式如图7所示。

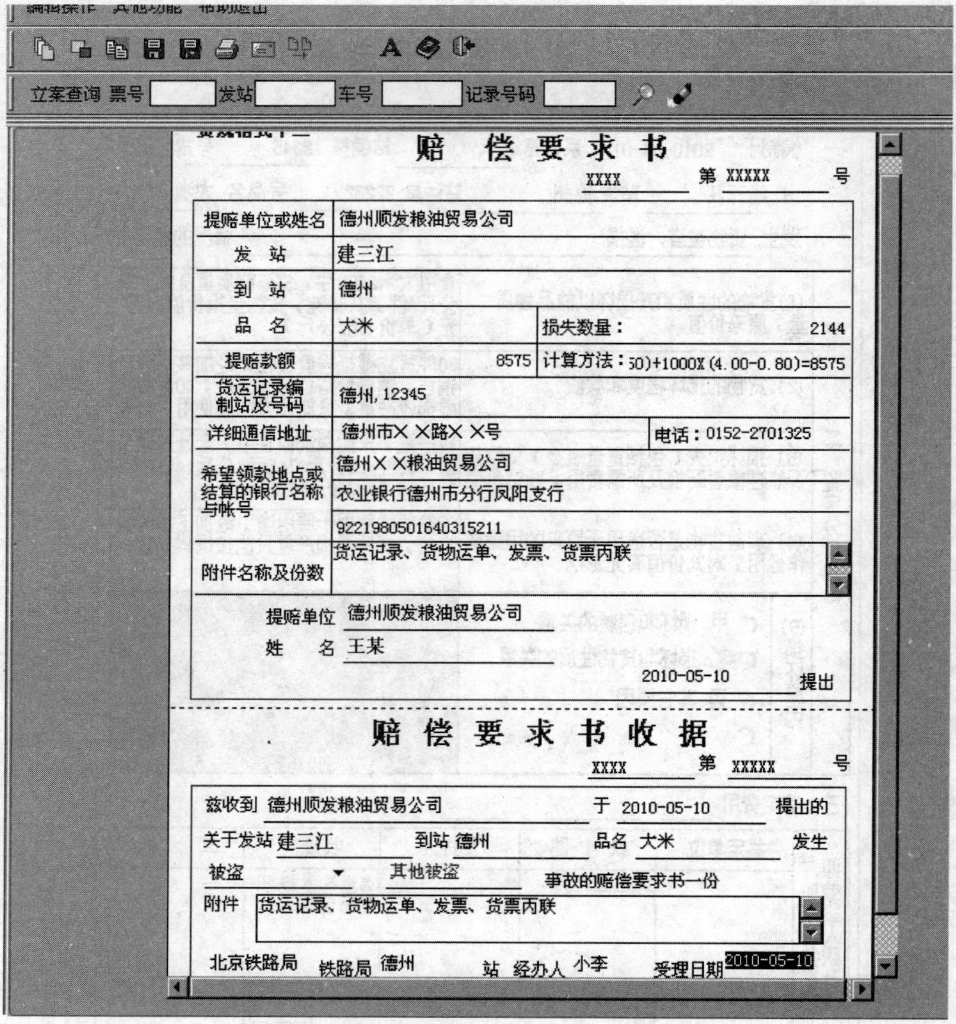

立案查询 票号 发站 车号 记录号码

赔 偿 要 求 书

XXXX 第 XXXXX 号

提赔单位或姓名	德州顺发粮油贸易公司		
发 站	建三江		
到 站	德州		
品 名	大米	损失数量：	2144
提赔款额	8575	计算方法：	50)+1000X(4.00-0.80)=8575
货运记录编制站及号码	德州，12345		
详细通信地址	德州市××路××号	电话：0152-2701325	
希望领款地点或结算的银行名称与帐号	德州××粮油贸易公司 农业银行德州市分行凤阳支行 9221980501640315211		
附件名称及份数	货运记录、货物运单、发票、货票丙联		

提赔单位 德州顺发粮油贸易公司

姓 名 王某

2010-05-10 提出

赔 偿 要 求 书 收 据

XXXX 第 XXXXX 号

兹收到 德州顺发粮油贸易公司 于 2010-05-10 提出的

关于发站 建三江 到站 德州 品名 大米 发生

被盗 其他被盗 事故的赔偿要求书一份

附件 货运记录、货物运单、发票、货票丙联

北京铁路局 铁路局 德州 站 经办人 小李 受理日期 2010-05-10

图6 赔偿要求书

(11)办理赔偿：到站收到发站回复后，填写“货运事故查复书”报德州（主管）车务段核赔，抄送：哈尔滨局货运处、建三江。

货运事故查复书详细内容：

建三江发德州大米一车，卸检车体好，卸揭篷布时见篷布顶部有破口，即会同公安检查卸车，全车卸空清点，实卸 2 365 件，较票记少 35 件，其中不同程度湿损 70 件，编制货运记录 12345 号送建三江站，现收货人要求赔偿，全卷呈报贵办核赔。

实际损失(240 000 ÷ 60 000)元/kg × 35 件 × 25 kg/件 + (240 000 ÷ 60 000 − 1.50)元/kg × 30 件 × 25 kg/件 + (240 000 ÷ 60 000 − 0.80)元/kg × 40 件 × 25 kg/件 = 8 575 元。

全批实际价值 240 000 元，保价 160 000 元（未足额），收保价费 640 元。

按保价赔偿 8 575 元 ÷ 240 000 元 × 160 000 元 = 5 717 元。

货运记录调查页现存发站。附件内容：货运记录 1 页，其他 8 页（发站查复书 2 份，××查复书 2 份，赔偿要求书 1 份，鉴定书 1 份，货票报销联 1 份，发票 1 份），事故现场照片。

货运事故赔偿登记簿

卷标 ______ 卷号 ______ ______ ______

货运记录编制站 ______ 编制日期 - - ______ 记录号 ______

票号 ______ 承运日期 - - ______ 发站 ______ 到站 ______

办理种别 ______ 货物品名 ______ 品类 ______ 车种车号 ______

实际件数/全批件数 ______/______ 投保金额 ______ 损失款额 ______

事故等级 ______ 事故名称 ______ ______ 提赔人 ______

提赔金额 ______ 受理日期 - - ______ 赔通字/号 ______/______

赔偿金额 ______ 列责单位 ______

办赔单位 ______ 办赔路局 ______ 办赔日期 - - ______

记事 ______ 事故原因 ______

结案日期 - - ______ ______ 同车赔款金额 ______

责任人 ______ 作业地点 ______ 作业时间段 ______

事故地点 ______ 调查卷标 ______ 调查卷号 ______ 编制人员 ______

图 7　货运事故赔偿登记簿

天津车务段(德州站所属车务段)审核后,将货运事故查复书主送北京铁路局,抄哈尔滨铁路局、佳木斯车务段、德州站。

货运事故查复书详细内容如下:

建三江发德州大米,敞车装运,运输途中篷布顶部被割,到站会同公安人员共同卸车清点,被盗大米 35 件(标重 25 kg),不同程度湿损 70 件(湿损大米经鉴定为 1 269 kg)。

德州站编制货运记录送查,调查卷存建三江站(发站)。

货物损失:

被盗:35 件 ×25 kg/件 =875 kg

湿损:30 件 ×25 kg/件 ×0.625 +40 件 ×25 kg/件 ×0.8≈1 269 kg

全批实际价值 24 万元,保价 16 万元(未足额已核)。

按保价比例计算应赔偿

240 000 元 ÷60 000 kg ×2 144 kg ×160 000 元 ÷240 000 元≈5 717 元。

篷布顶部被割,责任列建三江站、德州站(发到站共责),报局核赔。

北京铁路局保价办核赔后,填发“赔通”。德州车站收到“赔通”(×××第自×××号)(副本),合并于原案件中,该案件结案。铁路局财务收到“赔通”(×××第自×××号)(正本)后将赔款汇送到通知书指定的银行账户。

“赔通”格式见格式 1:

格式 1

货运事故赔款通知书　　（保价）

副本

（2010）字第××号

主送：××铁路局财务

关于2010年3月26日由建三江站承运到 德州 站

办理种别　整车　货票第　22232　号，货物品名　大米

发生　被盗　事故，要求铁路赔偿8 575元一案，经审定

同意赔偿　仟元（大写）伍仟柒佰壹拾柒元。

1. 请将上述赔款汇至农业银行德州市分行××支行

账号：××××××××××××××××××××

收款人：德州××粮油贸易公司　　　　邮政编码：××××××

2. 请持本通知书到×××财务领取

依章列建三江责赔2 858.50元；德州站分摊2 858.50元。

请向哈尔滨铁路局清算2 858.50元。

详见德州站2010－04－01编制第12345号记录。

北京铁路局

2010年5月20日

抄送：哈尔滨铁路局、北京铁路局、×××车务段、××车务段、建三江站、德州站、德州××粮油贸易公司

十二、货物丢失事故勘查

（一）作业（操作）方法、步骤

1. 发现货车（箱内）货物丢失，首先要查明车辆到达时间、列车车次、开始作业和卸车完了时间，再根据车辆情况进行重点检查。

棚车、冷藏车：车体是否完好，如有破损应确认破损位置和尺寸、新旧痕迹、门窗加固、施封状态、车内空隙能否容下所少货件。

罐车：车辆技术状态及施封情况。

集装箱：在车内装载位置及箱门朝向、施封、箱门关闭及加固情况、箱体状态，如有破损要确认破损位置、尺寸、新旧痕迹、破损处距车辆端侧板和箱与箱间的距离，确认箱内空隙能否容下短少货件。

敞车：苫盖篷布的要确认苫盖、捆绑情况，路用布要核实号码；未苫盖篷布的要检查货物装载现状，有定型装载加固方案或散堆装货物画线的，要根据定型装载加固方案或原画线测定所少货物。

发现包装破损内品短少时，要确定破件在车(箱)内装载位置，包装状态和破损位置、尺寸并记明现有货物品名、数量及现状，根据货物性质需要检斤时要记明检斤的重量。

2. 货场内发现货物丢失应查明货物卸车入库(区)时间、班组、货运员、库区货运员的交接情况、码放位置及相邻货物进出库情况等。发送货物要查明进站入库时间及货运员签收交接情况。

(二)质量标准

对勘查情况如实记载，必要时拍照存查；会同有关部门、单位，共同检查鉴定，取得相关证明或记录；收集核实相关资料。

十三、拍发事故速报

(一)作业(操作)方法、步骤

确定事故等级：货运事故分为三等。由于货物染毒或危险货物发生事故，造成人员死亡 3 人或死亡重伤合计 5 人以上的；货物损失及其他直接损失(以下同)款额 30 万元以上的为重大事故(构成情况之一，以下同)。由于货物染毒或危险货物发生事故，造成人员死亡不足 3 人或重伤 2 人以上的；损失款额 10 万元以上未满 30 万元的为大事故。未构成重大、大事故的人员重伤事故；损失款额在 2 000 元以上未满 10 万元的为一般事故。若车站难以确认货物的实际损失，应及时与托运人、收货人联系。车站发现事故的当时难以确认是否构成大事故时，可以在速报中记明“估计损失在 10 万元以上”。根据事故的性质和对事故的现场勘查、事故货物清理情况确定损失数量、程度，按照货物价值(保价、保险金额)和托运人或收货人提供的货物价格测算货物损失款额；造成人员伤亡的根据医疗、劳动部门提供的伤亡情况确定等级，拍发货运事故速报。

拍发货运事故速报要按照《铁路货运事故处理规则》规定的格式要求，内容应简明扼要、要求明确、事故概况叙述清楚、事故种类认定准确，同时要注明“保价”或“保险”字样及保价、保险金额。货运事故速报中“对有关单位的要求”，应该是拍发电报单位对平级或对下级有关单位的要求。发站或到站接到电报后，涉及需要托运人或收货人会同处理事故的，要立即通知托运人或收货人配合处理。

在拍发货运事故速报前用电话立即逐级报告，火灾事故和罐车装运的压缩气体、液化气体泄漏以及一级毒害品、放射性物品被盗丢失时，货运事故速报抄送公安部门。

(二)质量要求

1. 确定事故等级：根据事故现场勘查和货物价格测算货物损失及医疗机构提供的人员伤亡情况，核定是否构成货运大事故以上等级。

2. 拍发货运事故速报：事故分类认定准确，事故概况叙述清楚；逐项编写，简明扼要，要求明确；事故速报在 24 h 内拍发，内容符合《铁路货运事故处理规则》的格式要求；主、抄送单位齐全、正确。

【案例 2】 被盗大事故货运速报

佳木斯 2010 年 6 月 25 日承运到自贡站锌锭一车 2 400 件，票号：53018，车号：P_{70} 3803051、保价 240 万元。2010 年 6 月 30 日到达自贡站货检发现该车一侧为佳木斯 31588 号封，另一侧安康东补封，封号 11328 号(有安康东 135 号电报证明以襄樊北站责任补封)。会同公安人员共同卸车清点,全车实卸2 279件,较票据记载件数2 400件缺少121件。

主送:襄樊北站

抄送:铁道部运输局,武汉、成都局货运处,佳木斯站

货运事故速报

(1)大事故、被盗;

(2)2010年6月30日、自贡站;

(3)佳木斯、自贡、锌锭、2010年6月25日;

(4)P_{70} 3803051、53018、整车、保价240万元;

(5)佳木斯发自贡整车锌锭2 400件,保价240万元,2010年6月30日到处自贡站货检一侧安康东以襄樊北责任补封一枚11328号(有安康东135号站车交接电报证明),会同公安人员共同卸车清点实卸2 279件,被盗锌锭121件,损失全额121 000元;

(6)请佳木斯站查承装实际件数,请襄樊北站查站车交接情况并答复处理意见。

××站

×年×月×日

十四、事故分析与事故统计

(一)作业(操作)方法、步骤

1. 事故分析

一般事故由责任站负责召开事故分析会;大事故、重大事故由责任铁路局负责召开。事故分析会应由主管领导主持,并应在事故责任明确之日起30日内组织召开。

事故分析应切实做到"四不放过":事故原因不查清不放过、事故责任者得不到处理不放过、整改措施不落实不放过、教训不吸取不放过。

2. 事故统计

车站于每月26日,铁路局于每月30日将本月(上月26日至本月25日)事故和赔款统计先用电话或传真逐级上报,同时以"货运事故统计报告"(参见《铁路货运事故处理规则》相关内容)逐级上报。对其中的重大、大事故铁路局按《铁路货运事故处理规则》相关要求逐项填写后,随货运事故统计报告同时报部。

(1)货运事故统计报告的填制

统计口径:

①车站、铁路局对责任事故(无论是否发生赔偿)及责任赔款(不论是否构成事故),均须逐件统计。统计时间以结案日期的当月为准,结案日期是指自站定责的为填发事故报告之日;他站定责的为接到书面通知之日;经上级仲裁的为接到批复之日。

②事故统计以一批作为一件。但由于自然灾害、火灾、行车原因,在同一车站(区间)、同一列车内、同一时间发生的多批事故应按一件统计,其事故等级按损失款额总和确定。一件事故由几个责任单位共同承担时,事故件数由主要责任单位统计;无主要责任单位的,除另有规

定者外,按造成事故的车站顺序,由第一个责任单位统计。

③由于货运责任造成的行车事故或非货运责任的险性以下行车事故而造成10万元以上的货物损失时,应统计货运事故件数。非货运责任行车重大、大事故造成货物损失的,不再统计货运事故件数。

④对不属于“责任部门”栏中的货运、装卸、运转、机务、车辆部门,又查不清铁路内部具体责任部门,统计在“责任部门”中“其他”中的“路内”栏。

⑤因托运人、收货人或押运人过错使铁路运输工具、设备或第三者的货物造成损失时,分别由发站、到站统计事故件数,责任部门列“其他路外”。

统计分工:

①站(段)统计自站(段)责任的事故。

②铁路局统计列铁路局其他责任的事故,并根据“赔通”检查督促管内各站(段)及时统计上报。

《铁路货运事故处理规则》中“货运事故统计报告”各栏的填制办法:

①保价事故“件数”栏

件数包含本月发生货物损失及其他直接损失款额2 000元以上的事故件数;虽未产生赔偿,但发生了《铁路货运事故处理规则》第五条第7类事故的件数。将上述事故件数按照货物运输种别、事故种类、事故等级、责任部门分别填记在相应栏内。为区分过失责任与非过失责任事故,在相应栏内画一斜线,分子表示过失责任事故件数,分母表示过失责任和非过失责任事故件数之和,无过失责任时斜线可以省略。

②保价事故“责任赔偿”栏

“件数”包括2 000元以上责任赔偿件数;不足2 000元的责任赔偿件数;分摊责任赔偿件数。此赔偿件数不分过失、非过失责任,只统计赔偿总件数。赔偿总件数与事故总件数不一定相等。“过失责任赔偿”是指承运人因过失责任而造成的事故赔偿款额。“款额”是过失责任赔偿和非过失责任赔偿及分摊责任赔偿款额的总计。表内保价事故的3处“责任赔偿”中的件数和款额应相同。“事故等级”、“责任部门”对应的责任赔偿之和也应与“责任赔偿”栏的合计件数、款额相同。

③保价事故“事故等级”栏

一件事故由几个责任单位分摊赔偿时,统计事故的责任单位应以事故损失款额总和确定事故等级、统计事故件数,不得以分摊后的赔偿款额降低事故等级统计事故件数。分摊赔偿各单位均应在“责任赔偿”栏内统计分摊赔偿的件数及款额。

④保价事故“赔偿总计”和“责任赔偿”栏

“赔偿总计”是指本单位审核办理的赔偿总件数及赔偿款额,包括“自局责任”和“他局责任”两部分。

“自局责任”:站(段)统计时,以甲站(段)为例,包括甲站(段)以自己责任办理的赔偿;本局他站(段)以甲站(段)责任办理的赔偿;本铁路局以甲站(段)责任办理的赔偿。铁路局统计时,本栏为列本铁路局其他责任事故的赔偿及管内各站(段)统计上报的赔偿数额之和。此栏数据与“责任赔偿”栏中“自局赔偿”的数据应相等。

“他局责任”:指以自局以外各局(站)责任办理的赔偿。

"责任赔偿":指本单位责任的赔偿总件数及赔偿款额,包括"自局赔偿"和"他局代赔"两部分。

"赔偿总计"栏中的"自局责任"应与"责任赔偿"栏中的"自局赔偿"数据相同。

"自局赔偿":站(段)统计时,以甲站(段)为例,包括甲站(段)以自己责任办理的赔偿;本局他站(段)以甲站(段)责任办理的赔偿;本铁路局以甲站(段)责任办理的赔偿。铁路局统计时,本栏为列本铁路局其他责任事故的赔偿及管内各站(段)统计上报的赔偿数额之和。此栏数据与"赔偿总计"栏中"自局责任"的数据应相等。

"他局代赔":是指自局以外各局、站(段),以本局(站)责任办理的赔偿。

⑤事故"补偿"栏

对不足500元的保价事故补偿的件数和款额,由处理局负责统计500元以上的补偿件数和款额,由同意补偿的铁路局负责统计。

⑥"非保价事故"栏

事故"件数"包括本月发生货物损失及其他直接损失款额2 000元以上的事故件数;虽未产生赔偿,但发生了《铁路货运事故处理规则》第五条第7类事故的件数。"责任赔偿"中的"件数"包括2 000元以上责任赔偿件数;不足2 000元的责任赔偿件数;分摊责任赔偿件数。"责任赔偿"中的"款额"即上述赔偿件数中对应的赔偿款额之和。

⑦"附记"栏

记载需要说明的其他事项。例如非保价事故中如有重大、大事故,应在此栏记明其中件数、等级。

(2)"货运事故报告表"的填写

各栏应填写齐全。"事故概况"栏应记明货物承运日期、发站、到站、件数、重量、保价或保险金额、货物实际价值、事故发生时间、地点、基本情况、货物实际损失、责任单位、事故原因等内容。

(3)"货运事故分析报告"的填写

实行零报告制度,即某一项本月无内容的,列出本项标题写"无"字样。

3. 事故防范

能根据事故发生的原因采取防范措施,提出安全管理、事故防范方面的合理化建议。

(二)质量要求

按照规定的时间,召开事故分析会;查明原因,吸取教训,制定和落实防范措施;本着"四不放过"的原则,提出事故定责依据和处理意见,落实事故责任班组和责任人,并结合处理情况,进行安全教育。事故统计真实正确,由下而上,按时上报。报告填写齐全。

【案例3】 货运事故统计报告填写

丰台站以石家庄站责任办理赔偿1件2 000元,丰台站不填记"自局责任"栏,而是由石家庄站首先在"自局赔偿"栏填记办理赔偿"1件2 000元",再在"自局责任"栏填记"1件2 000元"。如果丰台站以自站责任办理赔偿,则应在"自局责任"栏和"自局赔偿"同时填记,如果丰台站以郑州东站责任办理赔偿,则丰台站统计在"他局责任"栏内,郑州东统计在"他局代赔"栏内。

高级工

一、火灾事故的勘查

(一)作业(操作)方法、步骤

发现运行中的列车火灾,首先要通知行车调度人员,由调度人员采取就近车站停车、隔离火灾车辆并送到有施救条件的地点等措施,同时通知车站并报警,以便做好施救前的准备。特别是棚车、集装箱火灾事故要在充分准备好施救的情况下才能打开车门、箱门,以免空气进入造成更大的火势,给施救工作增加难度。二是配合公安消防部门做好事故调查取证工作,查明车次、发现火灾时间、列车到达时间。

货运安全员应检查车辆编挂位置和隔离情况,以及上一责任货检站检查情况;检查货物在车(箱)内装载情况、起火部位、四周货物烧损情况、车辆(箱体)状态及车底板、闸瓦、防火板等是否良好和门窗关闭状态、施封加固、烟囱关闭加固情况,并将封印妥善保管;了解牵引机车类型、电力机车接触弓架状态,接触网导线最大弛度距钢轨顶面的高度和距货物装载(苫盖物)高度等;检查敞车的篷布苫盖、绳索捆绑状态、货物包装加固、包装衬垫等情况。

发现货场火灾时,一是要查明起火部位、仓库电线、灯具等情况;二是了解事故货物所在位置,周边货物现状,卸入库(区)时间和交接检查情况;三是了解货场内治安状况及装卸机械防火等情况。

防火板:按照铁道部(78)铁辆字 988 号和铁辆字 310 号文件规定:“凡使用 GR 型和 22K2 型制动阀的 60 t 以上木底板的货车,都需要安装防火板。防火板的规格是宽 400 mm、长 850 mm、厚 2 mm 的钢板。防火板距车底板应该保持 35 mm 的空隙。”

车辆隔离:即《铁路危险货物运输管理规则》附件 6“铁路车辆编组隔离表”所规定的隔离限制。

易燃货物运输:严格按照《铁路危险货物运输管理规则》附件 9“易燃货物品名表”的规定办理。

接触网导线:按照《铁路技术管理规程》规定,接触网一般采用链形悬挂方式,其最小张力见表 1,接触线一般采用铜或铜合金线。

表 1　接触网最小张力

列车运行速度(km/h)	综合张力(kN)	接触网张力(kN)
$v \leq 120$	25	10
$120 < v \leq 160$	28	13
$160 < v \leq 200$	30	15

接触网最大弛度距钢轨顶面的高度不超过 6 500 mm；在区间和中间站，不小于 5 700 mm（旧线改造不小于 5 330 mm）；在编组站、区段站和个别较大的中间站站场，不小于 6 200 mm。

接触网带电部分至固定接地物的距离，不小于 300 mm，距机车车辆或装载货物的距离，不小于 350 mm；跨越电气化铁路的各种建筑物与带电部分最小距离不小于 500 mm。当海拔超过 1 000 m 时，上述数值应按规定相应增加。

（二）质量要求

安全员应配合公安人员勘查事故现场；对勘查情况如实记载和拍照；及时联系公安消防部门取得火灾原因认定书；了解掌握火灾发现（发生）和扑灭的时间。

【案例 4】 列车火灾勘查

基础资料：2007 年 2 月 17 日 14:41 分，11635 次货物列车在绥中站通过时，车站助理值班员在列车进站时发现机后 49 位货车冒烟，立即呼喊司机停车，值班员同时用无线电台呼叫司机停车，列车于 14:43 分停于 K358 +500（六股河桥）处，车站立即组织列车退回站内 3 道，并当即组织 30 余人用 20 支灭火器进行扑救，于 15:10 分将火扑灭。

火灾重点勘查内容：列车车次、列车编组顺序表，列车到达（停车）时间、地点，发现火灾时间及扑灭时间、货车种类及编挂位置、车辆技术状态，起火部位、可能造成起火的各种迹象，被烧货物损失程度、站车交接情况，货物运单、货票记载内容、押运人情况等。

勘查结果：

（1）运单货票记载信息。发站：成都东；到站：大石桥；车号：N5283353（与运单记载相符）；票号：085170；承运日期：2007 年 2 月 10 日；货物品名：装载机，内装 2 台，声明价格 20 万元（保险运输）；托运人：四川汉都物流有限责任公司；收货人：大连汇林汽车销售有限公司。

（2）押运人 1 名，姓名：许某、男、20 岁（与运单记载押运人姓名、身份证号码及押运证记载相符）。

（3）列车车次：116535 次；货车编挂位置：机后 49 位（与列车编组顺序相符）。

（4）列车于 14:41 分在车站通过时被发现冒烟起火，14:43 分被紧急叫停。

（5）火灾扑灭时间为 15:10 分。

（6）起火部位位于车辆运行中前部，装载机两个轮胎前部烧焦，该处列车地板烧损，距离燃烧点发现烟头两枚，押运间有烟灰，检查押运人员随身携带有香烟半盒，打火机一只。

经公安部门勘查认定，以及押运人员供认，火灾原因系押运人员吸烟引起。

二、变质事故的勘查

（一）作业（操作）方法、步骤

发现变质事故后，首先要查明运输条件、到达时间、承运时间、卸车时间和货物运单、货票、封套、列车编组顺序表记载的有关事项是否符合规定，再按照运输条件及运输方式和使用的车辆情况重点检查以下事项。

1. 机械冷藏车：检测车内外温度；检查车门胶条密封现状、车门加固、施封情况；检查货物温度、货物在车内装载方式、高度，变质货件装载位置、货物包装方式、质量及内部衬垫情况；确认运单、货票、封套、列车编组顺序表上标记有无容许运到期限、易腐货物及Ⓚ标记等；了解乘务人员在发站承运装车过程、时间、装车距离、货物装车前的检查情况和当时车内温度、车外温度及沿途运输等情况；核实车辆控温及"机械冷藏车装车通知单"和"机械冷藏车作业单"、乘务报表等填记情况；检查车内冷风及循环挡板等通风循环设备，以及测温头、恒温控制感温头、排水孔等设备状况及使用情况。

2. 使用棚车、敞车装运的易腐货物发生变质，首先要确定是否符合棚、敞车装运易腐货物的条件和是否按规定采取防寒、保温、隔热的措施；二是了解货物性质、装车、挂运、到达及卸车时间；三是检查货物装载方法、包装及内部衬垫和加固、苫盖、隔离等情况。

3. 活动物死亡：要立即通知防疫部门确认死亡原因，并索取检验证明。了解在发站是否给每位押运人发有"押运人须知"。检查装车挂运情况，并确定在发站托运人托运活动物时，是否按照国家有关规定提出检疫证明。检疫证明应随票传递，并在货物运单上记载有检疫证明名称和号码，确认使用车辆，押运人数量是否符合规定等。了解押运人沿途上水及护理情况，装运的活鱼、鱼苗使用的容器、加氧等是否符合规定。确认车辆是否插有"禁止溜放"和"限速连挂"表示牌、货物运单、票据封套上是否按规定标明隔离标记。涉及车辆隔离问题时，要保留原车并查明来源，核实沿途运输车辆隔离情况及发站是否按照规定在货物运单、货票、封套、装载清单内注明有"活动物"字样。托运人办理蜜蜂托运时，应提出有效的蜜蜂防疫证明和押运人员的养蜂工作证（或身份证），并按车填写物品清单一式 3 份（1 份发站留存、1 份随票到站、1 份交托运人），以表明蜜蜂的空箱及有蜂箱数、押运人所带生活用品、饲养工作及蜜蜂饲料等情况。而且，所带的饲料数量要满足大于货物运到期限 4 日的喂养需要。为放蜂所带的狗必须装入铁笼内，并提交检疫证明。了解装蜜蜂的车辆与整车的敌敌畏、1605、1059 等农药车在本列全程内未发生列车折角转向运输时，是否隔离在 4 辆以上；蜜蜂车与石灰车的隔离是否在 2 辆以上。

4. 植物枯死：一是要确认托运人是否按鲜活易腐货物运输条件办理。托运人托运《铁路鲜活货物运输规则》附件 1 表中未列明的易腐货物时，要确定托运人是否与发站商定运输条件并获得铁路局的批准命令。二是要按照运输条件核实货物运单、货票、封套及列车编组顺序表所记载的有关事项是否符合规定。了解发站承运时货物质量、装载方法、包装及装车挂运、到达时间。如需动植物检疫部门确定死亡的，要通知动物检疫部门鉴定，索取检疫证明。

（二）质量要求

如实记载勘查情况，损失较大或难以判明责任时应对现场进行拍照；核实机械冷藏车作业单和机械冷藏车承运报单；核实货物容许运到期限、计算运到期限及实际运到日数；复查单件货物重量；涉及防疫、检疫部门检查的，做出检查记录；派有押运人的，了解沿途运输情况；及时联系动植物检验部门协助检验死亡原因；核实运输票据中附有检疫证明。

【案例 5】 变质事故的勘查

基本资料：11 月 7 日，精河站发郭塘站（运到期限 21 天）整车"未冷却葡萄"，使用机械冷藏车车号 B7100875，货票号码 47326，足额保价 20 万元。货物采用塑料箱作外包装；紧密装载（见图 8）；无运输协议。货物实际总价值 32 万元，运输途中控温符合《铁路鲜活货物运输规则》规定。卸车时发现葡萄大部分腐烂变质，实际损失为 12 万元，构成货运大事故。

图8　车内装载情况

勘查重点：

(1)运单货票记载：货物品名为"未冷却葡萄"；品名顺号：11.4；货物热状态：未冷却；承运日期11月7日，容许运到期限25天。货物运单、货票右上角均有红色"易腐货物"、"⚠"标志；承运温度为0 ℃～-3 ℃；运输温度：1 ℃～-4 ℃。

(2)机械冷藏车作业单记载内容：

始发站作业记录记载货物承运质量：果蒂新鲜，质量良好；包装种类：塑料箱；装车时间：11月7日8时30分开始到11月7日11时00分止；装车时车内温度：3 ℃。

(3)货物包装：泡沫箱、塑料箱作外包装，塑料薄膜袋作内包装，未留通风气孔；装载方法紧密，未留通风空隙。

(4)机械冷藏车温度记录：车内温度均在《铁路鲜活货物运输规则》规定范围内。

(5)机械冷藏车技术状态：车门胶条密封、车门加固牢固、施封良好有效；车内冷风及循环挡板等通风循环设备良好；测温头、恒温控制感温头、排水孔等设备状况及使用情况良好。

勘查结果：

(1)包装质量不符合《铁路鲜活货物运输规则》要求，因包装变形倒致部分货物垮塌。

(2)货物采用紧密装载法，未留有空隙，影响制冷效果，与《铁路鲜活货物运输规则》规定装载方法不符，两种原因导致货物变质。

三、污染事故的勘查

(一)作业(操作)方法、步骤

发现货物污损要查明事故货件在货车(箱)内装载位置、包装状况，周围货件装载情况及有无撒漏情况；查明被污损货物和污染源货物的性质、名称和污损数量、程度，检查车辆内外是否贴有"洗刷除污标签"及车辆清扫、衬垫情况；涉及车辆原因时要查明车辆来源以及车辆曾装过何种货物。

货物在仓库(区)发生污损，要查明事故货物卸车时间、库区货运员交接情况、周围货物性质、有无撒漏现场和原货区堆放过何种货物等。

粮食、食品污染或人员中毒,应立即将中毒人员送医院抢救,同时通知卫生防疫部门卸车检查并按其指导意见处理。保留原车并查明车辆来源和原装物品。车辆如果装有毒性物质,首先要查明配装、隔离是否符合规定,确定危险货物包装是否符合规定以及物品撒漏的情况。

活动物中毒死亡,要立即通知卫生防疫部门会同卸车检查、化验处理,查明车辆来源和原装何种货物及车辆沿途挂运、隔离情况。

(二)质量要求

如实记载勘查情况,损失较大或难以判明责任时应拍照;及时联系卫生防疫部门,进行检查鉴定,并索取检查记录;完好货件和被污染货件分批堆码;污染源和被污染货件分别编制货运记录。

【案例6】 污染事故的勘查

基本资料:2010 年 7 月 20 日西安西站发邵阳北站大米一车,车号:P3024455,该车于 7 月 28 日到达邵阳北站,当日送货场卸车。卸车中 3 名装卸人员发生不同程度呕吐、头痛、胸闷等症状,随即将装卸人员送往医院抢救,治疗费用共 13 000 元。查该车车底板有煤沫状物体,混有少量灰色颗粒物并有异味。

勘查重点:

(1)仔细勘查车内残留物质:煤沫状物体,混有少量灰色颗粒物并有异味。

(2)检查车体内外有无扣修色票和洗刷标签,车内四壁有无其他异常物质,保留原车,保留事故现状,通知防疫部门取样检验。

(3)勘查装载货物包装为塑料袋,车内货物装载整齐,包装完整,直接接触污染物货物为大米,属于饮食品,被污染货物 120 件。

(4)7 月 20 日 9:00 开始开门卸车,开门作业时车内无异味,装卸工人于 10:05 分出现呕吐、头痛、胸闷等症状并立即送往医院。

(5)立即查明原车原装货物来源。经查该车 7 月 2 日由马场坪站发西安西站硫化钡(一级碱性腐蚀品、铁危号 82013,其特性能溶于水,水解生成有毒气体,有腐蚀性及毒性)。马场坪站违反规定将其按普通货物办理,西安西站卸车时该货物有撒漏,车辆清扫后转装大米,造成货物污染和人员中毒事故发生。

四、国际联运货运事故商务记录

(一)作业(操作)方法、步骤

1. 根据国际货协及国际货协办事细则规定的情况,发生下列情况时应编制商务记录:

(1)货物全部或部分灭失、重量不足、毁损、腐坏或因其他原因降低质量。

(2)运单中所记载的货物名称、重量、件数、货件的记号(标记)和号码。收货人和到站名称与实际货物不符。

(3)有货无票或运单缺页或有票无货。

(4)运单中记载的发货人的运送用具丢失或短少。

2. 商务记录一式四份,由发站和中途站编制的,其中两份附在运单上,其中一份留存到站,另一份交收货人;由到站编制的,其中两份自站存查,一份交收货人,一份送责任单位调查。

3. 遇附有中途站编制的商务记录,情况相符时,不再编制新的商务记录,在商务记录第68项中记载“货物现状同本商务记录”。

4. 商务记录用编制记录的国家的文字填写,交付路出口国境站负责翻译。

5. 编制商务记录应加盖车站日期戳记,并由站长、货场主任、车站交接员、收货人签字。

(二)质量要求

记录编制符合“国际客协/国际货协商务记录填写说明”要求;商务记录编制字迹清晰,用词准确、简洁、明了,内容完整,项目各栏填写齐全;商务记录格式纸中所记载的全部负责人姓名填写齐全,加盖车站日期戳记。

五、变质、污染货物的鉴定

(一)作业(操作)方法、步骤

1. 根据事故性质,鉴定事故发生原因、包装质量和损失程度。

2. 货物发生损坏或部分灭失,不能判明事故发生原因或损坏程度时,在交付前联系收货人或邀请有鉴定能力的第三方进行鉴定。

3. 由于货物染毒或危险货物发生事故造成人员伤亡时,应通知劳动保护等有关部门。

(二)质量要求

每份货运记录分别编制鉴定书;事故处理站积极组织事故鉴定,在规定时间内将事故货物鉴定书送达有关单位;加盖参加鉴定单位的公章,参加人员应签字或盖章,无漏盖或漏签。

六、无法交付货物的处理

(一)作业(操作)方法、步骤

1. 编制记录

发现符合条件的无法交付货物和无标记货物时,货运员应在发现或发生的当日进行登记,按批编制不带号码的货运记录,报告货运安全室。无法交付货物记录编制应重点记载货物到达、卸车时间和催领方式、时间及次数。无标记货物记录编制应重点记载发现的货物情况、物品件数、品名、包装及特征、内品数量、规格、尺寸、颜色、生产厂家及每件重量等。安全室根据编制的不带号码的货运记录,审核无误后按批编制货运记录。

如公安等部门直接将无标记货物移交货运安全室的,可由货运安全室直接编制货运记录,但记录内必须有移交部门(人员)的盖章或签字。

发现无票重车(重当空排),发现站应将重车扣下妥善保管,并于发现当日编制记录,并向上一列车编组站拍发电报顺查,尽快确定误排站和正当到站,向正当到站回送。

2. 保管

移至两无货物专用仓库保管;根据编制的货运记录,及时登记相关簿册;管理台账的安全员与保管货物的货运员进行账物核对;对军运物资、历史文物、珍贵图书、重要资料和违禁物品等在移交前应妥善保管。

3. 查询处理

对无法交付货物，到站应按规定积极联系发站及托运人、收货人，征求处理意见。发站应积极配合各项工作。

发现无标记货物时，应立即查对车站现存货物及当日的装车、卸车的货物有无漏装、误装、误卸、误交付等情况；及时寻找线索以便物归原主。各主要货运站、两无货物集中保管处理站间，可通过定期或不定期交换无标记货物的资料和信息，以便物归原主。

车站对外站的少件记录查询应立即认真查对并答复，积极给外站查货人员提供工作方便。

对无标记货物，凡能判明到站的，立即向到站回送；只能判明装车站的，立即向装车站回送。

到站收到他站回送的无标记货物后，认真确认正当收货人，核对原批货物交付情况，如原批交付正确，应向收货人查询原批货物中是否混入他批货物，没有混入的，则按规定上报处理；如原批货物有短少记录，且与回送的无标记货物相符时，则向收货人交付，收回记录并入案卷。

装车站收到回送的无标记货物后，应核对现货和车站编制的记录，看是否编有该货物的记录。如编有丢失记录，并与现货相符，立即向正当到站回送。如查无来源、去向的，应按规定上报处理。

对鲜货、易腐、易燃、易爆、放射性、剧毒品等不宜长期保管的货物，如车站发现有变质、燃烧、爆炸和泄漏等危险时，可先以电话请示铁路局同意后处理，然后补报报批手续。

对军运物资、历史文物、珍贵图书、重要资料和违禁物品等货物，应分别向省（军）级的军事、公安、文化等主管部门无价移交，作好移交记录，不允许交给其他部门或自行处理。

4. 报批变卖

两无货物的上报处理，须经车站两无货物处理小组审核后，提出书面处理意见，附上开列的货物清单，加盖车站公章后上报。无法交付货物按规定上报当地有关部门审批，当地有关部门不办理审批的，上报主管铁路局审批；无标记事故货物按规定上报主管铁路局审批。主管铁路局必须以书面形式批复，批复要明确具体的处理方案和意见。车站按当地有关部门和主管铁路局批复的意见，由两无货物处理领导小组成员会同有关人员进行处理。

车站接到书面批复意见后，按规定将货物移交处理单位处理或变卖。两无货物的变卖，可按国务院办公厅《关于公物处理实行公开拍卖的通知》（国办发[1992]48 号）的规定公开拍卖，也可采取变卖的方式。

两无货物处理后，车站应填写“无标记（无法交付）货物处理书”一式两份，1 份报铁路局备案，1 份留站存查。

车站对两无货物处理所得款，按规定扣除有关搬运、储存、清扫以及劳务、奖励等费用后上缴铁路局，铁路局按规定对上缴额进行处理，无法交付货物处理款上缴国库，无标记事故货物处理款额用于冲减货运事故赔偿。

无法交付货物处理完毕后，货主要求归还货物或价款的，一律不予受理。

（二）质量要求

1. 编制记录

记录编制应用词准确、简洁、内容完整，项目各栏填写齐全。

2. 收集保管

建立专用仓库，不允许以车、以箱代库；对每批货物进行编号并挂事故货签，分批堆码；台账与实物分别由专人管理，账实相符；

3. 查询处理

及时送查；发站接到查询文电或记录，应在3日内主动联系托运人，提出处理意见；努力寻找线索，尽力物归原主。

4. 报批变卖

对报批手续认真审查；报批手续、程序符合规定；变卖处理应有书面批复文件，并做到以质论价，价格合理。

七、火灾、变质、污染货运事故定责

(一)作业(操作)方法、步骤

在查明情况和原因的基础上，首先应按照国家有关法规和《铁路货物运输规程》以及引申规则、办法的规定划清承运人和托运人、收货人之间的责任。

1. 划分承运人内部责任

铁路内部各单位之间货运事故责任划分，应以《铁路货运事故处理规则》第二十八条规定的原则和《铁路货运事故处理规则》附件二的各项规定确定，并根据不同情况，参照有关规章妥善处理。一般事故由到站定责；大事故、重大事故由到达铁路局定责。

2. 火灾事故定责

(1)因未按规定安装防火板或安装不符合规定，闸瓦火花烧坏车底板而造成的，由最近定检施修该车的车辆段(厂)负责。因机车火星网不符合规定造成的，由该机车所属段负责。列车未按规定隔离造成的，由列车编组站负责；但途中摘挂后隔离不符造成的，由途中摘挂站或值乘车长所属段负责。

(2)必须使用棚车而以敞车装运，由发站负责(防火板原因造成火灾的除外)；应使用棚车而以敞车装运，查不清起火原因时，由发站(有铁路局代用命令的由发送铁路局)和发生站共同负责，事故列发生站(区间发生的列发生铁路局)。

非易燃货物以易燃材料包装、衬垫，敞车装运未苫盖篷布，或以其他物品苫盖造成的，除另有规定外，由装车站负责。

(3)棚车车体完整、门窗关闭、施封良好，查不清原因时，由前一装卸站负责；货车发生补封查不清原因时，由补封单位负责，如属委托补封的或上一检查站责任补封的，由委托单位或上一检查站负责；装车站未施封，查不清原因时，由装车站和发生站(区间发生的为发生铁路局)共同负责，事故列发生站(铁路局)。

(4)有公安机关证明系扒车人员引起的火灾，由该扒乘人员最初扒乘该次列车的扒乘站(铁路局)负责。既有扒乘原因又有使用车辆不当情况时，扒乘站负主要责任，使用车辆不当负次要责任。

(5)遇局间分界站接入列车时发现火灾，在进站30 min之内用调度电话通知交出局调度所，并取得到达车长或该列车机车乘务组证明，由接入局负责调查处理，但查不清原因的，由交出局负责。

(6)铁路局间公安部门对起火原因意见不一致时,货物损失未满10万元事故,由处理局定责;货物损失在10万元以上的事故,由发生局报部裁定。

(7)除上述各款外,如属铁路责任,但又查不明铁路内各部门间原因时,由发生局负责。

3. 变质事故定责

(1)货物质量、包装、装载方法不符合要求时,如属铁路责任由发站负责。

(2)发站违反车辆使用限制,以及货物装载不当等原因,如属铁路责任时,由发站负责。货物运到逾期,由积压站(铁路局)负责;连续积压,共同负责,按积压天数比例分摊损失。同时存在上述多种原因,除分别承担经济损失外,事故列主要责任站。

(3)机械冷藏车违反易腐货物控温规定,造成货物变质,由该机械冷藏车所属段负责。

4. 污染事故定责

(1)使用清扫不干净的货车造成货物污染时,如属铁路责任的,由装车站负责。

(2)应洗刷除污的车辆卸后未回送洗刷除污时,由卸车站负责;回送洗刷除污的车辆被排走而漏洗刷除污时,由误排站负责;洗刷除污不彻底,由洗刷除污站负责。

(3)未倒净的空容器内品洒漏,造成他批货物污染或其他事故,如属铁路责任的,由发站负责。

(4)混装货物被同车他批货物污染,如属铁路责任的,由装车站负责。

(5)对污染源和被污染货件处理不当,造成扩大损失时,由处理站负扩大损失责任。

(6)货物染毒涉及车辆原装货物时,而未保留原车和货物,经鉴定能查明原因的,由责任站负责;查不清原因的,由未保留站负责。

(7)违反配装限制,违反列车编组隔离限制以及违反使用车规定造成的,均由违反站负责。

(二)质量标准

在查明事故情况和原因基础上,正确划分承运人与托运人、收货人之间的责任;定责公正、准确、合理;遵守定责程序,尊重定责意见。

【案例7】 火灾事故定责

基本资料:2007年2月17日14:41,11635次货物列车在绥中站通过时,车站助理值班员在列车进站时发现机后49位货车冒烟,立即呼喊司机停车,值班员同时用无线电台呼叫司机停车,列车于14:43停于K358+500(六股河桥)处,车站立即组织列车退回站内3道,并当即组织30余人并用20支灭火器进行扑救,于15:10将火扑灭。起火首先是从该车车地板开始,而后将装载机轮胎引燃,两轮胎前部烧焦,车地板烧损面积约3 000 mm×950 mm。公安人员在该车押运人许某身上发现打火机,押运间内有烟灰。经公安部门审讯押运人供认,火灾原因系吸烟引起。起火原因调查清楚后由公安部门出具火灾原因认定书。

火灾事故定责:

由公安部门出具"火灾原因认定书",指出该起火灾事故原因系押运人员吸烟引起。根据《铁路货物运输规程》第五十九条之规定:押运人未采取保护货物安全的措施,造成货物损坏的,承运人不承担赔偿责任,由托运人承担损失。

【案例8】 变质货物定责

基本资料:2008 年 6 月 1 日,北方局 A 站承运到南方局 B 站 20 英尺集装箱一组。品名为大米;箱号为 TBJU5183467、TBJU5113203;票号为 02113。票据记载 840 件,货重 42 t,保价 10 万元,运到期限为 18 天。2008 年 6 月 21 日装车,途中在 C 站积压 11 天,于 2008 年 7 月 20 日到达 B 站,站车交接检查未发现异常,箱体及封印完好。交付时发现 324 件大米发生霉变,货物损失 3.85 万元。货主出示大米加工出厂价格质量检验合格证或委托质检部门检验大米本身的含水量均符合国家标准。

变质事故定责:

(1)大米霉变与水有关,箱体及封印完好,可排除雨水进入箱内致使大米受湿霉变;货主出示大米加工出厂价格质量检验合格证或委托质检部门检验大米本身的含水量符合国家标准,可排除货物本身质量引起的霉变;综上情况,可排除托运人责任造成的大米霉变。

(2)大米在集装箱内存放的环境条件显然要比粮食仓库内差得多,特别是 6、7 月份,南、北方的气候相差较大,且南方正好是雨水较多的季节,空气中水分含量较大,集装箱存放在露天,日晒雨淋,发站积压 20 天、中途站积压 11 天,难免大米受潮霉变;综上情况,承运人无法证明逾期运到与大米霉变没有关系。依据《铁路法》第 17、18 条规定,该批货物铁路运输期间超过运到期限,发生霉变,不属于免责范畴,应由承运人承担赔偿责任。

(3)该批货物运到期限为 18 天,在 A 站从承运到装车积压 20 天,在途中积压 11 天。根据《铁路货运事故处理规则》附件二第五项第二款规定,"货物运到逾期,由积压站负责;连续积压共同负责,按积压天数比例分摊损失。"A 站承担 65%(20 天 ÷ 31 天)责任;C 站应承担 35%(11 天 ÷ 31 天)责任。根据《铁路货运事故处理规则》附件二第五项第二款规定,除分别承担经济损失外,事故列主要责任站 A 站。

技 师

一、危险货物事故调查处理

(一)作业(操作)方法、步骤

1. 抢救处理

一是根据货物特性对施救人员采取必要的防护,保证施救人员的人身安全;二是积极抢救货物;三是避免造成其他货物损失;四是根据事故性质在相关部门(卫生防疫、公安消防、海关等)的专业指导下,组织人员疏散,保护好现场和必要的物证(封印、票据等);五是涉及人员伤亡时,及时通知医疗部门。

2. 事故报告

对罐车装运的压缩气体、液化气体泄漏根据《危险货物施救网络图》及时通知就近的专业部门会同押运人员妥善处理,并向公安部门报告,保护现场,以免产生不良后果。发现毒性物资、放射性物资及枪支弹药被盗丢失,及时向公安部门报告,保护好现场,由公安部门侦破。军事运输的危险货物发生事故,通知军代处共同研究处理。事故涉及车辆技术状态时,要通知车辆部门到现场对车辆做出检查记录。保险运输的货物在运输途中发生爆炸事故,无法继续运输时,要及时通知保险公司到现场勘查处理。重大事故、大事故、火灾事故和罐车装运的压缩气体、液化气体泄漏以及一级毒害品、放射性物品被盗丢失时,应不迟于 24 h 向有关部门拍发货运事故速报。

3. 收集资料

会同相关部门对事故现场进行勘查,收集与事故有关的资料(货车车体状态、施封情况、车门窗与盖阀关闭状态、篷布苫盖以及货物装载状态)、造成事故的各种迹象,必要时应拍照或摄像保留证据,查明事故发生的原因。

4. 记录编制

根据事故的种类,按照《铁路货运事故处理规则》附件一(货运记录和普通记录编制处理的重点要求)编制货运记录并在规定时间内送查。

5. 事故鉴定

及时清理事故货物,在规定的期限内组织鉴定,确定事故损失程度。

(二)质量标准

发现事故积极抢救,采取保护措施,减少损失,查清原因,秉公办理。

【案例 9】 冰醋酸发生泄漏事故

2006 年 8 月 2 日,镇江南发玉溪南站一车冰醋酸(二级酸性腐蚀性物质,铁危编号

81601A)，车号为 GH_{60AK} 0635254，托运人为镇江索普醋酸有限公司(该公司不具备危险货物办理条件)，收货人为玉溪市溶剂厂有限公司。7 日编挂 10593 次机后 25 位到达昆明东站时顶部发生外溢。顶部发生外溢原因为罐车罐体安全附件缺失以及罐车卸料口密封圈不良。泄漏原因分析认定为：一是气温升高，罐内压力增大；二是由于呼吸阀缺失和呼吸阀失效，产生的冰醋酸蒸气无法通过安全阀及时排放，使冰醋酸顺卸料管上升；三是由于卸料口处盲板密封垫失效，导致冰醋酸溢出罐体。昆明东站及时启动应急预案，采取了调离事故车辆、划定隔离警戒区，对卸料孔采取减压回落液面的处理，同时加补密封圈将螺栓紧固，解决了泄漏事故。

二、铁路国际联运货物事故处理与赔偿

(一)作业(操作)方法、步骤

1. 事故处理

(1)纯属我国铁路责任的国际铁路货运事故执行国内《铁路货运事故处理规则》规定进行处理。

(2)涉外责任的货运事故处理，除由国境局调查处理外，原车过轨的进口货物，涉及国外铁路责任，应将商务记录和资料报送主管局转进口国境局送国外铁路调查。国外铁路送来的事故调查卷，由受理事故调查的国境局将调查结果通知国外铁路，如涉及第三国铁路时，应通过有关国境局转送第三国责任路调查。

(3)对于中国铁路发送的货物，收货人的赔偿要求书送中铁出口国境局，而发货人的赔偿要求书送中铁发送局。对于到达中国铁路的货物，收货人的赔偿要求书送中铁到达局，发货人的赔偿要求书送中铁进口国境局。对于过境中国铁路的货物，收货人的赔偿要求书送中铁出口国境铁路，而发货人的赔偿请求书送中铁进口国境铁路。

(4)由处理路审核赔偿请求人是否有权提出赔偿、是否遵守提赔期限、是否受理赔偿、确定责任路。

2. 事故赔偿

发货人或收货人向铁路提出赔偿请求时，应同时提出下列文件：

(1)货物全部灭失时——发货人须提出运单副本(运单第 3 张)，收货人须提出运单副本(运单第 3 张)或运单正本和货物到达通知书(运单第 1 张和第 5 张)以及铁路在到站交给收货人的商务记录。此时，运单副本或运单正本和货物到达通知单中，应有根据《国际铁路货物联运协定》第 17 条第 6 项所作的以到站日期戳证明的货物未到的记载。

(2)货物部分灭失、毁损、腐坏或其他原因降低质量时——发货人或收货人须提出正本和货物到达通知书(运单第 1 张和第 5 张)以及铁路在到站交给收货人的商务记录。

(3)货物运到逾期时——收货人须提出运单正本和货物到达通知单(运单第 1 张和第 5 张)，如国内段运到逾期时，还应提出运费杂费收据(可用复印件或抄件)。

我国就出口货物，铁路多收运送费用时，由发货人或收货人提出正式函件载明运单号码、发到站、货物名称、件数、质量、承运日期、已付款额和要求退还款额等。此时，发货人可不提运单副本(运单第 3 张)。但收货人仍须提出运单正本、货物到达通知单(运单第 1 张和第 5 张)和运费杂费收据。

审查程序：

(1)国内提出的赔偿要求

到达局或发送局接到赔偿请求后，首先要根据有关规定检查请赔文件是否完全和正确，请赔日期是否过期，请赔款额是否正确。如经过调查确定责任是属于国内铁路时，即按国内有关规章自行处理；确定责任是属于国外铁路时，应将全部文件寄送国境局。如确定国内和国外铁路均有责任时，应将全部文件寄送国境局，另根据赔偿请求文件的复制件自行审查。如果是到站或发站接到赔偿请求，也应按上述要求检查请赔文件，确认符合规定后报主管局。主管局按上述办法处理。

国境局接到赔偿案件后，应与国境站交接情况进行复核，确定全部或部分责任属于国外铁路时，再将全部请赔文件转寄国外铁路审查。国外答复后通知处理局答复请赔人。

如国外铁路承认赔偿时，还须抄报部财务部门，以便与国外铁路清算。

(2)国外提出的赔偿请求

国境局接到国外铁路转来的赔偿请求后，首先也要检查请赔文件是否完全和正确，请赔日期是否过期，请赔款额是否正确，然后认真进行审查，确定责任并直接答复国外铁路。

经确定全部或部分责任是属于我国铁路时，如责任属于国境局的即自行处理，如责任属于国内其他局的，须将赔偿款额和处理意见通知责任局，并抄知责任单位。

责任局接通知后，须将同意或拒绝的理由和证明文件答复国境局。

国境局应复核责任局的答复是否正确，理由是否充足，如认为有欠缺时，还须要求责任局重新审查、补充后，答复国外铁路。

如我国铁路承认赔偿全部或部分时，在向国外铁路答复的同时，还须抄知部财务部门和责任局、责任站。

由于《国际铁路货物联运协定》没有办理投保货物运输险的规定，因此国境铁路局在受理国外提出的赔偿请求时，对于责任属于我国铁路的，不适用到站当地处理的原则，直接按国内《铁路货运事故处理规则》在路内定责转账。为取得保险赔偿，发站应负责协助责任站联系发站当地保险公司解决。国境局应向责任站提供有关赔偿请求的抄件或复印件。

处理期限：

(1)国内提出的赔偿请求

到达局或发送局向国境局寄送赔偿案件时，须从接到请赔之日起 7 天内寄出。

国境局向国外铁路寄送赔偿案件时，须从到、发路局接到之日起 20 天内寄出。

国境局接到国外铁路答复后，须从接到之日起 7 天内答复到、发路局。

(2)国外提出的赔偿请求

国境局接到国外铁路寄来的赔偿案件时，须从接到之日起 7 天内通知责任局。责任局接到国境局的通知后，须从接到之日起 20 天内答复国境局。国境局接到责任局的答复后，须从接到之日起 7 天内答复国外铁路。

赔偿有关文件的处理：

(1)全部承认赔偿的案件，其赔偿请求书上所附文件，属于国内请赔的，由到、发路局存卷；属于国外请赔的，由国境局存卷。

(2)部分承认赔偿或拒绝赔偿的案件，其赔偿请求书上所附文件，属于国内请赔的，由到、发局退给请赔人；属于国外请赔的，由国境局退还给国外铁路。

（二）质量标准

正确寄送记录、正确审核赔偿资格及材料，及时、准确办理赔偿。

三、处理与铁路交通事故有关的货运事故

（一）作业（操作）方法、步骤

事故发生后，事故现场的铁路运输企业工作人员立即报告邻近铁路车站、列车调度人员或公安机关。涉及货运事故时，货运技师在事故现场救援机构的指挥下，参与货物清理，收集资料，必要时应拍照或摄像提取证据。在公安、车辆、防疫、医疗、海关等部门的专业指导下，按其要求妥善处理。参加调查组召开的事故分析会，向调查组移交相关资料和证据，并对事故发生的原因提出独立观点和见解，为事故定责提供参考依据。编制货运记录、清理事故货件、鉴定货物损失。

1. 货运事故应急和施救措施

保护现场及相关证据，立即向上级主管部门报告。报告内容包括事故发生时间、地点、事故种类、车种车号（列车编挂位置）、承运日期、托运人、收货人、货物品名、数量以及事故发生的简要情况。

估计损失构成大事故或重大事故时，应不迟于24 h向有关单位拍发货运事故速报。

按照《××应急处理预案》（根据事故种类起用对应的预案）的要求，参予协助有关部门组织施救。

事故发生后，应认真勘查事故现场，收集资料，必要时应拍照或摄像提取证据。

2. 安全管理防范措施

不同事故等级由不同级别单位负责召开事故分析会。一般事故由责任站负责召开；大事故、重大事故由责任铁路局负责召开。根据对事故的分析，总结分析事故发生的原因，有针对性的制定安全防范措施。

（二）质量标准

发现事故积极抢救，采取保护措施，减少损失，查清原因，秉公办理。

四、编写培训讲义

（一）作业（操作）方法、步骤

1. 在培训内容上考虑其有效性

培训的主要目的是为了提高职工的标准化作业，非正常情况下应急处理、设备故障判断处理和铁路“四新”技术运用的能力。而针对中、高级货运安全员，应了解其不足和真正的需求是什么。

2. 在培训需求上考虑其针对性

由于职工的文化基础各有不同，所学的知识和掌握的技能结构差异较大。培训教材的内容深了，对于低学历、低技能的职工会产生听不懂、一知半解、云里雾里的情况，不仅没有起到

应有的作用,反而还会出现不良的效果。如果培训的内容浅了,对于高学历、高技能的职工又起不了很大的作用,浪费人力、物力和财力。此外,对于不同层面的职工由于其从事的工作内容不同,在培训教材上也不能一概而论。因此,在培训内容的编写和选择上要有针对性,在明确培训需求的情况下,采取分层施教的原则。对不同的岗位、不同的人员和不同的对象规定不同的内容,编写不同的培训教材。

3. 在培训深度上考虑其可行性

培训内容不讲究深奥,而注重的是适用,不追求虚无缥缈,而讲究实实在在。对于货运安全员来讲,他们更容易接受通俗易懂的内容,最好是能让其结合工作当中的实际情况予以理解。培训内容既要讲其所需的理论知识,又要讲其实践操作经验,要使理论与实践相结合,让参加的每一位职工都能听清楚、听明白,并确保其正确地理解培训内容所表达的意思。培训无非就是教人学以致用,让不懂的人懂,让懂的人更懂、更精,让相同的人在不同的岗位发挥不同的作用,让不同的人在相同的岗位发挥相同的作用。

4. 在培训步骤上考虑其全面性

既然要培训,首先必须明确具体的培训需求或目的,是解决职工的服务意识问题还是扩大职工的理论知识面,是提高职工的操作技能还是让其掌握相关的标准化作业。接下来才是确定培训的内容,是进行理论知识培训还是进行实作技能培训。进而根据前面确定的内容编写相应的培训教材,并明确培训所要达到的效果以及培训效果的评估方式和需要形成的培训记录等。

总之,在货运安全员培训讲义的编写过程中,培训内容包括的安全理赔、事故处理、法律法规基础知识等方面都要体现适用和可操作性。培训内容要有重点,有主有次,可注重核心知识和技能的培训,也可以系统为导向从上到下,由浅入深,理论结合实际。

(二)质量标准

内容全面,语言流畅,突出重点,理论与实际相结合。

五、货运事故的民事诉讼

(一)作业(操作)方法、步骤

1. 赔偿要求人向法院提起的诉讼,由被告单位出庭答辩。

2. 涉及被告单位以外的铁路其他单位,被告单位应通知有关单位提供答辩意见和有关证据。

3. 法院一审判决后,是否需要上诉,被告单位应与有关单位商定后决定。

(二)质量标准

1. 依据法律做好应诉准备,逐级上报有关部门。

2. 有关单位积极配合,提供相关证据。

3. 法院调解处理的案件,被告单位应征求铁路内部责任单位意见。

【案例10】 民事诉讼

1996年2月,泉峰公司委托劳动服务公司代办铁路运输计划,从西昌南站托运一批锡粉到瓦园站。同年3月4日劳动服务公司根据泉峰公司要求向西昌南车站申报了日要车计划。同年3月6日,泉峰公司将其在当地购买和自行包装(包装袋系印有"科力派饲料"和"三元复合肥"两个字样的编织袋)的锡粉用7辆汽车运往西昌南站托运,货物过磅后直接装入P435200棚车内。装车时间为当日15时至18时,泉峰公司的人员一直在现场监装。装车时西昌南站工作人员未对货物进行品质检测,装车完毕西昌南站货运员即用施封锁在两侧车门施封。货物运单记载发站为西昌南站,到站为瓦园站,托运人为劳动服务公司,收货人为泉峰公司,货物名称为锡粉,包装采用麻袋,货物价值120万元,重量60 t,运到期限10天,施封号码14865、14866两枚。货物运单背面附有西昌南站地磅磅码单,货物重量53.47 t。

货物运单托运人须知栏载明:①托运人持本货物运单向铁路托运货物,证明并确认和愿意遵守铁路运输的有关规定;②货物运单所记载的货物名称、重量与货物的实际完全相符,托运人对其真实性负责;③货物的内容、品质和价值是托运人提供的,承运人在接收和承运货物时并未全部核对。货票记载堆装,保价金额120万元。泉峰公司在办理托运时,向劳动服务公司支付劳务费1 200元,向西昌南站缴纳运杂费14 220元。

1996年3月7日17时39分,该车挂2259次列车由西昌南站开出,3月18日17时35分到达瓦园站。卸车前检查车门窗关闭良好,施封两枚有效,车辆运行前方左侧车门施封为玉屏05587,右侧为西昌南站14865。货运员与泉峰公司办理交付手续后会同泉峰公司拆封开门,泉峰公司对车内货物包装及装载状态均未提出异议。该公司经理龙某在货票丁联注明"铁路施封号码与运单号不对,货主自加锁全无"的意见,即指挥将货物直接卸在5辆汽车内,卸车时间为16时5分至18时55分,经过磅重量为52.96 t,过磅后泉峰公司的提货汽车全部驶离瓦园站。瓦园站于卸车当日编制90938号货运记录,确认货物重量较西昌南站过磅减斤不足0.51吨。而后泉峰公司到瓦园站领取货运记录时,要求将货运记录的货件名称改为废铁粉,该站以泉峰公司提取货物后方提出异议为由予以拒绝。泉峰公司于1996年4月2日向广州铁路运输中级法院提起诉讼。以其所托运的货物在运输过程中全部灭失为由,请求判令广铁长沙公司赔偿损失120万元。

经勘查,P435200棚车挂2259次列车从西昌南站开出后至镇远东站站车交接施封完好无异状,3月15日1时47分3472次列车从镇远车站出发,出发时两侧车门施封完好,运行途中于当日2时11分到达礁溪站停留9 min。当日2时54分到达羊坪站,在羊坪站停留18 min,并在羊坪站改编为1070次列车。当日3时12分1070次列车从羊坪站出发,3时29分1070次列车到达玉屏站,值乘车长(当年有运转车长)与玉屏站商检在办理交接时,于3时35分发现列车一车车门施封脱落,但门窗关闭完好无异状,值乘车长委托商检当即补封一枚,施封号码05587号,并编制637603号普通记录交给玉屏站。

据泉峰公司称,其于1996年3月19日从瓦园站提取货物后,即将货物封存在湖南省常宁县松柏镇水口山粮站42号仓库。长沙铁路衡阳运输法院于1996年4月12日在上述仓库抽样,委托核工业第六研究所检测中心检验,该货物含锡量分别为1.76%和1.74%,该两份样品广州铁路运输中级法院委托广州有色金属研究院检测,含铁量分别为55.74%和57.01%。据凉山州价格事务所西昌分所出具的"估价鉴定结论"证明,西昌当地生产的含铁量为57.01%的铁矿,1996年3月的市场价格为233元,0.51 t价值118.83元。

广州中院一审判决:广铁长沙公司赔偿泉峰公司货物实际损失265.91元,于本判决发生法律效力之日起十日内一次结付。案件受理费 16 010 元，其他诉讼费 1 000 元，泉峰公司承担 13 608 元，广铁长沙公司负担 3 402 元（泉峰公司预交的诉讼费不予退回，广铁长沙公司应负担的诉讼费现付给泉峰公司）。

泉峰公司不服原审判决，向广东省高级人民法院提起诉讼称：

(1)1996 年 3 月 19 日，我公司去瓦园站办理交付手续，即对货物装载状态的变化提出书面异议，并对该装载状态的变化可能给货物及其质量的影响提出口头疑义，鉴于当时车站没有现成的检测设备，加之车站工作人员称其不对拆封后的货物保管及货物的质量负责。我公司才在提出保留异议和疑义的情况下，采取临时性措施，将货物运到瓦园站附近一个仓库并由当地公安派出所封存，供次日检测核定。一审判定我公司在到站办理交付手续时未对货物及装载状态提出异议，并在验收无异议后即全部提取货物是错误的。并且一审判决也错误认定我公司托运的货物是铁精矿而非精锡粉。一审判决认定事实不清。

(2)一审判决遗漏或忽略了一些重要事实。在西昌南站装车时，除我公司的人员外，还有供货方和车站人员，这些都是可以证明当时所托运的货物是锡粉的重要证人。

(3)一审片面采用对广铁长沙公司有力的证据，导致错判。

(4)本案运输合同尚未履行完毕，一审判决适用法律错误。本案应适用有关货物灭失的规定，而不是货物短少的规定，因为我公司所托运的精锡粉已被调包成废铁粉。请求依法改判。

广铁长沙公司答辩称：一审判决认定事实清楚，适用法律正确，请求驳回上诉，维持原判。

广东省高院认为：本案货物运单明确载明，货物运单所记载的货物名称、重量与货物的实际完全相符，托运人对其真实性负责。货物的内容、品质和价值是托运人提供的，承运人在接收和承运货物时并未全部核对，实际履行中本案托运货物均由泉峰公司负责组织装卸，承运人除对托运货物进行重量过磅外，对货物名称、品质和价值并未进行核对、检测，货物到站后，泉峰公司在验收托运货物时，除对封印有异议外，对货物的包装、装载状态均未提出异议，并且组织卸货，将货物提取远离到站，根据《铁路货物运输规程》第 35 条、第 48 条及《铁路货物运输合同实施细则》第 12 条第 1 款的规定，应认定是承运人已将承运的货物交付给泉峰公司完毕，运输合同履行完毕。泉峰公司称托运货物运输途中被承运调包，但托运货物装车完毕后泉峰公司在场的情况下即进行施封，车辆运行途中于 3 月 15 日 1 时 47 分从镇远车站开出时两侧车门施封完好，至当日 3 时 35 分发现一侧施封脱落，期间只经历了 108 min，途中车辆只在礁溪站停留 9 min，羊坪站停留 18 min，玉屏站停留 6 min，补封后到交货未再开封，而从泉峰公司装车、卸货的过程看，各经历 3 h，泉峰公司关于货物被调包的主张缺乏事实依据。泉峰公司上诉称托运货物灭失，缺乏事实依据，货物托运时过磅为 53.47 t，到站为 52.96 t，短少 0.51 t，承运人应按货物的实际价值进行赔偿，由于泉峰公司所托运的货物经检测为铁粉，应按铁粉的价格赔偿。泉峰公司的上述理由不能成立，本院不予支持。原审判决定认定事实清楚，适用法律正确。依照《诉讼法》第 153 条第 1 款第 1 项之规定，判决如下：

驳回上诉，维持原判。

二审案件审理费 16 010 元由泉峰公司承担。

本判为终审判决。

六、危险货物匿报普通货物的处理

(一)作业(操作)方法、步骤

1. 承运人一旦检查发现有危险货物匿报普通货物的情况,在运输的任何区段都可以中止运输,要求托运人处理,并由托运人承担由此给承运人造成的损失。

2. 到站发现的危险货物匿报普通货物的情况,应妥善处理,采取安全措施卸车,责任单位(人)承担相关费用。情节严重的上报相关部门,追究其有关人员的刑事责任。

(二)质量标准

妥善处理,根据货物实际性质采取防护措施,防止造成损失,核收相关费用。构成犯罪的,由相关部门追究当事人的刑事责任。

【案例 11】 匿报货物品名

2007 年 2 月 22 日,A 站承运 2 只 20 英尺集装箱,票号 38847,托运人:仁和国际货运有限公司;收货人:磷制品有限公司。运单填记品名为"集装箱(化工产品)"。2 月 27 日集装箱到达 B 站,B 站对集装箱抽检时发现,货物实际品名为"硫黄",属二级易燃固体(铁危编号:41501)。B 站发现匿报品名运输后,按照《铁路货物运价规则》第 48 条规定,核收运杂费违约金,并电告 A 发站及相关上级部门。对集装箱的存放采取安全措施,并积极联系收货人掏箱。在掏箱前将货物实际品名及货物性质告知装卸人员,备齐安全防护备品,货物掏箱时严格遵守危险货物装卸规定。

七、司法部门、人民法院扣押铁路运输物资的处理

(一)作业(操作)方法、步骤

1. 人民法院依法可以裁定扣押铁路运输货物。人民法院扣押铁路运输货物,应当制作裁定书并附协助执行通知书。

2. 协助执行通知书中应载明扣押货物的发货站、到货站,托运人、收货人的名称,货物的品名、数量和货票号码。

3. 人民法院裁定扣押国际铁路联运货物,应当通知铁路运输企业、海关、边防、商检等有关部门协助执行。属于进口货物时,人民法院应当向我国进口国(边)境站、到货站或有关部门送达裁定书副本和协助执行通知书;属于出口货物的,在货物发送前应当向发货站或有关部门送达裁定书副本和协助执行通知书,在货物发送后未出我国国(边)境前,应当向我国出境站或有关部门送达。

4. 因扣押货物造成的损失,由有关责任人承担。因申请人申报扣押错误所造成的损失,由申请人承担赔偿责任。

(二)服务质量

正确审核司法部门、人民法院扣押货物的裁定书及协助执行通知书;扣押国际联运货物,应当及时全面通知相关部门。

【案例 12】 司法机关扣留物资

× × 年 9 月 6 日莱钢站发何家湾站一车钢管,60 t,保价 40 万元,托运人:莱阳钢铁股份有限公司;收货人:台州物产元通工贸有限公司。9 月 10 日该车运行至何家湾站,莱阳市区人民法院向何家湾站提出,托运人涉及经济纠纷诉讼,要求何家湾站协助扣押该批钢管,同时出具了裁定书副本和协助执行通知书。最高人民法院《关于人民法院扣押铁路运输货物若干问题的规定》明确了"人民法院依法可以裁定扣押铁路运输货物,同时强调一般不应在中途站、中转站扣押,但必要时,可以在中转站、编组站或有条件的车站扣押";以及根据《关于协助执行执法机关扣留铁路运输货物的通知》规定,"除继续运输将危及铁路运输安全或对社会造成重大危害等情况(如武器、弹药等),报请铁路局批准外,中途站不办理扣押货物事宜;因扣押产生的其他相关费用按规定核收"。莱阳市区人民法院有权扣押该批货物。据此,何家湾站经向铁路局报请批准手续,在得到铁路局批复后,将该批货物移交给法院,并核收因扣押产生的相应费用(装卸、保管等费用)。

八、防止运输货物被诈骗冒领

(一)作业(操作)方法、步骤

1. 收货人以领货凭证领取货物时,到站要认真核对货物运单与领货凭证上骑缝戳记是否吻合,审查无误后再行交付;收货人(无论机关,企、事业单位,团体或个人)在到站领取货物时,均须出示领货本人的居民身份证。

2. 领货凭证未到或丢失,以证明文件领取货物时:①证明文件上应记明领货人居民身份证号码,该号码须与出示的居民身份证号码相符。②证明文件上必须记明货物的发站、发货人、收货人、货票号码、品名、件数和重量,并与运输票据的记载完全相符,否则不得交付。③证明文件上未记明或所记载的各项与票据记载不一致时,到站不得向领货人提示其具体内容。

3. 货物运单或领货凭证上没有发站承运日期戳记时,到站不得办理交付手续,并联系发站处理。

4. 到站在办理交付作业中,发现问题或领货人有可疑迹象时,要向车站领导或公安部门及时报告。

(二)质量标准

正确辨明真实收货人,将货物交付给正当收货人。

【案例 13】 货物交付案例

马于站于 × × 年 6 月 2 日发石围塘玉米一车,车号 P_{64K} 2413793,件数 1 200 件,重量 60 t,票据记载收货人为"湖南仓",该仓货物均由喻某领取。该货到达卸车后及时通知喻某领取货物,正当喻某准备提取货物时,广西仓沈某持该批货物的领货凭证和托运人马于康太果品公司的委托提货证明来站要求提货。这样无领货凭证的票记收货人与持有领货凭证的非票记收货人都声称自己是真正收货人,为争领该批货物引发纠纷,两个收货人均表示非拿到该车货不可,否则法庭上见分晓。

为了妥善处理并正确交付货物，石围塘车站果断决定暂缓交付该批货物，并立即联系发站，征求发站意见，并要求托运人派人前来车站协助处理。6月11日发货人以传真电报致电石围塘站安全室，声明运单收货人填写错误，要求将该批货物交付于广西仓。同时托运人又出具委托证明，致石围塘安全室、湖南仓、广西仓，声明货物运单收货人填错，委托广西仓沈某全权办理提货手续。6月13日托运人持公章来站协助处理。从上述的材料来看，托运人的本意是将上货托运给广西仓的，因此，车站凭领货凭证、托运人委托证明、变更申请书、被委托人身份证将上述货物交给广西仓沈某。为了妥善处理这场纠纷，车站还派出安全人员召集湖南仓喻某、广西仓沈某召开联系会议，会上各抒己见，以讲事实、摆道理、摊材料的方式，最终取得了较为一致的意见，妥善、及时地处理了这场纠纷，化解了一场可能发生的官司。

九、装卸作业事故应急处理

(一)作业(操作)方法、步骤

1. 事故发现和应急处理

(1)第一发现人及时用最快捷的方式通报班组长或班组人员，班组长应及时将事故地点、时间、受伤害者、事故概况报告车站装卸公司。涉及货运事故时，货运员通知货运值班员；装卸、货运相关人员逐级向上报告并指派专人保护现场，对应抢救伤者而改变现场的应做好明显标志，任何人在未经事故调查组同意，均无权擅自改变第一现场。

发生重大事故、大事故和因装卸作业事故引发危险化学品泄漏、包装破损，可能引发火灾、爆炸危险等严重情况时，应不迟于24小时向有关部门拍发货运事故速报。

(2)如因装卸作业事故引发危险化学品泄漏、包装破损、存在大面积污染、腐蚀环境以及可能引发火灾、爆炸危险等严重情况时，应立即向地方政府报告，请求协助处理。

(3)根据货物运单记载货物品名及相关信息，提供内容及施救方法，在车站站长指挥下，协助相关部门组织施救，努力挽救损失，避免事故扩大。

根据货物性质会同相关部门对事故现场进行勘查，收集与事故有关的资料(货车车体状态、施封情况、车门窗、盖阀关闭状态、篷布苫盖以及货物装载状态)、造成事故的各种迹象，必要时应拍照或摄像保留证据，查明事故发生的原因。

2. 记录编制

根据事故的种类，按照《铁路货运事故处理规则》相关内容(货运记录和普通记录编制处理的重点要求)编制货运记录并在规定时间内送查。

3. 事故鉴定

及时清理事故货物，在规定的期限内组织鉴定，确定事故造成的损失程度。

4. 发生货运重大、大事故，应在规定的期限内邀请有关单位部门召开事故分析会，明确责任，签署会议纪要。

(二)质量标准

发现事故积极抢救，采取保护措施，减少损失，查清原因，明确责任，采取预防措施。